中国地质大学（武汉）研究生精品教材建设项目（YJC02）

公共政策学：理论与实践
GONGGONG ZHENGCEXUE:LILUN YU SHIJIAN

主　编：李世祥
副主编：黄　砺　李晓玉　王　颖

图书在版编目(CIP)数据

公共政策学:理论与实践/李世祥主编;黄砺,李晓玉,王颖副主编.—武汉:中国地质大学出版社,2023.9
ISBN 978-7-5625-5683-1

Ⅰ.①公… Ⅱ.①李… ②黄… ③李… ④王… Ⅲ.①公共政策-理论 Ⅳ.①D035-01

中国国家版本馆 CIP 数据核字(2023)第 177677 号

公共政策学:理论与实践	主　编:李世祥	
	副主编:黄　砺　李晓玉　王　颖	
责任编辑:沈婷婷	选题策划:蒋海龙	责任校对:胡　萌

出版发行:中国地质大学出版社(武汉市洪山区鲁磨路388号)　　　　邮编:430074
电　　话:(027)67883511　　传　　真:(027)67883580　　E-mail:cbb@cug.edu.cn
经　　销:全国新华书店　　　　　　　　　　　　　　　　　　　　http://cugp.cug.edu.cn

开本:787 毫米×1092 毫米　1/16　　　　　　　　　　字数:419 千字　　印张:16.5
版次:2023 年 9 月第 1 版　　　　　　　　　　　　　　印次:2023 年 9 月第 1 次印刷
印刷:湖北睿智印务有限公司
ISBN 978-7-5625-5683-1　　　　　　　　　　　　　　　　　　　　定价:48.00 元

如有印装质量问题请与印刷厂联系调换

前　言

公共政策学亦称政策科学,于"二战"时兴起,后逐渐形成以政策制定系统和政策过程为研究对象,以端正社会发展方向、改善公共决策系统和提高政策质量为目标的相对独立的学科。最早将公共政策作为一门科学加以研究的是美国政治学家哈罗德·拉斯韦尔。改革开放后,公共政策学传入我国,作为一门新兴学科得到了长足发展,一些高等院校和研究机构的学者发表了大量的研究文章,出版了一批著作。本土化的公共政策学在研究解释中国特色社会主义制度、推进国家治理体系和治理能力现代化方面具有重要使命。目前,公共政策已成为我国公共管理学科最重要的研究领域之一,公共政策学也发展成为公共管理类专业的主干课程。

本书是编者在长期的教学与科研实践基础上编写而成,面向的主要读者是公共管理类学术研究生、公共管理专业学位研究生和高年级本科生。本书旨在帮助读者构建公共政策学的内容框架体系,认识公共政策学的基本研究领域,掌握公共政策学的基本概念、理论与实践前沿。全书共十章,在具体章节的安排上,前两章对公共政策学进行总体描述并分析政府、市场与公共政策的关系;第三章从系统视角出发阐述了公共政策系统;第四章从新公共管理实践视角探讨了公共政策工具;第五章从总体上分析了公共政策过程和政策机制;第六章、第七章、第八章、第九章分别针对政策过程的不同阶段进行分述;第十章进一步从公共政策创新与扩散视角分析政策过程中的政府行为及其影响机制。

整体而言,本书的特点主要体现在以下几个方面。一是在总结回顾公共政策学经典理论的基础上,补充了近年来公共政策研究的前沿及动态,丰富了公共政策学的知识框架。二是为适应公共政策学本土化的需要,对比分析中西方公共政策实践差异,并着重探讨中国特色公共政策实践案例,特别是尽可能反映党的十八大以来我国公共政策的最新实践进展,讲好中国故事,增强公共政策学科话语权。三是在吸收现有公共政策学教材优点的基础上,根据公共政策学的内在逻辑和教学实践,重新调整各章节内容,以适应新时代经济社会发展和国家治理对公共政策学的需要。四是在教材编写方面,注重从理论起源与发展谈起,对其内容和要素进行深入浅出的分析,并关注有中国特色的最新实践进展,做到理论前沿与政策实践有机统一。

本书由李世祥教授担任主编,黄砺副教授、李晓玉副教授、王颖副教授担任副主编,具体分工如下:第一章、第二章、第三章由李世祥主笔,肖潇、唐月、刘梦茹、谭璐子、罗静丹参与;第四章、第五章由王颖主笔,蒙柏琳、万方文婷、李月、汤玉洁、李尚蔚参与;第六章、第七章由李晓玉主笔,谢曼丽、王雨薇、张婷、仵钰、饶思雨参与;第八章、第九章、第十章由黄砺主笔,王长骥、边永捷、伍永妍、岳昌云、丁智珍、李宙富参与。全书由李世祥负责结构设计、统稿、审阅和定稿。

　　本书在编写过程中吸收了国内外已有的研究成果,在此向有关单位和作者表示深深的谢意！在书的末尾,我们尽可能列出参考文献,但疏漏之处难免,敬请谅解。

　　感谢中国地质大学出版社编辑认真细致的编审与校对工作。

　　由于编者水平有限,不足之处在所难免,望各位读者提出宝贵意见和建议,以便我们做出进一步的修改与完善。

编　者

2023 年 9 月

目　录

第一章　导　论 …………………………………………………………………… (1)
  第一节　公共政策学概述 …………………………………………………… (1)
  第二节　公共政策学的产生与发展 ………………………………………… (10)
  第三节　公共政策学的引进及其中国化 …………………………………… (16)
  第四节　公共政策学的研究方法与本书框架 ……………………………… (20)

第二章　政府、市场与公共政策 ………………………………………………… (25)
  第一节　社会问题 …………………………………………………………… (25)
  第二节　政府与公共政策 …………………………………………………… (33)
  第三节　市场与公共政策 …………………………………………………… (38)
  第四节　公共政策的本质与功能 …………………………………………… (43)

第三章　公共政策系统 …………………………………………………………… (51)
  第一节　公共政策系统理论发展 …………………………………………… (51)
  第二节　公共政策系统要素 ………………………………………………… (54)
  第三节　公共政策系统结构 ………………………………………………… (64)
  第四节　公共政策系统功能 ………………………………………………… (74)

第四章　公共政策工具 …………………………………………………………… (79)
  第一节　公共政策工具的含义 ……………………………………………… (79)
  第二节　公共政策工具的分类及应用 ……………………………………… (80)
  第三节　公共政策工具创新 ………………………………………………… (92)
  第四节　中国特色公共政策工具实践 ……………………………………… (99)

第五章　公共政策过程 …………………………………………………………… (109)
  第一节　公共政策过程的概念 ……………………………………………… (109)
  第二节　公共政策过程与公共政策系统的关系 …………………………… (109)
  第三节　公共政策机制 ……………………………………………………… (111)
  第四节　公共政策风险 ……………………………………………………… (118)
  第五节　中国特色公共政策过程实践与模式 ……………………………… (124)

第六章　公共政策问题与议程 …………………………………………………… (131)
  第一节　公共政策问题 ……………………………………………………… (131)
  第二节　公共政策议程 ……………………………………………………… (139)
  第三节　公共政策问题与议程的关系 ……………………………………… (144)

第七章 公共政策建议与合法化 ···(151)
第一节 公共政策规划概述 ···(151)
第二节 公共政策规划的程序 ···(157)

第八章 公共政策执行 ···(169)
第一节 公共政策执行理论发展 ···(169)
第二节 公共政策执行的要素分析 ···(178)
第三节 公共政策执行机制 ···(185)
第四节 公共政策执行力 ···(189)
第五节 中国特色公共政策执行实践 ···(192)

第九章 公共政策评估 ···(196)
第一节 公共政策评估理论发展 ···(196)
第二节 公共政策评估概述 ···(197)
第三节 公共政策评估过程与方法 ···(204)
第四节 公共政策监控 ···(217)

第十章 公共政策创新与扩散 ···(223)
第一节 公共政策创新 ···(223)
第二节 公共政策学习 ···(228)
第三节 公共政策试验 ···(233)
第四节 公共政策扩散 ···(237)

主要参考文献 ···(243)

第一章 导 论

公共政策学虽然不是一个全新的概念,但相关研究却是一门新兴的学科。公共政策学的研究始于第二次世界大战(简称"二战")后几个工业发达的国家,并迅速发展到其他国家和地区。公共政策学是"二战"后社会科学领域发展最快、影响最大、实证性最强、应用最广泛、社会效用最明显的学科之一。本章作为导论,主要从理论起源与发展谈起,阐述公共政策学的研究对象、学科范围和特点,梳理公共政策学的产生与发展,并分析我国公共政策学的引进及其中国化,结合新时代中国特色公共治理语境与实践需求,介绍公共政策学的研究方法与内容体系。

第一节 公共政策学概述

"公共政策(学)""政策科学""政策分析"和"政策研究"是几个经常用来表示公共政策研究领域的术语,是"二战"后以美国为首的西方国家首先兴起的一门跨学科、综合性、应用性的新兴研究领域。自20世纪40年代末50年代初以来,美国一些大学的学者及思想库的专家致力于研究和发展一门关注人类社会基本问题,特别是公共政策问题的新学科,从而开创了社会科学中公共政策的研究方向。20世纪60年代末70年代初,公共政策研究迅速发展并制度化,最终形成了一个相对独立的公共政策学新兴领域。20世纪70年代以后,该学科的进展及其对实际社会政策实践以及社会发展的积极影响,使其受到各国学术界和政界的广泛关注,也使其成为当代社会科学及管理科学的一个重要分支领域。

一、什么是公共政策学

什么是公共政策学?或者什么是政策科学或政策分析?学术界对此尚未形成完全的共识。奈格尔、德洛尔和戴伊等基于自身的研究内容,对政策科学的内涵做出了最广泛的理解;邓恩和奎德等提出了对政策分析亚广义范畴的理解;小麦克雷和帕顿等则对公共政策学科提出了更狭义的理解。

在不同的理解基础上,学者们进一步从不同角度尝试对公共政策学予以定义。

拉斯韦尔认为公共政策是应用新方法分析未来趋势的研究,重点是政策规划和政策选择。

德洛尔认为,政策研究的核心是将政策制定作为研究和改革的对象,既包括政策制定的一般过程,也包括具体的政策问题和领域;政策研究的性质、范围、内容和任务是了解政策如何演变,并在一般情况下,特别是在具体政策上改进政策制定过程。

奈格尔认为,政策研究一般可以定义为研究不同公共政策的性质、原因和效果,以解决各种具体的社会问题。

克朗认为,政策科学旨在通过定性和定量的方法理解与改善人类系统,其研究焦点之一是政策制定系统。

奎德认为,政策分析是一种应用研究的形式,旨在更深入地了解社会技术问题,并提出更好的解决方案。政策分析试图利用现代科学技术来解决社会问题,寻求可行的行为方案,生成信息,整理有利的证据,并推断出这些行为方案可能产生的结果,以帮助决策者选择最佳的行动方案。

帕顿等认为政策分析是对经济和技术可行性、政治可接受性、实施战略和替代政策选择结果的系统评估。

大卫·韦默等认为政策分析是向有关各方提出与公共决策有关并反映社会价值的建议。

邓恩认为政策分析是一门应用社会科学学科,它使用各种研究和论证方法来生成和转化与政策相关的信息,使政治组织解决政策问题。

在中国,许多政策科学领域的学者对公共政策进行了一些定义,他们的观点可以归纳为:一是认为公共政策学是研究政策制定的理论和方法,研究如何制定最优政策和避免错误政策的学科;二是认为公共政策学是制定政策方案、规划政策实施、评价政策结果、预测政策方向的学科;三是认为公共政策学是研究政策属性和特点、政策制定和实施规律的学科;四是认为广义的公共政策学是研究不同的公共政策的性质、原因和结果的学科,狭义的公共政策学可以定义为对目标、计划及社会效果之间的相互关系的研究。

虽然有一些政策系统及政策过程问题在部分传统社会科学学科(如政治学、经济学和社会学)中已有所涉及,但这些学科并没有将公共政策体系及其过程作为一个专门的研究领域来研究,更没有对其进行全面、系统和具体的研究。只有公共政策学将人类社会的各种政策体系和政策过程作为专门的研究对象,既研究政策的本质、原因和结果,又研究政策系统,同时注重内容分析。

党的十八大以来,以习近平同志为核心的党中央对公共政策评估予以高度关注。公共政策评估是国家治理体系建设的重要内容,已成为政界与学界的普遍共识。它在推进国家治理能力现代化和政府管理创新、促进重大公共政策落到实处、完善有关改革方案和重大政策、提高政策决策的科学性与准确性等方面,具有重要意义。为充分发挥公共政策评估的核心作用,党中央提出既要通过立法确立公共政策评估的法律地位,推动公共政策评估制度化、规范化和程序化;又要关注公共政策在制定和具体执行过程中存在的问题,并及时予以纠正、完善,使整个政策形成"制定—执行—评估—完善"的良性循环。

因此,本书将公共政策学定义为:综合运用科学知识和方法,研究政策体系和政策过程,探索公共政策的本质、原因和结果,为政策制定提供与政策相关的知识,完善公共决策体系,提高公共政策质量的一门学科。

二、公共政策学的研究对象

公共政策学以公共政策、政策系统及政策过程为研究对象,其基本目标是确定人类社会的发展方向,完善公共决策体系,提高公共政策质量。换句话说,公共政策学有自己相对独立的研究领域,以公共政策、政策系统和政策过程为研究对象,这是公共政策学成为一门相对独立学科的基本前提。因此,有必要了解"公共政策""政策系统"和"政策过程"的基本概念。

(一)公共政策

公共政策是现代社会和政治生活中使用最广泛的概念之一。但正如弗兰克·费希尔所言,至今对公共政策也没有一个标准的定义。柯宁汉姆也曾表示,政策就像一头大象——你可以认出它来,但很难给它下定义。以下是西方学术界对公共政策有代表性的几个定义。

公共行政学的首创者之一——美国学者伍德罗·威尔逊认为,政策是由政治家即具有立法权者制定的而由行政人员执行的法律和法规。

美籍加拿大学者戴维·伊斯顿认为,公共政策是对全社会的价值作权威性的分配。

政策科学主要的倡导者和创立者哈罗德·拉斯韦尔和亚伯拉罕·卡普兰认为,政策是一种含有目标、价值与策略的大型计划。

罗伯特·艾斯顿认为,公共政策就是政府机构和它周围环境之间的关系。

托马斯·戴伊认为,凡是政府决定做的或不做的事情就是公共政策。

詹姆斯·安德森认为,政策是一个有目的的活动过程,而这些活动是由一个或一批行为者,为处理某一问题或有关事务而采取的,公共政策是由政府机关或政府官员制定的政策。

卡尔·弗里德里奇认为,政策是在某一特定的环境下,个人、团体或政府有计划的活动过程,提出政策的用意就是利用时机、克服障碍,以实现某个既定的目标,或达到某一既定的目的。

弗兰克·费希尔认为,公共政策是对一项行动的政治上的决议,目的是解决或缓和那些政治日程上的如经济、社会、环境等方面的问题。不论公共政策是通过政治辩论还是正式投票来形成,都涉及要实现的目标以及实现这些目标的手段两个方面的问题。

国内多数研究者赞同以行为准则为中心内容的界定,认为政策是指某一(或一组)行动者(主要是政府的官员、机构和团体)在既定的活动领域中的行为。从广义层面理解,政策是政策机构和它周围环境之间的关系,政策既体现了这种关系,又为处理这些关系提供了手段。通常情况下,公共政策是由政府机构和政府官员制定的,公共政策体现了他们在政治系统和特定环境下的活动方式与活动过程,表达了他们的行为和目的,反映了他们实际所做的事情和效果。在此基础上,一些研究者依据现代政治学、制度经济学、公共管理学等不同的理念,从不同视角分析了公共政策的概念。

参考国内外相关学者的观点,可以将公共政策界定为:国家(政府)、执政党及其他政治团体在特定时期为实现一定的社会政治、经济和文化目标所采取的政治行动或所规定的行为准则,它是一系列谋略、法令、措施、办法、方法、条例等的总称。

可以从以下四个方面理解公共政策的内涵。

第一,公共政策由国家或政府、执政党及其他政治团体等特定主体所制定及执行,体现了政策制定主体的意志,与个人、企业等所做出的决定不同,具有法定的权威性。

第二,公共政策具有特定的价值取向,具有明确的方向性,不是无意识或偶然性的行为。同时,公共政策也具有时效性,在特定的历史时期内起作用。我国各个时期的"五年规划",是国家根据不同时期的发展现状而制定的一系列关于国家重大建设项目、生产力分布和国民经济重要比例关系等的政策规划,为国民经济发展远景规定目标和方向。当前,我国正沿着"十四五"规划的发展目标和方向,开启全面建设社会主义现代化国家新征程,向着第二个百年奋斗目标进军。

第三,公共政策是政府为解决特定社会问题以及调整相关利益关系而采取的政治行动过程。

第四,公共政策是一种行为准则或规范,常带有强制性,它必须为政策对象所遵守。政策规定对象应做什么和不应做什么,哪些行为受鼓励,哪些行为被禁止。

(二)政策系统

政策系统作为公共政策运行的重要载体,是展开政策过程的基础。政策系统内部各因素的联系情况对政策的运行状态及政策效果产生着直接影响。克鲁斯克等主编的《公共政策辞典》中界定,政策系统是政策制定过程所包含的一整套相互联系的因素,包括公共机构、政策制度、政府官僚机构以及社会总体的法律和价值观。我们将政策系统界定为由政策主体、政策客体及其与政策环境相互作用而构成的社会政治系统。信息、咨询参谋、决断、执行和监控等系统构成了现代化、科学化的公共政策系统。这些子系统共同完成了政策过程及其各项功能活动。

本书的第三章对公共政策系统进行了详细的阐述,因此在这里不过多介绍。

(三)政策过程

政策主体、政策客体及其与政策环境之间的相互联系和相互作用,使得政策系统呈现一个动态的运行过程。伊斯顿提出政治系统论,并认为政策系统的运行呈现出一个系统不断输入、转换、输出的过程。政策环境将要求和支持传递给政策主体,进而向政治体系输入。要求即团体和个人为满足自身利益向政府提出的采取行动的相关主张;支持即团体和个人遵守政府基本要求以及接受权威性政府为满足要求而做出的决定或采取的行动。这些要求和支持在政治体系内部经过转换后,输出为政策方案,使环境发生变化,产生新的要求。新要求反作用于政治体系,影响政策输出。此过程不断重复,产生新的政策,维持政策系统的运行。

本书的第五章将对公共政策系统以及政策机制进行更为详细的阐述。

三、公共政策学的学科范围

(一)公共政策学的研究范围

公共政策学研究范围广泛,研究边界确定困难,主要研究内容包括政策系统、决策体制及政策过程,政策价值观,政策思维,政策分析方法和技术,政策规划,政策战略(元政策研究),未来研究,重大工程项目的论证与评估,以及大政方针及各层次、各部门的具体政策研究等。克朗认为政策科学的研究重点有以下五个方面:第一,政策战略;第二,政策分析;第三,政策制定系统的改进;第四,评估;第五,政策科学的进展。在德洛尔的理论中政策科学研究的主要内容包括:第一,政策分析;第二,备选方案创新;第三,重大政策(基本政策);第四,评估和反馈;第五,重大政策的改选等。

英国学者霍格伍德和冈恩参考高登等的论述,提出七种政策分析的类型。

(1)政策内容研究。它的基本研究重点是对具体政策的起源和发展进行描述和解释。通常基于案例分析,对政策制定、执行及其产生的结果进行研究。

(2)政策过程研究。关注政策制定的动态过程,包括公共问题的产生和发展以及不同要素在此过程中的影响。同时关注具体的公共问题或政策领域,但分析的重点是有关组织的政策过程或影响政策的要素。

(3)政策输出研究。尝试探究开支水平或公共服务提供在不同国家及地方政府间出现差异的原因。将政策作为因变量,通过社会、经济、技术和其他相关要素对其进行解释说明(它的一个特别应用领域是社会福利政策)。

(4)评估研究。这是政策分析与分析政策的分界线。它关注分析政策对公众产生的影响,因此有时也被称为效果研究。这种研究既可能是描述性的,也可能是规范性的。

(5)决策信息。决策信息即对信息情报进行收集和处理,从而为决策者决策提供支持。信息情报的来源包括政策分析专家运用他们的知识,分析实际问题所得出的结论。

(6)过程倡导。这是政策分析的一个变种,主要致力于通过政府职能和任务的重新配置,对政府机器进行改进;通过发展政策规划系统和决策评估的新方法,对政策选择的基础进行提升。

(7)政策倡导。政策倡导指政策分析家通过压力集团,在政府决策过程中,通过提出具体的政策方案和理念,对政府决策的行动产生影响。

随着我国公共管理本土化实践的不断发展,国内学者对公共政策学的理解也在结合国情的基础上不断丰富与深入。宁骚认为,公共政策学就行为取向而言,主要研究公共权力组织的决策行为,并涉及一部分非政府公共组织的公共性强的决策行为;就结果取向而言,它主要研究的就是公共政策,研究范畴包括公共政策、政策系统、政策过程以及政策结果。杨志军认为,现代公共政策学的研究主要包含政策研究与政策分析两方面内容,前者的研究重心在于政策本身,重在理解政府应该做什么或不应该做什么,后者的研究重心在于政策的进行,重在回答政府能做什么或不能做什么。总而言之,为适应新时代经济社会发展和国家治理对公共政策学的需要,在理解公共政策学时应立足我国的基本国情,结合我国公共政策的最新实践进展进行学习与探索。

(二)公共政策学的划界

戴维·L·韦默、艾丹·R·维宁在《政策分析:理论与实践》一书中,将政策分析与社会科学学术研究、政策研究、经典计划、"旧式"公共管理(即传统公共行政学)、新闻工作、政策分析这几个学科及职业做了比较,并说明它们之间的关系,见表1-1。

表1-1 政策科学与相邻学科及职业的关系

学科及研究	主要目标	"客户"	一般类型	时间限制	一般缺点
社会科学学术研究	构建理论以了解社会	由各专业定义的"真理";其他学者	构建和检测理论的严谨方法;通常是回顾	很少有外部时间限制	往往与决策者的信息需要无关
政策研究	预测能被公共政策改变的变量变动产生的影响	政治家相关专业	运用正规方法分析政策相关问题;结果预测	有时有最后期限压力	难以将研究结果转为政府行为
经典计划	勾画和达到值得向往的社会状况专业定义的"公共利益"	既定规则和专业规范	目标和目的说明	几乎没有直接的时间压力,因为处理的是长期前景问题	计划过于理想而忽略了现实的政治情况
"旧式"公共管理	有效地完成政策程序制定的纲领	植根于指令性纲领的"公共利益"	管理的和法律的	时间压力与常规决策制定(如预算过程)相关	排除了计划外的备选方案
新闻工作	将公共注意力聚焦于社会问题	普通公众	描述的	最后期限压力大——热点问题的限制	缺乏深度分析和对比权衡
政策分析	对有利于公务员解决社会问题的备选方案进行系统比较和评价	制定决策的特殊人群和机构	综合现有研究和理论,预测备选政策的结果	最后期限压力大——分析的完成通常与特殊决策相关	客户导向性和压力导致缺乏远见

四、公共政策学的特点

(一)公共政策学是一门交叉科学

公共政策学作为跨学科的新研究领域,综合性、交叉性是其重要特点。公共政策学的产生和发展基于大量知识和方法,人类所创造的各类科学知识和方法都可以运用其中。公共政策学正是在吸收其他学科尤其是政治学、经济学、管理学、社会学、心理学、哲学统计学、运筹学、系统分析等学科的知识和方法的基础上,形成和发展起来的。需要注意的是,公共政策学并非这些学科内容的简单堆砌,而是建立了一个全新的学术框架将这些学科的知识和方法纳入其中,并形成了新的范式。

公共政策学联系了科学知识与公共决策过程,提倡以问题为中心的研究方法,试图建立一门新学科,能在改进公共决策系统的过程中运用各种科学知识和方法,提高政策质量,各学科的理论和方法在公共政策学框架之下被赋予新的意义。也正因此,公共政策学的理论和方法具有一般方法论的部分特点。

(二)公共政策学是一门应用科学

公共政策学体现了理论与实践的统一。拉斯韦尔认为,公共政策学是一门行动取向的学科,它是适应人类利用已有的知识和方法去改进政策制定系统、提高政策质量的需要而产生的。公共政策学学科的建立者们发现,过去大多数应用社会科学研究对改进政策系统、提高政策质量并未产生应有的正面影响。多数时间,它们所提出的政策建议由于不切实际或缺乏政治可行性都没能被采纳。与之相对的是,公共政策学以政策实践和实际的政策过程作为研究对象,提供政策相关知识,为政策实践服务是其主要目的和功能。

因此,公共政策学是一门具有较强应用性的学科,高度体现了理论与实践的统一。公共政策学产生于实践,应用于实践,发展于实践。它指导着执政党和国家及各级政府部门的政策制定、执行和评估;它以发现和解决社会政策问题为宗旨,为政策实践服务,而政策实践也反过来为公共政策学提供经验教训,提出不足之处,对政策科学理论进行着检验和发展。

(三)公共政策学是一门规范科学

公共政策学是一门描述性学科,更是一门规范性学科。它研究一般选择理论,而选择以价值(观)作为基础。基于这一点,公共政策学关心事实,更关心价值和行动;是描述性的,更是规范性的。公共政策学的描述性在于追求有关公共政策的性质、原因和结果的知识;规范性在于重视价值取向和价值评价,其重要目标之一是创造和批评有关的公共政策价值的知识主张,或推荐应该采取的行动过程。公共政策学相关知识包含了具有价值特征的因变项(目的)和自变项(手段)的互动;这些变项的选择往往涉及在健康、财富、安全、和平、正义、平等和自由等诸如此类的价值中做出取舍。取与舍,往往涉及伦理推导,这正是公共政策学的规范和价值批评之所在。因此,公共政策价值观或公共政策与伦理的关系问题在公共政策学中占有极为重要的地位。

五、公共政策学与相关学科

公共政策学综合运用各种科学知识及科学方法来研究政策问题,具有跨学科性及相关性,但它作为一个相对独立的学科,与其他学科之间,又存在着较大的差别。

(一)公共政策学与经济学

学界通常认为,经济学是一门研究人类经济行为尤其是经济选择行为和经济政策的学科。按不同的标准,可将其分为宏观经济学和微观经济学、理论经济学和应用经济学等。在经济学的发展中,出现了诸如凯恩斯主义、货币主义、供应学派、公共选择学派和激进政治经济学派等学派,他们有着不同的政策主张,并提供了研究公共政策的途径。

公共政策学与经济学之间的关系极为密切,一方面,经济学很早就开始研究经济政策,另一方面,经济学研究途径一直以来都是政策研究或政策分析的主要途径之一。阿马切尔在

《经济学和公共政策》中,高度概括了公共政策研究的经济学途径,大量经济政策学等著作的问世更说明了这一点,如1952年丁伯根的《经济政策理论》和2001年中译本阿克塞拉的《经济政策原理:价值与技术》等。

但两者又有区别:经济学的研究重点在于如何扩展一个国家或地区的经济,使其经济能力最大化;而公共政策学的研究重点在于如何对这些经济能力进行最佳的配置和利用,以使社会效益达到最优,同时使社会需求满足达到最大。此外,公共政策学与经济学的区别还在于经济学会对各种经济现象及经济行为进行研究,而公共政策学不会。

(二)公共政策学与管理学

管理学的理论核心是改进管理决策。美国著名行政学家赫伯特·A·西蒙曾表示,管理就是决策。德洛尔认为,管理学对政策分析的最大贡献就是它对待问题所偏爱的系统方法,政策科学或政策分析借鉴管理学的经验,将系统分析方法及运筹学方法直接运用于政策研究,并将其视为自己的方法论基础或组成部分。美国政策科学家奎德认为,政策分析在很大程度上是作为系统分析的扩充而发展的,而系统分析又是运筹学的扩展,因此可以将系统分析看作政策分析的一种不完全的或专门的形式;运筹学是要帮助人们把事情办得更好,系统分析是要帮助人们把事情办得更好、更便宜,而政策分析则是要帮助人们把事情办得更好、更便宜、更公道。

1970年,美国政策分析与管理学会成立,公共政策学与管理学的关系得到了学术界的重视和承认。这也说明了两者之间的紧密联系,特别是行政管理与公共政策更是密切相关,如同一枚硬币的正反面。公共政策必须通过行政管理来推行,而行政管理主要管理的是公共政策。

但两门学科的联系也是有限度的,系统分析及运筹学并不是政策科学或政策分析的全部,把管理学的方法和手段用于公共政策研究也不能满足公共政策分析的实际需要。正如德洛尔在《政策科学的构想》中提到的,管理学可以就改进某些管理决策或者某些次要政策问题提供一些探讨方法和手段,但是管理学并不能为改善政策制定工作做出重要贡献,这使更好地制定政策这一需求在迅速变化的时代越发变得紧迫起来,而这种需要不是由管理学本身来满足的。

(三)公共政策学与政治学

公共政策学与政治学在所有社会科学学科中的关系最为紧密。公共政策活动是一种政治行为,而政治学研究的就是政治系统、行为及其过程。可以这么认为,政治学决定着公共政策研究的基本方向,是公共政策学的理论基础;公共政策学是政治学的重要组成部分和核心分支。

美国政策学家那格尔较为详尽地分析了政治学的各个分支如政治哲学、公共行政、比较政府、国际关系等对公共政策研究所产生的影响和作用。他认为政治学对政策分析的主要贡献在于关心政治可行性和某些被忽视了的价值因素,强调政府体制改革和国际关系等主题;同时也指出了政治学在政策分析中的局限性,如缺乏成熟的方法论,过分关注政策过程而对政策效果研究不足等。

公共政策学与政治学又存在本质上的差别：前者强调政策及其影响之间的关系，而后者强调政府的结构、作用和行为；前者在研究政策问题时要对政策的制定、实施、评估、调整和终结过程进行详细分析，研究相关理论与方法，更具体、全面且专门化，后者在研究政策问题的基础上，还研究其他相关问题如国家、政党、体制或结构、民主等。

(四)公共政策学与社会学

一般认为，社会学的研究对象是社会现象、社会生活和各种实际社会问题，任务是研究各种社会形态的构造及其产生过程，以及认识人类行为的变化态势。从最广泛的意义上说，社会学既是一门特殊的社会科学，又是一门政策科学。社会学与公共政策学的联系及其对政策科学发展的贡献是多方面的，主要包括社会学对社会政策制定和实施过程而非政策内容的关注度与日俱增；同时，社会学对公共政策学的发展提出了一些独特的评估方法或模式，并重视政策或项目失败的原因分析。社会学也有专门领域研究社会政策，社会政策学可以说既是社会学的一个分支，也是政策科学的有机组成部分。

社会学与公共政策学也有明显的区别。社会政策问题的研究是描述和解释社会现象及其过程，这仅仅是社会学者工作的一个组成部分，他们研究的目的与政策分析者的研究目的是不同的。社会学者关心问题的解释是否正确，所提出的重大理论几乎都没有明确的政策取向，政策分析者关心的主要是如何在实践中使问题朝着人们期待的方向发展，控制并解决可能出现的问题。

(五)公共政策学与其他学科

公共政策学与自然科学、行政学、法学和哲学等学科，都有着密切的或一定的联系。

从与自然科学的关系来看，自然科学的各门学科所研究的是自然现象及其规律，这种现象不同于公共政策制定中所呈现的复杂的社会动态关系。自然科学对公共政策研究的贡献，主要是通过创造知识和为新技术提供理论基础，为各种具体政策提供知识基础。

从与行政学的关系来看，公共政策活动有时也被认为是一种行政行为。公共政策研究和行政研究相并列，同属政治学的组成部分。同时，公共政策学的理论、原则和方法直接指导着行政决策，行政决策的实践经验又反过来丰富着公共政策学的内容。

从与法学的关系来看，法学以法律为研究对象，法律构成了一类非常重要的公共政策文件。政策与法律在性质、作用和方法等方面，有着相似、相近或相同之处，特别是正确处理政策和法律的矛盾性和统一性，更是有赖于公共政策学和法学研究的合作。公共政策往往是法律的前导和后补，法律乃是公共政策的升华和规范。但同时两者在内容上及其功能性、规范性、稳定性和适用性等方面，都有着较为明显的区别。

从与哲学的关系来看，哲学对公共政策学的贡献比任何一门自然科学或社会科学都要大。哲学构成公共政策学的世界观及一般方法论基础，尤其作为哲学重要分支的逻辑学，为公共政策科学研究提供了基本的理论模型和研究工具；而伦理学则为公共政策价值分析提供了基本原理和方法。

第二节 公共政策学的产生与发展

随着公共政策的不断形成和发展,公众对公共政策的认识、思想和观点也在不断形成和发展。当这些知识、思想和观念积累到一定程度后,一旦加以整合,人们发现并掌握了观察和研究政策过程的系统方法,公共政策学作为一门新的学科就形成了。

一、前公共政策学时期的政策研究

公共政策是公共权力机关进行统治与管理的工具,可以说公共权力机关的统治与管理正是通过制定与执行政策来进行的。因此,对政府政策的思考和研究随着国家的产生而开始。不论是在古代中国还是在古代西方,我们都可以从国家与政府的政治统治和行政管理活动中,从历史文献和考古发现中,收集到公共政策有关的知识、思想和观点。学术界通常将从上古时代直到20世纪中期的政策研究,统称为前公共政策学时期的政策研究。

（一）古代中国的政策研究

政策研究和政策思想源远流长,它是伴随着人类文明尤其是国家的形成而出现的。中国作为世界文明古国之一,在政策及政策研究方面有大量的思想遗产。在中国,辅佐统治者审时度势、运筹帷幄的"策士"出现得很早。夏商时期的家臣,西周时期的命士,春秋战国时期的所谓食客、策士、谋士等,他们当中的许多人,就是古代的政策研究人员。

从夏商周时期开始,史官得到了重用。统治者以史为鉴、古为今用;治史者期望自己的著述对当今和以后统治者的行为产生影响。从这个角度来看,中国古代的史学著作都可以被认为是政策研究著作。

从秦开始,中央集权的政治体制之下,一套由君主直接控制的监察系统逐渐建立和完善,这套系统对政策制定的建议和对政策执行所作的监控成效显著。始于隋、终于清末的科举制度在上是选举,在下是求仕。选举者和求仕者,都对政策分析十分重视——知识分子将读书阶段作为做官的准备阶段,自然就会关注政府运作,热衷于议政和政策能力的养成。

（二）西方国家的政策研究

科学技术的发展和产业革命的浪潮,以及生产力、生产关系的不断进步,使人们对国家的基本政策产生了新的理念要求和选择取向,也为人们研究公共政策提供了理论和经验方面的条件和手段。

19世纪中期,政治学开始了由思辨哲学向实证科学的转变,这一转变由不同的学者通过不同方式进行实践:约翰·密尔和托克维尔运用比较分析法和社会调查法验证政治假设;马克思、恩格斯运用辩证唯物主义与历史唯物主义方法对政治现象展开社会经济层面的考察和社会阶级层面的分析。这两种实践方式对作为政治学分支学科的政策学研究的发展,都产生了持续且深刻的影响。

从产业革命到20世纪初,在公共政策研究领域做出重大贡献的学者包括亚当·斯密、克劳塞维茨、马克思和恩格斯以及马克斯·韦伯。

亚当·斯密在政策研究领域的观点主要包括以下三方面。第一,谴责一切封建关系,力图证明刚刚诞生的资本主义生产关系的合理性;证明只有分工进一步发展才能增进整个社会的福利。第二,主张经济自由。认为充分的经济活动的自由是国民财富不断增长的条件,反对一切阻碍经济自由的政策和学说,并提出了一整套理论和经济政策;反对国家对经济活动的干预,主张国家实行自由放任的经济政策,让市场调节经济,政府只需扮演"守夜人"的角色;认为市场是一只"看不见的手",具有足够的力量来调节社会生产,调节生产规模,使经济活动沿着正常的轨道发展。第三,在研究方法上,以经济人的利己心这一假设作为立论的基础,认为人的本性就是个人利己主义;在经济活动中经济人受利己主义的支配,个人追求的总是个人的利益,但其结果却增加了共同利益。经济人假设即以尽可能少的投入获取尽可能大的收益,是亚当·斯密构建其政治经济学体系的基本分析方法。亚当·斯密的理论对英国当时的经济政策产生了巨大影响。政府与市场关系的理论为整个自由资本主义时期国家的经济政策和社会政策提供了基本的政策理念,界定了政策的范围和方向。经济人假设在第二次世界大战前后的年代里被一些学者发展成为理性选择理论或公共选择理论,这一理论对现代的政策分析也产生了广泛而深刻的影响。

克劳塞维茨在政策研究领域的观点主要包括以下三点。第一,提出系统的战略决策思想,认为应当把战争或战争中的各个战局看成一条完全由相互衔接的一系列战斗所组成的锁链中的一个环节;正确地设定战略、策略与战术之间的关系,为政策研究中"政策链""政策群"概念的形成奠定了基础。第二,将战略要素区分为精神要素、物质要素、地理要素和统计要素,这种战略要素分析为政策研究中的因素分析提供了典范。第三,强调战略决策须依据条件的变化而变化,从而为公共决策如何根据内部情势和外部环境的变化而予以修正和完善提供了良好思路。

马克思和恩格斯同为马克思主义的创始人。在对世界无产阶级解放条件的科学分析中,马克思和恩格斯在政策研究领域有着突出的贡献。第一,为世界各国无产阶级政党的战略与策略提供了理论指导,规定了根本的政策目标和实现目标的重要途径;为社会主义国家各个发展阶段的总政策、总方针、总路线、总纲领和各项基本政策,甚至为各个领域的部门政策提供了基本的政策理念,界定了政策的范围与方向。第二,其辩证唯物主义认识论为政策研究从注重政策结果到注重政策过程的转变指明了方向,而且政策研究遵循这样的认识路线能够正确地勾画出政策过程及其各个主要阶段的一般特点。第三,其历史唯物论为我们深入研究各种社会现象、探索社会发展的固有规律提供了科学的方法论。运用这一方法论进行政策研究,能够更准确地把握政策的本质,更有可能认识政策系统和政策环境之间、政策过程的诸环节之间、政策过程的各个阶段与其影响因素之间存在的因果关系或某种相关性,以及表层的因果关系或相关性背后的更深层次的影响因素的作用。

马克斯·韦伯在政策研究领域的观点主要包括以下四点。第一,强烈主张对社会、政治现象进行文化解释,甚至将社会科学称作文化科学,认为价值关联决定了社会科学与自然科学的分野。在价值关联和因果分析之间尚有一个中间步骤,这个步骤就是价值分析。第二,认为人的行动或社会行动包含动机和目标两个基本因素。第三，提出官僚制理想模型，并通过对官僚制组织结构的设计探讨了合乎理性的、科学的决策模型。第四，在社会科学方法论方面，提出理想类型并主张价值无涉。理想类型，从形式上看就是一种抽象理论的概念结构、一种概念集合或概念框架。价值无涉，则是指划清科学认识与价值判断的界限，须坚持客观性原则，将价值判断从经验研究中剔除出去。

二、公共政策学产生的背景

公共政策学在20世纪50年代初诞生，形成的历史背景包括其他学科的形成和发展及政治、经济、科学技术的发展和进步，主要条件有以下三个方面。

(一)公共政策学的产生是解决现实社会问题的迫切需要

第二次世界大战后各国面临着越来越多也越来越复杂的社会问题，特别是美国作为资本主义发达国家，面临着大量的社会矛盾与政治危机，这就促使人们把社会生活的改善与公共政策质量的提高直接结合起来，为解决各种社会问题，各国政府需要掌握大量政策相关的知识和方法，政策研究的重要性日益凸显，客观上推动了公共政策学的形成。20世纪60年代以后，植根于现实的需要，公共政策学得以实现进一步发展。

(二)公共政策学的产生适应了社会科学内在的进步要求

1. 系统论、信息论、控制论的产生

系统论主要研究系统的原则、规律或模式，并对其功能进行数学描述，由系统原理、系统方法、系统工程三部分组成。信息论是一门新兴的综合性学科，研究对象是信息，主要研究内容是信息的运动规律和应用方法，主要研究目的是促进计算机技术的发展。控制论主要研究不同系统之间的共同控制规律以实现优化目标，是利用系统各部分之间的相互关系和信息传递，将整个系统组织成为能自动合乎要求的运动机制的横断科学。系统工程三门学科相互交叉联系。

2. 决策科学的形成

决策科学是通过现代科学手段与分析工具对决策原理、决策程序和决策方法进行研究，并认识和把握正确决策规律的综合性新兴学科。研究对象是人类社会的决策活动，包括个人的、群体的和组织的三个层次，遍及社会生活的全部时间和各个领域。

3. 行为科学的形成

行为科学是运用自然科学的实验和观察方法，研究在自然和社会环境中人的行为规律以及人与人之间相互关系的学科。行为科学的宗旨是解释、预测、控制人的行为，以利于达到群体和组织预期的目标。

行为科学涵盖众多的学科，它们的统一性在于被称为"行为主义"的方法论。行为主义是从现代心理学中借用过来的一个概念，这里的"行为"指的是个人、组织或有机体受到特殊的内部和外部刺激而产生的行动或表现。所谓行为主义，指的是一种关于观察个人、组织或动物等有机体在既定环境中或内外刺激下的表现和反应的学说。它强调上述受观察者可观察的、可计量的、有规律的,甚至能够操纵和重复的各种行为表现的重要性,相信能够从这样的行为表现中发现事物本身固有的因果关系或某种相关性,并且认为任何研究结论都不能脱离作为记录这样的行为表现的证据而先验地推导出来。显而易见,作为方法论,行为主义与科学主义在内涵上几乎没有什么差异。

4. 凯恩斯主义的出台

在1929—1933年世界经济危机爆发前,欧美资本主义国家的政府遵循亚当·斯密的自由主义立场,在国家与社会、政府与市场的关系上扮演"守夜人"角色,对经济和社会生活干预很少。经济危机的爆发暴露了市场经济体制的缺陷,"市场失败"推动着政府和经济学家寻找救治方案。凯恩斯主义被西方国家的政府认为是最佳的方案。凯恩斯是英国著名经济学家。他于1936年出版的《就业、利息和货币通论》一书,使他的经济学理论体系更加完善。凯恩斯主义主张抛弃自由放任政策,扩大国家的经济职能,实行国家调控,干预经济体系的运行;认为市场失败的原因是有效需求不足,只要国家采取适当政策调节经济,就可以有效增加需求,消除经济危机。凯恩斯主义风靡世界,许多国家据此由政府制定政策干预经济。

凯恩斯主义的出台及其被奉为政府制定政策的依据,直接影响和催化着公共政策学的产生。一方面,公共政策对于经济、社会生活具有正面作用。古典自由主义充分强调了干预的负面作用,认为国家应当尽可能不干预经济、社会体系的运行,因此政府没有必要制定调节和控制国家经济生活的政策。而凯恩斯主义反其道而行之,同时实践也证明,公共政策是能够对经济、社会体系的健康运行产生益处的。另一方面,尽管许多国家的政府官僚系统不断扩充,但是政策的制定与执行过程中涉及的专门知识仍然大大超出他们的知识领域,解决的办法一是吸收学者参政,二是实行政策咨询。结果,政策分析、政策咨询、政策评估开始作为一种社会职业在有些国家应运而生。

(三)公共政策学的产生是社会科学职业化的必然结果

20世纪中叶,政治学、公共行政和社会学、经济学及相关科学日渐职业化。这一时期,政策相关知识的提供者不再是由银行家、企业家、记者和学者组成的对早期统计协会和其他政策研究机构有影响的混合群体,而变成了一些专门从事教学与研究的大学教授,政府号召他们提供关于政策制定与政府行政的实际建议。在"罗斯福新政"时期,国家恢复管理机构、工程项目管理机构、公共工程项目管理机构、安全与贸易委员会、联邦住房管理机构等部门雇用了大量的社会科学家,这些职业化的社会科学家开始进入政府。

第二次世界大战后各国的重建,为社会科学家们提供了展现他们在解决实际社会问题中的价值的机会。当然,在公共政策的逐步发展过程中,工程师、一线研究人员、系统分析专家和应用数学家的作用越来越大,虽然他们对政策问题的定位通常是狭隘的。

三、公共政策学的形成与发展

公共政策研究的源头可追溯到人类文明之初。古代及中世纪的历史典籍中有着大量关于政策及相关知识研究的论述,在近现代尤其是19世纪和20世纪上半叶社会科学的发展也为公共政策学的诞生奠定了坚实的基础,在经济学、政治学、行政学和社会学,以及运筹学、系统分析等学科领域积累起来的政策相关知识、政策研究理论和方法及技术,共同构成了公共政策学发展的基础。

(一)西方公共政策学的形成时期

1951年,拉斯韦尔和勒纳主编的《政策科学:范围和方法的新近发展》出版,被认为是公共政策学诞生的标志。

《政策科学:范围和方法的新近发展》一书提出了政策过程七环节原理,即信息、建议、法定、执行、实施、评价和终止原理,首次对公共政策学的对象、内容、性质及发展方向做出规定,并概括出公共政策学的六大特征。一是公共政策学是关于民主主义的学问。公共政策学是与个人选择相关联的学问,必须以民主的政治体制为前提。二是公共政策学的哲学基础是逻辑经验主义。公共政策学追求政策的合乎理性,使用数学公式和实证性数据,以科学的方法论作为研究、分析的工具。三是公共政策学是一门对时间和空间都极敏感的学问。当选择某一模型进行政策分析时,要记住政策是特定时空环境中政策问题的解决方案。四是公共政策学具有跨学科的性质。公共政策学不等于政治学,它融合了其他社会科学,具有新的学科体系。五是公共政策学是一门必须和政府合作研究的学问。从公共政策学的研究对象的特殊性来说,学者们需要非常了解政府官员对政策的认识和所掌握的数据;同时,政府官员也需要了解学者们的政策研究思路和政策建议。六是公共政策学是一门以社会变迁和发展为研究对象、以动态模型为核心的学问。当研究一项以社会发展为前提的政策的实施时,必须重视观察它究竟给社会带来了哪些积极的变化。

拉斯韦尔认为,公共政策学超越了社会科学的零碎的专门化,确立起了一种全新的统一的社会科学,指明了社会生活中的政策研究方向。

(二)西方公共政策学的发展时期

20世纪60年代中期后,公共政策学取得了迅速发展,成长为一个独立的学科,这与当时在美国工作的以色列学者德洛尔的努力是分不开的。他在1968—1971年间,出版了"公共政策三部曲":《重新审查公共政策的制定过程》(1968年)、《政策科学构想》(1971年)、《政策科学探索》(1971年)。德洛尔继承和发展了拉斯韦尔的思想,进一步具体、详尽地论证了一系列公共政策的基本理论问题,形成了拉斯韦尔-德洛尔的政策科学传统和公共政策的基本范式。德洛尔理论的基本内容如下。

(1)公共政策学的目标是认识和端正社会发展方向,它关注政策制定体制的改善及运用有效的方法和知识处理政策的过程,它主要关心社会指挥系统,特别是国家的政策制定系统。

(2)政策所关注的政策制定系统,是宏观的公共政策制定系统,即地方级、国家级和跨区域级的系统。

(3)公共政策学打破了许多学科之间的传统界限,特别是打破了传统社会科学和新出现的以定量为特点的社会科学之间的界限。

(4)公共政策学首先依靠的是建立起很抽象的、不直接应用于实际政策制定的理论结构,在纯理论研究与应用研究之间架起了一道桥梁。

(5)公共政策学不但运用一般的研究方法发现知识,而且第一次把个体的经验、社会学识也纳入自己的知识系统之中。

(6)公共政策学试图把完全由伦理学和哲学所垄断的价值观问题引进来,试图通过探讨价值的含义、价值的协调、价值的代价和信奉价值的行为基础,进一步帮助决策者进行价值观的选择。

(7)公共政策学的一个研究主题和重要方法是鼓励与激发组织的创造性,包括价值观的创造。

(8)公共政策学对变化的过程与动态的形势十分敏感,社会的改革及改革环境中政策过程的变化是公共政策学的基本模式、概念方法论发展的基石。

(9)公共政策学对时间很敏感,它抵制与历史无关的研究方法,强调未来,但又把今天看作是过去与将来的纽带。

(10)公共政策学既对科学中的理性知识在政策过程中的意义进行研究,又承认超理性过程的重要作用(如创造力、直觉、魅力及价值观、判断力等)。公共政策学对超理性过程的研究方法是使用推理手段。

(11)公共政策学试图成为一门自觉的科学,即把自身的规范、假说、潜在理论、学术基础及应用作为研究的主题,对自身不断研究、检验和重新构思。公共政策学清楚地界定了自己的应用范围,它以实证哲学为基础。

(12)公共政策学尽管在范式上具有革命性质,但它仍是对科学的追求,在检验与证实方面仍应符合科学的基本规范。公共政策学对范式的创新是必需的、严格的,而不是放宽了科学的基本标准。

(三)西方公共政策学开拓的新时期

20世纪七八十年代,政策系统和政策过程方面的研究取得显著成就,在政策评估、政策执行和政策终结方面形成了各种理论。

首先,政策评估成为一个重要的研究领域。20世纪60年代美国政府推行了许多重大的改革和发展政策,70年代对其中的一部分进行了评估,客观上促进了政策评估研究的发展。

其次,政策执行也得到了深入研究。20世纪60年代美国社会改革政策的失败,使政策执行的非军事化得到了加强。哈佛大学肯尼迪政策学院首先发表了一篇《公共政策执行问题的报告》,指出对政策执行过程的政治与官僚方面的研究往往为人们所忽视。加州大学伯克利分校公共政策学院的普雷斯曼和万达夫斯基等对奥克兰计划案例进行了详细研究,形成了政策执行及政策终结等理论。

最后,20世纪70年代开始兴起的公共选择理论,其实质是用经济学的途径来研究非市场决策即公共政策问题。

(四)当代西方公共政策学的新进展

20世纪80年代中后期以来,公共政策研究领域出现了一些新的研究趋势。

一是加强了政策价值观或公共政策与伦理关系问题的研究,研究者开始从政治哲学、安全分析、职业道德等方面对公共政策学的价值观进行探索。

二是公共政策与公共行政联系日益紧密,出现了用公共事务统指这两个领域的趋势。美国公共政策研究或政策分析的最权威组织——政策分析与管理学会成立的目的就是要沟通政策分析和管理研究,促进公共政策与组织管理的融合。

三是公共政策的研究视野进一步拓宽,一些学者认为过去的公共政策学片面强调经济理性和技术理性,无法解释丰富多彩的政策现象,主张用社会、政治和法律的理性取代经济和技术的理性。

现在,公共政策学在美国已经体制化了,在学术团体、基金来源、出版改造渠道、教育意识和职业化等方面都已经发展得相当完备。

纵观公共政策学产生、发展的演变过程,可以发现公共政策学走过了一条由学科化到组织化再到职业化的道路。学科化是指公共政策学逐步成为一门独立的学科,并走进大学,形成了各种层次的公共政策学专门人才培养体系;组织化是指随着公共政策研究的兴起,在世界各国出现了众多的官方的、半官方的和民间的政策研究组织,这是公共政策学学科化发展的必然趋势,也是其组织保证;职业化是指部分发达国家已经建立起了以政策分析、政策评估为职业的队伍,他们或以各种组织的名义承接包括政府在内的各种委托人的政策分析项目,或是以个人身份受聘于政府、公司、国际组织。

第三节 公共政策学的引进及其中国化

公共政策学产生于美国,在美国和其他西方发达国家的发展过程连续、完整且充分。因此,这门学科的概念、理论、模型和分析路径基本上是对西方国家尤其是美国公共政策的实践和经验的总结、概括与抽象。公共政策学引入中国后,要在中国土地上生根开花,必须在概念、理论、模型和分析路径上中国化,才能有效地解释中国的公共政策实践,最终形成有中国特色的公共政策学学科体系。

一、公共政策学的引入

我国台湾地区最早引入公共政策学,1975年台北大学政治学系开设课程"公共政策"。1978年,任课教师朱志宏出版了《公共政策学概论》,这是公共政策学领域第一本用中文编写的教科书。1977年1月,时任台湾中兴大学公共行政系主任的汤绚章教授邀请台湾大学、政治大学、东吴大学和文化大学十多位教授开座谈会,商定举办校际公共政策研讨会,并且邀请美国得克萨斯基督教大学公共行政与公共政策研究生项目主任薛菲尔教授到我国台湾地区讲授公共政策学。同年1—6月,台湾地区共举办16次公共政策研讨会。自此,公共政策学这一新兴学科和研究领域,在台湾地区各大高等院校开始推广。

随着改革开放的深入,中国大陆开始引进公共政策学,而引进和发展公共政策学的根本动机是推动党和国家领导部门决策科学化和民主化的进程。十一届三中全会后,面对改革开放的新形势、决策体制的弊端、决策过程的无序,以及决策手段的落后,决策科学化与民主化成为全社会现代化建设的迫切要求。

随着越来越多的公共政策学著作被翻译、介绍到中国大陆,以及大陆学者越来越多地赴西方发达国家做访问研究或参加相关学术会议,大陆学者也逐步系统、全面和透彻地了解了西方发达国家公共政策学的教学和科研成果。他们立足于中国现代化的发展需求,在吸收和融会西方国家公共政策学理论与教学的基础上,撰写了一批符合中国国情、具有中国特色的公共政策学教科书。

近年来,一批公共政策学者活跃在行政体制改革、公共服务与服务型政府建设、创新社会管理、应急管理、政府绩效评价,以及经济、社会和文化等政策领域的咨询活动中,在推进我国公共决策的科学化、民主化、制度化进程方面影响愈发显著。一些体现着纯粹公共政策学的思想库与智囊团组织发育了起来并开始发挥作用。一大批官方或民间的政策研究机构相继成立,公共政策学或公共政策分析作为咨询业的学科基础和人才培训基础的作用开始为大众所知。

二、公共政策学在中国兴起和快速发展的原因

首先,公共政策学的兴起是人们对改革开放前公共政策实践的经验与教训,特别是政策失误所带来的不良后果的深刻反思的结果。从20世纪50年代中后期开始,我国在发展过程中走了不少弯路。党的十一届三中全会后,我党和政府通过对改革开放前的决策失误的深刻反思,逐渐认识到国家发展进程中公共政策的重要性。

其次,公共政策学的发展是改革开放后现代化建设的具体实践,也是政府公共决策向科学化与民主化转变、向政策执行规范化和高效化转变的结果。十一届三中全会以后,国家发展开始以经济建设为中心,坚持改革开放。这要求我们在公共政策制定和公共政策执行方面的研究不断加强,在决策和执行层面不断提升,以完善公共政策运行机制和提高政府管理效率。特别是我国加入WTO(世界贸易组织)后,越来越复杂的决策环境,对我国政府通过公共政策创新来适应时代发展规律提出了更高的要求。同时,随着社会主义市场经济的不断发展,社会也出现了分层,社会差距不断拉大,社会矛盾不断涌现,这对政府通过公共政策来解决改革过程中出现的社会深层次问题的能力也提出了更高的要求。因此,迫切需要通过公民参与,进行科学、民主的决策,提高公共政策的质量,这就决定了公共政策学的兴起和发展。

最后,公共政策学的发展更是不断深化政府改革的需要。建立和完善社会主义市场经济,不可避免地对政府管理社会公共事务的能力和技术提出了更高的要求。市场本身存在着失灵的可能性,需要政府以公共政策的制定与执行的方式来干预,但政府本身也存在缺陷,在从计划经济向市场经济转轨的过程中,政府也需要进行改革。政府需要不断优化公共政策组织系统,提升公共政策供给效率与执行效果,以此提高行政能力和管理水平,更好适应新形势、新挑战,在适应新形势、新任务的基础上持续提升行政能力和管理水平。始终牢记建设法

治政府的目标和执政为民的要求,贯彻落实实行科学民主决策、推进依法行政和加强行政监督三项基本准则。同时,重大问题集体决策制度、专家咨询制度、社会公示和社会听证制度、决策责任制度等一系列配套机制也要尽快建立和完善。

三、公共政策学中国化

公共政策学在中国的发展,不能只是"拿来"和"照搬",不能只看到这门学科的"普适性""通用性"和"有效性"。我们必须充分认识到,与公共政策学的发祥地西方国家相比较,我国公共决策体制有其特殊性,政策过程也有所不同,政策环境即国情更有其复杂性。因此,构建有中国特色的公共政策学学科体系成为国内学界的重大课题。

(一)当代中国的公共政策实践

社会科学是解释特定社会现象的科学。现在我们学习、接受和传播的公共政策学中的概念性、理论性的东西,都是西方学者特别是美国学者在观察西方社会现象和公共政策过程时提出来的。

20世纪中期以来,中国经历了两次人类历史上较为重大的转型。一是中华人民共和国的成立,标志着中华民族独立和人民解放,中国从半封建半殖民地的旧社会转变为人民当家作主的新社会,为中国各方面的发展、进步奠定了根本政治前提和制度基础;二是改革开放的实行,标志着中国从传统的社会主义计划经济体制逐渐转变为社会主义市场经济体制,大大加快了中国从传统的农业社会向工业化的现代社会的转型,加快了中国的崛起。

这两次转型都是我国公共决策进行具有中国特色实践的成果。我国的公共决策实践丰富且独特。首先,我国公共决策体制是单一制国家结构中执政党领导的民主集中制,这一方面可以保障决策的有效性,另一方面也能够在法和政策之间留下自主裁量性,使试点制度得以在公共决策过程中插入。试点制度受到许多西方国家和发展中国家学者的称赞并试图引入本国的公共决策机制,但是,他们很难克服其决策体制与中国的差异所造成的障碍。其次,我国与西方国家在利益表达机制方面有着本质区别。利益表达机制直接决定了公共决策的内容、性质和方向。我国的利益表达机制是坚持党的领导、人民当家作主、依法治国三者有机统一,坚持从群众中来、到群众中去。而在西方发达国家特别是在美国,重视个体意见表达,相信个体有自由选择的权利,个体从自身的利益诉求出发结成利益集团,各个利益集团通过公共参与相互博弈,达到利益均衡,从而形成公共政策。此外,我国的公共政策实践过程中,有三个环节对保障决策的科学性起着特别重要的作用——调查、协商和试点。在这方面,中国与西方国家特别是美国之间的差异也是很突出的。最后,我国与西方国家的政策环境也大有不同。我国不仅在地理、气候、资源、人口、历史、文化等方面有着特殊性与复杂性,而且正处于并将长期处于社会主义的初级阶段,这是我国面临的基本国情。

(二)马克思主义理论与公共政策学

马克思主义理论与方法在当代我国公共政策实践中主导了决策者的决策思维。公共政策学的中国化离不开马克思主义理论与方法的创新性相结合。

在马克思主义中国化的过程中,政策研究受到了特别的重视。中华人民共和国成立以来,体制内的政策研究机构(如中共中央政策研究室、国务院发展研究中心)做了大量的研究工作,其研究成果对党和政府最高领导机关的决策起了重要的作用。这种类型的政策研究是在马克思主义理论与方法指导下进行的。在改革开放的早期阶段,伴随着决策科学的引进和推广,一批研究马克思主义哲学或科学社会主义理论的学者,以及体制内政策研究机构的领导者,吸纳决策科学关于政策系统、政策过程、决策思维的一般概念,在对马克思主义经典作家有关决策、政策、战略、策略的论述进行辑录和梳理的基础上演绎而成"马克思主义政策学"或"社会主义政策学"。

(三)当代公共政策学中国化的发展现状

经过40多年的发展,公共政策学在我国取得了较大的成就,具体来说有以下几方面。

第一,理论框架基本确立。学者们基于中国国情,经过多年的探索,在当代中国公共政策实践的基础上,充分吸收和借鉴了西方理论成果,逐步确立了一个具有中国特色的公共政策理论框架。这一框架以政策科学方法论为重要内容,以公共政策及其相关基本概念为基础,包括政策的主体与客体、政策的类型与结构、政策的环境与系统、政策的问题与功能、政策价值等,以公共政策运行过程为中轴,包括政策议程、规划、采纳、执行、监控、评估、终结等公共政策运行各个环节。

公共政策学的研究内容极为丰富。从研究对象来看,不仅包括基本的对政策及其过程的研究,还包括对与政策相关的组织机构、理论模型、政策工具、分析方法、影响因素等一系列关键要素的研究。从政策主题来看,研究领域囊括了经济政策、社会政策、文化政策、环境政策、科技政策、国家安全政策、公共卫生政策等社会生产与生活的各方面。从研究层次来看,既有着眼于国家层面的大政方针,也有关注地方层面的政策法规,以及跨层级的政策传递与政策落实。这些均形成了丰富多元的研究成果。

第二,公共政策作为一门学科,在我国各层次的学历教育和非学历培训中都有涉及,已经形成了相对完善的学科专业和教学体系。公共政策已成为公共管理学科中非常重要的二级学科。根据国务院学位委员会公共管理学科评议组发布的《公共管理学一级学科下属二级学科指导性目录(2023年)》和《公共管理学一级学科(代码1204)下属二级学科简介(2023年)》,公共政策二级学科是以问题为导向,描述、分析和解释公共政策实践及其规律的综合性交叉学科,为所属一级学科下的其他应用性二级学科提供决策判断、方案设计、执行与绩效评估等具有指导性、概括性和普遍意义的理论知识和科学方法;其他二级学科是公共政策的应用性实践领域或功能活动,也是激发政策分析理论、方法、技巧以及洞察力、创造力的政策知识分支。目前,除党校和行政学院外,很多普通高校的行政管理、公共事业管理、应急管理等相关专业也开设了公共政策及其相关课程。同时,高校不仅在公共管理硕士(MPA)专业学位下设公共政策方向,也在公共管理一级学科硕士、博士学位点下设置了公共政策研究方向。公共政策学正朝着体系化、专业化、学术化的方向蓬勃发展。

第三,公共政策研究的组织化与职业化大为发展。1992年全国政策科学研究会的成立,标志着公共政策研究的组织化。此后,各级公共政策研究的学术团体相继成立,相关高校和科研院所也先后成立了"公共政策研究中心"等相关研究机构。不少学者先后参与了党和政府有关政策的制定或咨询工作,积极推动了政府决策体制和政策运行机制的进一步健全和完善。一些民间研究机构也已出现,对公共政策问题进行了深入研究,如"天则经济研究所"对公用事业改革的研究就富有特色。

党的十八大以来,中国把智库工作上升到关乎党和国家长远发展战略全局的高度,提出加快推进中国特色新型智库建设。近十年来,中国特色新型智库事业蓬勃发展,体制机制不断创新,功能作用得到有效发挥,逐步形成了以国家高端智库为引领,各级各类智库相互支撑、协调共进的中国特色新型智库体系,快速推动了公共政策研究的组织化和职业化。

第四,本土化意识不断增强。为使公共政策学更贴合中国公共政策的实践,从引入之初,学者们就注重对其进行适应性的改造与创新,形成了一系列本土化的公共政策研究成果。一方面,借鉴国外公共政策研究理论成果,结合国内实际进行适应性调整后,将其用于指导国内公共政策实践,并不断检验和完善理论成果。如用于研究政策执行的范米特-范霍恩模型,不同学者根据其研究目的和所选的案例实际,对模型进行了适应性调整或提出了新的理解,丰富了模型的理论内容。另一方面,植根于国内公共政策的大量实践经验,通过描述与演绎,将其系统化为具有中国特色的公共政策知识。如宁骚教授提出的"上下来去"政策过程模型,就是基于当代中国公共政策本土经验构建的。

第四节 公共政策学的研究方法与本书框架

一、公共政策学的研究方法

公共政策学作为跨学科、综合性的研究领域,有不同的研究途径、方法和观点。一方面,可以基于不同社会科学学科框架进行研究,在公共政策学的发展中,形成了政治学途径、经济学途径等影响较大的学科途径。另一方面,可以通过某些社会科学的理论、假设或模型进行研究。研究途径和研究方法有差异,在描述公共政策的性质、原因和结果,解释公共决策系统及其运行时也会有差异,这就出现了不同的政策分析理论。

(一)政治学分析方法

关于政治学的研究途径,托马斯·戴伊在《理解公共政策》这一论著中概括了八种模型或途径,即制度模型、过程模型、集团模型、精英模型、渐进模型、对策模型、系统模型、理性模型。安德森在《公共决策》一书中则将西方政策分析的研究方法或观点归纳为五种理论,即系统理论、团体理论、杰出人物(精英)理论、过程理论、制度理论。

米切尔·黑尧在《现代国家的政策过程》一书中对当代公共政策学的政治学研究途径做了较全面的论述。他认为,大致有以下三个简单的政策形成模式:基于民众的要求产生;政治体制外的综合性力量推动它们列入政策议程;政治体制(最广义的政府)内的人确认需要解决的问题。而与这三种政策形成模式相对应的研究途径分别是:多元主义;各种环境理论和发展理论(包括结构主义和马克思主义的变种);强调国家的权力,寻求分析政府机构内政治主体的角色的理论。他用表1-2来概括这些研究途径或理论模式的形成、发展变化及最新趋势。

表1-2 当代公共政策学政治学研究理论的发展及最新趋势

最初的理论	发展	最新趋势
多元主义	工团主义理论	网络和政策共同体
公共选择多元主义	官僚制组织的经济理论	官僚机构塑造
精英主义	官僚特点的更广泛的探索	关注"核心执行机构"
工具马克思主义	马克思主义的工团主义	—
结构马克思主义	"自主型国家"的理论化	—
结构/行动主义	制度分析	宪政限制分析

(二)经济学分析方法

经济学分析方法也是公共政策分析的重要方法之一。这种分析方法是基于经济学范畴的概念框架、理论假定、分析方法及技术来研究公共政策领域的问题。主流的经济学分析框架包括以下几种。

1. 微观经济学

通过研究微观个体经济单位的经济行为来对市场机制的运行和作用加以解释和说明,进而对这种运行做出改善。微观经济学包括价格理论、消费者行为理论、成本理论、分配理论及微观经济政策分析与制定理论等。

微观经济学作为选择性科学,能够提供政策建议的目标取向给政策制定者。在参与公共政策事务时,微观经济学家更多的关注点在于政策分析与经济学的交叉研究,他们把政府或国家视作独立的微观个体。基于演绎法和数学模型,通过各种技术手段,解决"市场失灵"问题,使资源配置最优,带着最大化社会效用的目的研究政府微观行为。微观经济学能够有效地将公共问题的争论转化为可量化评估的实证分析,能够有效地帮助公共政策决策变得更加科学合理。

2. 宏观经济学

宏观经济学包括整个社会的产量、收入与价格水平理论,失业与通货膨胀理论,经济周期理论,经济增长理论及宏观经济政策等理论。政策制定者基于总量分析方法及宏观经济模型,对社会总体的经济行为及其后果进行分析和预测,为制定相关宏观经济政策提供参考,推进经济增长、稳定物价、促进就业等社会目标的实现。政府运用经济模型,通过公共政策的制定与执行,在保持宏观经济总量平衡及经济增长、提供公共物品、消除外在效应、再分配收入及财富、维持市场秩序等方面发挥积极作用。例如,现阶段我国政府运用宏观调控手段尤其是财政、货币和产业政策手段以及指导性的经济计划来对宏观经济进行调控,致力于推动国民经济健康、高速发展,达成基本的经济目标,包括经济增长、经济效益提升和社会稳定。

3. 福利经济学

福利经济学研究的主要内容是社会选择标准的界定、收入的再分配及资源的优化配置。通过社会选择标准对不同制度基础的经济进行评价，来确认最理想的经济。也可以说，福利经济学是以社会选择标准为基础建立的，内容涵盖了配置效率（或帕累托效率）、满足这项原则的必要条件、公平理论及其实施的原则、社会福利函数及各个学派的公式、社会最优选择等。

公共政策运用福利经济学相关理论对政府的现实政治、经济制度进行分析，在微观层面，对垄断、外部性、公共产品、收入不公平等社会现象进行剖析，提高政策运行效率，由政府针对市场中存在的"市场失灵"等问题，制定微观经济政策，实现收入的公平分配；在宏观层面，在封闭的经济中制定货币政策、财政政策、收入政策和价格政策，保证经济的平稳运行，在开放的经济中，政府通过对货币及汇率制度进行国际标准化管理，实现国际收支平衡。

4. 制度经济学

制度经济学主要探讨的是经济生活、公共政策与制度之间的互动关系，着重于对各类具有协调功能的规则和规则集进行分析等。公共政策意味着通过政治的和集体的手段系统地追求某些目标。它的实施主体不仅有政府主体（议会、政治家、行政官员），还包括了组织集团的代表，如工会、行业协会、官僚和某些个人等。他们左右着集体行动。集体行动涉及两个以上伙伴之间的协议，这种协议就是规则，而制度被定义为由人制定的规则，那么这种协议就是制度。可以认为公共政策也是一种制度。同时，公共政策能够在形成各种制度时引入特定目标，或在不同制度基础上为更有效率地追求特定目标提出政策建议。也就是说，公共政策通常是在既定的制度约束中展开的，但它也可以靠努力改变制度的方式来实施。

5. 公共选择理论

公共选择理论将经济人假说、交换范式和方法论、个人主义应用到公共政策领域。公共选择理论假定政治行动者个人都被自利的动机所引导而选择一项对其最有利的行动方案。

由这一假定出发，公共选择理论得出了一系列关于公共政策及其过程的理论解释。根据这种途径，投票者可以视为一个消费者；压力团体则是政治消费者协会，有时也作为合作者出现；政党相当于企业家——他们提出一揽子相互竞争的服务和税收政策以交换选票；政治宣传等同于商业广告；政府机构就是公共公司——都是依靠动员和获得充分的政治支持以掩盖成本。

6. 新制度主义经济学

新制度主义经济学也被称为新组织经济学。作为一种新兴的、影响不断加强的公共政策研究途径，强调了制度在政治生活中的决定性作用，认为制度自身是人类设计的产物，是工具性指向的个人的目的和结果；制度可以克服社会组织中的信息障碍和减少交易成本；作为持续不断的正式或非正式的规则，制度规定行为角色、约束行为和形成期望，因而它们不仅增加或减少交易成本，而且也形成偏好。

新制度主义经济学方法认为，持续不断的制度结构是社会和政治生活的基本建筑材料，个人的偏好、能力和基本的认同以这些体制结构作为条件；历史发展是路径依赖，一旦做出某种选择，便限制了未来的可能性；决策者在特定时期可利用的选择范围是那些早期确定了的制度性能的函数。依照这种分析途径，并不是制度引起行动，而是它们通过形成问题的解释和可能的解决方案，通过限制解决方案和选择及它们被执行的方式而影响行动。

(三)管理学方法

广义的管理科学(包括公共行政学在内)确立和应用的一般管理原则都是建立在对一系列大规模组织内的管理过程、管理动态和管理活动进行分析的基础上的。管理科学以信息科学、运筹学、系统分析、管理经济学、系统工程和社会心理学为基础，其理论核心是改进管理决策。管理科学对公共政策分析的最大贡献是系统方法，系统方法强调在大量条件和事件中的复杂联系，认为不能脱离整个系统的运行来考虑单一因素介入的效果。系统方法用于具体的问题决策时，通常采用仿真模型来预测系统效果的有效性。这些模型一般是数学模型或计算机程序，特别重要的有线性规划、动态规划、网络分析、对策论以及决策分析等。一般来讲，公共政策为管理科学确立整体性的行为方向与总目标，管理科学的发展要在公共政策的指导下进行。同时，公共政策从总体上来说是一种抽象的行为原则与规范，只有通过管理科学的具体行为，才能将公共政策的目标变为现实。公共政策与管理科学尤其是公共管理在研究对象上有很多相同的内容，它们的作用都是管理社会公共事务、解决社会公共问题，都要经过确认问题、制订方案、实施计划到评估结果的程序。管理学对公共政策学理论与实践发展的影响是非常广泛的。

(四)社会学方法

社会学主要研究构成社会结构的单位和适应社会结构的人类行为的变化。而社会结构是指所有周期的、有选择的、有规律的和通过各种社会控制来调节的社会相互作用的模式。社会结构的基本单位是社会角色和社会组织。社会学的理论体系包括各种描述性模型，如静态模型(通过对各种变量进行组织来说明结构的特征)、过程模型(描述社会结构中各种变量的变化)、动态模型(描述一个社会结构本身的变化)。这些模型应用了多元统计分析方法，特别是应用了路径分析、与构建非实验数据的因果模型有关的程序和调查研究方法。社会学对公共政策分析的主要贡献在于它对社会问题、种族关系、家庭问题、犯罪学和社会变革所进行的研究。社会学中关于公共政策的研究是描述性的，主要集中在公共政策过程，特别集中在公共政策的制定、实施和效果评价等几个阶段。社会学在社会控制、社会化和社会变化等广泛领域内，形成了大量的实践知识和理论。同时，社会学特别注重研究为什么有的社会实践会被当作社会问题，以及如何寻求解决这些问题的方法等一些与公共政策分析相关的问题。但由于社会学的体系强调结构化，而且致力于研究实际政策管理的变量，因而社会学在对公共政策分析中的应用是有限的。社会学多通过促进管理学和社会服务的发展，通过对城市规划(通过人类生态学和统计学)、法学(通过犯罪学和法律社会学)和医学(通过医疗社会学)的贡献来间接影响公共政策分析。

(五)组织学分析方法

在研究公共行政组织的过程中,人们认识到公共政策不仅是政治活动的结果,也是政府运行的产物。许多学者甚至认为政策过程是政府运行的核心,公共行政组织是政策过程的一个部分,强调公共政策的研究可以涵盖公共行政的领域而成为公共行政学研究的重心。起初人们的关注点在于如何科学化、最优化行政决策,并建立理想型的理性选择模式,强调在政策选择中充分掌握相关的政策知识和信息,并通过科学理性的分析方法选择最佳的政策方案。但后来有学者发现理性选择模式过于脱离现实,忽视了人类认识能力的局限和政治因素对决策的影响,因此又提出了渐进的决策模式。

20世纪80年代后,新公共行政学的影响范围越来越广,公共政策研究也开始注重社会多元价值和伦理方面的研究,强调应用更多的社会知识来规划和设计未来政策。政策设计概念的引入要求公共政策的制定应考虑更多的社会环境因素,尤其是考虑公共政策对社会及其成员将产生的影响,而不是只考虑谁在统治,谁是政策的获利者和谁在政策制定过程的参与竞争中胜出等传统政治学问题。持有这种观点的学者通常认为政策的失败与否从根本上讲是一个政策设计的问题。成功的政策设计必须考虑政治、经济、社会、文化等各个方面的环境,并能诱导人们采取有利于政策实施的行为。因此,政策设计理论包括了至少三个方面的内容,即政策结构性逻辑的模式、个人决策模式和政策环境模式,而这些概念和模式应该建立在经验性研究的基础之上。

二、本书框架

公共政策学是一门具有很强的社会应用性的学科,同时也是一个需要进行广泛而深入的理论探讨的领域。

根据公共政策学的特点与研究内容,本书的内容框架如下。

全书共十章,主要分为五个部分。

第一部分为总体描述,即第一章。这一部分对公共政策学进行概述,包括公共政策学的研究对象、特点、学科范围以及与相关学科的关联;公共政策学的产生与发展、引进与中国化;公共政策学的研究方法等。

第二部分论述了政府、市场与公共政策的关系,即第二章。这一部分的主要内容包括:社会问题、政府与公共政策、市场与公共政策、公共政策的本质与功能。

第三部分讨论了公共政策系统与公共政策工具,即第三、四章。这一部分的主要内容有:公共政策系统与工具的相关理论,公共政策系统要素,公共政策系统的结构与功能,公共政策工具的分类、应用及创新,中国特色公共政策工具实践。

第四部分介绍了公共政策过程,包括第五、六、七、八、九章。这一部分的主要内容有:公共政策过程,公共政策问题与议程,公共政策建议与合法化,公共政策执行与评估。

第五部分研究了公共政策创新,即第十章。这一部分的主要内容有:公共政策创新、学习、试验、扩散等。

第二章 政府、市场与公共政策

正确分析政府与市场的关系,是科学界定公共政策作用的逻辑起点。本章首先概述社会问题的概念内涵、特征及分类,其次对政府、市场在解决社会问题过程中的角色定位问题展开讨论,这种讨论便于我们理解政府、市场与公共政策之间的关系,最后针对公共政策的本质与功能进行介绍。

第一节 社会问题

社会问题是公共政策产生的现实依据,公共政策的制定是为了解决社会问题,如果对社会问题界定本身就存在问题,那么政策的科学性、有效性就无法保证,会隐藏政策风险。一旦这些政策风险因素爆发,难免会诱发新的社会问题。因此,在研究公共政策相关内容之前对社会问题进行准确界定尤为重要。本节主要介绍社会问题的定义、构成要素、一般特征及类型,准确把握社会问题的概念内涵,对公共政策的理论、实践研究有重要意义。

一、社会问题的定义

社会问题是一种普遍存在的社会现象,当社会内部的矛盾发展到一定程度,成为一种明显而又普遍的现象时,就会产生社会问题。学界对什么是社会问题的看法众说纷纭。20世纪40年代中后期,我国社会学家孙本文在《现代中国社会问题》一书中,总结归纳了当时国内外社会学家对社会问题的种种理解。他认为这些理解可以归纳为四种:第一种从社会变迁和文化失调的角度来解释社会问题的产生;第二种观点认为,社会问题并无特殊内容,无论什么社会情况,只要引起社会上多数人的注意,并且需要社会集体采取行动来调整和补救的,就是社会问题;第三种是社会学中的社会心理学派的观点,这一观点认为社会问题不仅是一种见得到的现象,而且是人们的一种心理状态,是一种价值判断;第四种是孙本文在总结他人观点的基础上提出的个人见解,他认为社会问题就是社会全体或一部分人的共同生活或社会进步发生障碍的问题。

总的来说,社会问题有广义与狭义之分。广义的社会问题,泛指一切与社会生活有关的问题;狭义的社会问题,特指社会的病态或失调现象。这里所说的是狭义的社会问题,指的是在社会运行过程中,由于存在某些使社会结构和社会环境失调的障碍因素,影响社会全体成员或部分成员的共同生活,对社会正常秩序甚至社会运行安全构成一定威胁,需要动员社会力量进行干预的社会现象。

二、社会问题的构成要素

一种社会现象能否成为社会问题,必须具备一些共同要素,满足一些共同条件。20世纪40年代,美国社会学家富勒曾提出社会问题包含客观和主观两种因素。威胁社会运行安全的一种或多种社会失调现象是客观因素的表现;多数社会成员认识和确定这种危害,并有运用社会力量加以解决的愿望是主观因素的表现。20世纪50年代末,美国社会学家米尔斯在其代表作《社会学的想象力》一书中,提出要注意区别个人麻烦与公共问题这两个问题。20世纪60年代以来,社会学家越来越重视社会问题构成要素的分析。默顿曾提出一种二维分析法,认为社会问题从类型角度可分为社会解组与社会越轨,从表现形式角度可分为外显性社会问题与潜在性社会问题。

国内学者大多从四个方面来分析社会问题的构成要素。有学者认为,应从发生情境、失调现象、产生缘由和解决方式四个方面来判定一种社会现象是否会成为社会问题;也有学者认为社会问题的构成应考虑它的形成原因、影响范围、问题性质和社会后果等四个方面。目前,国内外学者一般认为,社会问题由如表2-1中的四个要素构成。

表2-1 社会问题的构成要素

构成要素	具体内容
必须有一种或多种社会失调现象	界定社会问题的首要条件是以客观事实为依据,因此,社会问题是社会生活中确实存在的某种具体的客观事实,具有客观性,而不是人们的主观臆想。对社会问题的认识,是以社会生活中存在某种与社会和谐、社会运行和社会发展不相协调的社会失调现象为客观依据的。没有社会失调现象,社会问题就无法确认。有些社会失调现象尽管一时还未被社会觉察或确定,但它依然客观地存在于社会生活中,对社会生活产生影响。值得注意的是,大多数社会问题涉及多种社会现象,是由多种社会现象交织在一起的客观事实
失调现象影响多数社会成员的利益或共同生活	社会问题通常是一种"公共麻烦",而非"个人困扰"。在社会生活中,人们所遇到的问题若仅代表个人境遇或感受,这属于个人问题。社会问题会涉及很多的人或社会关系,与全体或多数社会成员有紧密的关系,可以直接或间接影响到部分社会成员的正常生活和利益,让大家产生困扰或不适
失调现象引起了社会的普遍关注	失调现象是社会问题产生的先决条件,但是有了失调现象并不意味着一定会变成社会问题。只有失调现象引起了众多社会成员的普遍关注,被多数社会成员所认识和确定,才能真正成为社会问题。即当失调现象处于潜在的、还未被多数社会成员意识到的状态下时,便不能被认定为社会问题。在社会问题的具体认定过程中,还会涉及多方面的因素和环节。社会问题认定的一般过程是:首先由专家、学者或媒体先行觉察和认识,然后在社会上宣传、呼吁,引起社会成员的普遍关注,逐渐形成社会舆论,从而引起政府或相关权力部门的注意,利用制度、政策、法律法规等强制力量使该问题明确化和具体化,使社会公众越来越认识到它的严重性、破坏性,越来越多的人关注它的现状、形成原因、发展趋势、社会危害及消除它的必要性和对策。至此,这一失调的社会现象才能正式成为社会问题

续表 2-1

构成要素	具体内容
失调现象只有运用社会力量才能予以解决	想要妥善解决社会问题,仅靠个人力量无法实现,需要依靠整个社会的力量。因为社会问题的产生具有社会性,并非由个人或少数人负责;社会问题的后果也具有社会性,影响到的是多数人的社会生活。一般来说,动员和调动社会力量的可能性在一定程度上决定了社会问题解决的可能性

三、社会问题的一般特征

社会问题的一般特征主要表现为:普遍性和变异性、复合性和周期性、破坏性和集群性。

(一)普遍性和变异性

社会问题的普遍性是指社会问题无所不在、无时不有的特性。社会问题无所不在表现为空间上的普遍性,即社会问题普遍存在于任何社会、民族、国家或地区之中。社会问题无时不有表现为时间上的普遍性,即从人类社会诞生之时起,在社会的运行与发展过程中时时刻刻都伴随着社会问题。

社会问题的变异性是指社会问题在不同地区、民族及时间里各有特点的性质。变异性包括空间上的变异性和时间上的变异性两个方面,前者是指在不同的地区、民族或社会里,社会问题的表现形式和性质各异;后者是指在不同历史时代里,各地区、民族或社会的社会问题的表现形式和性质各异。

也就是说,不管处于何种类型的社会,即原始社会、奴隶社会、封建社会、资本主义社会、社会主义社会,不管处于何种类型的国家,即发达国家、发展中国家,不管处于何种民族,即西方民族、东方民族,都会普遍存在社会问题。但以上所有社会问题的表现形式和性质是不一样的,这说明社会问题在空间上的普遍性与变异性是统一的。社会问题不仅普遍存在于每个历史发展阶段和社会运行时期,还普遍存在于各民族、地区、社会形态里,而且其表现形式和性质都是不一样的,这说明社会问题在时间上的普遍性与变异性是统一的。

(二)复合性和周期性

社会问题的复合性是指社会问题的产生原因、表现形式及社会后果等方面的复杂性质,即社会问题由多个因素组合而成,多种社会问题常常同时存在,并且引发一系列破坏性的社会后果。复合性表现为社会问题由多种复杂的社会因素构成,这对探索社会问题产生的社会根源更加困难。社会问题的周期性是指社会问题在一定时期内反复出现的特性。周期性表现为社会问题在一定时期内反复出现,危害社会运行安全,这使解决或缓解社会问题十分艰难。

社会系统的复杂性决定其复合性。社会运行既是一个多种社会力量叠加、复合与融合的过程,也是一个多种社会矛盾互相冲突而又保持动态平衡的过程。在这一过程中,各方面的力量和矛盾既相互协调,又相互冲突。当各方面的力量和矛盾互相协调时,可以推动社会运行;当各方面的力量和矛盾互相冲突时,会阻碍社会运行,这也是产生社会问题的根本原因。若能有效调节这种冲突,便可能将阻碍社会发展的各种因素转化为推动社会发展的各种因素。因此,解决社会问题的实质就是调解社会冲突,把对社会不利的因素变成对社会有利的因素。

社会冲突的永恒性决定其周期性。社会冲突可以调解但无法消灭。社会冲突是推动社会发展的主要因素之一,没有社会冲突就不可能实现社会发展。正因为这样,有时候社会冲突看似得到调解,但过了一段时间,会以另一种形式出现。当社会冲突积累到一定程度,便会形成社会问题。一般来说,社会问题通常会有一个潜伏期,也就是某种社会冲突一旦得到了解决,这个问题就会被暂时性地掩盖,并不被人们注意到。随着社会冲突的加剧,相应的社会问题也将由潜伏状态转入活跃状态,进而会阻碍社会的正常运转和发展。

(三)破坏性和集群性

社会问题的破坏性是指社会问题会对社会运行和社会成员的生活产生威胁、损害的破坏性作用。并非所有的社会现象都会有破坏性,但是社会问题作为一种社会现象却具有破坏性,如犯罪问题影响了人们的安全生活,打破了社会运行的正常秩序。也就是说,社会问题最基本的特征是破坏性。无论从其数量还是从其所波及的范围来看,社会问题都是极具破坏性的,因此,人们对其产生了极大的关注。

社会问题的集群性,是指社会问题一般不是单个出现,而是多个社会问题以一种或多种方式组合在一起同时出现,从而对社会运行造成更大的破坏。在众多的社会问题中,往往有一个或多个核心问题,由此而引发并衍生出其他的社会问题。如目前中国存在的主要社会问题是人口问题,由此会引发养老、住房及就业等方面的问题。在美国社会中,种族问题一直被认为是美国的核心社会问题,由此产生了种族冲突、暴力事件频发等方面的问题。

四、社会问题的类型

国内外不少社会学家对社会问题进行了分类,并尝试按照一定的标准将社会问题划分为不同的类型。

(一)以社会问题的产生分类

1. 以社会问题发生的可能性划分

以发生的可能性划分,社会问题可以分为必发性社会问题和偶发性社会问题(表2-2)。

2. 以社会问题产生的主要原因划分

社会问题产生的主要原因具有多元性和复杂性。从因果联系上看,社会问题是一果多因现象。但任何社会问题的多元成因中,一般又有一个决定某一社会问题发生的相对主要原因。

表 2-2　以社会问题发生的可能性划分

类型	具体内容
必发性社会问题	是指在社会变迁或发展过程中必然发生的社会问题。这些问题产生于一定的社会历史阶段，或产生于一定的社会背景。就拿环境污染来说，工业发展在一定程度上会对自然环境造成污染和破坏。在现代工业化进程中，当工业化达到一定的规模和水平时，必然会造成全球性的污染
偶发性社会问题	是指在社会变迁或发展过程中不是必然发生的，且可以这样出现也可以那样出现的社会问题。这些社会问题的产生是偶然性的、可能的。例如，在人口问题上，由于各个国家、民族和地区在不同的历史阶段或一定的历史阶段中，其经济发展水平、社会冲突程度、人口的历史状况、自然资源状况、社会文化传统、社会观念等都有很大的差别，所以在各自发展的不同阶段或一定阶段，人口问题不一定都会出现

按照产生的主要原因，可以将社会问题进行分类。例如，从不同的领域分析社会问题的主要原因，社会问题可以分为经济的、政治的、文化的、社会观念或社会心理的，以及生存自然环境的等；从社会结构的角度分析社会问题的原因，社会问题有源自生产力的、生产关系的，有源自经济基础的、上层建筑的，或有源于社会关系、社会分层等方面的。

按照产生的主要原因对社会问题进行分类，不仅是对各种社会问题现象产生的具体情况的一种认识，也是对各种社会要素与社会问题之间相互影响、相互作用的一种认识，更是寻求社会问题解决办法的一种重要的认知基础。

3. 以社会问题产生与社会结构的关系划分

社会结构是社会体系诸要素之间较为持久、稳定的排列、组合及相互联系的模式，是社会存在的最主要形式，是许多社会现象产生的基础或条件。认识一种社会现象的发生、发展与消亡，其关键在于认识一种社会现象与一定的社会结构是否有关。根据社会问题产生与社会结构的关系划分，社会问题可分为结构性社会问题和非结构性社会问题两类(表2-3)。

表 2-3　以社会问题产生与社会结构的关系划分

类型	具体内容
结构性社会问题	社会问题的产生和存在是由一定的社会结构所导致的，或与一定的社会结构有着直接的联系。因此，要想解决这类社会问题，必然要对某些社会结构进行调整。例如，我国城乡关系的不和谐问题，其根源就在于我国长期以来存在着城乡二元结构。这是社会结构上的一个问题，即结构性社会问题
非结构性社会问题	它既非源于某种社会结构，也非与这种社会结构有直接的联系。因此，一般情况下，解决这样的社会问题，通常不需要改动社会结构。例如，在社会发展的各个时期、各种社会形态及社会组织中，都存在着犯罪问题、环境污染、交通拥挤等现象，与社会结构并无直接关系

4. 以社会问题产生与社会存在(运动)的状态划分

以社会问题产生与社会存在(运动)的状态划分,社会问题可分为稳定性社会问题和过程性社会问题两类。

稳定性社会问题是指当一个社会处于相对稳定的时期或状态之中时,出现的各种各样的社会问题。社会结构的稳定,甚至是社会的所有层面的稳定,都有利于社会的稳定、和谐和发展。社会结构的不稳定,会导致社会的惰性、社会制度的滞后、社会效率的低下、社会意识的封闭和僵化,严重地阻碍生产力和社会的全面发展,从而无法避免地致使社会失调的产生。

进程性社会问题是指在一个相对动荡的时期,或在一个较大的、剧烈的社会变革进程中,产生的一种不正常的社会问题。根据事物的存在(运动)规律,社会始终处于变动之中。然而,在社会发生较广泛、较剧烈的社会变革、社会变迁的时候,特别是社会制度、社会结构发生改变的时候,由于社会各方面的变革、变迁的速度和程度的差异性,社会变革、变迁的过程和形式的波动性,以及社会变革、变迁的具体动力,社会承受能力,社会某种超稳定性的制约等因素,在大多数时候,往往会导致某种社会失调现象的发生。

(二)以社会问题的内容、表现形式分类

1. 以社会失调的具体内容划分

社会问题的本质是社会失调,但社会失调的具体内容是不同的。那么,以社会失调的具体内容进行划分,可将社会问题划分为若干类型的社会问题(表2-4)。

表2-4 以社会失调的具体内容划分

社会失调的具体内容	社会问题的类型
自然环境方面	环境污染、资源短缺、能源危机等
经济方面	失业、通货膨胀、畸形消费、假冒伪劣产品盛行等
政治方面	权力腐败、官僚主义等
人口方面	人口过剩或人口过少、贫困人口多、低素质人口增长、劳动力短缺等
教育方面	应试教育、教育经费短缺等
社会安全方面	吸毒贩毒、瘟疫等
社会文化方面	道德水准下降、精神文化滞后等
社会心理或社会意识、观念方面	普遍不满的社会情绪、沮丧的情绪、生活的紧张或压力感、社会观念的混乱等
城市社区中	住宅紧张、供水供电紧张、交通拥挤等
农村社区中	劳动力剩余、宗族矛盾等

当然,还可以通过别的方法和指标来区别社会失调的具体内容。例如,社会行为过程的失调与社会心理过程的失调,社会物质生活过程的失调与社会精神生活过程的失调,社会物

质关系的失调与社会非物质关系的失调等。然而,无论怎样划分,其目的是要认识到社会问题的本质,即社会失调的各种具体内容和状态。

2. 以社会问题的表现状态划分

任何社会现象都是以人为中心的,即社会问题的主体是人的行为。从行为主体的角度看,社会行为要素可分为主观和客观两个方面。前者是行为主体行为的目标、计划、方式、手段等;后者是指个人生活的社会环境,它包含了社会结构、社会规范、社会控制、社会关系、社会文化等的状态。人的任何行为都必然是由主、客观两方面因素共同作用的结果,但在不同的行为中,这两方面因素的具体影响又不尽相同。在某些行为中,行为的目标、方式等起支配作用,即行为主体的主观选择或主观因素起支配作用;在某些行为中,社会关系的约束、社会规范的明确性和一致性、社会控制的强度、社会文化的影响等起支配作用,也就是说这些都是由主体所处的客观环境或客观因素所决定的。社会问题现象的本质是社会失调,即社会失调也是一种社会行为的表现状态。因此,按照社会行为主、客观要素的具体作用来划分,社会问题可分为社会反常性社会问题和社会解组性社会问题(表 2-5)。

表 2-5 以社会问题的表现状态划分

类型	具体内容
社会反常性社会问题	指造成社会问题是社会行为主体的主观选择或主观因素起主导作用,是部分社会行为对社会环境——社会认可的社会关系、社会规范、社会控制、社会管理、主导社会文化等的反叛。社会失调表现为部分人社会行为的失调、偏差、越轨等
社会解组性社会问题	指造成社会问题是社会行为主体的客观环境或客观因素起主导作用,是社会环境——社会关系的矛盾,社会规范体系相互矛盾、社会失范或社会规范的约束力减弱、社会失控或社会控制力减弱、社会管理混乱、社会文化冲突、社会观念混乱、社会凝聚力降低等对社会行为的影响。社会失调表现为倾向性的社会行为失调,或者说表现为社会整体、社会自身的失调

社会反常性社会问题的社会行为具有基本的和谐、稳定和均衡的或合理的社会环境,有利于引导人的理性行为。然而,由于某些人在其行为过程中,主观上存在着对现存社会的反抗,他们选择了反社会的行为目标和方式,从而造成了社会某些方面的失调。对社会解组性社会问题来说,它所处的社会环境中,存在着不和谐、不稳定、不平衡的因素,甚至某些领域就处于不和谐、不平衡、不稳定的状况,也可以说它是不合理的,社会环境的不合理使人的行为产生不合理的后果,从而使社会的某些方面出现了失调。

3. 以社会问题的表现程度划分

以社会问题的表现程度为标准进行划分,社会问题可划分为显性的社会问题和隐性的社会问题两类(表 2-6)。

表 2-6　以社会问题的表现程度划分

类型	具体内容
显性的社会问题	即客观方面或原生社会事实的社会失调现象,其事实表现充分、清晰,在主观方面或派生社会反应,人们普遍对失调现象有较明确、集中的感受、认识及解决的期望,并公开表示、表明或表现出来,而且大都具有一定的科学研究和科学认识
隐性的社会问题	即客观方面或社会事实的社会失调现象,其事实表现尚欠充分、清晰或被掩盖,在主观方面或派生社会反应,人们对失调现象大都尚未有较明确、较充分、较集中、较公开的认识、态度和期望,缺少相当的科学研究

4. 以社会问题存在的空间范围划分

由社会问题存在的空间范围可将社会问题区分为:全球性的或世界性的,如环境污染、吸毒贩毒等;主权国家范围的,如美国的种族歧视、俄罗斯的酗酒等;自然区域范围的,如某些地方的流行病、性别比例失调、民族矛盾等;社区区域范围的,如某些城市社区的住宅紧张,某些农村社区的贫困等;行政区域范围的,如上海市、广州市的交通紧张;还有经济区域范围的、文化区域范围的、民族区域范围的等。不同范围的社会问题,其产生的具体原因、对社会的影响程度、解决的条件和方式等均有所不同。

(三)以社会问题的影响及解决分类

1. 以社会问题对社会影响的根本性质划分

任何社会问题作为一种本质上的社会失调现象,都在一定方面、一定程度上破坏社会的平衡、稳定与和谐,妨碍社会机能、社会生活乃至影响到社会的各方面。但是,各种社会问题产生的原因不同,对社会的影响作用也不同。由此,社会问题可分为消极性的社会问题和积极性的社会问题。

消极性的社会问题打破社会的某些平衡、稳定、和谐,在一定方面、一定程度上妨碍社会机能、社会生活,从根本上延缓、阻碍社会的前进。积极性的社会问题虽然也会打破社会的某些平衡、稳定、和谐,但却孕育或促进、推动社会的进步。例如第二次世界大战以来,社会变迁中社会化的环境、内容、速度、方式的不同,致使两代人(在我国表现为父子、婆媳、师生、师徒、青老知识分子、青老干部等)之间在价值观、伦理观、人生观、生活态度、生活目标、生活方式等方面产生许多差异,即代沟(或代差)。这一普遍存在于各国的现象,被许多社会学者认为是社会问题。这一现象虽然引起人们之间及社会生活诸方面的矛盾、冲突,但正是这种矛盾和冲突促使了社会观念、生活方式的更新,推动着社会的进步,因而其对社会的影响从根本上来说是积极性的。

2. 以解决社会问题的条件划分

人类对社会问题的认识能力和解决能力,从根本上是无限的、绝对的,但一定时期或一定历史阶段中,人们对具体社会问题的认识能力和解决能力又是有限的、相对的。以解决社会问题的条件划分,社会问题可分为以下两类。

一类是一定时期内有条件、有能力解决的。例如我国的住宅短缺问题,目前已得到社会的普遍关注和政府的高度重视,随着经济的发展和住宅建设的发展、改革的深入、各项政策的调整、住宅观念的变更、消费方式和消费观念的更新及生活水平的提高等,我国的住宅紧张状况可望在21世纪内或稍长一点时间内得以解决,并达到小康住宅水平。

另一类是一定时期内暂无条件和能力解决(当然完全有可能阻止其进步发展或恶化)的。例如我国的人口问题,人口生长的自然规律,社会经济增长的规律,以及我国教育、管理、社会政策、国民素质、传统观念等具体的国情,决定了我国不可能在三五年内完全解决人口素质偏低、劳动力剩余与失业并存等问题。当然,通过提高经济发展质量、调整人口政策、实行人口立法、提高国民素质等方式,可能可以阻止人口问题的恶化。

第二节 政府与公共政策

在现代社会中,政府是解决社会问题的主导者,主要通过制定和实施公共政策来实现社会问题的解决。本节将集中考察政府与公共政策的关系。这种考察有助于回答如下问题:政府为什么要制定和实施公共政策?政府应当在哪些方面制定和实施公共政策?实际上,这些问题同时也是政府在解决社会问题过程中的角色定位问题。

一、政府与公共政策的关系

(一)公共政策的起源:政府的理性选择

公共政策最早随着国家和政府的出现而产生,政府作为公共权力的执行者和公共利益的代表者,在公共政策执行中扮演核心引领的角色。政府有义务和责任去增进和维护公共利益,满足社会民众的需求,这是构建现代市场经济国家的基本立足点。从公共政策的制定和执行过程来看,公共政策是循序渐进、逐步发展的。随着公共政策的不断完善,其分类也变得更加清晰明确。面对公共政策种类的多样化和分层的具体化,政府必须进行理性选择,以确保公共政策的有效性、公正性和可持续性。政府在理性选择国家重要公共政策执行时,需要遵循合理的条件和程序以及特定的标准,不能违反社会公共利益,应力求提升公共政策执行的有效性。公共政策的功利主义取向决定了政府在选择和制定政策时,应更多地考虑公共利益和整体的、普遍的大多数人的福祉。政府理性选择的公共政策不仅强化规则意识,更加强调经济公平、自由和效率的价值取向。此外,经济政策在政府选取的所有公共政策中处于核心地位。

(二)公共政策:现代政府职能的实现途径

随着市场经济体制的完善,民主意识、权利意识逐渐增强,传统单向管制型政府向现代民主协商型政府转化,现代政府职能发生了根本性变化。传统政府职能的行使完全置于统治的环境下进行,政府行政管理权的行使主要为直接干预、强制、指令等统制命令的方式,而现代政府权力的行使基本是在宪政条件下进行的,政府行使社会事务管理权需遵循法治的基本原则,依靠政策、民主协商等方式推进。公共政策是政府行使权力的重要依据和保障,公共政策也使现代政府权力行使更加规范化、稳定化。现代政府对社会公正、政治民主、经济自由、发展效率等国家战略任务承担不可推卸的责任,公共政策是政府对整个社会价值的权威性分配,这是公共政策本质特点的反映,其对社会公平与正义起着基本保障作用。公共政策的制定、执行、评估和监督是现代政府的重要职能,维护社会公共利益和体现广泛民意的公共政策也是现代政府顺畅行使其职能的重要保障。

二、政府在公共政策中的能力体现

政策动态运行过程包括政策问题认定、政策方案规划和选择、政策执行、政策评估、政策调整等环节。通过这些政策环节,政府才有可能达到解决社会公共问题的目的,满足社会公众的需求,推动社会、经济、政治、文化等方面的发展。因此,政府能力就是从这些政策环节之中体现出来的。具体而言,可以从政策问题认定、政策方案规划和选择、政策执行、政策评估和政策调整五个环节来理解政府在公共政策中的能力,如表2-6所示。

表2-6 政府在公共政策各环节中的能力体现

政策环节	能力体现
政策问题认定	认定政策问题原因、性质、后果的能力 在恰当时机认定政策问题的能力
政策方案规划和选择	使政策方案规划具有合理性的能力 使政策方案具有公共性的能力
政策执行	使政策执行具有效率性的能力 使政策执行最大程度达到预定政策目标的能力
政策评估	全面评估政策执行结果的能力 使政策评估结果具有客观性的能力
政策调整	根据现实需要,实施政策终结或政策替代的能力 在政策变动情况下,维持社会稳定的能力

面对日益复杂的治理需求,与政府职能扩张相适应,政府的公共政策内容也日益丰富和多样化,主要表现在以下几个方面。

(1)随着政府经济职能的扩张,以"罗斯福新政"为标志,西方国家放弃了放任自由的资本主义政策,改变了政府传统的"守夜人"地位,转而通过各种形式广泛地介入社会经济活动。例如政府通过中央银行制度,控制货币投入量、利率和汇率;通过税率、税种、关税调整产业结构;通过国家投资引导企业行为等。

(2)在社会职能方面,政府大大强化了其作为社会公共权力主体的地位和作用。政府在诸如社会公平、社会保障、社会安全、国民教育、公共交通、环境保护、自然资源保护等方面,广泛制定大量的公共政策。这类公共政策涉及的领域十分广泛,每一个公民从出生到死亡都不可避免地生活在政府公共政策的影响之下。

(3)在人类事务等方面,公共政策的内容亦随着人类事务的日益增加而丰富。例如,公海的共同开发和利用问题、核能的和平利用问题、防止和克服恐怖主义等危机问题。

三、政府失灵的主要表现

在市场经济中,政府干预经济是为了矫正和弥补市场机制的功能缺陷或市场失灵。但是,政府为此所采取的立法、行政管理以及经济政策手段等在实施过程中往往会出现各种问题和事与愿违的结果,最终导致政府干预经济的效率低下和社会福利损失。也就是说政府在力求弥补市场失灵的过程中又不可避免地产生了另外一种缺陷,即政府活动的非市场缺陷——政府失灵。目前,政府失灵已被公认为是一种客观存在的现象。

在公共政策学者的著作中,市场失灵被看成是实施公共政策的根本原因,或用他们的概念表达为"公共政策的基本原理",而政府失灵则被看成了公共政策有效性的限制因素。韦默和维宁将政府失灵归为政治制度的四个一般固有的问题,即直接民主制所固有的问题、代议制政府所固有的问题、官僚主义供给所固有的问题和分权制度所固有的问题(表2-7)。

表2-7 政府失灵的根源

政治制度	固有的问题
直接民主制	投票悖论(委托的意义含糊不清)
	偏好强度和偏好成本(少数派承担成本)
代议制	被组织和被动员的利益的影响(通过寻租和租金浪费造成的)
	地理性选民(无效的政治拨款分配)
	选举周期(过大的社会贴现率)
	为引起公众关注而摆出的姿态(限制性议程和对成本概念的曲解)
官僚主义供给	代理损失(无效率)
	评估产品价值的困难(分配和无效率)
	有限竞争(动态无效)
	包括公务员限制在内的事先规则(因顽固性导致的无效)
	作为市场失灵的官僚失败(对组织资源的低效使用)
分权制度	分散权力(执行问题)
	财政外部性(地方公共物品的不平等分配)

注:本表来源于戴维·L·韦默、艾丹·R·维宁著,戴星翼、董骁、张宏艳译,《政策分析——理论与实践》,上海译文出版社,2003。

(一)公共政策失误

政府干预经济生活的基本手段是制定和实施公共政策,并以此来弥补市场缺陷,克服市场失灵。但是由于公共政策的最终决策者是政府而不是个人,其决策对象是公共物品,并且通过有一定秩序的政治市场来实现,因此具有相当程度的不确定性,存在着诸多困难、障碍和制约因素。缺少竞争环境、绩效考核以及有力的监督,公共政策的成本负担者难以辨识,政府本身的扩张倾向,对于短期政绩的追求以及政策制定脱节等因素,导致在实际制定公共政策的过程中,往往会耗费许多行政资源,这样高成本收益比的公共政策反而造成了社会资源的浪费。

(二)公共物品低效率供给

现代西方学者普遍认为,政府的一个基本职能是提供公共物品,直接提供市场可能供应不足的公共物品,并履行市场秩序维护者、外在效应消除者等角色,但是由于公共物品本身的复杂性以及政府机构的本性,它们提供公共物品难以达到应有的高效。在公共选择和公共政策学者看来其主要原因如下。①公共物品价值评价的困难。公共物品本身所具有的特性使得衡量公共物品的价值极为困难。同时政府机构提供公共物品追求的是社会效益,社会效益的衡量更是缺乏科学的标准和可靠的评估方法。②竞争机制的缺乏。政府是提供公共物品的唯一机构,没有相应的竞争对手,政府机构有可能过分投资生产出多于社会需求的公共物品。③激励机制的缺乏。由于政府机构缺乏降低成本的激励机制,使得政府机构及其工作人员都没有动力降低成本。加之政府机构的工作成本难以计算,促使政府机构供给的公共物品超出社会最优分配时所需的数量。④监督机制的缺陷。从理论上说,作为代理人政府及其工作人员的行为必须受到委托人的监督,而公共选择学者和公共政策学者们认为现有的监督机制不健全,很多监督只是形式的,使得政府在提供公共物品时往往效率较低,出现了公共物品的缺位或供给不力等问题。

(三)内部性和政府扩张(膨胀)增加功耗

一方面,在非市场条件下,内部性提高机构成本,使其高于技术上的成本,较高的单位成本和比社会有效水平更低的非市场产出水平,导致非市场缺陷。另一方面,政府具有内部性,即政府自身的目标是指导、规制和评估机构运行和机构人员行为的准则。这种内部性推动了政府的扩张或膨胀,加剧了资源的浪费。缪勒从以下五个方面对政府扩张加以解释:①政府作为公共物品提供者和外部性消除者;②政府作为收入和财富的再分配者,政府给予什么就拿走什么;③利益集团和政府增长;④官僚体制和政府增长;⑤财政幻觉。前两个方面是说政府在干预市场履行社会经济职能时所导致的政府扩张。关于利益集团,它着重从官僚机构、立法机构和利益集团构成的"铁三角"导致政府预算不断扩大来解释政府扩张,而财政幻觉认为立法机构可以就政府的真实规模欺骗公民。

(四)政府的寻租及腐败

寻租是政府干预的副产品,政府对自由市场经济的干预较容易产生集中的经济利益和扩散的经济费用,出现"租金"形式。公共选择学派认为,寻租活动是政府干预的必然产物,在有政府干预的地方就可能产生寻租现象。缪勒将寻租分为三种类型:①通过规制的寻租;②通过关税和配额的寻租；③政府承包中的寻租。作为一种非生产性活动，寻租的特点是利用各种合法或非法的手段以获取拥有租金的特权，并不增加任何新的社会财富，只不过改变生产要素的产权关系，它使资源配置扭曲甚至使资源配置无效。另外，寻租活动也会导致不同政府部门之间争权夺利，影响政府的声誉，增加廉政的成本，并最终造成社会资源的浪费，出现政府失灵。

四、公共政策中政府失灵的"矫正"

从公共政策角度看，针对政府失灵的原因和公共政策过程中存在的问题，可以从公共政策的制定与执行过程对政府能力进行调整优化。

(一)建立并完善政策问题搜寻系统

政策问题搜寻系统的完善对政府政策问题认定能力有着重要影响。因此，要提升政策问题认定能力，就需要在各层面和各领域中建立并完善政策问题搜寻系统。政策问题可能产生于社会的任何一个领域，因而要想发现社会各领域中出现的问题，政策问题搜寻系统就应当涉及社会的各个领域，其主体不仅要包括政府、政党、企事业单位、社会团体，还要包括新闻媒体、专业机构、社会个人。各主体在自己职责范围之内或视野之内搜寻有关政策问题，并将所有政策问题反馈给政府，然后由政府整合认定问题，制定和执行公共政策，解决政策问题。

从现阶段看来，我国的政策问题搜寻系统并不完善，政策问题以内部输入为主，一般的社会团体、企事业单位、专业机构、新闻媒体、社会个人则在政策问题搜寻中没有起到相应的作用，这在很大程度上降低了政府的政策问题认定能力。这就需要将一般的社会团体、企事业单位、专业机构、新闻媒体、社会个人纳入政策问题搜寻系统之中，并从法律和制度上对他们反映问题和表达意愿的权利与义务、地位、途径等做出明确的规定，使他们反映问题的行为得到法律上的规范和保护。

(二)提升政策方案规划和选择能力

解决公共政策中的政府失灵，需要提高政府的政策方案规划和选择能力，具体来说，需要从建立决策者责任追究制度和决策参与制度两个方面进行改革。一是建立决策者责任追究制度。按照"谁决策，谁负责"的原则，使决策权力和决策责任能够得到统一。明确规定决策者所承担责任的范围，决策者所承担的责任应包括法律责任和道德责任两个方面。二是建立决策参与制度，包括建立专家参与决策制度和公众参与决策制度。专家参与决策制度强调的是对政策客观因果关系的把握，涉及的是事实问题，公众参与决策制度则强调对公众利益和需求的把握，涉及的是价值问题。在政策制定过程中，事实与价值的关系是很难把握的，经常会出现以事实替代价值的现象，即以政策合理性为由抑制公众利益；或者出现以价值替代事实的现象，即以公众利益为由否定理性的政策方案。因此，在建立决策参与制度时，需要协调好专家参与决策制度与公众参与决策制度两者的关系，使事实因素与价值因素能够统一于政策制定之中。

(三)完善公共政策执行的组织与机制保障

为提高政府的政策执行能力,需要选择适当的政策执行组织形式和完善政策执行监督体制。首先,在公共政策执行组织形式方面,以官僚制作为政策执行的组织形式,政策可以明确地分解到不同的部门,各部门各司其职,承担不同的政策执行责任,可以较大地提高政策执行的效率。然而官僚制并非唯一的政策执行组织形式,它具有非人性化、缺乏灵活性等弊端。而委员会制组织、矩阵式组织、项目小组等能够弥补这些弊端,并且可以解决某些特殊的政策执行任务。因此,根据具体情况来选择政策执行组织形式,对于提升政府政策执行能力是有必要的。其次,在政策执行监督体制方面,我国政策执行监督体制存在社会公众监督缺位的问题。因此,完善政策执行监督体制关键要将社会公众纳入政策执行监督系统之中,并明确他们的监督职权与义务、监督途径、监督方式等,这有助于强化监督力度,使政策执行者如实地执行政策。

(四)提高政策评估组织的相对独立性

提高政策评估能力的主要途径是使政策评估组织具备相对独立的地位。中国政策过程的显著特征是"行政的双轨结构功能系统",即从中央到地方的各级党委和各级政府两个系统,在这两个系统内部均设有相关的政策评估组织。但由于受到领导的压力,这些组织不能够独立地进行政策评估,使得政策评估结果缺乏客观性。要提高政策评估能力,需要从以下两方面着手。一方面,对于党政内部的政策评估组织而言,要恰当地处理与党政部门的关系,在人事任免权、财政权方面要给予更多的自主性,使其能够在相对独立的氛围中进行工作;另一方面,要努力发展民间的政策评估组织,并使之逐渐成为政策评估的重点。政府有必要通过各种政策措施促进民间政策评估组织的发展,以此提升政府的政策评估能力。

(五)建立并完善政策信息管理制度

政策信息管理制度包含信息收集、信息处理、信息储存、信息供给等环节,其中任何一个环节出现问题都有可能导致信息不全或信息失真。因此,建立完善的政策信息管理制度,一是在信息收集环节上,要改变目前以党政系统作为政策信息收集主体的局面,尽可能拓宽信息收集渠道,将社会团体、科研机构、新闻媒体、互联网、社会公众纳入政策信息收集环节中来,使信息收集渠道尽可能覆盖社会的各个领域;二是在信息收集基础上,对信息进行真伪辨别;三是在信息供给环节上,要根据政策分析的不同要求,向政策人员提供相应的政策信息。

总之,从公共政策角度纠正政府失灵需要从公共政策动态运行的各个环节入手,解决各个环节上存在的问题,才能够有效地提升政府能力。

第三节 市场与公共政策

现代市场经济的运行模式普遍采用"市场机制+公共政策"的混合型模式,即市场经济中存在着市场机制和公共政策并存的二元调节机制,通过市场调节促进效率的实现,通过公共政策解决"市场失灵"问题。在这种"市场机制＋公共政策"的二元调节机制中,可以清楚地确定公共政策在市场经济体制下的功能定位。本节将集中考察市场与公共政策的关系。这种考察有助于回答如下问题:"市场失灵"的表现有哪些?公共政策如何解决"市场失灵"问题?实际上,这些问题同时也就是市场在解决社会问题过程中的角色定位问题。

一、市场与公共政策的关系

(一)市场机制与公共政策的功能定位

实践证明,市场机制是一种有效的资源配置方式,能够有效地实现市场调节,但也会产生其自身无法克服的消极现象,即"市场失灵"。市场机制自身存在的弱点和消极方面,导致市场经济国家出现周期性经济衰退和其他社会经济矛盾,而这恰恰就是公共政策存在的客观性和必要性。

(1)市场机制的作用是确定公共政策功能的基础,政府的活动不能破坏市场机制的基础性作用,公共政策的制定和执行都必须以市场为客观依据和出发点,必须尊重市场的内在要求和客观规律。

(2)公共政策的功能主要着眼于解决"市场失灵"问题,实现政府配置和市场配置的最佳结合。同时,还要为市场机制充分发挥作用提供政策支持,化解因市场失灵引发的社会经济问题,为市场经济的有序运行提供政策保障。

(3)市场机制的竞争性为效率的实现提供了保障,而市场机制的弱点和消极方面归结到一点就是使社会失去公平,因此,公共政策的价值取向应是追求公平。

(二)市场机制与公共政策的价值取向

公平与效率是公共政策两种不同的价值目标,其关系一直是学术界讨论的热点问题之一。陈庆云教授认为,效率是公平的基础,公平是效率的保证,解决效率问题,主要依靠市场机制,正如解决公平问题主要依靠政策机制一样。根据市场机制和公共政策在市场经济中的不同作用和地位,我们认为公共政策的价值取向首先是公平。

在市场经济条件下,市场机制与公共政策作用范围的分工规定了市场机制主要解决效率问题,而政策机制主要解决公平问题。市场机制作为一种基本的调节手段,要在资源配置中发挥基础性的作用和微观经济职能,以追求利润为目标,其竞争性为效率的实现提供了保障。但过分追求效率容易导致社会失去公平,进而可能有损于效率本身。政府作为公共权力最主要的载体,必须维护社会整体利益,实现社会公平。因此,政府的公共政策应以追求公平为首要价值目标。但也应该注意,在经济领域中,政策调节毕竟是以市场调节为基础的,是市场机制的保障和补充。由于效率与公平属于两种不同,甚至有时是对立的价值范畴,政府在价值选择上面临着两难困境。因此,现代政府的公共政策总是在效率与公平之间徘徊、摇摆,根据特定的社会背景和时期需要,作出不同的选择。但是,从理论上讲,市场机制主要解决效率问题,这是经济运行的基本问题;公共政策在市场机制的基础上主要解决公平问题,这是社会运行的基本问题,两者共同构成经济运行的环境系统,由此决定了政府以效率为基础,致力于公平的复合型价值取向。

二、市场在公共政策中的角色定位

在现代市场经济中,市场是解决社会问题的基础性途径。市场途径是建立在个体自主决策和市场交易的基础上的,与其他途径相比,市场途径的优势集中表现在其解决问题的效率方面。这主要包括如下几点。

(1)通过分工和专业化生产促进投入产出效率。分工和专业化生产使每个个体只从事某个特定领域的生产,从而有利于生产技术、知识的积累和提高。此外,分工和专业化生产还有利于扩大生产规模,产生规模经济效应,提高投入产出效率。在分工和专业化生产的情况下,由于个体并不生产其所需要的所有产品,必须通过与其他个体进行交易来获得生产和生活中所需要的其他产品。这就是说,分工和专业化生产必然以市场交易的存在为基础。反过来说,市场的发育和成长也必然会有效地促进分工和专业化生产的发展,提高生产的技术效率。

(2)通过为个体提供充分的激励来提高投入产出效率。企业的投入产出效率与其所有者、管理者和工人的积极性有关。首先,在市场中,所有者、管理者和工人各自按照市场经济的原则来获得自己的报酬。其次,与其他途径相比,市场能够相对更有效地评价各个参与者的绩效和贡献,从而有助于形成一个有利于各个参与者增加自己的努力程度的报酬和激励体系。

(3)市场通过对社会成员的需求进行评估来保证资源配置效率的实现。资源配置效率的实现意味着一个社会必须按照其成员的偏好来将其资源配置到各种产品的生产上,从而使其社会成员的福利得到有效的提高。为了实现资源在各项生产活动中的有效配置,就必须获得有关社会成员偏好的信息。在市场中,这种信息将通过社会成员对产品的需求表现出来。除了市场这一途径外,政府、社会组织都很难实现这一任务。

现代市场经济,就其运行状况或调节方式而言,是一种"市场机制+公共政策"的混合经济。在社会主义市场经济条件下,市场机制对社会资源的配置起基础性作用。然而,市场机制并非万能,它也有失灵的时候,这就需要政府的干预来纠正市场失灵,提高资源配置的效率,协调社会成员的利益。从经济的角度看,公共政策的实践及其理论在现代社会得以成立的一个重要原因,就是市场经济的失灵。在国际上几乎已经达成的共识是,良好的经济和社会治理需要市场的有序运行和公共政策的理性调节两者之间的协调。如果说市场机制体现的是私人的理性行为,那么,公共政策则是体现了公共的理性行为。一个健全的社会应该既不缺乏私人的理性行为,也不缺乏公共的理性行为。缺少了其中的一个方面,社会都将处于失衡状态。问题只是在于两者之间各自所占的分量,以及两者之间究竟应该如何适配。

三、市场失灵的主要表现

市场是解决社会资源配置问题的有效途径之一,但其作为一种社会问题的解决途径也存在本质性缺陷。市场失灵,是指市场机制不能使资源配置达到最有效率的状态。在市场不完美的情况下,存在市场造成效率损失的可能性。此外,市场在促进另一个价值标准——公平的实现方面,往往也不能令人满意,这就出现了市场失灵的问题。

按照主流的经济学理论,市场失灵主要表现为以下几个方面。

(一)垄断

垄断的定义有狭义和广义之分:狭义垄断是指一个行业只存在唯一卖者的市场结构;广义垄断是指一个或几个企业控制一个行业的大部分或全部供给的情况,它包括垄断市场、垄断竞争市场和寡头市场。垄断市场中存在着垄断的力量,与垄断力量相关联的是市场进入壁垒,它排斥其他的企业进入行业市场。一般来说,造成垄断、构成市场进入壁垒的主要因素包括:规模经济效益、资本需要量、对重要资源的控制、政府创造的垄断、广告与产品差异、过剩生产能力。

在寡头市场中,企业还会以固定价格阻止新企业的进入,这种价格又被称为限制定价。该行业中的企业通过固定各种价格,使自己的利润实现最大化,在这个价格水平,该企业能获得部分超额利润,然而这个利润对潜在竞争者来说太小,不足以吸引竞争者进入该行业。竞争者的缺失使得垄断厂商得以操纵物价、牟取暴利,损害消费者利益,不利于市场的均衡。

(二)公共产品缺失

公共产品是指私人不愿意生产或者无法生产而由政府提供的产品和劳务,包括国防、灯塔、道路、桥梁等。公共产品有两个显著的特点:一是非排他性,即难以排除或无法排除其他人从公共物品中获得好处,如国防成功抵御了外国的侵略,每个公民都受到保护,没有办法排除任何人从中受益;二是非竞争性,即消费者数量的增加不会引起生产成本的增加,如电视节目接收者的增加,不会引起制作电视节目成本的增加。公共物品的非竞争性意味着新增加消费者引起的社会边际成本为零。与之相对,私人物品则是指那些基本上不具备上述两种特征的产品。由于公共产品的非排他性和非竞争性等原因,市场一般不提供或只提供数量极少的公共产品,绝大部分或全部的公共产品都是由政府组织提供的。

(三)外部效应

外部效应是指在相互联系、相互作用的经济单位之间,一个经济单位对其他经济单位产生了影响,而该单位又没有根据这种影响从其他单位获得报酬或向其他单位支付赔偿。外部效应有正负之分,好的影响或积极的影响被称为正外部性(又称外部经济);坏的影响或消极的影响被称为负外部性(又称外部不经济)。根据经济活动的主体不同,外部效应又可分为:生产的外部经济和消费的外部经济、生产的外部不经济和消费的外部不经济。

当外部效应存在时,市场是无效的,达不到帕累托最优状态。因为经济单位采取行动都要耗费一定的成本,经济单位采取行动之前要对成本与收益进行比较。在外部经济的情况下,当经济单位采取行动的收益小于行动成本、行动的成本小于社会收益时,即使该项经济活动对于社会是有益的,但于经济单位来说却是无利可图的,它就不会采取这项行动。只有当经济单位的收益大于成本时,它才会实施该项行动。所以,在外部经济的情况下,经济单位的活动水平常常低于社会最优水平。在外部不经济的情况下,经济单位采取行动的收益高于个人成本,但低于社会成本,即使这项行动于社会是有害的,但对经济单位来说却是有利可图的,它为了实现其自身利益最大化,往往会采取有害于社会的行动。一般而言,在外部不经济的情况下,经济单位活动水平常常高于社会最优水平。因此,外部效应的存在,扭曲了价格机制,价格体系不能正确地传达信息,资源无法实现最优配置,达不到帕累托最优状态。

(四)信息不对称

信息不对称是指市场经济本身没有提供完备信息并有效配置信息的机制,市场上供求双方对所交换的产品没有充分的信息。在理想的完全竞争市场上,信息是完全的,然而,在现实经济中,生产者、交换者和消费者各方的信息是不完全的:生产者难以充分地了解在何时、何地、供给产品的数量多少才能够恰好满足市场需求;消费者无法完全地知道所购产品的质量如何、价格是否合理;交换者没有足够的信息预测生产者和消费者的供求状态,难以从众多的经济行为者中迅速找到买主和卖主,顺利地达成交易。因此,在信息不对称的商品市场状态下,容易导致"劣胜优汰"的"柠檬"市场以及道德风险的出现。

(五)经济周期性波动、失业和通货膨胀

市场经济自身不能抑制经济周期性波动、失业与通货膨胀。市场经济的基本规律是价值规律。价值规律以生产比例不断地遭到破坏、生产资料和社会劳动的巨大浪费为代价,调节社会生产,使社会再生产大体维持适当的平衡。生产比例遭到破坏时,经济处于萧条状态;生产比例恢复时,经济处于景气状态。因此,经济必然会出现周期性波动。当经济景气时,对劳动力的需求大,工人就业机会多,失业率低;反之,当经济萧条时,工人失业率高。同时,市场竞争导致生产的技术水平提高,资本有机构成提高,所需的劳动力越来越少,失业工人不断增加。

在通货膨胀方面,一国纸币的发行数量是由国家决定的,市场自身无力控制。因此,在市场经济国家中,只要纸币发行的数量超过商品流通中所需要的货币量,就会出现通货膨胀。通货膨胀导致价格信号扭曲,不能正确地引导企业进行生产,进而造成总供求失衡,市场效率低下。

(六)收入分配不公平

价值规律会引起商品生产者的分化。在市场竞争过程中,生产条件好的企业在市场竞争中处于有利地位,生产条件差的企业在市场竞争中处于不利地位,甚至亏本、破产。市场难以保证公平地配置资源,市场竞争最终容易导致"马太效应",即少数人发财致富,多数人贫困破产,甚至缺乏赖以生存的基本生活资料。收入分配不公与市场经济效率没有直接的关系,但有间接的关系。它会影响劳动者的生产积极性,并产生社会问题,从而影响生产的效率。罗尔斯在《正义论》中提出,在设计公共政策时,我们的目标是提高社会中收入最差的人的福利,所以收入分配公平的公共政策是必要的。

四、公共政策对市场失灵"矫正"的合理性

从以上分析可以清楚地看到,市场机制自身存在缺陷。假设在没有政府的情况下,单靠市场机制并不能履行所有的经济功能。因此,尽管政府不应该在微观经济层面上干预经济,但还是应该在宏观层面上对市场机制的失灵予以适当的干预。具体来说,公共政策干预的合理性主要表现在以下几个方面。

(1)假设有一个完善的市场,那这个市场必须不存在自由进入的障碍,而生产者和消费者也必须具有充分的市场知识。实践表明,这种完善的市场状态是需要有公共部门或政府管制等措施来实现的。

(2)由于成本的下降而带来的竞争不充分需要政府的合理管制。

(3)从根本上说,如果没有一个由政府提供的司法结构的保护和强制,市场运作所需的合约安排和交换就无法存在。

(4)外部效应导致的市场失灵,需要通过公共部门来解决。

(5)要实现诸如社会公平的价值要求,需要对因市场机制和经过继承的财产权的转移所造成的收入和财富进行再分配加以调整。

(6)市场机制本身并不一定能带来高就业、价格稳定和社会所要求的经济增长率,需要公共政策来确保这些目标的实现。

第四节 公共政策的本质与功能

对公共政策本质的理解,是公共政策理论体系的逻辑基础,也是实践中建构政策观念、开展政策活动的逻辑起点。公共政策的本质是通过公共政策本身所体现出来的,本节内容主要是在探讨公共政策的本质基础上,对公共政策的特征、功能进行详细阐述。

一、公共政策的本质内涵

(一)"利益"是公共政策的核心要素

从国内外学者研究公共政策理论的成果考察,人们选择了从制度、权力、价值、规范(非制度)、技术等多层面开展研究,成果斐然。从现有工作的研究基础出发,我们选择的角度是"利益",因为它是公共政策的核心要素。无产阶级革命导师马克思与恩格斯指出,"人们奋斗所争取的一切,都同他们的利益有关""'思想'一旦离开'利益',就一定会使自己出丑""每一既定社会的经济关系首先表现为利益""政治权力不过是用来实现经济利益的手段""这种共同的利益不仅仅是作为一种'普遍的东西'存在于观念之中,而且首先是作为彼此分工的个人之间的相互依存关系存在于现实之中""'共同利益'在历史上任何时候都是由作为'私人'的个人造成的"。

(二)公共政策是对社会利益的权威性分配

公共政策的本质是社会利益的集中反映。政策的形成过程,实际上是各种利益群体把自己的利益要求输入政策制定系统中,由政策主体依据自身利益的需求,对复杂的利益关系进行调整的过程,公共政策的制定与执行是社会各种利益冲突的集中反映。无产阶级的利益原则是:个人利益、集体利益和国家利益是统一的。一旦它们之间发生矛盾,个人利益要服从集体和国家的利益。无产阶级获得政权后,每一项重大方针、政策的制定和实施,都要考虑到全社会的整体利益。在承认每一个利益主体对利益追求的合理性和自主性的基础上,解决好人们之间的利益矛盾,使得人们在承担对社会的责任和义务的同时,对利益的追求真正成为社会进步的动力。政府通过政策作用去调整利益关系,在原有利益格局的基础上形成新的利益结构。正是从这个意义上讲,公共政策的本质应该是政府对社会利益实行的权威性分配。

(三)利益分配的基础及其动态性

利益分配是一个动态过程,在增进社会利益的前提下,分配的基础是利益选择和利益整合,分配的关键是利益落实。由利益选择到利益整合,由利益分配到利益落实,这是一个完整的过程。公共政策的过程取向,是与这种利益取向完全一致的。

1. 利益选择

政府对利益的分配,不是任意的、无的放矢的。作为公共权力的占有者,政府把利益分配给谁,首先来自政治统治的目的。在阶级社会里,无论何种社会、何种政府,它们所制定的公共政策,都必须符合统治阶级的利益要求。因此,政府要选择那些与政府的价值取向一致的社会群体作为分配对象,满足他们的利益需要。按照马克思主义的观点,在剥削阶级占统治地位的国家里,其政策从根本上讲自然是为少数剥削者的利益而制定的,它与剥削阶级的价值取向一致。而在无产阶级掌握政权的国家中,公共政策的制定和执行,是要维护无产阶级和广大劳动人民的根本利益。

值得注意的是,政府也是社会多元利益主体之一,也要寻求自身的最大利益。作为一个相对独立的社会行为组织,政府是由若干成员组成的,每个成员的利益以及他们的总体利益是借政府的机构来实现的。所以制定政策时,政府在选择那些与社会整体利益一致的方面的同时,也会考虑那些与政府自身最大利益相一致的方面。政府的这种人为、主观的选择特征,必然使公共政策在分配社会利益时带有明显的倾向性。比如,少数政府官员偏袒某些利益群体,经常给予这些利益群体"优惠政策",使得他们从政策中获得更多的利益。

2. 利益整合

社会上,人们已获得的利益和想要得到的利益之间总是存在着差距,因而由利益差距所形成的个人利益与他人利益、组织利益的矛盾总是客观存在的。为解决由错综复杂的利益关系所产生的矛盾,政策制定者会制定出不同的政策,引导不同利益的相关组织和个人采取不同的行为。因此,与社会利益紧密相关的公共政策,是要提供一种普遍遵循,或者至少相关人员应该遵循的行为准则,规范人们在追求利益时所出现的矛盾或冲突中的行为。政府必须综合地平衡各种利益关系,或简称为利益整合。利益整合建立在利益选择的基础之上,前者既是后者的逻辑结果,又是实现结果,而且往往是两种结果的有机统一。

利益整合除体现在政治行为与普通准则上,还体现在原则性与灵活性的结合上。现实社会中,利益主体的利益是多元化的。政策既要反映社会大多数人的利益需求,又要兼顾保护少数人的合法利益。政策的作用,是要调动人的积极因素,排除那些消极因素,把各种利益矛盾尽量控制在较小的范围之内,以保证社会的稳定与发展。

3. 利益分配

不少人认为,政策是一种资源,谁得到了政策,谁就拥有了一定资源。实际上,公共政策本身并不是资源,只是政策起到了向社会有关成员分配利益的作用。利益分配的结果既能使部分人获得利益,也可以使部分人失去利益。不过,人们从政策中获得利益或失去利益并不是绝对的,有时还会出现这样的情况:某一政策使得一些人既获得利益,又失去利益。比如人口流动政策,使得农村剩余劳动力大量涌入城市,这固然使农民得到利益,同时给城市居民的某些生活带来了很大方便,从中获得了好处,但因流动人口管理上的困难以及其他多种原因,城市居民的利益又常常受到了程度不同的影响。至于对那些失去利益而又不接受做出让步或牺牲的政策对象来说,公共政策会对他们构成一种强制性的规范。但公共政策的最大特点之一是,总是要保护绝大多数人的利益,尤其是绝大多数人的长远利益,而为此不得不抑制少数人的利益。

4. 利益落实

政策分配利益,满足一部分利益群体的合理要求是十分重要的。但更重要的是这些利益群体能否按照政策规定的目标,获得应有的利益,这不仅是相关的利益群体关心的事,更应该是政府关心的事。政府的政策主体地位,需要它们主动地把政策内容贯彻到实践中去,产生应有的政策效果,即从本质上讲,使得分配的利益落实到位。比如,为了减轻农民负担,中央曾多次制定了相关政策,三令五申地指出:严禁向农民乱摊派、乱收费、乱集资以及"打白条"等。然而在实际执行过程中,许多地方的农民负担仍然十分沉重,农民的实际利益受到了严重侵犯,使得他们产生了"被剥夺感"。很显然,中央政策是要真正减轻农民负担、保护农民利益的,但政策不能有效落实,就意味着农民没有从中央政策中获得利益。

(四)增进社会利益

按照戴维·伊斯顿"分配"的思路理解公共政策显然是不够的,这就如同经济学所讲的那样,仅讲分蛋糕不行,还要做蛋糕。公共政策不仅要分配利益,更要增进全社会的利益。新中国成立初期,由于政策失误,中国经济几乎走到崩溃的边缘。为了恢复经济,促进经济的快速增长,政府实行改革开放,出台了"让一部分人先富起来"的政策,其目的主要不是表现在利益的分配上,更多地表现在增进社会的利益上。增进全社会的利益与效率有关,分配全社会的利益则更多体现在公平上。

综上所述,我们认为在对公共政策本质的理解上,应突出以下内容:要实实在在地增进社会利益;要对全社会基于多种利益关系进行有选择的利益分配;要通过整合各种利益矛盾进行利益分配;要在实践中得到兑现的利益分配;要在增进社会利益中突出效率,在分配社会利益中突出公平。

二、公共政策的特征与主要功能

(一)公共政策的特征

作为对社会利益进行分配的公共政策,要调整社会成员之间的利益关系,实现政府的目标。在不同的社会形态里,公共政策的表现形式各异。在阶级社会里,它具有如下明显的共同特征。

1. 政治性

公共政策是由政治性组织制定的,是国家、政府、政党为实现其政治目的而制定的行动方案和行为准则。因此,公共政策具有鲜明的政治性。正如戴维·伊斯顿所指出的,制定和执行社会政策的过程,就构成了政治体系。他认为,政治学就是探讨人们如何进行权威性价值分配的问题。阿尔蒙德也认为,政治体系是一个依靠合法强制力作出决策和实施决策的过程。

在我国,任何一项重大政策,都是一种政治措施,即对社会成员进行资源配置和价值分配的政治措施。例如早在改革开放初期,邓小平同志提出了改革要服从"两个大局"的思想,提出西部地区要先支援东部地区发展,然后在东部地区发展到一定程度,即全国基本达到小康水平的同时,东部地区要支持西部地区的发展。邓小平同志提出的"让一部分地区、一部分人先富起来"的思想和具体政策,都体现着我国政治大局的需要。

2. 阶级性

公共政策具有鲜明的阶级性,超阶级的政策是不存在的。公共政策是公共权力机构为解决某一社会问题而制定的行为规范,是政府政治行为的产物。政府是统治阶级行使国家权力的核心工具。政府的政策要符合统治阶级维护和巩固现行政治统治的需要,要体现统治阶级的意志,反映统治阶级的根本利益和共同愿望。明显的政治倾向与阶级性,会强烈地表现于每一项政策之中。公共政策的指导思想,是统治阶级思想的集中体现,其理论基础也是统治阶级倡导并支持的理论。在社会主义国家的政策中,其理论基础集中反映了占统治地位的工人阶级和广大劳动群众利益的思想。

3. 超前性

尽管公共政策是针对现实问题提出的,但它们是对未来发展的一种安排与规划,必须具有预见性。任何政策都有明确的政策目标,即解决政策问题所要达到的目的、结果和状态。先进的政策目标,决定了政策应是超前的。

政策的超前性,不仅是保证政策稳定的必要条件,而且是合理分配社会利益的有力保证。

那些处于最佳超前度的政策,必将对社会产生强大的吸引力和推动力。政策的超前性,不是脱离实际的空想,而是建立在科学预测与对客观事物发展规律充分认识基础上的必然结果。

4. 层次性

政策作为政府行为的产出项,根据不同层次的政策主体,会有不同规格。按照权力主体来划分,政策包括中央政策和地方政策。从内容上看,政策体系中的各项政策,也有不同的层次关系,可划分为总政策、基本政策、具体政策等。从政策体系的纵向分析,高层次政策对低层次政策起支配作用。但高层次的政策内容都是概括性强的原则性规定,常常难以直接规范人们的行为。只有把高层次的政策加以具体化,并逐层分解,才能转化为低层次可操作的一系列政策。

特别指出,按照系统论的能级原则,不同层次的系统要素具有不同的能级。中央政府的宏观调控政策是从整个国家的全局考虑制定的,各地方政府必须依照本地区的实际情况,具体分析客观对象,制定出适合本地区的政策,而不是简单地照搬中央政策。即使处于同一层次上的政府政策,也可能由于政策问题提出的背景等因素的不同,在政策内容上有一定差别,同样不应该机械硬套。

5. 多样性

随着生产力的不断发展,社会事务日益增多,总的说来政府职能的发展趋势是日益丰富、复杂和扩大,那些在过去不太需要政府管理的问题,如人口问题、环境保护问题、资源问题等,均被列入现代政府的管理范围内。由此而引发的政策问题,自然变得多样与复杂。

在我国,由于受政治、经济、历史和文化等各种因素的影响,政府管理范围相当广,因而政府的政策内容极其繁杂。比如,我国的公共政策,按社会领域划分,不仅可以划分为政治、经济、科技、社会等政策,而且这些政策还可以划分为若干子政策,如经济政策可包括财政政策、金融政策等。同样,这些子政策还可以进一步细分。

6. 合法性

政府行为是一种特殊的"法人行为"。体现政府行为的政策,本身就具有一定法律性质。它的规范作用,与社会上一般所讲的道德规范不同,它既要依靠社会舆论来维持,更要通过国家的强制力量来监督执行。

政策与法律之间存在着特殊关系,它们都共同体现并代表了统治阶级的利益。但政策是法律的重要依据,法律是实行政策的最有效形式,法律比政策更条例化、固定化,而政策比法律更具有灵活性,所以政策是法律的前身。对于一个逐步走向法治化的国家来说,政策的合法性是极其重要的政治要求。它首先表现在内容上不能与法律相抵触;其次还表现在程序上要严格守法。这充分体现了对法律的尊重,有利于民主政治的培育与发展。在一定条件下,政策与法律之间可以相互转化。

7. 权威性

权威是一种使人信服的力量。公共政策要起到规范和指导特定对象的作用,就必须在社会成员中形成权威。公共政策的权威性和合法性通常是相互联系的。一般来说,具有合法性的政策,特别是内容的合法性和形式的合法性相互统一的政策,就会具有被广为承认的权威。不具有合法性的政策,一般也不会产生权威性。特别是那些内容缺乏合法性的政策,尽管有时也能在程序上取得合法性,获得通过和推行,但并不会自动产生权威性,很难在人们的心目中树立起使人信服的权威。公共政策的权威性也是由它的强制性决定的。公共政策制定的主体,即国家和政府本来就通过制定公共政策实施政治统治和社会管理职能,公共政策体现的就是国家意志的权威。当然,这种权威是以合法性为基础的。

(二)公共政策的主要功能

所谓公共政策的功能,就是公共政策在管理社会公共事务过程中所发挥的作用。依据我们的理解,公共政策的基本功能有三个,即导向功能、管理功能与分配功能。

1. 导向功能

公共政策是针对社会利益关系中的矛盾所引发的社会问题而提出的。为解决某个社会问题,政府依据特定的目标,通过政策对人们的行为和事物的发展加以引导,使得政策具有导向性。具体地讲,政策为社会的发展、人们的行为确定方向,能有效地使整个社会生活由复杂、多变、相互冲突、漫无目的的行为,纳入统一而明确的目标上来,使之按照既定方向有序前进。

政策的导向,是行为的导向,也是观念的导向。公共政策的导向功能,有两种作用形式:一种是直接引导,另一种是间接引导。我国的许多农村政策,既直接引导了农民发展农业生产的行为,也间接地对城市居民的工作与生活产生了影响,引导与制约了他们的行为。甚至还会出现这一类情况,某项政策对一部分人的观念与行为,原本是起到间接引导作用的,在一定条件下这种间接引导作用却转变成直接引导作用。由此可见,政策的导向作用,反映在行为上,更反映在观念的转变上。

从作用结果来看,公共政策的导向功能包括正向引导功能和负向引导功能。正向引导是政策对事物发展方向的正确引导,体现了人们对事物发展规律所表现出的正确认识。这一点理论上不会有什么争议。关键是如何理解负向引导。有些学者认为,那些违背事物发展规律、对事物发展方向起逆转作用的、被实践证明是错误的政策,才是负向引导。但这种理解是片面的,因为公共政策不是符合一切人利益的政策。在我国,政府政策所谋求的是要符合绝大多数人的利益。即使在绝大多数人中,人的素质有差别,也不排除一部分人从实用主义的角度来理解某一项公共政策的内涵。更何况任何一项政策都不可能是尽善尽美的,总需要在实践中不断完善。所以,不正确的政策,违背绝大多数人利益的政策,固然具有负向引导功能,但那些基本正确的政策,因其具有不可克服的负效应,也会产生负向引导作用。公共政策所具有的导向引导功能是客观的,是不以人的意志为转移的。人们既要充分发挥政策的正向引导功能,又要清醒地认识到政策的负向引导功能,要主动调整社会的利益关系,克服它们的消极影响,特别要尽量避免那些因错误政策所产生的负向引导作用。

2. 管理功能

国家的管理活动是一项复杂的系统工程,这种管理是通过公共政策实现的,公共政策是国家管理的手段、工具和杠杆。几乎没有一个现代国家不是通过公共政策来进行各项管理活动的。现代社会中,公共政策因素已渗入社会生活的各个领域。公共政策的管理功能具体体现在如下几个方面。(1)调节,即通过公共政策,对整个国家的活动进行规划和部署,保证国家活动有目的、有秩序地进行。我国每隔一段时间就制订国民经济和社会发展计划,如"五年计划"等。我国实行社会主义市场经济体制以来,以往的计划体制有所变化,但计划仍在我国社会经济发展过程中发挥着重要作用。在资本主义国家中,社会经济的发展也不是放任自流的,资本主义社会实行的是自由市场经济,但计划也占有相当大的部分,起着相当大的作用。(2)控制,即通过国家力量使人们遵从社会规范、维持社会秩序的过程。国家的控制是一种宏观控制,这种控制是通过公共政策实现的,在公共政策上对符合政策希望发生的行为予以物质和精神的鼓励,以调动、激发人们的积极性和创造性;对不希望发生的行为予以惩罚。(3)协调。国家的管理活动,是一个复杂的系统过程,其中有许多利益关系需要协调,以保证整个国家社会生活的和谐进行。这些关系包括社会政治组织之间的关系、各种政治权力关系、各种经济关系、各民族之间的关系等。显然,这些性质各异、错综复杂的关系,是不能靠长官意志或个人权威来协调的,而主要靠正确的公共政策。

从管理结果看,管理功能有积极与消极之分。消极作用也被称为负作用。消极作用往往是因强调一种倾向而掩盖了另一种倾向所致。比如,强调扩大地方的自主权、调动地方积极性的"分灶吃饭"政策实施后,中央财政收入出现了较为明显的下降趋势。为解决这个问题,中央加强了宏观调控,20世纪90年代在处理中央与地方分配关系上,实行了"分税制"的财政政策。这一政策在促进中央税收收入增长的同时,更快地促进了东部发达地区的经济发展,但使中西部的财政雪上加霜,农民的负担不断加重。

3. 分配功能

在关于公共政策的定义中,我们特别强调了它在分配社会利益中的本质特征。毫无疑问,公共政策应具有利益的分配功能。这种功能需要回答三个方面的问题,即将那些满足社会需求的资源(即利益)向谁分配?如何分配?什么是最佳分配?这里,我们只讨论第一个问题。

社会经济地位、思想观念、风俗习惯以及知识水平等方面的差别,导致不同的人有不同的利益需求。然而社会的实际资源是有限的,不可能时时、事事都满足每一个人的需要。社会中每一个利益群体与个体都希望在有限的资源中多获得一些利益,这必然会在分配各种具体利益时产生冲突。如果这些冲突激化,就会造成社会的不稳定。因此,为减少社会成员之间的利益摩擦,需要站在公正的立场上,用政策来调整现实的利益关系。

一旦某项政策付诸实施,必然是一部分人获得利益,另一部分人未获得利益;或者是一部分人获得了较多的利益,另一部分人失去了原有的利益,这就是政策所起到的利益分配作用。每一项具体政策,都有一个"谁受益"的问题。换句话说,政策必须鲜明地表示:把利益分配给谁。在通常情况下,有三种利益群体和个体,容易从公共政策中获得利益,即与政府主观偏好一致或基本一致者;最能代表社会生产力发展方向者;普遍获益的社会多数或绝大多数者。

在市场经济体制下,市场调节以效率为原则,但对任何一个进步国家来说,它还要坚持社会公平原则。多年来,尽管我们一再提倡效率优先、兼顾公平的原则,但是社会利益矛盾仍然突出地反映在分配不公上,尤其是物质利益的分配不公。那些不合理的分配政策,如果得不到及时纠正,必然大大加剧利益分配中的矛盾,有可能会从物质利益冲突发展到非物质利益的冲突。

因此,认真地研究公共政策的利益分配功能,既是重要的理论问题,又是一个严肃的实践问题。可以这样讲,离开了"究竟把利益分配给谁"这一核心问题,公共政策将失去制定的必要性,即使制定出来也会失去其灵魂。

第三章 公共政策系统

公共政策系统是政策科学研究的一项重要内容,是政策研究过程的前提或出发点。政策系统内部各因素的联系是否得当,直接影响政策的运行是否顺畅,并决定政策效果的好坏。本章从公共政策系统理论发展出发,阐述了公共政策系统要素、公共政策系统结构、公共政策系统功能的具体内容。

第一节 公共政策系统理论发展

公共政策系统是公共政策运行的载体,是政策过程展开的基础。为了系统了解公共政策系统的运行过程,应对公共政策系统的概念与理论发展进行梳理。

一、公共政策系统概念

按照某些西方学者的观点,政策系统是政策制定过程所包含的一整套相互联系的因素,包括公共机构、政策制度、政府官僚机构以及社会总体的法律和价值观。我们对政策系统作了颇为不同的理解,将它界定为由政策主体、政策客体及其与政策环境相互作用而构成的社会政治系统。

按照哲学观点,主体是指进行着认识和实践活动的有意识的人,具有自觉的能动性、自我意识机能和社会性等基本特征。按照政治学观点,公共政策主体即政治实体,是指制定实施政策并期望政策能达到预期效果的政治实体,包括执政党、政府、社会集团等。公共政策主体一般可以界定为直接或间接地参与政策制定、执行、评估和监控的个人、团体或组织。

公共政策客体是相对于公共政策主体而言的。公共政策的主体与客体构成了政策过程中的一对矛盾。一方面,公共政策主体解决政策问题的目标和努力规定着公共政策客体的范围和性质;另一方面,公共政策客体内在的结构和类型也对公共政策主体起着限制和约束的作用。因此,必须以相互作用和系统的观点来研究公共政策客体。

公共政策环境就是指影响政策产生、存在和发展的一切因素的总和。戴维·伊斯顿在《政治生活的系统分析》一书中将公共政策环境分为社会内部环境和社会外部环境两个部分。社会内部环境包括生态系统、生物系统、个人系统以及社会系统;社会外部环境是某社会本身以外的系统,它们是国际社会的功能部分,或者可以将其描述为"超社会""超系统"环境。

二、公共政策系统理论发展阶段

政策科学作为政治科学的一门新兴学科,与政治的关系极为密切。政治是政策的环境基础,政策的发展离不开政治进步,政策的进步,取决于政治环境和政治科学的整体进步;政策是政治的产物,是各政策主体博弈形成的结果。因此,对政策系统理论的研究往往从政治系统的角度出发。

(一)将政策视为政治系统的输出结果阶段

系统论的创始人是美籍奥地利生物学家贝塔朗菲,他提出把事物当作一个整体或系统来研究,并用数学模型去描述和确定系统的结构和行为。系统论强调整体与局部、局部与局部、系统本身与外部环境之间互为依存、相互影响和制约的关系,具有目的性、动态性和有序性三大基本特征。

美国政治学家戴维·伊斯顿在其著作《政治分析的结构》一书中运用系统论的原理研究政治系统运行与政府决策过程,政治系统论由此产生。随后其著作《政治生活的系统分析》对政治系统论进行了完备的阐述。作为一种理论,政治系统理论有着强烈的价值关切和现实追求,那就是在开放的系统中如何以一种更加包容、灵活、广泛的理论结构来构建现实政治生活,为复杂多变的现实政治提供一个分析框架。

政治系统理论将系统论应用于政治分析领域,其发展大致经历两个主要阶段,分别是一般系统理论阶段和结构功能主义阶段,其代表人物分别是戴维·伊斯顿和加布里埃尔·A.阿尔蒙德。

1. 一般系统理论

美国学者戴维·伊斯顿最先建构起政治分析的一般系统理论,他是系统分析的代表人物之一。他的一般系统理论汲取控制论的理论内核,并将其应用于现实政治体系的分析。一般系统理论认为,政治系统是一个开放、运动的有机体,在受到环境影响时调整自身内部来达到有序运行,政治系统的运行或政府决策的过程就是在环境的影响下通过不间断地输入、输出、反馈而形成的(图3-1)。

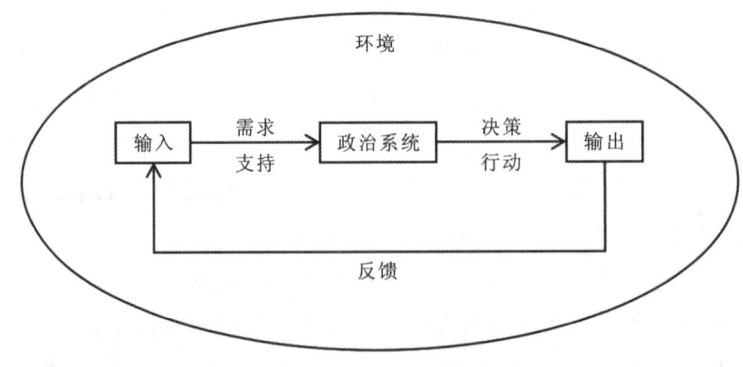

图3-1 政治系统运行环路

输入是指系统外部可能改变或影响系统的所有事件通过需求和支持两种不同的方式进入政治系统内。需求输入是团体或个体基于对自身利益的关切或对公共利益实现的考虑而进行的表达。需求输入为政治系统提供原料、信息和动力并驱使政治系统运行,它被戴维·伊斯顿选为"政治系统的核心变量"。支持输入通常指团体或个体对政治系统认可而采取的鼓励态度或支撑行为,具体可分为特定性支持与弥散性支持两种类型。事实上,对于政治系统来说,支持输入也是一个关键性因素,戴维·伊斯顿认为最低限度的支持对政治系统的维持是必需的。作为输入的两种形式,需求输入和支持输入吸纳来自环境的影响并将之形成压力传递到政治系统中。

输出环节是由系统内的权威者活动构成的,具体而言就是政策出台及执行的实践活动。政治系统的输出直接作用于环境,但其结果并非总是能够达到预期。成功的输出可以兼顾内外部需求对环境产生积极影响,通过反馈环节实现再输入,形成良性循环;反之,则会造成系统输出存在偏差,影响公众对政治系统的支持。戴维·伊斯顿认为政治系统的输出包括两种类型,即权威性输出和相关性输出。权威性输出以约束性行动为主,包括约束性决策、法律法规等。相关性输出以思想引导为主,需要与权威性输出相关,才能产生影响。

与输入、输出相比,反馈环节既是政治系统单个循环过程中最后一环,也是再循环过程的压力先导。因此,应重视反馈环节,以保证输出环节可以相互关联、前后一致,从而实现政治系统有序运行。

一般系统理论认为公共政策过程就是一种输入—转换—输出的系统过程,其重视公共政策与环境的相互作用,有助于探索公共政策的形成问题。但这一理论忽视了政治系统本身所有的价值观念和系统理念的重要性,难以说明公共政策是如何在政治系统这一"暗箱"中操作并作具体权威性分配的。

2. 结构功能主义

系统论发展的第二个阶段是结构功能主义阶段。不同于一般系统理论,结构功能主义着重探究系统内部的构成要素及运行机制。该理论认为,系统由承担不同功能的结构构成,以结构定义功能,因此被称为结构功能主义。结构由相互关联、作用的角色构成,也包括角色的思想意识形态和角色互动规则等相关要素。政治系统的结构指的是具有某种行为、意图和期望的规则性的活动。由此可见,结构功能主义在研究系统与环境互动的同时,更注重系统内各要素互动的探索。

(二)认为政策可反作用于政治系统阶段

传统的政策过程理论将政策理解为政治系统的输出结果,探究制度结构与行动者影响政策制定或变迁的机制,却忽视了政策的反作用力。政策不仅是政治的结果,也能对政治产生塑造作用。20世纪90年代之前,政策反馈研究还没有形成统一的理论框架,其研究多是政策案例中政策产生的政治性影响。1993年,保罗·皮尔逊提出了政策反馈理论框架:已颁布的政策通过资源效应和解释效应影响塑造政府精英、利益集团和大众,资源效应为政治活动提供手段与激励,解释效应向政策受众传达信息和价值。保罗·皮尔逊将政策反馈理论引入公共政策领域,为后来学者提供了知识基础,被学者们广泛引用并进行了知识积累。

政策反馈概念中的"反馈"与政治系统理论中的"反馈"不同,后者是一种信息反馈,前者主要是强调政策的塑造和反作用。政治系统理论认为公民需求与支持可以视为输入,政策反馈理论认为政策也可以视为输入。可以从历史论、动因论和过程论三个视角对政策反馈概念进行理解。

历史论:过去的政策遗产塑造未来的政治与政策。基于历史论的视角,以前制定的政策会对未来政治行为和政策选择产生影响,政策一旦颁布,将重塑后续政治过程,公共政策和治理的特性不仅取决于需求或功能,还取决于过去的政策遗产。

动因论:政策作为一种政治力量影响后续政策发展。传统的观点认为政策是政治的产物和结果,在政策反馈研究中,正如保罗·皮尔逊解释的那样,结果变成了原因,政策会影响政治。所以,政策不仅仅是政治目标,它亦是一种政治力量,不是结果而是原因。

过程论:政策通过资源和认知重塑行动者态度与行为,进而影响后续政策结果。政策反馈是指现有政策对政治和决策的塑造,它关注政策制定过程的结构和政治,以及影响政策变化的因素。现有的政策定义了政治环境,塑造了政治精英和国家的能力、利益和信仰,从而决定了后续政策制定的结果。现行政策也会影响公众的政治行为和态度,两者转过来会对后续的政策结果产生影响。它阐述了包括公共政策在内的制度如何通过路径依赖、增长的回报和自我维持过程等机制,塑造民选政治家、官僚机构、利益集团和其他精英行动者的利益和选择,其出发点是政策设计不仅塑造政策过程主体的偏好,而且影响该主体的态度和行为。

第二节 公共政策系统要素

一般认为,公共政策系统是由政策主体、政策客体及其与政策环境相互作用而构成的社会政治系统。因此,其要素主要包括政策主体、政策客体及政策环境。目前学术界比较有代表性的看法是:政策主体以官方主体与非官方主体进行划分,官方主体主要包括立法机关、行政机关、司法机关和执政党,非官方主体主要包括利益集团、大众传媒、智库、公民、社会组织;政策客体包括公共政策所要处理的政策问题和公共政策目标人群两个方面;政策环境则以自然环境和社会环境进行划分,其中社会环境对公共政策的影响相对较大,包括政治环境、经济环境、技术环境、文化环境、国际环境等。

一、公共政策主体

(一)官方主体

1. 立法机关

立法机关是最重要的官方政策主体之一,其主要职责是制定法律和政策。立法机关在西方主要指国会、议会、代表大会等国家权力机构,在我国则是指全国及地方各级人民代表大会及其常务委员会。由于政治体制的不同,各国的立法机关在公共政策过程中所扮演的角色、所起的作用不尽相同。安德森认为,在西方尤其是美国,各个层次的立法机关通常能够独立行使立法权。美国国会在税收、人权、社会福利、消费者保护、经济规制和环境保护等政策制定上发挥着决定性作用,其常设委员会甚至可以不顾大多数议员反对强行通过预案,但这并不代表立法机关具有完全独立的决策地位,如在国防和外交政策方面,总统拥有更大的权力。

我国的立法机关是各级人民代表大会及其常务委员会。宪法规定,中华人民共和国的一切权力属于人民,人民行使国家权力的机关是全国人民代表大会和地方各级人民代表大会。全国人民代表大会及其常务委员会是最高权力机关,它制定的法律和政策具有最高效力,行政、司法机关制定的法规、政策一旦与全国人民代表大会制定的法律、政策相抵触,全国人民代表大会有权对其加以纠正或将其撤销。就全国人民代表大会来说,它享有最高立法权、最高任免权、最高决策权、最高监督权;它不仅有权选举、决定和任免中央人民政府以及其他国家机关的最高领导人,而且有权审查和批准国家的预算和预算执行情况的报告;监督包括国务院在内的最高国家机关的工作,听取国务院的工作报告,对国务院及其各部委提出质询等。人民代表大会所制定的政策具有这样两个基本特征:①权威性——它们是经过法定的程序制定的,是一般的大政方针,因而具有权威性;②强制性——它们以国家强制力作为后盾,必须得到坚决执行。

2. 行政机关

行政机关的主要职责是贯彻执行国家的法律和政策,管理国家的内政、外交等行政事务,是立法机关所确立的国家意志的执行者。在西方国家,随着行政权力的不断扩张,行政机关在政策制定过程中的地位和作用越来越突出,出现了所谓的"行政国家"。就美国而言,在富兰克林·罗斯福总统任内,总统权力急剧膨胀。其后,总统在美国权力体系和政治生活中逐渐居于主导地位。这主要表现为:更为积极地倡议立法,更多地使用否决权;不再满足于仅行使宪法授予的单方面的权力,而从法律法院裁决和先例得到更多的机会以行政命令(不需经国会正式批准)和其他方式直接决策。国会还常常将一些非常重大的决策权授予总统,特别是在外交和军事领域,总统拥有更多的合法权和行动自由。

我国国家行政机关是指国务院及其组成部分和地方各级人民政府,它们是国家权力机关的执行机关,行使国家行政权。国务院作为中央政府,其权力主要包括行政立法权、法律提案权、授权立法权、行政管理权、经济管理权、社会管理权、外交管理权等。在我国,按照法律规定,各级地方政府在国务院的统一领导下,负责管理地方的政治、经济、社会、文化等各个方面的工作;在地方政府的省(自治区、直辖市)、市、县、乡四个层级中,省、市、县三级政府的管理范围,特别是事权的范围,除军事、外交和戒严外,基本上与中央政府相似;政府的部门也基本与中央政府部门对应设置。政府机关既是政策执行机构,也是具体政策法规的制定机构。政府部门制定出的政策具有两个特征:①具体性——它们是党和国家权力机关政策的具体化,体现党和国家权力机关所制定出的政策的基本精神;②补充性——它们可对党和国家权力机关政策没有涉及的领域制定补充性政策,从而防止出现政策空白。

3. 司法机关

司法机关是指履行司法职能的特定机构,它是国家机构的重要组成部分,也是公共政策的重要主体。在不同的国家,司法机关对公共政策制定的影响程度不尽相同。在许多国家特别是发展中国家,司法机关很难直接介入政策制定过程,仅充当旁观者的角色;而在有些国家,司法机关则发挥着极为重要的作用。例如,在美国,法院可参与政策制定,并规定政府应该采取何种行动以符合宪法和法律的要求。同时,司法机关还拥有法律的解释权,其解释效力和司法判决中所确立的原则将对公共政策制定产生影响。

在我国,司法机关也是我国政策主体的一个有机组成部分。人民法院作为司法审判机关,独立行使审判权,行政机关、社会团体和个人无权加以干涉,法院可以利用司法审判权限制立法与行政部门的权力,并且通过案件的审判参与公共政策的制定,积极地参与和影响公共政策过程。

4. 执政党

执政党是政策主体中的核心力量。由于政党政治是现代国家实现政治统治的途径,因此,在很大程度上,公共政策可视为执政党的政策。在西方两党制或多党制条件下,政党首先与权力而不是与政策相联系,即政党的主张转变为国家或政府的公共政策是靠选举来实现的。只有在大选中获胜、掌握了国家政权的政党才能成为直接的政策制定者,把它的纲领、主张转变为公共政策。基于民选政府条件下的政策制定,必须充分考虑到选民的意愿,只有得到多数选民的支持,在政策意见中才能体现其更多的利益和要求,并尽量避免与势力强大的社会阶层或利益团体的利益与要求相左,政党的政策主体地位才能得到比较充分的体现。

我国现行的政治体制是中国共产党领导的议行合一体制,中国共产党是全国人民的领导核心,它在政策的制定、执行、评估和监控中起着主导作用。中国共产党在政策过程中的主要作用是政治领导和向国家机关尤其是政府部门推荐重要干部。党对国家事务实行政治领导的主要方式是:使党的主张经法定的程序变成国家的意志,通过党组织的活动和党员的模范带头作用,带动广大人民群众,实现党的路线、方针和政策。同时,政协(中国人民政治协商会议)以及各民主党派在我国的政策过程中也发挥着重要的作用,不仅直接参与国家重大政策的讨论与决定,而且经常大量地进行调查研究,提出政策建议,进行政策监督和评价,充分发挥参政议政的功能。因此,政协及各民主党派也构成我国政策主体不可或缺的部分。

(二)非官方主体

1. 利益集团

按照美国政治学家阿尔蒙德的定义,所谓利益集团是指"因兴趣或者利益而联系在一起,并意识到这些共同利益的人的组合"。我国经济学家厉以宁在《转型发展论》中提到,利益集团是一个不明确的概念,它是以经济利益目的相联系的一种无形组织。所谓利益集团是指这样一些人,他们彼此认同,有着共同或基本一致的社会、政治、经济利益的目的。因此他们往往有共同的主张和愿望,使自己的利益得以维持或扩大。

利益集团是公共政策的重要主体之一。他们为了共同利益而力图参与并影响政治决策从而获得对他们有利的政策支持。利益集团代表成员的利益,履行利益表述的功能。在当前,利益分化成为一个不可避免的客观事实。各方面利益主体为了满足和实现各自的利益,要求平等地参与国家政治生活,这同时也决定了他们是公共政策重要的间接参加者。利益集团影响政策制定的方式具有多样性:通过本团体在各种机构中的代表人物提出建议或提案;通过社会舆论表达本团体对某个问题的观点和见解,力图说服政府采纳;用现有的法规、制度上的规定表明自己的立场,在某种特殊、紧急情况下,也可能由一个团体单独或几个团体联合向政府施加某种压力;游说相关官员决策者,提供政治捐款和抗议示威等。当然,利益集团影响政策制定的形式和方法,会因具体情况不同而不同。利益集团对公共政策的影响一般取决于以下一些因素:利益集团的规模、资金、各种资源条件,利益集团的凝聚力,利益集团的社会地位,领导层的工作技巧,是否存在竞争性组织,官方决策者对利益集团的态度,利益集团在政治系统的权力体制中所处的位置等。如果某些利益集团在上述因素方面具有优势的话,它们不仅会积极地表达自己的政策诉求,还可以努力为政策制定提供可供选择的方案,向官方决策者在某些技术层面提供更多的信息,这些活动无疑有利于决策过程的合理化。

改革开放以前,我国并没有西方国家这样的利益集团,只有工会、共青团和妇联等人民团体。改革开放以后,社会主义市场经济体制建立并逐渐完善,各种利益集团形成并逐渐发展,社会呈现多元化特征,并逐渐对我国的公共政策过程产生日渐深远的影响。和西方国家相比,我国的利益集团还是很不发达的,无论是在数量、组织、表达利益的方式和渠道上都和西方国家有着很大的差距。在我国,党和政府制定和执行公共政策,从某种程度上说和西方国家一样,也是对社会价值和资源(利益)的调整和重新分配。而在日益多元化的社会中,社会不可能总是有完全一致的价值和利益存在,在通过公共政策对社会价值和资源进行调整和重新分配的过程中,往往会使原有利益平衡遭到破坏,从而引起既得利益者的不满和各利益主体冲突。在我国,利益集团影响公共政策制定和执行的形式和方法不同于西方国家。在一般情况下,都是通过该利益集团在各种代表机构中的代表人提出提案,或者通过社会舆论表达观点并寻求政府采纳。在某种特殊情况下,也可能由一个利益集团单独或几个利益集团联合向政府提出要求和意见。由于利益和价值上的冲突在任何社会都存在,因此,决策者就应该考虑到不同的利益集团的利益和需求,并在具体的公共政策中体现这些利益和需求,运用公共政策来协调和解决各种冲突,平衡各利益集团之间的关系。否则公共政策就会因难以得到公众的认可而缺乏足够的权威性,也难以达到预期的效果以解决原有的利益冲突。政府通常会在秉持原有原则的基础上,采取折中方案,采纳或拒绝不同提议,达成各利益集团都能接受的均衡政策。

2. 大众传媒

大众传媒是公共政策信息传播的有效工具,类型包括报纸、广播、电视、纪录片和互联网等。在现代社会中,大众传媒为政策系统各方利益的汇集、整合、表达提供了平台,它自身具有世俗化和公共化倾向,对政策及相关政策议题的大众化进程起着催化作用。在政策过程中,大众传媒主要扮演着议题建构者、民意代言人、政策宣讲者以及监督者的角色,它对政策的影响主要表现为以下两个方面。

第一,大众传媒为政策制定传递信息。大众传媒是社会问题进入政府议事日程的重要途径,它可以迅速捕捉社会变化,搜集和汇聚来自各个领域的声音,使政府关注公众利益诉求,从而影响政策议程的建立。同时大众传媒也能够将政策议题信息传递给社会公众,激发公众对政策议题的兴趣,并将公众对政策议题的反应传递给相关决策部门,为政策制定提供依据。

第二,大众传媒是政策输出与反馈的催化剂。在政策执行过程中,一方面大众传媒可以通过解读与宣传政策内容,形成具有一定倾向的报道,来制造舆论环境,从而在很大程度上引导公众的价值取向,促进政策系统稳定有序运行。另一方面,大众传媒可以对政策执行过程进行监督和反馈,对公共政策执行施加影响从而保证政策执行的有效性。

3. 智库

智库,又称为专家库、思想库或智囊团,它是由专家、学者及退休官员组成的综合性政策研究组织,具有跨学科性、独立性、非营利性、现实性和政治性等特征,在公共部门特别是政府决策方面发挥着生产思想、提供方案、储备和提供人才、教育社会公众等重要作用。在西方国家,如美国的兰德公司、胡佛研究所,英国的伦敦国际战略研究所等智库,都是不可或缺的政策参与者。

国外学者对智库的分类具有多样性。威佛根据职能将其分为以研究为导向的机构、以接受合同(委托)研究为主的研究机构(又称为"政府合同的研究组织")、倡导型智库。詹姆斯·麦肯则将智库分为政策制定型、政党代言型、影子型、学者型、社会活动家型等类型。

由于我国与西方国家政权组织和政治体制存在差异,我国智库的分类与西方国家略有不同。中国特色新型智库建设,立足于中国国情,其发展路径、功能定位和体系建设,与西方智库相比有着明显不同,也与我国古代智囊不同。智库区别于幕僚、师爷等,是规范化、制度化和科学化的咨询机构,是智力集中地,以服务社会为宗旨,以服务决策为实现宗旨的手段。中国特色新型智库建设,是当前和今后一个时期我国智库发展的基本方向。中国特色新型智库就是在党的领导下,坚持中国特色社会主义,官方智库和民间智库多元主体共存共发展,为党、政府和社会提供政策研究和公共决策咨询、政策解读、决策方案评估等服务,它涵盖的范围极其广泛,是国家治理体系和治理能力的组成部分,也是国家的软实力。

中国特色新型智库的基本特征如下。第一,必须立足中国特色社会主义,遵循中国政治制度和决策咨询工作规律,坚持走中国共产党领导的中国特色社会主义发展道路。第二,应坚持求真务实,不唯书、不唯上、只唯实,对经济社会发展和改革开放进行全球性、前瞻性、战略性、全面性和长期性的研究,以及对当前的热点和难点课题进行研究。第三,官方智库接近决策层,具有明显的制度优势。官方智库是新形势下党政研究治理规律、完善治理策略、提高治理科学化水平的重要智力支撑和主力军。第四,充分发挥民营智库的积极性,管理不同类型智库的有序发展,培养客观合理的智库群体,发展壮大真正为人民利益服务的智库机构。

4. 公民

公民或选民是一种最广泛的非官方政策主体,是指具有某国国籍并依照该国宪章享有权利和义务的个人。在现代民主国家,公民的政治参与是宪法的基本原则,公民通过参与政策过程来表达自己的利益诉求。公民决定或影响政府公共决策的主要途径有:①以国家主人或主权者的身份,对某些重大政策问题直接行使主权;②用间接或代议的方式,选出自己的代表制定或修改并执行公共政策;③使用各种威胁性方式(如请愿、示威游行、罢工、罢课等)去反对某些政策,迫使政府将问题提上议事日程;④通过参加利益集团,借助团体的力量去影响政策,或通过制造舆论或游说的方式去影响政策;⑤对政府通过并实施的政策采取合作或不合作的态度,以此影响政策结果等。

在我国,公众参与政策制定的方式通常是选派群体的代表参加到决策过程中。随着社会的进一步发展,我国的社会自治组织和中介组织迅速产生并发展壮大起来,在反映公众的需求方面发挥着越来越大的作用。城市社区的社委会、乡村的村民委员会是基层公众的社会自治组织。法律援助组织、律师事务所、消费者保护协会等则是社会中介组织,它们也具有社会自治的功能。这些组织在某些公共领域正逐步取代政府公共服务的功能,同时也扮演着公众利益表达者的角色。我国改革中出现的各种社会自治组织、中介组织并不游离于政府之外,而是更多地密切联系政府。因为多数中介组织原本就是从政府体系中脱胎出来的,具有"准政府"或半官方的性质,其组织结构和运行机制仍然受到政府一定程度的控制。社会自治组织和中介组织最为突出的作用是担当政府政策的"传送带",保证政策得到公民认同和贯彻。

5. 社会组织

社会组织是指由自然人、法人和其他组织为满足社会需要或部分社会成员需要而设立的非营利组织,包括根据现行法规在各级民政部门登记注册的基金会、社会团体和民办非企业单位,以及因种种原因未能合法登记但活跃在社会生活方方面面的各种"草根"组织、社区组织及体制外的各类社会团体组织。

社会组织发挥着利益聚合与利益表达、承接政府购买公共服务、推动政策制定与实施、整合社会资源与保障社会弱势群体的积极作用。当下,中国正在不断完善自身的市场经济体制,社会组织还有较大的发展空间,作为多元社会治理体系的重要载体和主要依托,社会组织应突破体制障碍,运用法治思维和法治方式,增强自身制度建设,更好地参与到公共政策过程中来。

二、公共政策客体

相对于公共政策主体,公共政策客体是指政策发挥作用时所指向的对象,或者说,政策主体就哪些问题、针对哪些人制定政策。因此,可以从"事"和"人"两个角度来认识公共政策的客体。

(一)公共政策问题

从"事"的角度看,公共政策客体就是政策问题。任何时代、任何社会都会存在各种各样需要解决的社会或公共问题。但是,并非所有的社会或公共问题都必须通过公共政策来解决。只有那些被列入政府议事日程,涉及相当多社会成员利益的社会或公共问题,才能成为公共政策的客体。政策问题是依次从个人问题、社会问题、公共问题演变而成的。

个人问题是某个人的实际状态与人们对他的期望状态之间的差距。例如某个人感染了新冠肺炎,我们会说他的身体有问题,那就意味着这个人身体的实际状态(生病)与我们对他身体的期望状态(健康)之间存在差距。社会问题是社会中普遍存在着的某种实际状态与期望状态的差距。社会问题区别于个人问题的标志是其具有普遍性。例如,当一个社会中有很多人感染了新冠肺炎,我们称之为"疫情",这就意味着社会中普遍存在着人们身体的实际状态(生病)与期望状态(健康)之间的差距,从而构成了社会问题。

公共问题是某些引发社会紧张状态的社会问题。大部分处于发展初期阶段的社会问题,不足以吸引决策者的注意力,不构成公共问题,只有那些引起社会公众关注甚至恐慌的社会问题才会成为公共问题。例如,疾病的种类有很多种,有些疾病如高血压、糖尿病等非常普遍,并没有引起社会的紧张状态,只是一般的社会问题。新冠肺炎则与之不同,它是一种传染性极强的流行性疾病,而且没有特效药物,对被感染者自身免疫力要求很高,很容易引起人们的紧张、焦虑甚至恐慌,这就构成了公共问题。

政策问题是被决策者关注且提上日程的社会问题,这里有两个条件。第一,被决策者关注。一小部分处于发展初期阶段的社会问题,出于"防患于未然"的考虑,或者对国计民生极其重要,可能会被决策者关注。大部分被决策者关注的问题是公共问题。第二,进入政府议事日程。有些问题虽然决策者关注了但不一定提上议事日程。决策者认为这些问题可以由市场或社会自发解决,往往只会密切观察,不会将其上升为政策问题。新冠疫情发展成为公共问题之后已经无法通过社会机制、市场机制自发地进行控制,在这种情况下,各级党委和政府高度重视,迅速将其提上议程,构成了政策问题。

因此,政策问题是指社会中普遍存在着某种实际状态与期望状态的差距,并且这种差距引发了社会的紧张状态,被决策者关注且提上日程的问题。它既是一种客观的存在状况,也是人们主观构造的产物。

(二)公共政策目标人群

从"人"的角度看,公共政策的客体是目标人群。所谓目标人群,就是公共政策直接作用与影响的公众群体。人们在社会中所处的地位与分工不同,其利益和需求也不尽相同,这些利益和需求相互影响、碰撞、摩擦,则容易在个人与个人、个人与群体、群体与群体、政府与群体之间产生矛盾。公共政策所要调整和规范的对象就是这些具有不同性质和类型的利益要求的社会成员间的关系。

可以从不同的角度对目标群体做出分类。第一,按照目标群体的数量和区域范围不同,可以分为全体社会成员、区域社会成员和特殊社会群体。第二,按照公共政策对目标群体的利益影响方向,可以将其分为受益群体和受损群体。所谓受益群体是指政策影响对其有益的群体。众所周知,在一定时期内,社会资源总量是有一定限度的,一项政策使一部分群体受益就有可能会使另一部分群体的利益受损,利益受损的群体就属于受损群体。第三,按照目标群体对政策内容的态度不同,可以将其分为顺应型客体、抵触型客体和观望型客体。所谓顺应型客体是指目标群体对政策主体表示主动支持从而使政策得以顺利执行的目标群体;抵触型客体是指因不符合自身利益而试图通过相应的行为让政策在执行中走样的目标群体;观望型客体是指那些对政策效果表示怀疑处于观望状态的目标群体。

值得注意的是,公共政策主体与客体之间并不是截然对立的。一方面,政策客体的范围和性质由政策主体解决政策问题的目标和努力决定;另一方面,政策客体也不是消极被动的,它对政策主体起着限制和约束作用。特别是随着现代民主政治的发展和"主权在民"理念的日渐深入人心，公共权力机关、国家公职人员和公民的主客体身份是经常相互转化的。

三、公共政策环境

在这里，采用较为普遍的环境划分方法，将公共政策环境划分为自然环境和社会环境两大部分。

（一）自然环境

自然环境是一个国家生存和发展所依赖的各种自然条件的总和，是指政策系统所处的地理位置和自然状况，包括地形、地貌、气候等。作为政策环境的重要组成部分，自然环境与社会发展和公共政策有着紧密的关系。首先，自然环境为公共政策的制定和执行提供了必要的自然条件，并对公共政策产生持久性的影响。其次，自然环境会与政治、经济、技术、文化等社会环境发生相互作用，为社会发展以及公共政策的制定提供各种可能性。当国家调整经济发展结构时，自然环境是公共政策制定必须考虑的方面。比如澳大利亚有广袤的草原，所以畜牧业的发展在国家经济结构中占有相当大的比重。当然，政策系统本身是具有能动性的，并非完全受制于自然环境。

（二）社会环境

社会环境主要包括政治环境、经济环境、技术环境、文化环境、国际环境等，它对公共政策有着更为直接而重要的影响。

1. 政治环境

政治环境是指对政策系统运行产生重要影响的国家的政治状态与法治状态，如政治制度、政治体制、法律体系、法律机构等。

政治环境对公共政策的影响表现在三个方面。首先，政治环境决定公共政策的性质。特定的政治体系和政治结构决定了公共政策主体的权力及相互之间的关系。公共政策权力在不同政策主体之间的分配以及运行机制的设计决定了公共政策系统的性质。其次，政治环境决定公共政策的合法化程度。公共政策的合法化以法治社会为基础，只有在法制健全、司法独立、依法治国、依法行政的政治环境中，公共政策的内容和形式才有可能具备合法性。只有公共政策具备合法性，它才能在法治社会中得以有效执行。最后，政治环境影响公共政策的民主化程度。政治环境能够为多元政策主体共同参与公共决策提供有序的参与渠道，随着新媒体时代的到来，传统的公民有序参与渠道已经不能满足公共政策民主化的需求。新媒体在拓宽公民参与途径、增强公民参与热情、提高公民参与能力方面发挥着不可忽视的作用。将新媒体纳入有序的公民参与渠道，营造良好的政治环境，有助于更好地实现政策民主化。

2. 经济环境

经济环境是指对政策系统运行具有重要影响的各种经济因素的总和，包括经济发展水平和生产力的性质、结构，生产资料所有制的形式等。

经济环境对公共政策的影响主要体现在四个方面。首先,社会经济发展状况在公共政策过程中具有决定性的作用。经济环境因素是制定、实施公共政策的基本出发点。政策制定者必须依据国家或地区经济发展的实际情况,对经济资源进行合理的配置,制定出符合经济体制的公共政策方案,进而使政策方案的实施达到预期的效果。其次,经济环境为公共政策过程提供物质资源。一般而言,只有在适应国家或地区经济发展水平的情况下,公共政策才能获得其贯彻执行所需要的财力、物力、人力等资源的支持,否则会受到经济规模总量和实力的制约。再次,经济利益关系是公共政策得以确立的主要依据。在社会生活中,经济利益是人与人之间最基本的关系。由于社会地位和劳动分工的不同,人们的经济利益存在差异,难免发生矛盾。在经济领域的利益矛盾会蔓延到政治、文化等其他领域,为了避免或解决由经济利益关系引发的矛盾,一系列经济政策应运而生。最后,经济环境的日新月异给公共政策领域带来冲击与挑战,如新经济业态下的共享经济。自党的十八届五中全会提出发展共享经济以来,各种共享经济模式便如雨后春笋一般发展起来,并逐渐渗入公共政策领域。共享经济既能通过客户群和舆论引导对公共政策施加影响,也能通过再分配效应、公共服务效应、公共产品属性带来的城市管理中的外部效应等推动公共政策创新与变革。

3. 技术环境

技术环境是指在公共政策系统运行过程中不可忽视的外在技术要素的总和。2015年8月,国务院印发的《促进大数据发展行动纲要》提出:"坚持创新驱动发展,加快大数据部署,深化大数据应用,已成为稳增长、促改革、调结构、惠民生和推动政府治理能力现代化的内在需要和必然选择。"习近平总书记也曾指出:"要建立健全大数据辅助科学决策和社会治理的机制,推进政府管理和社会治理模式创新"。可见,以大数据为代表的技术手段是重塑公共政策模式、推进政府改革的新动力。

大数据通过采集、挖掘、存储和分析来自政治、经济、社会各领域的海量信息,为国家治理与公共决策奠定坚实的技术基础,提供重要的数据及决策支持。具体而言,大数据对公共政策的影响主要体现在两个方面。一方面,大数据改变政府的思维方式。大数据所支撑的"循数治理"理念推动政府由经验治理转向数据治理,由"拍脑袋"决策到循证决策,由政府单一主体管理到多元参与共治。近年来,大数据驱动政府信息公开向开放数据深入发展,促进公众、专家、学者对政策制定的基础依据、合理性、社会后果等做出深入、全面的分析和判断,提出更为科学、可行的政策建议,提高政府决策的科学化和民主化水平。另一方面,大数据推动公共政策模式转型。传统公共政策模式存在权威推动、封闭单向、定性分析、反馈迟滞等弊端,以大数据手段服务于公共政策全周期,有助于形成基于大数据驱动的新公共政策模式。这主要表现为以下几点。一是政策议题构建智慧化。大数据增加了政府决策信息的来源,通过数据管理和数据分析能够全面掌握社会治理中的热点、难点问题,对政策问题的感知、搜索、界定更加智慧、精准。二是政策方案设计协同化。大数据时代,新兴社交媒体产生海量的交互数据,以其最广范围覆盖、开放共享和双向交互等特性,畅通公众、社会组织表达民意和参政议政的渠道,促进政府整合企业、民间机构、社会组织、民众及意见领袖等多元主体参与决策。三是政策执行监督精细化。大数据传输以其覆盖范围广、传播速度快和形式多样的优势拓展政策解释的广度与深度,增进政策执行主体与目标群体对政策的认知。大数据技术的推广应用推动政府组织结构变革,使政府部门间协作机制常态化、治理结构开放化以及官僚科层制结构扁平化,助力打破信息孤岛和信息壁垒,加快政策执行信息的传递速度和增强政策执行者的响应能力。大数据技术能够定向抓取政策执行过程中的信息数据,对政策实施效果进行常态化监测分析,使决策者把握政策执行现状,及时矫正政策执行偏差。四是政策绩效评估定量化。在大数据时代,对政策绩效评估的分析不再只是依靠小样本数据,而是依靠全场景数据。大数据技术的应用能够促进政策评估源数据采集的完整性,并对分散、异构的混杂数据进行整合汇总。依托大数据技术中的相关性分析、分类分析、聚类分析等方法对混杂数据进行挖掘,对数据逻辑分析和统计分析的结果进行对比,最后与可视化工具结合,可以将政策评估数据转换为直观的图形与图像,呈现政策绩效评估初步结果。

大数据为公共政策提供技术支撑的同时,也带来数据驱动的不确定性、个人信息安全遭受威胁、公共参与成本提高与多中心决策碎片化等风险。如何科学运用大数据技术,创新公共决策责任机制,是公共政策实践面临的巨大挑战。

4. 文化环境

文化环境就是对政策系统运行产生重要影响的社会状况与文化状况,主要包括民族、宗教、人口、社会结构等过去和现在的状况。

一般而言,文化环境对公共政策的影响可以分为两个层面。一方面,文化环境影响公共政策系统运行的条件。公共政策系统高效运行所需要的高素质政策主体、专业人才、及时有效的信息传递和现代化的科技工具与手段等因素能否得到满足,与文化环境的发展程度密不可分。另一方面,文化环境影响公共政策系统的塑造。处于一定社会文化环境中的人们,会根据自己的价值观及信仰,来选择和塑造某种公共政策体制与结构。比如,在我国,教育作为文化核心承载要素,是立国之本、强国之基,建设教育强国是全面建成社会主义现代化强国的应有之义。因此,在我国乡村振兴战略和精准扶贫战略中,在全面建成小康社会的进程中,教育具有基础性、先导性和持续性作用,治贫先治愚、扶贫先扶智成为促进教育扶贫相关政策制定与执行的直接动力。

5. 国际环境

国际环境既包括全球范围内的政治、经济、文化发展演变的共同趋势、国际格局、全球秩序及相应的规则,也包括对政策系统生存、发展和运行产生重要影响的国家间、跨国组织间的竞争、合作与冲突。

在国家或地区的公共政策过程中,国际环境的作用具体表现为三个方面。首先,国际趋势是影响各国公共政策制定的重要因素。全球化、世界经济一体化和区域化发展趋势,影响国际政策和国家政策价值、目标和工具取向,使各国在制定公共政策时必须考虑国际政治经济局势的发展变化,促进国家间的竞争与合作。其次,综合国力和国际地位是各国制定公共政策、确立外交政策目标的基本依据。近年来,我国在综合国力提升的同时始终坚持多边主义和开放政策,提出"一带一路"倡议,发展互联互通,整合区域资源,有力地推动了区域经济的合作,展现了负责任大国的担当。最后,国际环境对各国公共政策有制约性。国际组织的存在使一些国家在某些政策领域丧失了部分决策权,国际组织的规章、协议以及国际协定逐渐成为各国政策制定的依据,一些国际经济组织、跨国公司甚至直接或间接地参与国家、地区政策尤其是经济政策的制定与执行。

第三节 公共政策系统结构

依据系统论的分析,公共政策系统作为一种系统,必然有其自身的结构。本节将从公共政策系统基本结构及其结构方式展开说明。在第一部分中,从宏观结构、微观结构和运行环节来对公共政策系统基本结构加以阐述。在第二部分中,从公共政策的产出结构、类型结构、组合结构等方面对公共政策系统的结构方式进行阐述。

一、公共政策系统基本结构

根据系统论的基本理论,系统与社会环境之间,系统内部各要素之间存在着一定的有序结构,而且只有形成有序结构的系统才具备稳定的功能。因此,公共政策系统本身呈现出一定的结构体系。具体而言,可从宏观结构、微观结构和运行方式观之。

(一)政策系统的宏观结构

政策系统的宏观结构指的是权力在纵向与横向的不同配置所导致的公共政策系统结构。任何一个国家,其权力必然会存在一个从上到下的配置层级,在每个层级中,设立了专门的国家机构或机关部门与之相对应,不同层级的国家机构或机关部门拥有不同权限的公共政策制定权力。由于上级机关权力优于下级机关,上级机关制定的公共政策权威性也大于下级机关,从而可以保证政策从上到下的贯彻执行,这体现了政策系统的纵向结构。同时,由于社会管理具有一定的复杂性,在平行部门之间也会存在权力的分配问题,各个部门因职权的不一致,具有与自身管辖和职能相对应的政策制定和执行权力。当然,这些横向的部门之间尽管是平行关系,不具备管理与被管理的上下级权限区分,但是由于社会问题的复杂性,不同部门之间的政策也往往会存在一定的交叉和重叠,而且在政策执行过程中需要相互协作,这体现出政策系统的横向结构。政策系统中的横向结构主要由四大机构组成。

信息机构。信息机构中的人员大多掌握信息技术,从事政策信息的搜集、整理等专门工作,为政策主体提供信息材料,材料类型可包括环境、客体、资源等。信息机构在政策运行系统中如同神经脉络,不可或缺。

决策机构。决策机构是整个政策运行系统的核心。现代政策的决策机构由决断分机构和咨询分机构组成。

执行机构。执行机构由政治组织及其工作人员组成,特别是政府行政机关和行政人员,其主要任务是将政策计划转化为政策效果。

监督机构。监督机构是由系统内外有关部门、单位和个人组成的子系统,其目的是监测政策的执行情况,避免政策扭曲,维护政策的权威和严肃性。

政策运行系统就是由上述相互联系、相互制约的机构所形成的政策主体分系统和政策客体在一定的环境中相互作用的动态结构。建构政策运行系统必须遵循相对封闭原则。这条原则要求政策主体的上述四大机构必须健全,并独立发挥作用,各机构的位置必须摆正、权责必须明确,信息的输入、输出和反馈必须顺畅,从而构成一个相对封闭的信息回路,既不能机构缺损,也不能机构冗余,导致信息通道的阻塞甚至中断。

(二)政策系统的微观结构

政策系统的微观结构主要涉及政策过程人员结构及组织结构。政策过程人员结构包括年龄结构、知识结构、职级结构等,政策过程组织结构主要指的是政策过程的各个组织内部层级结构等。不同的组织有着不同的结构体系,适应组织发展的结构体系将对组织的发展起到推动作用,相反,不适合组织发展的组织体系不仅对组织的发展不利,而且常常会使组织的效率呈现下降的趋势。

(三)政策系统运行环节

政策系统中的各要素相互联系和互动,使其成为一个动态的运行过程。从系统论的角度来看,政策系统的运行表现为政策的不断输入、转换和输出过程。整个运行过程大致包括以下五个环节。

政策制定——从识别问题到实施政策解决方案,包括制定议程、识别问题、设计解决方案、预测结果、比较解决方案和决策并使其合法化。

政策执行——实施政策解决方案和解决实际政策问题的过程,将政策理想转化为政策现实,包括组织和物质准备、政策分解及宣传、政策沟通和协调以及其他功能。

政策评估——根据具体标准和程序确定政策的有效性和效益,并厘清政策成功或失败的原因。

政策监督——必须实现政策方案的预期目标,避免在监测政策过程中,特别是在政策执行阶段出现错误,以确保政策的权威性和严肃性,包括监测、控制和调整等职能。

政策终结——公共政策决策者应采取必要措施,通过仔细评估,终止错误、过时、多余或无效的政策及其工具职能和组织。

二、公共政策结构方式

(一)公共政策的产出结构

1.公共政策产出的集群结构

人们往往把注意力集中在单个政策上,事实上,为解决社会问题,仅靠单个政策是不行的。社会问题往往是由多种因素、多个细小的问题纠缠起来的,为了解决社会问题,常常需要制定和实施一连串的政策,这种集中制定出来的政策称为"一揽子解决方案"。

集中力量,为解决某一复杂的社会问题而制定出多个政策的过程就是政策的群体产出,这些集中制定出来的政策构成了政策集群。这些政策，可以是同时制定的，也可以在一个有限的时间段内完成。比如，各级政府在制定五年社会经济发展规划时，就是在一个时间段内制定包揽主要社会领域的各种政策，形成政策集群。有时为了应对补偿性事件，几乎在同一时间制定出各个领域应对事件的政策，这种政策集群是同时性的。

政策产出的集群结构的特点是，构成政策集群的多项政策都服务于解决同一个重大的或复杂的社会问题，或是为了解决一个时期中某些主要的社会问题。以集群形式产出的多项政策并不同样重要或同样紧迫，在产出的政策集群中，总会有一个或一两个政策处于优先的地位，它们对解决已经存在并进入议程的社会问题具有直接影响，政策集群中的其他政策则是配合这些主导性的政策而发生作用的。

在政策产出过程中，选择哪些政策进入政策集群，选择哪一两项政策作为集群的核心直接决定着政策集群的产出性质。只有以社会公平、和谐的发展政策为主导性政策的集群政策才能解决社会发展中出现的不科学、不全面、不能持续发展的问题。

2. 公共政策产出的层次结构

（1）高级公共政策产出。公共政策研究通常把从政策备选方案中最终选择出来的解决社会问题的措施称为公共政策产出，其实，公共政策过程中的政策产出并不是如此简单的一次性行动。在实际的公共政策过程中，特别是在有多层次政府结构的社会中，公共政策作为政治体系的一种公共产品，其产出也是多层次、多级别的，从而形成了公共政策的产出结构。

一国范围内的高级公共政策产出是指由高级党政机构制定、采纳并推行的公共政策。这类公共政策一般是以整个国家为背景，以执政党的执政目标、路线和战略为价值取向，来规划与实施的带有普遍性的公共政策。这是公共政策产出结构中的一级产出。

（2）中级公共政策产出。在实行单一制结构的国家中，中央政府的一级政策产出，只是一种带有原则性的政治决定，这种政策产出还不能原封不动地作为地方政府的政策。地方政府必须依据管辖范围内的具体的政策外部生态，对中央的政策作出更符合本地情况的变动和细化，成为能够在地方范围内贯彻实施的政策，这种对中央政策的变动和细化，既可以是联系本地实际选择的实施重点，也可以增加一些配套的具体政策。经过地方政府的政策加工形成的能够在地方政府范围内实施的政策，是政策的二级产出。

（3）基层公共政策产出。这是公共政策产出的最基础的层次。中央制定和推行的高级公共政策产出，经过二级政策产出，已经变得具体化了，但是在地方政府之下，还有县级、乡（镇）级政府，它们同样需要依据本县、本乡（镇）的实际情况，将中央的政策、地方政府的政策再次细化为能够解决当地政府管辖范围内的社会问题的新的政策产出，这是三级政策产出。

（二）公共政策的类型结构

1. 公共政策的层次结构

公共政策的层次来自政策的纵向关系。第一，公共政策问题是分层次的。公共政策的制定和实施旨在解决现有的客观政策问题。具体的政策问题只存在于社会的某个层面，将有不同级别的公共政策来处理不同级别的政策问题。第二，公共政策主体也有等级区分。例如，公共权力系统中的行政权力系统可以垂直划分为几个级别：中央行政机构和地方行政机构。由于公共政策问题的层级性质以及制定和实施公共政策的实体不同，公共政策可分为不同的层级类型。这种分类也有很多方法。首先，根据政策制定和执行单位的隶属关系，将其分为中央政策、地方政策和基层政策。其次，根据政策执行的空间范围，将其划分为国家政策、区域政策和部门政策。这两种政治等级划分有其优点，即标准明确，但也有其缺点，即将政策主体和政策空间分开了。

在对政策的层次作分类时，另外一种思路是把政策主体标准与政策空间标准结合起来，以政策问题范围、政策制定主体层次、政策效用空间、政策权威性等为参考因素，将政策划分为总政策、基本政策与具体政策等层次类别。也有一些公共政策著作在这三个层次类型之前加上元政策这一类型。

(1) 元政策。所谓元政策是相对于具体的政策而言的。人们平常制定、实施和评估的政策都是具体的政策，这些具体的政策是人们通过规划、决策制定出来的，然后通过执行、调整将其实施出来，最后还要在评估基础上终止该政策。政策的制定、执行、评估需要遵循一定的原则、程序、模型、方法，有学者认为这些也属于政策。但其实这一类基础的东西，应该是"政策的政策"，也就是元政策。

元政策有广义和狭义两种解释。西方政策学者最早提出的元政策，其范围较为狭窄，如德罗尔只认为政策制定系统的改进是元政策研究的内容。但更多的政策学家认为，对整个政策周期的研究，都属于元政策的范围。现在一般的政策学家都倾向于将元政策看成是有关公共政策整个运行周期的理论。从广义的角度来看，元政策本身也有一定的结构，主要包括关于政策科学制定、正确执行、延续、修改或终结、执行结果评估等的政策。

元政策研究的发展，元政策知识的增加，是公共政策学科建设与政策实践深化的前提。要建立完善、科学的元政策系统，最重要的任务有三个，即改进和优化公共政策的制定系统，执行、调控系统，评价体系；构建更为优化和实用的政策分析的模型与方法，更为完备和易于操作的群体决策支持系统；发展出更为灵活多样并行之有效的政策工具和政策手段。

(2) 总政策。总政策是执政党中央和中央政府制定的国家宏观政策，要求国家长期坚持和执行。这是一个国家的所有居民都必须遵守的法律行为准则。一般可以从其性质、特点、形式和功能来理解。

第一，总政策是在国家和中央层面制定和实施的，这是一个国家在长期历史时期必须实现的战略目标和根本任务。一般政策通常用不同的术语表示，有时被称为"总路线"或"基本路线"，有时被称作"总战略""总方针"或"总任务"。总政策是一项战略任务，是执政党和政府必须长期努力实现的社会、政治、经济、文化发展的根本目标，是人们行动的总规则和总方向。

第二，总政策有其特殊的地位和特点。在社会发展的每个阶段，都会有几项政策起到形成政策体系的作用。在特定的政策体系中，总政策是一项指导性和原则性的政策。总政策是关于人们在一定时期内的行动准则的一般规则，是其他政策的起点和基础，也是制定、执行和评价其他相关政策的基础。

由于处在整个政策体系的中心地位，贯穿一定的历史时期，总政策具有较强的总括性、稳定性和权威性。总政策全面塑造了全国的长期发展方向，确立了社会生活最重要的原则，并从宏观经济的角度指导了人们的行动,因此,它具有很强的总括性。虽然影响一个国家总政策的主要因素在一段时间内是多种多样的,但最重要的因素是相对稳定的。这些主要因素之间的关系也相对稳定,从而使总政策更加有效,影响更好。因为制定和执行总政策的主体层级较高,包括执政党的中央及其中央政府,他们对下层阶级有很强的控制力,此外,该政策相对稳定,得到了大多数公众的支持,所以,总政策具有权威性。

第三,总政策有不同的表现形式。一般来说,一个国家的总政策表现为以下法律形式。①以执政党领导人、国家元首和政府首脑的正式讲话或报告形式出现,如作为中国特色社会主义初级阶段总政策的基本路线,最初以中央领导人的一系列谈话和中央有关会议报告的形式出现。②以执政党、政府的正式文件的形式出现,如有关我国社会主义初级阶段社会经济发展的总政策首先是以中共十一届三中全会的正式文件公布于世的。③以执政党党纲的内容出现的,如社会主义初级阶段的基本路线后来又被进一步提炼、加工,写进了执政的共产党的党章。④以宪法的条文出现,如党在社会主义初级阶段的基本路线,最后被写进宪法,赋予了法律的形式。党在社会主义初级阶段的基本路线从提出到完善化、规范化,先后正好经过了这几种表现形式,但不是所有的总政策都需要先后以这些形式表现出来的,有些总政策可能只以其中一种或两种形式表现出来。

第四,总政策具有特定的功能。总政策的地位和特点决定了它的重要作用,它具有指引方向的功能。这些政策的制定和实施旨在解决社会中的公共问题,但社会公共问题是否得到解决以及如何得到解决取决于社会发展方向的选择。总政策准确界定了一个国家在一定时期内社会经济发展的大方向,指导了各级政府和政府部门解决政策问题的根本方向和价值取向。它具有统一其他政策的功能。社会必须在一定的发展阶段内制定一系列政策来解决社会进步中的一些公共问题。为了使这些政策在不同层面和领域形成连贯的力量,它们必须围绕一项政策形成一个有序的、功能互补的结构性支持体系,否则,不同的政策会"自相残杀",相互摩擦,这将不可避免地导致混乱。总政策是在政策体系中发挥核心作用和决策作用的政策。

(3)基本政策。基本政策是人们必须遵守的行为准则,以便在总政策的限制下解决社会基本领域的主要问题。基本政策与人们社会活动的基本领域相对应。基本政策也有其性质、地位、特点、类型和功能。

第一,基本政策是指执政党及其政府为保护和协调国家的总体利益,促进一个地区或社会特定方面的发展而制定的主要目标、任务和行动计划。基本政策通常涉及公共行政中各个公共部门的运作和发展。这些政策大致可以分为两个层面:第一个层面是政治政策、经济政策、文化政策和社会政策;第二个层面是更具体的政策,如政治方面的政党政策、外交政策和民族政策等,经济方面的金融政策、财政政策等,文化方面的教育政策、技术政策等,社会方面的人口政策、就业政策等。

第二,基本政策有具体的立场。在总政策—基本政策—具体政策的纵向结构中,基本政策具有双重地位。对一个国家来说,每个时期的基本政策都是将总政策与具体政策联系起来的中间环节。就其与总政策的关系而言,它处于从属地位,不能与总政策的方向和基本原则相冲突;就其与具体政策的关系而言,它能够进行统一管理和全面控制,是制定和实施具体政策的指导原则。

正是由于这种双重身份,基本政策才有了自己的特点。①中介性。基本政策服从于总政策,是总政策在执行中的具体体现。然而,基本政策在处于从属地位的同时也规范和统摄了具体政策,并为各种具体政策奠定了基础。②局限性。基本政策有向上和向下的双重局限。虽然基本政策是一般政策,但在某些政策领域,基本政策的稳定性和连续性要求政党及其政府在制定总政策时考虑到一贯执行的基本政策。总政策必须确保基本政策的连续性、稳定性和可变性的统一。作为总体政策的具体体现,基本政策在不同时期可能有所不同,需要及时调整。这是其不断变化的方面,但作为对某些具体政策的控制,基本政策必须保持相对稳定,否则具体政策将是不可预测的。

第三,基本政策具有不同的类型。基本政策可分为两类:一种是制度性政策,它通常调节社会生活不同领域的关系、结构和操作程序,具有很强的稳定性;另一种是方针性政策,它通常协调社会生活不同领域的根本矛盾和问题,并具有不同的特点。具体的基本政策往往涉及体制和政治因素。

在基本政策中,有些政策在一定时期或相当长一段时间内特别重要,对国家发展起着至关重要的作用。因此,有必要突出它们,并将它们提升到更重要的位置,这些基本政策被称为"基本国策"。例如,我国虽然自然资源总量丰富但人均较少,且分布不均,因此资源问题可能成为影响和制约经济和社会发展的一个十分突出的因素,为此必须实施节约资源和保护环境的基本国策。

第四,基本政策具有特定的功能。一般认为,基本政策具有中介、协调和倾斜的作用。所谓中介作用是指基本政策作为连结总政策与具体政策的桥梁,发挥着承上启下的功能;所谓协调作用是指基本政策由政府制定并组织实施,从而发挥着从全局与整体的角度求得社会生活各领域持续、平衡发展的功能;所谓倾斜作用是指政府可以借助于基本政策来规定一段时期内社会生活中需要重点加以扶持的领域与部门,从而发挥出在资源配置上优先照顾、在利益分配上优先考虑的功能。

(4)具体政策。具体政策是指在较小的基本社会活动领域采取的结构性政策,一些学者将这一级别的政策称为实质性政策,是旨在解决社会发展领域或区域的具体问题的具体或实质性措施,有时可以反映在一项措施或项目中。具体政策有其范围、地位、特点和作用。

首先,具体政策有具体的范围、级别和地位。在一些著作中又称具体政策为实质性政策,将具体政策解释为中、下层级别的公共管理部门在特定时期和范围为解决特定问题所规定的行动目标、任务和准则。具体政策的表现形式多种多样,有计划、条例、法规、章程、说明、措施、办法、细则、项目等。具体政策处于政策纵向结构的最后一级,是在基本政策的指导下制定的,是基本政策的具体体现;是实现基本政策中规定的目标和任务的工具和手段;涉及时间和空间的具体政策问题,处于基本政策和公共行政的前沿,是解决实际问题的基础。

其次,具体政策有其自身的特点。①范围广、形式各异。在社会生活中,只要涉及公共事务和公共利益,只要公共秩序问题不断出现,公共行政就需要制定和执行政策来解决这些问题,从而使具体政策的覆盖面非常广泛。具体政策是执行基本政策的一种手段,它们通常以指示、决定、建议、报告、规则、条例、项目等形式出现、表达。②具体政策完全基于实际考虑和解决实际问题的规则。因此,制定和实施必要的政策必须有明确的目标和强有力的相关性。与此同时,公众要求政府当局制定的政策在有限的时间和范围内解决某种问题,使政策的内容必须非常详细,实施程序必须非常实用和有效。③具体政策旨在解决某些时候出现的尚未解决的社会问题,因此,时间是制定和执行政策的一个重要因素。由于具体政策的话题性很高,这些政策的可变性特别强。从政策制定的角度来看,具体政策制定周期的关键是政策执行阶段,因为具体政策的制定相对简单,问题相对明确,设定目标的不确定性较小。相反,具体政策的执行成为至关重要的一环。在实施具体政策时,选择执行机构和员工、组织执行计划和设计业务流程尤为重要。

最后,具体政策发挥着重要作用。它可以有效地确保一般性和根本性政策的执行。在政策的纵向层面,尽管一般性和基本性政策在政策的实施中占据着一般性和主导地位,但作为实施这些政策的手段和工具的具体政策不应缺乏。只有科学合理地实施具体政策,才能最终把大政方针落到实处。在大政方针和根本政策的指导下,基层公共行政部门就经济社会发展的具体公共问题发布具体的指导方针和意见。它可以直接调节公众利益。在与公共利益直接相关的政策纵向结构中,具体政策的水平相对较低,范围较广。在某些政策领域需要解决的绝大多数公共问题涉及公共利益的分化、矛盾和冲突。具体政策通过法律、条例、法规、项目和措施,更详细地规范人们的具体行为,科学合理地控制和协调利益,使公众能够更公平合理地接受和享受利益。

2. 公共政策的性能结构

对公共政策作纵向的层次性类型划分只是对政策的纵向结构地位、产生效用的空间作了讨论,仅有这种研究是不够的,因为对社会政策问题的解决,固然要分清层次,对不同层次和空间的政策问题应当选择不同的政策去解决,但是,即使是在同一层次和空间上,对政策问题解决的方式也是多种多样的。从总体上来说,对政策问题的解决,归根到底是对人们的行为进行规范。为解决政策问题,有时要对某些行为和活动作出限制,有时则要对某些行为和活动加以鼓励;有时需要对已有的一些做法和行为加以重申,而对另外一些行为和活动则要改变,弃旧图新;有时则需要对一些行为作出调整。因此,还有必要从政策对行为的要求即政策作用的特性与功能的角度进行政策类型的讨论。

中国台湾学者曹俊汉曾依据美国政策学家罗威所提示的思想,把政策形态同决策系统的统合、分离以及需求形态的统合、分离结合起来考虑,将政策分为分配型政策、规制型政策、再分配型政策、自律型政策。

(1)分配型政策。分配型政策是以政府为主的公共机构制定的,目的是对社会上各种利益集团内部利益划分作出规范的政策。分配型政策的任务是限制不同的利益群体,使其不影响或妨碍其他群体的利益。由于这类性质的政策只是在集团内部分配利益,对两个不同的集团来说,内部的利益调整,对两个集团都会有利,不存在一个集团影响另一个集团的问题。因此,有人认为这种政策实施的结果,不会是一方得利,另一方就失利,而可能是大家都获得更多的利益。正因为这样,有人称这种性质的政策为"非零和"博弈政策。

(2)规制型政策。规制型政策是政府制定的为引导政府行为和各利益集团行为的一般的、普遍适用的规范。规制型政策的一个功能是规范政府行为,另一个功能是划分不同利益集团的利益。在实施第二方面功能时,当一个集团的利益得到增加时,另一个利益集团的利益就会减少,这种政策直接处理的是集团与集团之间的利益关系,因此,有人认为这种政策是一种"零和"博弈政策。

(3)再分配型政策。再分配型政策是政府为平衡和协调所有社会集团的不同利益而制定和实施的规则。在采取一定措施后,政府将对社会中的不同群体产生影响,不同群体的地位、权力和物质利益将不平衡。为了社会的正常发展,政府必须协调和平衡不同群体之间的利益差异。政府实施了这项旨在纠正现有失衡状态的政策,一个群体的利益转移给了另一个相对脆弱的群体,一方输的就是另一方赢的。因此,这种政策也是一种"零和"博弈政策。

(4)自律型政策。自律型政策,即自我限制的政策。政府制定了一些行为准则,让每个集团选择和规范自己的行为。对于具体的集团来说,政策不是要去减少其利益,而是为其行为方式的选择提供规则。一个集团在决策选择某种调整自身的行为时,并不影响别的集团的利益。因此,这种政策也是一种"非零和"博弈政策。

(三)公共政策的组合结构

1. 公共政策组合结构方式

(1)政策的单元结构与复合结构。如果政策是专门针对个别政策问题制定和实施的,那么就会形成单元结构。单元结构很少是一项单独的政策,在大多数情况下,它是一个由几个单独指令组成的政策单元。因为在现代社会,对出现的某个政策问题使用单一的政策几乎是无用的,解决这个问题往往需要多个配套政策。

政策单元通常是处理特定政策问题的个别政策的集合。因此,在设计政策领域时,必须尽可能注意其完整性,不要错过重要的政策领域。在设计政策单元时,政策行动者还必须根据各自的有效性、执行程度、范围和秩序,将个别政策和具体政策有机地结合起来,形成一个整体。这种结构方法不应主观地组织起来,而应以有利于实际执行和实施的标准为基础。

在特定时期、领域和范围内解决公共问题的政策是若干政策单元的集合。这些政策单元必须着眼于一个总体目标,区分主次,将空间、时间、优先事项和执行顺序有机结合,形成一个政策复合结构。政策复合结构是一个由政治单位通过横向和纵向联系、单向和双向联系、平行或从属联系组成的有机系统。在政策复合结构中,不同的政策单元处于不同的位置。一些政策处于主导地位,而另一些则处于从属地位;一些政策处于核心,另一些政策则处于外围。

(2)政策的纵向结构与横向结构。对于政策主体来说,在规划和实施多个政策时,还必须考虑自己所在的政策位置即与其他政策主体的上下、左右、前后的关系,将不同政策的制定与执行在自己所能管理的权力范围内更好地结合起来并得到有效贯彻。要做到这一点,就必须将时间与空间两个变量与政策的结构结合起来,将政策之间的关联分成纵向的与横向的。政策之间的纵向结构即纵向关联既可以是层次上的,也可以是时间上的。当政策从层次上来排列时,就可以清楚地划分出中央的、地方的、基层的政策链条,或区分为宏观的、中观的与微观的政策序列。对所有政策主体,假设是处在基层和微观层面,它们在规划和实施具体政策时都必须遵守中央和地方政府制定的政策,并以宏观和中观政策为指导。与此同时,它们必须控制较低级别的政策。当政策按时间顺序排列时,政策的垂直结构显示政策的顺序,即以前的政策、当前政策和后续政策。这种连续的政策序列对政策的制定和实施是非常重要的。当前政策总是在以前的政策的基础上制定和实施的,当前政策的实施不能脱离因实施以前的政策而建立的政策环境。当前政策运行是在为后续政策作准备。比如在通货紧缩的条件下,政府就可以加大公共设施建设的力度,这种政策的实施既能拉动社会需求,又能为下一轮的经济快速发展提供良好的基础。

政策之间除了纵向关联外,还有横向关联。它是指同时或处于相同政治立场的几个平行政策的组合。政策横向关系进一步划分为并列关系、依存关系和冲突关系。所有独立运作且不在同一级别上链接的政策,它们之间是并列关系;如果若干政策在同一层面同时发挥作用,并在执行过程中相互补充和制约,那么它们之间是依存关系;如果在同一级别同时运行的多个策略在执行过程中相互矛盾并争夺资源,那么它们之间就是冲突关系。

了解政策的横向关联也至关重要。对于具有横向关联的政策类型,监管其运作的政治行为者不仅可以最大限度地提高其相互依存性,使不同的政策能够共享资源,在功能上相互补充,建立协同效应,而且还可以最大限度地减少政策之间的冲突,甚至解决策略之间的矛盾。

(3)政策的静态结构与动态结构。政策与政策之间的关系还可以从静态与动态两个方面来考察。静态与动态并不是以变化与不变化来区分的,任何政策问题都处在变动之中,从而政策也必然是变动的。只处理不变动的政策问题的政策和一成不变的政策都是不存在的。这里讲的动态与静态是指从两个角度来认识政策结构,一个是逻辑的角度,另一个是历史的角度。逻辑的角度要求人们看清政策之间理论上的关联,历史的角度则要求人们看清政策操作上的相互作用。静态结构让政策主体了解许多政策结合状况下政策之间的相互逻辑关系,可以分为两类:一类是政策单元中具体政策的逻辑关联;另一类是复合政策结构中政策单元的逻辑关联。了解政策的静态结构,凭借逻辑关联对政策进行把控,有助于在规划方案时分清主从关系、平行关系。

然而,政策的静态结构只显示了政策之间的逻辑相关性,这还必须通过政策的具体实施来验证。实施和执行政策是一个过程,因此政策的动态结构会随着时间的推移而变化。政策之间的逻辑关系以不同的方式工作,有时政策的动态关系可以打破最初设计的逻辑关系。这种变化可以是对最初理解的补充,也可以是对政策问题的回答。在这两种情况下,政策单元都必须从现实的角度纠正政策的逻辑关系。这样,政策之间原有的静态结构被破坏,在政策主体有意识地适应之后,政策之间出现了新的逻辑结构。在政策完成之前,此静态结构会经历多次更改的过程。通过从静态结构到动态结构的不断转换,政策体系完成了运作,并最大限度地提高了各项政策的效能。

(4)政策配套支持结构与冲突结构。上述政策结构存在一个结构性问题,即它是兼容的还是不兼容的。根据政策结构的类型,将其分为两类:一类是政策配套支持结构,另一类则是政策冲突结构。政策配套支持结构是指政策的组合,虽然内容和功能不同,但并不相互矛盾,而是相辅相成的。在特定的空间和时间内,政策行动者必须根据社会经济发展的总体情况确定一个总体目标。这一目标是政策行动者能够在其能力和资源范围内实现的预期结果。为了实现这一总体目标,政策行动者需要制定和实施一些相应的政策,但这些政策会阻碍总体目标的实现,且只有合作才能确保总体目标的达成。获得政策支持的关键是决策者对公共利益需求和总体利益平衡有科学合理的预测,并在此基础上为某些地区和部门的社会经济发展制定合理的总体目标,根据公共利益和总体目标的要求组织政策,确保政策导向一致,使政策之间形成支持。相反,由于缺乏对公众利益的理解,也缺乏合理的总体目标,政策的制定和实施是分散的,甚至是矛盾和冲突的。政策结构的最佳形式是协调不同的政策并产生协同效应。事实上,政策结构很难达到这种理想状态。通常情况下,政策结构内部存在一定程度的不和谐,更糟糕的是,政策结构中存在冲突。从上述获得政策配套支持结构的条件可以看出,政策之间产生矛盾和冲突的原因无非是对公共利益缺乏理解或没有设定正确的总体目标。一旦政策之间发生冲突,政策主体就必须面对。

2. 公共政策结构模式

社会公共问题本身是复杂多样的,从而要求制定和实施不同的政策,形成一定的政策结构来解决这些不断出现的社会公共问题。公共政策的复杂结构,既可以从内容上来加以研究,又可以并且有必要从形式上加以探索。诸多公共政策并不是杂乱无章地堆积在一起的,为了解决社会公共问题,它们必须依照一定的逻辑关系形成合理的结构。这种使政策合理地联结在一起的逻辑形式就是政策的结构模式。

(1)政策塔式结构模式。当某些政策处于政策单元和政策单元之间的层次关系时,政策的结构模型可以是塔式的。在塔顶有一个效能最高的政策,它总揽一切。其余的指导方针根据其效能和从属程度逐层向下分化、排列。政策层级越高,其数量就越少;越是下级政策,其数量就越多,并形成自下而上收敛的结构图形。例如,一个国家在一个特定的时期只有一项总政策,而与总政策或总路线相匹配的基本国策是有多项且分散的。在总政策下,有更多的具体政策和方面政策。

(2)政策树状结构模式。相当多的公共政策之间由于原生和派生关系进而组合成了树状结构,各个母政策处于主干位置,子政策在其同一方向上延伸。比如,为了解决总量性失业问题,就应当制定扩大投资规模、增加就业岗位的政策。与这一政策相适应,就要制定出相应的投资政策、金融政策、教育政策等。与塔式结构不同的是,树状结构一般组织于政策单元上,可以看作塔式结构模式的一种简单情况。

(3)政策链状结构模式。一般围绕某一具体政策问题而制定的相关政策通常依次排列构成链状结构。链上的各个政策环环相扣,排列于同一条直线。区别于树状结构,处在链状结构中的政策是依次单向从属与派生的。研究政策的链状结构,可以帮助人们在解决具体的政策问题时,注意每一个环节上的联系,以免遗漏和疏忽。

(4)政策网络结构模式。因为政策问题通常不独立存在,往往存在交叉联系,因而就催生了综合模式的政策网络结构模式。研究政策的网络结构模式应重点着眼于一个个政策节点,而非复杂的纵横交错上。

第四节 公共政策系统功能

公共政策系统的功能可分为其基本系统的功能及其子系统的功能。基本系统的功能依靠政策主体与客体、政策主体与环境、政策客体与环境的关系等实现,具有自我维持、综合治理等功能,并可以通过政策主体多元化、政策问题确认的规则化、目标群体的政治社会化、政策环境的包容化等方式对其功能进行优化。子系统的功能则跟随信息、咨询、决策、执行、监控等各子系统变化呈现。

一、公共政策基本系统

(一)公共政策基本系统功能

根据目前学术界的普遍观点,公共政策系统是政策制定与执行过程中各个相互联系的因素,包括政策主体、政策客体、政策环境,它的结构是指各因素通过政策信息中介相互联系和作用的相对稳定的方式,也是政策运行系统各制度子系统之间相互制约和合作的相对稳定形式。或者说,它可以是政策运作过程中不同阶段和联系之间相对稳定的相互过渡和联系形式。

政策主体与政策客体之间的关系。二者在政策系统中是相互依存、不可分离的。政策主体与政策客体相互依存,一方的存在以另一方的存在为前提。公共政策就是政策主体为应对来自环境的挑战以及自身存续和发展的需要借助公共权力和公共资源,通过一定的方式作用于政策客体的过程。因此,一方面政策主体解决政策问题的目标和过程规定着政策客体的范围和性质,另一方面,政策客体影响政策主体的性质和规模,并且制约其结构、功能和活动方式。政策主体因政策客体的种类、性质、内容、规模不同而各异;同时在不同历史时期,政策过程中政策客体的地位和作用不同也导致政策主体的职能不同。政策主客体在相互作用中还存在着相互转化和相互渗透。

政策主体与政策环境之间的关系。首先,政策主体必须对环境有现实的理解,了解环境的各种优点和缺点,预测政策实施的可行性,并预测政策制定过程中可能出现的各种问题。政策主体必须充分行使其在政策制度运行中的主观能动性和主导作用,但必须建立在尊重政策环境实际情况的基础上。否则,不仅会导致政策在一开始就制定错误,而且有可能既使政策计划是正确的,政策目标也无法实现,因为它在执行过程中受到阻碍,可能远远达不到预期效果甚至是违背预期的政策效果。

政策客体与政策环境之间的关系。政策客体和政策环境是高度一体化和能够相互转化的。政策客体受到政策作用后,会显示出政策效果,这些效果是政策的预期目标,其中一些是有形的,其他则是无形的,它们通常是政策环境的一部分并影响政策系统的运作过程。另外,在一定条件下,政策环境也可以转化为政策客体。

依据系统论的原理,系统的结构对系统功能具有决定性意义,公共政策系统主要有如下功能。第一,自我维持功能。公共政策系统纵向和横向的复杂结构,表明它是一个相对独立并适应社会环境而生存的系统,因此其首要功能是对自身生存的维系,这一功能能否实现取决于政策系统内部结构是否具有合理性。第二,综合治理功能。政策系统作为一个系统,最大优势在于其综合治理的功能,人类要改造自然环境和社会环境,必须建构庞大的公共政策系统,而在解决社会生活中任何特殊的问题或矛盾时,都要建构公共政策系统实行综合治理。也就是说,为了解决某个特定问题,总是需要制定一系列的配套政策,采取相应的协调行动。第三,功能最大化,人们出于总体功能大于部分功能之和的根本原因建构公共政策系统。在政策系统结构合理的条件下,政策系统能够实现政策目标功能的最优化,使政策效率功能达到最高、政策效力功能达到最强、政策效益功能达到最佳。

(二)公共政策基本系统优化

一般而论,公共政策基本系统优化可以从以下四个方面着手。

1. 政策主体的多元化

现代社会已经呈现出利益多元化的态势,公共政策的主体应顺应这一态势,有效地防止政府以"公共利益"为借口制定和实施背离公共目标的政策。在西方发达国家的政治实践中,就需要非官方主体尤其是社会团体发挥作用,将普通公民分散、模糊,甚至情绪化的意见转化为明确一致的意见。同时,多元化的主体还可以将个体公民所拥有的分散的政策资源,合并转化为集中资源,形成非官方主体所掌握的力量中心。

当然,过度多元化的主体也会对政策过程产生消极影响。比如有的主体会采取一些非正式手段干预公共决策,或者采取排他性策略,漠视公共利益、消解政府权威,导致腐败问题或社会不平等状况的出现。

2. 政策问题确认的规则化

如前所述,并非所有的社会问题都属于政策问题。只有少数社会问题能够得到广泛关注,被列入政府议程,然后转化为政策问题。因此,对政策问题的确认必须以一套反映大多数公众愿望和要求的既定规则为基础。这就需要建立一个能够深入了解民情的政策信息机制,为广大民众的利益提供更有效的渠道。通过这一机制,决策者可以更好地了解构成公共政策问题的来源。同时,有必要进行深入的挖掘和信息研究,以获得具有一定方向和深度的信息。如果对这些信息没有足够的了解,政策主体在确认政策问题时只能是盲目的和推测性的,很难实现科学性和准确性。

3. 目标群体的政治社会化

所谓政治社会化,就是人们通过多种社会渠道,如家庭、学校、社会的各种工具而培育的政治心理和政治观念等。政治社会化就是获取这些知识的一种或多种过程。随着权利意识的不断拓展和深化,目标群体也开始不满足于被动地认可政策,而是强烈要求向主体系统表达自己的意愿。公民参与政策过程,有助于增进其对政策的理解,从而使其更自觉配合政策运行,提高政策效力。这个时候,就需要目标群体在参与过程中,能够遵循理性的精神,避免政治过热和政治冷漠。

4. 政策环境的包容化

从政策环境这个角度看,进行政策基本系统的优化主要是提高环境子系统的开放性和包容度,既能够为政策主体提供足够多的信息,又能够为政策客体提供足够通畅的反馈渠道。前面已经说过,公共政策的种类繁多,其本身就是一个多元并存的整体。如果加上一些人为的限制,就会束缚政策主客体的功能发挥。公共政策环境的包容化可以使政策主客体通过自身的调整与环境形成更好的功能耦合,同时公共政策自身特性的优化也能促进环境的优化。如此一来,公共政策与政策环境之间就容易形成较大的亲和力,向更高层级的开放系统演进。

二、公共政策子系统

公共政策系统可以划分为各个子系统,其功能也由子系统实现。

(一)信息子系统功能

信息子系统在公共决策活动中的主要作用如下。①信息的收集。原始资料的收集是信息处理过程的基础,只有在获得大量原始资料的基础上,才能保证信息的完整性和真实性,从而准确地反映客观的情况。所以,信息子系统就必须通过各种手段和途径不遗余力地收集内部和外部的有关资料。②信息的加工处理。在取得大量的原始资料之后,必须对这些资料进行严格的分析、整理,去伪存真,去粗取精。它包括了纯化、归类、存储三个方面的工作。③信息的传递。信息的传递有两个基本要求,即迅速和准确,以此来赢得政策系统中的主动性和优势。

目前我国各级公共决策系统中的信息子系统已经基本形成,但是还在不断完善的过程中,通过大数据技术等的运用摆脱以往的信息处理慢、粗、乱的问题,减少信息处理粗放落后对公共决策科学化产生的负面影响。

(二)咨询子系统功能

咨询子系统又称参谋子系统或智囊子系统,由思想库以及各种专家、学者组成。它汇集了专家的集体智慧,并利用科学技术方法为公共决策提供解决方案和其他咨询服务。咨询子系统的主要任务是分析政策问题。咨询子系统的成员利用现代科学知识、方法和技术来分析政策问题,预测未来趋势。科学的预测是作出正确决策的基本前提之一。咨询子系统的成员拥有该领域的经验和技术,能够对事物的未来发展做出更准确的估计并进行计划的设计和演示。政策方案设计的论证是一项技术性很强的任务,通常由咨询子系统来完成。咨询是智库的主导功能,智库可以主动向决策部门提出自己的意见,也可以应决策部门的要求,就相关议题进行磋商、发表意见和建议,参与政策评估并提供反馈。在政策过程中,咨询子系统还参与政策评估,并发挥反馈作用,特别是分析政策执行中的问题,提出对策并及时提供给决策部门,以解决原政策中的一些问题并给出改进政策。

(三)决策子系统功能

决策子系统,也称为中枢子系统,由具有决策权的高层领导者组成。决策子系统在整个公共政策系统中发挥着核心作用,是公共政策活动的组织者和最终决定者,领导公共政策全过程。决策子系统具有两个特点:权威性和主导性。决策子系统在公共政策活动中具有最终决策权。

决策子系统在公共政策过程中的主要作用如下。①提出相关的政策问题。公共决策活动从分析政策问题开始,提出相关政策问题是决策子系统的主要任务之一。决策子系统必须能够区分优先事项和复杂的社会问题,了解需要及时解决的关键问题,并做出解决这些问题的决策。②考虑制定政策目标。政策目标的正确性直接关系到公共政策过程的成败,制定正确的政策目标是解决政策问题的重要一步。③组织政策解决方案的设计。政策解决方案的设计是一项具有高度科学性和技术性的任务,通常由咨询子系统执行,但必须由决策子系统组织并为其提供工作环境和条件。④负责政策的最终决策。政策的最终决策是公共决策活动中决策子系统的主要职责,决策子系统必须具有高瞻远瞩的决策能力和魄力,综合权衡,作出正确决策。

(四)执行子系统功能

执行子系统主要包括负责政策执行的机关及其工作人员,特别是政府行政机关及其人员。它是政策系统不可分割的一部分,主要任务是将政策建议转化为政策效果。执行子系统具有现实性、综合性、具体性和灵活性。

执行子系统在公共政策中的作用是为政策解决方案项目的实施做好准备。为了确保计划的顺利实施,执行子系统必须在具体执行之前制订一个仔细而严格的执行计划或行动规则;要建立某些机构并分配工作人员,以提供组织支持,并将政策建议转化为具体的执行活动;要采取必要的宣传措施,以便向执行者阐明政策计划的目的、重要性和具体要求;要做好必要的材料准备,包括执行期间所需的各种工具和设备;要编制预算并落实资金;要从事指挥、沟通和协调等各项活动。指挥是执行子系统利用组织权力和责任,充分利用领导能力,促进下属努力实现既定政策目标的过程;沟通是在子系统实施过程中,各级组织和人员之间交换和传递信息的过程,也是一致理解政策目标和相关问题的方法和程序;协调是执行子系统寻求适应和协作分工而对相关要素进行调剂、匹配的相关行动。最后,执行子系统要分析总结实施情况。任务完成后,执行机构和工作人员应将执行情况纳入原政策计划的指标或价值标准,进行全面详细的衡量评估,总结经验教训。

(五)监控子系统功能

监控子系统是整个政策系统的有机组成部分,由系统内外的相关部门、单位和个人组成。它相对独立于其他子系统。它的作用涵盖整个公共决策过程,特别是政策执行过程。它应使政策目标得以顺利实施,避免政策的扭曲和变形,并保持政策的权威性和严肃性。

监控子系统的主要任务如下。①建立政策执行的标准和规则,并为审查执行情况提供依据。因此,监控子系统必须对谁实施公共政策、如何实施以及在多大程度上实施公共政策有明确的规则。②监测政策的执行情况。监控政策的执行情况是监控子系统最基本的任务之一,主要监督执行人是否执行以及如何执行,并纠正或惩罚那些不执行或行为错误的人。

③对政策执行情况的反馈。政策问题及其环境不能一成不变,因此,有关政策执行和环境条件变化的信息必须及时返回决策子系统,以便决策子系统能够根据新情况审查、改进或终止政策。监控子系统是政策科学、民主、合法的重要保障,它的发展和充分运作有助于制定和实施明智的政策,帮助减少政策错误,避免灾难性后果。

第四章 公共政策工具

政策工具是政策内容的组成部分,政策制定不仅要确定政策目标,也要选择合适的政策工具。政策工具不仅重要并影响政策实施的结果,也是政策设计、选择和合法性过程中需要考虑的因素。本章主要介绍公共政策工具的含义、公共政策工具的分类及应用、公共政策工具创新、中国特色公共政策工具实践等相关内容。

第一节 公共政策工具的含义

公共政策工具研究已成为当代西方公共管理和政治学研究的一个焦点,并迅速发展成为政治学的一个新的分支。国外政策工具研究的发展经历了工具至上理论的研究阶段、多种研究路径的研究阶段和新公共管理影响下的研究阶段。在我国,公共政策工具的研究仍然是政治学的一个新兴领域,国内目前关于政策工具问题的研究仍处于对国外研究成果的吸收和借鉴阶段,缺乏创新性的地方研究以及结合公共治理具体领域的政策工具的深入研究。

政策工具又被称为"政府的工具""治理工具"。公共政策学者从不同的视角来界定政策工具。关于政策工具的定义,主要有以下几类。

(1)侧重于从因果关系上去界定。帕特里夏·英格拉姆将政策工具定义为系统地检查问题和解决方案之间因果关系的过程,这一定义强调政策方案(包括政策工具)解决政策问题的有效性,但政策工具本身的特征则隐而不彰。

(2)侧重于从可规划性上去界定。安妮·施耐德和海伦·英格拉姆认为政策工具是有目的的行动蓝图,这一定义比较有代表性。换言之,政策工具是目的导向的,而这种导向是在政策规划中就被确定下来的。这种定义突出了政策工具的目的取向,但是忽略了政策工具的其他重要特征。

(3)侧重于从手段与目标实现的关系上去界定。由于前两种定义具有明显的片面性,因此,绝大多数公共政策研究者倾向于根据手段与目标实现之间的关系来定义政策工具。如克里斯托弗·胡德认为"行政工具"即政策工具,是将政策目标转化为具体政策行动的机制,包括节点(指社会网络或信息交互运作的中心)、权威(指官方的命令、要求、禁止、保证或裁判)、财政、组织和其他工具;迈克尔·郝莱特等将政策工具界定为"政府执行公共政策目标时可以使用的技术";莱斯特·M·萨拉蒙认为政策工具是"政府为追求目标所使用的方法";斯蒂芬·H·林德和B·盖伊·彼得斯指出,基本上每一种政策工具都含有达到政策目标的不同机制；吴定把政策工具定义为"政府机构可以自由运用来实施政策以实现政策目标的各种技术的总称，也可以说是用于将政策目标转化为具体政策行动的工具或机制"；余致力认为，政策工具指有效完成工作目标和解决政策问题的手段、作为或行动；陈振明主编的《政策科学》的对政策的定义是，人们为解决特定社会问题或实现特定政治目标而采用的具体手段和方法；陈庆云在其主编的《公共政策分析》中认为政策工具是实现政策目标的手段。

综上所述，研究者们主要从手段与目标的关系来界定政策工具，并在界定公共政策的视角上达成了共识。因此，从这个角度出发，我们认为：所谓政策工具，是指为实现特定政策目标而采取的各种手段、战略、方法、技术、机制、活动，以及人力、资金、设备、资源等。

第二节 公共政策工具的分类及应用

工欲善其事，必先利其器。工具的准备和选择对做好一件事十分重要，政策制定和执行亦然。政府履行职能采用的公共政策工具很多，常见的有政府管制、国有企业、信息和劝诫、补贴、产权拍卖等。如何对政策工具进行合理分类与应用？本节将针对此问题展开讨论。

一、政策工具的分类

政策工具分类方法较多，尚未达成共识，有些不同类别的政策工具甚至彼此没有关系。下面列出了有代表性的几种分类（表4-1）。

表4-1 政策工具的分类

提出者	分类标准	内容
罗伯特·达尔和查尔斯·林德布洛姆	是否具有强制性	规制性工具和非规制性工具
克里斯托弗·胡德	政府掌握资源的多少	运用掌握的信息、法律赋予的权力、资金、正规的组织结构
麦克唐纳尔和埃尔莫尔	使用工具所要达成的最终目标	命令、激励、能力建设或是制度变迁
布鲁斯·德林	强制性程度	强制性和自律性政策工具
奥斯本和盖布勒	政府改革	传统类工具、创新型工具和先锋型工具
冯德·狄龙	对政策行动者的作用	法律工具、经济工具和交流工具这种三分法逐渐演化为管制性、财政激励、信息转移

上述政策工具的分类没有好坏之分，都是在特定场景下，基于特定分类标准而产生的。但有的过于抽象、难以提炼，有的又过于详细、无条理，还有的不够全面，不能得到普遍认可。

从分类标准来看，政府的基本职能就是提供公共物品和服务，这是现代西方经济学家的共识。公共物品分为纯公共物品和准公共物品。纯公共物品是符合非排他性、非竞争性和自然垄断性原则的物品,这样的公共物品规模效益大、初始投资大,使得其必须由政府或其他公共部门提供。而随着新公共管理的发展,合作参与的呼声越来越高,由于准公共产品的外部性和部分非排他性、非竞争性,政府主导、科学引入的市场竞争机制逐渐形成。基于以上的分析,我们以政府提供的商品和服务的水平为分类标准,将各种政策工具置于完全自愿和完全强制的极端轴上,分为自愿性工具、混合性工具和强制性工具三类。每类工具中,根据政府和公众参与的程度进行更加细化的划分,国家干预的程度依次不断加强。自愿性工具包括家庭、社区、非营利组织、私人市场等;混合性工具包括信息和劝诫、补贴、产权拍卖、税收和使用费、合同外包等;强制性工具包括政府管制、国有企业、直接提供等。这样的分类不能涵盖所有政策工具,但可以使政策工具尽可能具有代表性,并使每种政策工具具有可识别的特征。

(一)自愿性工具

自愿性工具的特点是个人和组织按照自己的习惯、喜好、利益或市场规范自由生产和生活,很少受到政府意愿的影响,完全是自愿的。

1. 家庭

家庭通常是由众多有血缘关系的个体组成的生产和生活单位。正如贝克尔所言,人类社会生产生活最基本的单位就是家庭,虽然社会、经济、文化随着历史的变迁发生了巨大的变化,但家庭仍然承担着一半甚至更多的经济活动的责任。家庭行为指在既定的货币和时间条件下,对有限资源进行合理配置以促进家庭行为效益的最大化。因此,在传统家庭中,依赖父母、子女和其他家庭成员的帮助是自然而必要的。这就透露出一种由血缘关系或情感依赖关系而形成的凝聚力和自觉性。同时,家庭可以采用资本市场借贷和银行存款等自保措施,自主灵活解决困难。然而,家庭作为政策工具只能起到辅助作用。政府在提供服务方面比家庭具有更广泛的影响力,重要的是更能体现以人民为中心的理念,因此政府会直接或间接地加强对家庭的影响。

2. 社区

社区是指在一定区域内共同生活的人们所组成的社会生活共同体。在我国,居委会、街道办事处被视为社会的基本单位,充当家庭与国家之间的桥梁,履行政治、教育、治理等社会管理职能。在社区中,人们长期面对面的交往,自然形成感情深厚、道德约束强烈、具有强烈认同感的共同体。一方面,社区鼓励居民积极参与社区组织的活动,培养发展社区的责任感,进而在社区与政府之间建立合作互动的关系。另一方面,政府会创建非政府组织来增强社区的自组织潜力。社区最大的特点就是容易被接受,有利于调动公众的参与热情。这种政策工具单独使用时,威力小且分散,因此一般与其他政策工具配合使用,以起到辅助作用。

3. 非营利组织

非营利组织是具有非政府性、非营利性、公益性特征的社会公共部门。非营利组织是联系国家和公民的纽带,其主要任务是通过会员会费、国家拨款、社会捐赠、国家补贴等资金支持,为社会机构提供服务。随着市场经济和民主政治的发展,公民和社会依靠非营利组织来行使自治权。我国的非营利组织主要有三类:一是学术性社团、专业性社团、联合性社团等社会团体;二是行业协会、专业协会、商会等行业组织;三是学校、福利院、社区服务中心等民办非企业单位。在我国,非营利组织涵盖宗教、慈善、公共服务、文化、教育、环保等多个领域。非营利组织的最大特点是公益性和自治性,但由于我国的资本偏好,非营利组织要么完全受到营利部门的考验,迫使非营利组织的活动更加市场化,要么过于依赖国家财政拨款,不能保证其独立性,不能按照最初的目的行事。

4. 私人市场

私人市场不仅指商品买卖的场所,还包括商品和服务的生产和销售中所有潜在买家和卖家之间的互动。市场的最大特点是公平和竞争,在市场上,买卖双方通过平等的交易建立关系。理论上,市场可以自动调节产品和物品的供需,决定物品的收入分配,最终实现资源的有效配置。然而,完全满足福利经济学基本规律的市场并不存在,会出现"市场失灵"。当一家公司在某些行业拥有市场垄断地位时,即使效率很高,政府也会进行干预,因为它操纵了市场,对社会和经济福祉造成负面影响。由于市场本身的特殊性,可能会出现市场失灵,导致外部性、职业或收入分配不均,甚至社会混乱。因此,当市场运作产生不符合公共利益的结果时,政府就会进行干预。

(二)混合性工具

混合性工具是政府通过间接手段斡旋受众行为,将最终决定权留给公众。一方面,不同的政策目标群体对不同的措施有不同的态度,拥有自由裁量权;另一方面,政府只起引导作用,长期改变市场信号或鼓励某些行动,会把目标群众转向对自己有利的一边。

1. 信息和劝诫

信息和劝诫是最温和的工具。一旦政府通过各种可用渠道,包括报纸、电视、网络等渠道,向公众传达某些信息,公众就会自觉地选择对自己有利的行为,同时增加公众对政府的理解和信任。劝诫更多地带有政府偏好,试图改变公众的行为,具有劝告作用,旨在改变公众行为以符合政府目标。信息和劝诫大多基于公众的认知,不具有强制力,因此不适合单独使用。

2. 补贴

补贴是政府拿出年度收入的一部分,向企业、社会团体或者个人提供公益性财产补贴,以补充和引导市场机制的一种财政支出形式。例如,当某些经济活动具有正外部性,企业未能实现足够的经济效益时,政府会以财政补贴的形式影响成本和效益的估计,以鼓励此类经济活动。

在我国补贴既包括给付性补贴和减免性补贴,也包括供给补贴和需求补贴。具体形式有礼品、政府扣除、税收抵免、消费券、担保书、低息贷款等,可以看出补贴似乎更多地用于消费而不是积累。

补贴的使用灵活,影响也比较直接,使用得当可以激发组织的活力。但政府补贴要求企业与政府之间具有较高的信息对称性,当信息对称时,政府提供补贴政策,企业接受程度高,认可度高,补贴会达到预期效果;反之,则会导致政策失败。此外,补贴金额的确定也应进一步研究和明确。国家补贴的后果是不确定的,如果使用不当,会助长企业投机行为,不利于提高竞争力。

3. 产权拍卖

产权是人们对特定事物所享有的专有权利,如使用权、受益权、决定权或转让权。因此,某一项目的产权划分越清晰,资源的配置就越好。将产权拍卖作为一种政策工具,意味着政府人为地制造某些资源的可转让产权的稀缺性,在没有市场的公共领域上创造市场,并利用定价机制支付最高价格来获取特定产品。企业只能在拍卖市场竞拍所需资源的使用权,也可以申请技术升级,寻求其他资源的帮助。一方面,在产权拍卖中,采用灵活的市场竞争方式,提高企业效率,降低公共成本。另一方面,不公平事件的存在会导致资源成本居高不下,竞争力较差的企业将面临巨大的生存压力。

4. 税收和使用费

税收是国家为履行职能而筹集资金的手段,是政府依法获得的强制性、无偿、固定的公共收入,本质上是国家对社会产品的特殊分配。政府可以通过提高或降低税收来鼓励或阻止某些行为并实现政策目标。例如,化妆品等奢侈品的关税远高于生活必需品的关税。税收的增减不是随意的,税法对职权与责任的关系有明确的规定。政府拟改变税收标准或税种时,必须遵循法定程序,决策周期较长。因此,税收比补贴更加隐蔽,并且有严格的法律程序,相对稳定。此外增税可能会导致公众抵制,如果政府资金使用效率低下,副作用可能会很严重。

使用费是政府根据市场原则,按照一定的价格标准,为消费者提供特定服务或者规范某种经济行为而向消费者收取的费用。使用费一般被政府用于提供准公共产品和服务或补偿经济活动的负外部性。消费者可以从政府的服务或特许行为中直接获得独有的利益,这种利益是排他的。使用费这一政策工具更加灵活高效,易于识别适用对象,但由于缺乏对供给和价格的科学测算,对资源的有效配置并没有明显的作用。

5. 合同外包

这里的合同外包是指政府通过直接资助或公开招标的方式选择最符合既定指标的第三方组织提供某些服务。政府有责任了解公共产品和服务政策目标群体的需求,与中标的第三方组织签订合同,并监督其履行合同的情况。整个招标过程是公开的、竞争性的。具体操作流程如下:首先,政府确定哪些公共服务可以由私营企业或非营利组织提供,并制定一定的服务标准;其次,私营公司或非营利组织制定标书并提供具体的成本、质量,甚至价格标准,以满足政府要求;最后,政府根据成本效益原则指定承包商。

(三)强制性工具

强制性政策工具必须有明确的政策目标,政府通过强制手段(包括强制或禁止)直接告诉政策目标群体什么可以做、什么不可以做。政府直接管辖,违反规则必须受到惩罚。强制性政策工具最明显的特点是强制性、直接性和克制性,由于限制严格,对不同群体采用统一规定,强制性工具见效快。受众群体在此类工具面前缺乏独立性、创新性和灵活性,容易产生敌对情绪。

1. 政府管制

政府管制是指政府制定标准和资格,发布指令和规定,确定监管对象的范围和行为,并对违反规定的人实施制裁。显然,任何监管行为都是为了实现公共利益与自身利益之间的动态平衡。我国政府管制分为经济管制和社会管制。管制的目的一方面是限制经济权力,促进公平分配;另一方面是保护公共环境和公共安全。政府管制的优势在于:①政府干预具有权威性和统一标准,效果直接、显著;②控制方便,成本较低;③具有明显的利润再分配性质。其缺点是在限制私营部门的自由方面缺乏灵活性,抑制创新并限制政府效率。

2. 国有企业

国有企业吸引的领域投资成本高、预期回报低,且覆盖国家经济命脉,具有自然垄断特征。国有企业不追求高额利润,其所有财产属于国家。在我国,国有企业的控制和管理表现为国有企业由党组织领导,国家政策的导向决定了其行为和发展方向。

作为政策工具,国有企业一般具有三种作用:①提供公共产品或服务,实现社会福利最大化;②调节经济,保证国民经济健康发展;③通过合理的投资交易,确保国有资产保值增值。与此同时,国有企业的一些弊端也很明显:企业管理者利用一些规避手段,制造国家对企业控制的缺口,企业生产效率低下,如果无有效防范,消费者也可能受到影响。

3. 直接提供

直接提供即政府通过公共权力,使用大部分税收收入直接向社会全部或部分提供公共产品或服务。政府直接提供的最明显的公共服务是国防、外交和司法。这些纯公共物品完全是非排他性的公共产品,公众可以分享其收益,而责任和成本则由政府或服务机构通过税收等方式承担。有一种说法是,如果政府还没有找到一种制度结构或社会结构,能够将公共物品或服务转化为市场可以提供的私人物品或服务,那么政府就必须直接提供。直接提供成本低、效率高、普及面广,但同时由于缺乏竞争机制,在成本、质量和灵活性方面易出现争议。

以下总结了三类政策工具在强制性、直接性、自治性和可见性方面的特点(表4-2)。

(1)强制性:政策工具运用强制力强制实施行为或实现目标的程度。强制力越大,公民和组织能力越弱,反之,强制力越小,公民和组织的能力越强。

(2)直接性:政府参与政策工具实施的程度。不同层次、不同形式的政府参与,导致政策工具有强制性、混合性和自愿性等区分。

(3)自治性:政策工具利用现有税收制度、自愿组织或市场,而不是通过各级政府部门提供商品、服务或解决问题的程度。

(4)可见性:政策工具的成本和收益的估计,以及能被公众理解的程度。

表 4-2　政策工具的特征

	强制性	直接性	自治性	可见性
强	社会管制、经济管制	经济管制、直接提供、私人市场、国有企业	家庭、社区、非营利组织	产权拍卖、国有企业
中	补贴、税收和使用付费、产权拍卖、国有企业	补贴、税收、社会管制、产权拍卖	税收、产权拍卖	家庭、社区、非营利组织
弱	家庭、社区、非营利组织、信息和劝诫	家庭、社区、非营利组织	经济管制、社会管制、信息和劝诫	经济管制、社会管制

二、政策工具选择与应用

(一)政策工具选择的影响因素

政策工具是为实现政策目的而实施特定政策的手段,换句话说,政策工具是在政策实施的基础上进行的研究。根据麦克劳克林教授提出的调整模型,首先要解释影响政策实施的各种因素,包括:①政策目标,即明确、鲜明的目标导向;②环境因素,宏观上是影响政策实施的外部因素,包括国际社会背景、政治环境、经济环境、文化环境等,微观上是指政策实施所依赖的资源,包括人力、物力、财力、权力、信息等;③政策执行者,政策执行者的偏好、价值观、认知程度影响政策执行的效果;④受影响人,受影响人对政策引导的接受程度等的反应;⑤调试策略,即政策制定人和受影响人基于公共利益的平等沟通和协商过程。

从广义上讲,影响政策工具选择的因素可以概括为政策工具自身特征、政策目标、环境因素、政策制定者和政策目标群体。

1. 政策工具自身特征

彼得斯认为,工具之间存在重要差异,没有一类工具是普遍适用的。从中可以得出两点:首先,每种政策工具都有自己的特点,没有好坏之分;其次,每种政策工具都有应用场景,这根据各种政策工具的影响程度、影响力和公平性的差异来定义。比如管制工具是政府以统一标准进行干预的权力,其特点是影响直接、显著,但同时缺乏灵活性,抑制创新。所以管制工具一般用于限制经济权力、促进公平分配、保护公共环境和公共安全,以弥补社会利益分歧、市场失灵以及对利己原则的误解。而宗教信仰自由等问题无论是从合法性还是在新出现的社会问题上都无法通过管制手段来解决。

2. 政策目标

政策目标是政策决策者希望通过使用政策工具达到的效果。权变主义者认为,工具的选择取决于其性能特征是否满足给定问题的需求。也就是说,一旦明确了政策目标,剩下要做的就是在备用工具箱中找到最合适的工具,目标指导着工具的选择。

首先,目标不是唯一的。从纵向上来说,有总分、远近之分,从而形成一个从总体到细节有限且相互依存的目标体系。从横向上来说,有政治目标、经济目标、社会目标等,或者更多并列的中微观目标。任何政策目标都是针对政策问题提出的,政策问题本身是动态的、多样化的,由此产生的政策目标也不是一成不变的。例如,妇女重返家庭问题涉及正义与效率、安全与自由等目标,既有一致的地方,也有矛盾的地方。因此,当政策目标相互冲突且难以界定时,建立清晰的目标体系至关重要。

其次,政策目标是发展变化的。新的政策问题很可能从过时的、现有的政策中产生,或者从环境和形势的新变化中产生,因此,政策目标是动态的,政策目标会随着国民经济和社会的发展而变化,政策目标的优先顺序也会有所不同。

最后,政策目标要有预见性。任何政策目标都是在未来某一时刻运用一定的政策工具、实施政策行动来解决政策问题,这种预见性要求政策目标适应未来发展的需要。制定政策目标的过程涉及对社会环境和人们价值观变化等问题的理解。

3. 环境因素

(1)传统文化的影响。在任何社会中,公民都会表现出价值观念或思想信仰的共性,并在此基础上形成民族风格。这种共性不仅引导社会的集体行动,也限制个体的行为,这就是民族文化的力量。尽管现代化潮流影响着中国人民的思想领域,使我们自觉不自觉地参与文化重建活动,但民族文化在决定国家政策问题上仍发挥着重要作用。中国传统文化具有很强的连贯性、独立性和抗变性,这使得中国文化中的价值观和信仰延续至今。

在中国古代,孔孟思想是统治阶级统治国家的方略,也影响着民众的政治文化。中国传统政治文化塑造了稳定、团结、秩序等政治理想,也造就了传统中国人高度的民族意识、服从性、政治宽容性和认同感。

(2)以往政策工具选择的影响。尽管过去的努力不一定决定未来,但它们可以显著决定和限制未来活动的可能性。一方面,政策制定者在选择政策工具时往往是理性的,注重实现政策目标的效果,任何有关政策工具使用的信息都是根据过去的经验获得的,所以过去的政策工具的实践直接影响当下政策设计的效果。伍德西德认为,政策执行者只能在法律限定的范围内选择政策工具。这意味着政策工具的种类是固定的,我们只能灵活选择、相互配合、创新。另一方面,要保证政策的稳定性。各项政策都是根据当前社会发展的要求制定的,社会发展是一个渐进过程,在社会发展的同一时期,政策工具相对稳定。换言之,为了同一政策目标,前一政策工具与后一政策工具之间必须保持连续性和继承性。如果政策工具之间缺乏连续性和继承性,将导致政策变化,从而引起社会动荡和信任危机。

(3)当前价值标准的影响。弗朗西斯·纽曼认为,探求公共组织与环境的关系是公共行政必须解决的主要问题之一。占主导地位的政治意识形态是在一个时代的政治环境中培育出来的,无论是专制还是民主,它所倡导的都是有效的。"效率"本身不是确定的价值标准,什么有效取决于这个时期的目标。由于不同国家在不同时期有不同的价值观指导政策选择,因此效率的本质和目标的定义也不同。

4. 政策制定者和政策目标群体

公共选择途径认为,政策工具的选择由政治"铁三角"之间的博弈主导。政策制定者不仅代表国家利益,也代表地区群体利益,还代表自身利益。显然,政策制定者也会从自身利益考虑,看重哪些工具,抵制哪些工具。此外,政策制定者的政治素养和创新适应性直接关系到其政策理解和实施效果,政策制定者的知识结构也会影响其对政策工具的偏好。例如,福利经济学家赞成使用强制性工具和混合性工具来弥补市场失灵,而政治学家认为,在自由民主的社会中,政府首先应该选择劝诫等强制力较小的政策工具。

不同的目标群体对同一政策工具的反应不同。政策目标群体的利益取向、认知水平和群体力量决定了政府实施政策所使用的工具。例如,政府对中小企业的支持主要包括两个方面,即税收优惠和财政补贴。对于中小企业来说,他们更愿意接受税收优惠而不是财政补贴,因为税收优惠意味着更多的自主权和更少的责任。又如,政府更愿意采用自愿手段来应对规模庞大且组织良好的政策目标群体,而强制手段则增加了国家控制成本,且不利于公众的自愿接受。然而,强制措施在重新分配资源方面是有效的。

总之,政策制定者和政策目标群体不存在完全的信息对称,存在需求和价值观差异。一方面,双方应在公共利益平等的基础上,通过沟通、协商和妥协找到最合适的政策工具,这不仅提高了政府的应对能力,也提高了民众对政府的满意度。另一方面,实施者也应提高目标群体的认同感,减少实施障碍。

(二)政策工具选择的评价标准

要做到"有效"首先必须在正确的时间、正确的地点与正确的人一起做正确的事。可见,"有效"本身并没有明确的价值概念,只有针对其所服务的特定目的才能得到解释。在公共政策工具方面,政府不能把效率作为最终目标。经济和数量标准导致政府在提供服务和解决问题方面失去灵活性和公开性。尤其是在政策目标群体多元化的背景下,公平正义不仅关系到每个公民的权益,也关系到政策工具的行使和合法性。公平正义理念能够保证政策工具符合最广大人民群众的根本利益,使广大人民群众能够积极参与政策工具的实施,最终实现全社会的共同发展和进步。

1. 效益

效益包括两方面,一方面是效果,另一方面是效率。

效果侧重于政策目标的结果,能否实现最初的目标成为评价政策工具的标准。当然,在实际开发过程中,我们面临着目标无法明确的困境,特别是社会效益和经济效益一样,没有明确的量化标准。因此,当前决策者的价值观标准和社会影响力值得关注。而且,解决某一特定政策问题并不一定是单一政策工具的结果,而往往是多种政策工具相互作用的结果,当然,轻易判断某一特定政策工具是否有效是鲁莽的。

效率注重成本效益比。当用更少的成本获得更多的效益时,效率显然就高了。但政策工具的成本不仅仅是政府在使用政策工具时投入的人力、物力、财力,更多的是政策对象接受政策工具的成本。过高的时间成本、经济成本和法律成本会阻碍政治目标的实现,而当接受成本超过政治目标的承受能力时,就会出现阻力。所以,政府要创造条件降低成本。正如莱斯特·M·萨拉蒙所认为的,在提供公共服务或进行监管时,有必要降低行动对象所付出的代价。政府单方面追求高性能的政策工具是不明智的,好的政策工具应该与成本等评价标准相结合,实现成本与效益的"最佳平衡"。

2. 公平

公平强调社会核心价值取向的合法性和衡量标准的一致性。哈特曾解释,如果一些人在从事共同事业时因为限制性条件而失去了一些自由,那么他们有权要求那些从他们的服从中受益的人也同样服从。这句话表达了"相似的人应该得到相似的对待"的理念。公平是相对的,不是绝对的,我们想要什么很大程度上取决于别人有什么。公平问题很复杂,既有概念因素,也有实质性因素。也就是说,在以公平的标准评价分配模型之前,标准的确定是有争议的。

可以从四方面解释公平的含义。首先,一般意义上的公平需要个人付出的成本和他们获得的利益之间的平衡,也就是莱昂斯所讲的"利益和负担的公平分配"。只有提供权利和义务、权力和责任一致的社会才是正义的社会。其次,程序公平。程序公平注重形式公平而不是实际结果公平。戴维·米勒认为,程序是个人、机构或系统向他人分配利益或分配负担的方式或方法。一方面,决策信息要公开。公众有平等的权利了解与其利益密切相关的信息。只有在透明的环境下,政府行为才能受到监督,公众才能有效参与,政府才能成为合法政府。另一方面,政策工具的选择需要多方参与。当前,公众参与的意识和渠道不断增多,特别是利益相关者和有专业知识的人士有意愿、有能力、有责任参与政策制定。再次,机会公平。所选择的政策工具应最大限度地利用公众作为一种资源。第一次尝试的机会比事后的想法更重要。政府在设计和选择政策工具时,必须有意识地创造一些公平机会的条件,为此应该更多地关注那些天赋较差、社会地位较为弱势的人。最后,再分配公平,即对弱势群体进行补贴,以调整各种原因造成的不公正,实现社会整体正义。

3. 可执行性

政策工具的可执行性包括对选定的政策工具进行宣传、试点、实施、修订、反馈等,将已制定的政策工具转化为实际操作,以实现政策。整个政策的效果有赖于政策工具的执行力。埃里森这样评价可执行性的重要性:方案的确定只占政策目标实现的10%,有效执行占90%。制定者对选择的政策工具虽然会做预测,但最终的检验还是要在执行后才下定论。然而,政策工具的实际转化往往并不像政策制定者期望的那样分步有效,其受到主客观条件的限制:①充足的资金和优良的基础设施;②公共政策工具执行人员的专业素质以及政治素养;③要有辅助政策工具实施的科学技术和科技产品;④信息资源可靠,信息传播渠道畅通;⑤体系完备。

4. 适应性

稳定性和适应性是对立统一的关系。在选择政策工具的过程中,既要保持一定的连续性和继承性,又要与时俱进,大胆创新。

第一,政策工具要与时俱进。俗话说"世异则事异,事异则备变。"政策工具也不例外,必须随着政策环境的变化而变化。政策环境是一个具有复杂性、多样性、特殊性和可变性、多层次、多价值的系统,它不断对政策工具施加压力,不断修改、完善和改变政策工具。同时,政策工具的选择也是动态的,须对政策环境做出反应。政府应该认识到政策工具和政策组合并不是静态的、固定的、面面俱到的。

第二,政策工具要与其他相关的政策工具以及政策实施机制相协调。当前,政策主体是多元化的,中央和地方政府以及相关政府部门的立场和利益不同,在政策工具的选择上会有偏向,而且政策工具和政策问题并不是一一对应的关系。政策工具的类型有很多种,可以组合使用来解决特定的政策问题,如果政策工具的价值取向与实施目标发生冲突,政策目标必然会失败。

5. 合法性

胡德认为,合法化是政策工具选择的实质。哈贝马斯也认为,经过政治秩序而被认可的价值是合法化的体现……政治秩序在事实上的被承认也说明了政治秩序的稳定性。可见,政策工具合法化也可以理解为赋予政策工具法律效力,使其具有有效性和权威性。首先,政策工具的选择应基于公共利益。事实上,有很多机会主义者利用暗箱操作,以局部的、短期的利益来换取普遍的、长远的利益,虽然一时获得了直接的经济利益,但对整个国家利益和最广大人民群众利益的损害却是无穷无尽的。其次,它在政治意义上是合法的。政策工具的选择要通过公民参与、听证会、公开、协商谈判等方式进行,让政策工具得到公众的认可和支持,真正促进公共利益。政策工具的选择、制定和实施的每一步都必须符合最广大人民的利益,不得侵犯公民的权利。

(三)政策工具应用建议

1. 政策工具的选择要以公共利益为导向

政策工具是围绕特定的政策目标制定的。公权力机关设定的政策目标是自身利益和公共利益的结合,同时这些公权力机关也是公共政策工具的选择者和实施者。公共目标所体现的公共利益是公民和公权力利益的聚合。因此,如何确保政策工具能够保护最广大人民群众的切身利益,是选择政策工具的出发点。

首先,通过规范强制性工具使用边界,限制强制性工具的使用。这需要对强制性工具采取二分法的看法。一方面,政府使用强制性工具来提供公共产品和服务或解决政治问题,几乎没有留下自由裁量政策目标的空间。在政策选择过程中,强制权力被认为过于重要,从而忽视了通过制度变革刺激社会参与的能力建设。对于公民个人而言,个人自由的巨大价值的一个强有力的前提就是,每个人都应该自己决定是否被迫做出牺牲,或者他的自由是否受到限制。只有这样,人们才能服务于自己的利益,重新掌控自己的社会生活。正如马克思和恩格斯所认为的,在社会主义社会,国家职能应逐渐缩小,不断还原成为社会成员普遍的平等自由权利。另一方面,在一些领域强制性工具的作用是不可替代的。如前所述,即使市场工具发挥作用,政府也必须利用管制、国有企业、直接提供等手段来弥补市场失灵。国内外成功和失败的经验告诉我们,权力透明度、坚实的法律标准和健全的监管体系是保证强制性工具公平有效的充要条件。

其次,加强公民参与,评估"公众导向"政策工具的使用情况。由于各种指标的社会性质无法合理量化,政策工具的作用存在争议。服务型政府的显著特征之一是不考虑政府的便捷，而是考虑公众的需求。所以民主、参与、便捷成为评判服务型政府政策工具选择效果的一个标准。政府倾向于采用协商、谈判、解释、说服等方式，在政府与公民之间建立直接的互动关系，在很大程度上调动了公共力量参与公共事务管理的积极性。这样做一方面可以提高公众的主人翁意识，使他们更加自觉地遵守政府法律法规，增加责任感。另一方面，提高了政府在政策制定和实施过程中的成本意识和合作意识。然而，政府必须在两个方面开展工作。一是大力发展志愿组织，充分发挥社团在社会治理中的作用。二是遵守执政的基本原则。因为公众满意并不意味着公众就是对的，个人利益的简单相加并不是公共利益。政府是公共利益的代表和保护者，应运用公共权力和权威传播价值观。因此，政府在回应公众需求的同时，应该运用知识和科学，保证个人利益与集体利益、短期利益与长期利益的结合。

2. 将市场化工具引入公共服务中来

市场化意味着公平和竞争，能促进公共产品和服务的高效提供。市场理论的基石是强调利益的"经济人假说"，因此政策工具中的市场化工具应该更加注重公平公正的公共价值。正如秦晖所说，政府应该明确自己的定位，不"与人争利""推卸责任"。总之，私营企业能提供的，就让私营企业提供，政府应该给私营企业提供补贴或税收优惠，政府只承诺提供私营企业无法提供的商品或服务。

我国的公共领域市场化从两个方面入手：一方面是公共产品和服务的私有化，包括公用事业和国有企业的私有化；另一方面，是在没有市场的领域建立市场，模拟市场运作过程。

解放市场。国有企业私有化意味着政府整体减少了对企业生产和管理的参与，即政府在某些领域用私人市场取代国有企业，并期望私人市场更有效率。我国政府通过出让股份的方式将国有企业的所有权转让给私营企业。

促进市场。以前被归类为公用事业的一些商品和服务的生产由私营企业进行，或者公用事业被私有化。一方面是事业单位转为企业化经营，通过"放、活、脱、转"的方法将公共服务由私人提供。另一方面，通过"差额补助，收支自负"的市场化运作激发事业单位的市场竞争力。2008年第十一届全国人民代表大会第一次会议第四次全体会议上提出了事业单位分类改革，将事业单位划分为行政执法类、商务服务类、公共服务类三类。其中，要把从事生产经营活动的事业单位推出市场转变成企业。可见，政府致力于将市场工具应用于公共服务。

模拟市场。在市场不起作用的地方，模拟市场过程提供公共物品和服务。模拟市场的主要手段是通过企业或非营利组织之间公开、平等的竞争进行招标，以实现资源的有效利用。

3. 培养社会力量参与到公共服务中来

在计划经济时期，国家对社会有较强的控制力，国家权力渗透到社会生活的各个领域，影响社会的自主性。公共利益缺乏畅通的生成渠道，当时公共利益就是国家利益，统一的制度压制了公民个体的需求和自我发展，当公众想要实现时，必须遵循各种制度安排。在当时，非营利组织受到忽视和挤占。

如今我国经济取得巨大发展成就，带动社会需求走向多元化发展。个人的自主权越来越多，受市场的影响越来越大，政府的干预越来越少。赵黎青认为，政府的重要责任是创建适合经济发展的社会机制，创建真正适合社会改革的组织体系。非营利组织具有灵活性强、影响面广的特点,自然受到政府的关注。可见,政府职能转变有利于政府对非营利组织的支持。自下而上的参与意识不断增强,非营利组织与公众保持密切联系,推动政府政策有效落实。

20世纪80年代至今,非营利组织一直蓬勃发展,其活动领域涵盖了社会生活的许多领域,大致包括教育、慈善、信息咨询、社区管理、行业协会、文化交流、环境保护、扶贫救助等八个方面。当前经济社会发展不协调、公众需求猛增与公共服务匮乏的矛盾,意味着非营利组织必须承担三项任务:一是解决社会矛盾,二是参与公共服务的提供,三是帮助保护弱势群体的利益。

被称为"第三条道路"的社区也通过由上而下的参与,推动政府制定更符合公民最直接、最现实需求的公共政策。例如,在养老行业,专业机构只能容纳少数老年人,而家庭和社区才是养老服务的重点。养老服务业不仅有助于提升个人家庭幸福感,更有助于整体社会道德建设。政府通过税收优惠政策鼓励各个社区因地制宜发展家政服务、社区服务、病患陪同等。通过混合性工具和自愿性工具的联合使用解决我国"未富先老"的问题。

总体而言,按照"小政府、大服务"政府职能转变的原则,政府会提倡利用政府提供以外的政策工具,实现社会合作,促进公共利益。

4. 政策工具选择以科学为指导

所谓政策工具选择的科学性是指政策制定者和相关参与者在政策工具选择过程中,从实际出发,尊重客观规律,充分运用各种统计预测方法,分析政策问题及其相应政策,进行选择和综合现有政策工具的过程。我国在政策工具选择过程中需注意以下几点。

首先,政策工具立足我国实际国情和社会国情。目前,我国学者对政策工具的研究处于起步阶段,还没有系统的理论研究。尤其是混合性、自愿性工具缺乏理论创新和证据分析,大多停留在落实西方学者研究成果的阶段。尽管政治工具和技术不分国界,但政治工具的选择和使用却带有深刻的政治环境和意识形态特征。任何不切实际、理想化的工具选择,都必然偏离政策目标和政策工具选择的初衷,与政策目标产生冲突,最终导致政策失败。因此,中国政府在借鉴国外政策工具和技术的同时,也必须充分分析影响政策工具选择的各种因素。

其次,我国政策工具的选择应遵循严格的操作程序。适当的政策工具并不是政策制定者从多种选择中随机选择的结果,充分、完整的选择是有效选择政策工具的前提。该程序不仅包括政策问题的分析、政策目标的界定和价值取向的理解,还包括工具使用的步骤、期望和评估。当然,政策工具的选择过程来源于大量的经验,必须经过实践的检验。政策工具选择过程没有法律框架约束,政策工具适用范围不明确,容易受利益驱动、忽视公共利益、缺乏评估标准,违反合法、合理、公开和参与的原则,不利于我国公共政策的民主化、科学化和法治化。

最后,改进效益和效率分析。由于我国没有一套完整的评估政策工具的标准,因此选择政策工具的过程有些随意。实践经验表明,政治因素在工具选择中发挥着显著作用,成本收益意识相对较差。长期以来,我国重计划经济、轻市场经济,重行政手段、轻经济手段,导致决策者无成本意识、无效益意识、无竞争意识。成本效益分析需要获得选择和运用政策工具的成本,包括经济成本、社会成本、机会成本等,获得的效益包括有形效益和象征性效益。然而,一些成本和效益很难确定和量化。此外,还需要评估政策工具是否实现了政策目标。需要对目标进行分解,使其具体化、可衡量,并对政策工具运用后的社会总体状况进行描述、分析和预测,这需要管理学、统计学、社会学等学科的协作。我国必须加大力度建立一套效益效率分析标准,实现政策工具选择的科学性。

5. 政策工具的优化、组合和创新

一个关注公众需求和公民参与的政府应该注重政府的响应能力。高度响应的政府不再将公众视为被动的接受者和执行者,而是积极参与诉求、遵守法律法规的负责任的公民。因此,政府应该始终回应公民的偏好。在社会稳定时期,政策工具和政策行动发挥着更大的制约作用,因此不会发生重大变化。但在社会转型时期,各种潜在或突发的社会问题迫使政府寻找新型政策工具,以更好地回应公众的需求,这需要对政策工具"三"管齐下。

一是优化政策工具。因特威尔德指出,政策工具在一段时间后才能充分发挥作用,并会随着社会的发展和变化而变得过时。由此看出,我们面临两个问题。一方面,如何改变政策工具,避免政策工具的负面效应,提高政策工具的效果。另一方面,如何完善政策工具来适应社会发展,因为一种模式无法应对不同的社会发展情况。二是组合政策工具。政策工具和政策问题之间不存在一一对应的关系,政策问题的复杂性意味着一种工具不足以满足各个政策行为体的利益,每种政策工具都有其优点和缺点,只有互相学习、互相合作,才能实现共同利益的最大化。三是更新政策工具。随着社会的发展、知识的更新、学科的交融、科技的发展,标杆管理、绩效管理等更多新的政策工具不断涌现。

各种意识形态和国别特征影响政策工具的选择,而政策工具本身就是政治性的。虽然我国在运用各种混合性和自愿性工具上取得了很大成效,通过行政改革为政策工具的运用和创新创造了条件,但我国尚无理论与实证相结合的政策工具研究体系。当前的主要任务是结合我国实际,总结政策工具在政策执行中究竟起到什么样的作用,研究政策工具的优化、组合和创新。

第三节 公共政策工具创新

公共政策工具研究随着公共管理实践的不断发展也出现了转变和扩展,我国为转变政府管理实践方式,引入工商管理技术、市场机制和信息技术以推动公共政策工具创新。为面对新发展格局,适应国家治理体系和治理能力现代化的需要,应持续推进公共政策工具创新和运用。本节主要介绍公共政策工具创新研究、我国公共政策工具创新的实践、我国公共政策工具创新发展趋势等相关内容。

一、公共政策工具创新研究

随着公共行政实践的不断发展,政策工具研究领域出现了一些新变化和新趋势,盖伊·彼得斯在其著作中认为这些新变化及新趋势反映出公共政策工具研究范围及主题的转变和扩展。

首先,转变意味着更加关注该工具的应用环境及其背景。陈振明认为,经典方法到建构主义方法的转变,使政策工具研究从微观层面走向中观层面,即网络研究,也改变了其研究重点。例如,近年来对政策实施网络中的不同参与者进行了研究。有学者提到了目标团体中的权威人物的影响以及政策工具施行者与其他主体间的互动;一些学者注意到组织文化和官员压力对政策工具的影响;还有学者注意到政策工具执行领域以外的主体也对政策工具具有一定影响。

其次,扩展是指该领域出现了许多新理论,如网络理论、执行理论和学习理论等。同时,通过引入新政策工具和政策工具应用新策略充实整个政策工具研究,为其理论发展与实际应用做出贡献。近年来,人们开始关注"新政策工具"的运用,P·L·休普在其著作中谈到后现代政策工具;有学者提出了"第二代政策工具"的概念。政策执行者也呼吁采用新政策工具,新政策工具的引入可以被视为对社会经济发展的回应。尽管新的政策工具经常与旧的政策工具进行比较,但研究重点不再是政府施政的单边性质,更多集中在治理的双边甚至多边性质上。与此同时,新政策工具的推广也伴随着对旧政策工具的批评,如传统意义上的管制就被认为是过时的。另外,新政策工具不一定是"新"的,旧政策工具可以用新策略来实施。

上述这两个变化在一定程度上拓宽了政策工具的研究范围,但同时削弱了政策工具本身的重要性,政策工具逐渐被视为影响政策结果的变量之一。政策工具的研究从强调政策工具本身转向关注环境影响,再到仅将政策工具视为影响政策的因素之一,这一过程表明了对政策工具认识的深化。

进入21世纪,美国公共行政领域著名学者莱斯特·M·萨拉蒙用"新治理"对政策工具的研究做出了新的诠释,他将政策工具上升到公共治理的高度,指出官僚政府的传统景象已经很难继续概括当代政府部门的特征,越来越多的社会主体开始介入公共问题的解决过程。莱斯特·M·萨拉蒙总结了这种"新治理"的两个关键特征:一是公共事务的管理成为私营部门、非营利部门和政府的团队合作;二是政府部门并不是单独运作的,面临着重大的组织和管理挑战。他认为,不断演变的政策工具和方法体现了新治理的精神,各种维度的政策工具在公共事务管理中发挥作用。B·盖伊·彼得斯很早就开始了政策工具的研究,他认为政策工具与公共管理(尤其是新公共管理)方法的研究之间存在差异,呈现出一种分离的状态。他认为应该将政策工具和公共管理方法的研究结合起来,以更深入地了解公共行政和公共政策过程。对于起步较晚的中国公共管理和公共政策学科来说,政策工具近几年才被引入研究领域,还有很长的路要走。我们要立足国情,及时跟踪和研究国外的研究进展及其成果,将政策工具的规范研究和实证分析相结合,并用于指导我国的公共行政和公共政策,推动公共行政方法的创新。

二、我国公共政策工具创新的实践

在市场经济发展不断成熟、行政体制改革不断深化、国家职能转变的条件下,国家行政和行政管理的模式、方法和手段亟待创新。我国现阶段行政管理水平较低的一个重要原因是管理工具相对单一,管理方法缺乏创新和现代化。为此,迫切需要运用新的国家工具或一整套现代国家管理技术,构建符合市场经济要求的行政管理实践新模式。

杨代福和丁煌认为,"创新"有着多重含义,我国政策工具的创新这一概念不仅包括我国政府对政策工具的发明,还包括我国政府对西方国家政府创造的政策工具进行的第一次应用。西方的"管理主义"改革在将市场化工具、工商管理技术和社会化手段运用于行政管理的实践中积累了成功经验,但也留下了失败的教训;西方科学家对此问题做了大量的研究,实证分析和理论研究都取得了丰硕的成果,但仍有许多理论和实践问题没有得到解决。

在我国,政府管理的某些部门、领域、方面已尝试引入市场竞争机制;同时,工商管理技术以及社会化方法也逐渐应用于公共部门管理中。更重要的是,我国近年来开展的行政审批制度改革,正逐步摧毁以行政干预为主要内容的旧行政管理方式,为新的政策工具的引入以及改进政府管理方式创造了条件。

(一)工商管理技术的引用

20世纪70年代末开始,伴随着全球化、信息化、市场化以及知识经济时代的到来,世界各国都进入了行政改革或公共部门改革时期。无论是西方发达国家、转型国家还是第三世界国家,都纷纷掀起了政府改革的浪潮。尽管西方政府改革的理由、议程、途径和策略以及改革的范围、规模和力度有所不同,但它们的基本导向是相同或相似的,即采用商业管理的理论、方法及技术,强调以引入市场竞争机制和信息技术、以顾客为导向和提高服务质量为特征的"管理主义"或"新公共管理"的新范式。工商管理技术与市场机制在政府管理中的应用日益加强,成为21世纪西方行政管理改革与发展的一般趋势。西方各国政府为适应市场经济有效运行的需要而界定自己的角色,进行市场化变革、转变政府职能、放松管制、调整政府与市场关系、实现政策执行的自主化等改革,并引入市场制度的基本观念,建设开放而有效的公共领域。西方各国"管理主义"或"新公共管理"改革已进行多年,在将工商管理技术与市场机制应用于行政管理的实践上已积累起丰富的经验,也留下了深刻的教训。

20世纪90年代以来,随着市场化进程的加快,引入工商管理技术、市场机制和信息技术,依靠竞争和管理实现效率,改变管理实践,形成行政管理新的微观模式成为我国行政改革和发展的重要趋势。我国公共行政特别是公共行政的一些部门和领域尝试实行公共采购制度、公共工程招标、土地有偿使用、营业执照的拍卖,公共服务如环保、治安、公交的委托承包以及自然垄断行业的开放竞争等都是将市场机制引入公共部门的具体体现;同时,目标管理、绩效评价、全面质量管理、合同聘任制、社会服务承诺制等一类的工商管理方法及技术也逐步在公共部门的管理中推行。另外,现代信息技术越来越多地应用于我国公共管理中,"数字政府""电子政务"运动方兴未艾。

(二)市场化工具的利用

市场机制是提高政府绩效的有效工具,运用竞争机制,可以利用市场的力量改造政府,提高工作效率。通过在公共管理中引入一些市场因素,可以缩小政府失灵的范围,使政府体制更加灵活,提高政府工作效率。应用于公共管理的市场化工具主要包括以下几类。

1. 民营化

民营化是指通过市场的作用,将原来由政府控制或拥有的职能(提供某些公共产品和服

第四章 公共政策工具

务)出租或出售给企业、部门和中介组织,依靠市场力量提高政府效率。

2. 用者付费

一些公共服务应当采取收费的方式。用者付费的主要目标是引入公共服务有偿定价机制,既增加公共资金来源,又减少浪费。

3. 合同外包

把民事行为中的合同引入公共管理领域的基础是基于合同双方一致同意的竞争性招标,将以前的单方强制行为转变为双方同意的行为。合同外包可以降低成本、节省资金、提高服务水平并缩小政府规模。

4. 委托—代理

委托—代理的本质是政府通过监管和政策制定把握宏观方面,将公共服务提供等微观运作外包给非政府机构,通过竞价的市场机制创造公共服务市场,提高绩效。

5. 分散决策

分散决策其实就是分权与权力下放的过程,主要目的是通过公共组织决策和执行的分离来赋予执行者更大的自主权,使被授权的下级组织或单位能够更加独立,能够自由地与其他组织进行竞争。

6. 产权的交易与变更

产权的交易与变更是指在没有明晰产权的公共领域(如保护环境和水资源),引入市场机制,改善资源配置;对于某些公共设施,在财产所有权、收益权不变的前提下,通过出让使用权,提高效益。

7. 内部市场

提供公共服务的公共部门被人为地划分为生产者和购买者两方,这就在政府机构中创造了"生产者"和"消费者"两种角色,能促进内部机构之间的竞争以实现良好的服务。

(三)现代信息技术的采用

现代信息技术特别是信息技术的发展,为现代政府管理创造了必要的基础,信息技术的广泛应用,特别是"数字政府"的出现是现代政府管理的一场革命。它不仅改变了传统的管理方式,而且对政府管理的内容和流程产生了很大的影响。加快治理转型,需要更新政府信息治理,推进数字政府建设,支持电子政务发展。

1. 电子政务

电子政务自诞生之日起便受到政府的高度重视,21世纪以来其在国家整体交付中的作用显著增强。2002年国务院发布《政府工作报告》,将"推行电子政务"列为转变政府职能的重要任务。同年,中共中央办公厅和国务院办公厅联合发布《国家信息化领导小组关于我国电子政务建设指导意见》,正式确定了我国电子政务一站、两网、四库、十二金的建设思路和基本框架。由此,在党中央的领导下,电子政务开始在全国范围内建设推广。电子政务旨在帮助国家组织在当今的政府活动中利用信息技术进行工作和管理,并实现更好和重组的政府结构和程序。其中"一站"(中国政府网)是政府与社会、公众互动的窗口;"两网"(政府内网和外网)是网络连接层和进入下一环节的通道;"四库"(人口基础信息库、法人单位库、资源地理信息库和宏观信息经济库)是政务办理的背后支撑数据库;"十二金"(金税等十二项以"金"字开头的工程)是政务办理的应用服务。这四大板块共同构成了窗口、渠道、支持、服务的政务体系,保证了办公工作的分工和建模。该框架促进了国家宏观层面数字治理的发展。

2. 网格管理

将网格管理应用于城市管理的先行者是北京市东城区,它在 2004 年成为全国首个网格化城市管理系统的试点地区。该初始样态在政府组织中通过政策扩散促进组织学习过程,并形成浙江舟山市组团式服务和重庆市网格化防控体系等再生产样态。以北京东城区网格管理为代表的数字城市的做法是在不更换原有社会管理层级(市/区—街道—社区)的基础上,增加"网格"这一更小的基层单位,通过政府行政权力下沉的方式,将原有的行政职权直接下沉到街道,覆盖到社区,利用万米单元网格管理开启数字城市管理模式,将街道、社区划分为具有明确责任人的万米单元网格,并形成监督轴心和调度轴心的双轴心管理流程,达到整合组织资源、提高管理效率的目的,实现城市管理流程的落实、空间的完善和管理对象的精准定位。

3. 农村信息化

为避免城乡的"数字鸿沟"进一步拉大,农村地区开始尝试利用数字技术促进农村发展和农业引进,逐步在全国范围内打造各具特色的乡村数字管理实践样态。1994 年"金农工程"的提出,标志着农业信息化的开始;2004 年"村村通"工程的提出,意味着农村设施建设也开启了农村信息化时代。农村信息化主要包括农业科技教育、资源环境、生活消费、生产管理、政务管理的信息化,该过程主要是利用信息技术显著提高劳动等全要素的生产率。农业农村信息化以 2014 年"信息进村入户"为重点,在不断探索中形成独具特色的"辽宁模式"。截至 2017年,辽宁省已建立亿农信息服务机构 9100 家,同时管理公共农业服务业和城市公共服务业两类服务,以 12316 服务为基础,提供农产品进村、工业品下乡、电子商务、农业技术、信息技术等服务,并形成农产品行业价格检测等一系列的农村信息服务产品。数字化管理在农业和涉农企业中具有显著优势,在农业和农村信息化状态下,政府的管理文化和政策连续性是其发展壮大的重要保障。农民仍深受农业惯性思维影响且信息化素养较低,其作为微观主体的地位逐渐边缘化,信息化的管理技术开始占据主导地位。

4. 区块链技术

区块链技术具有可追溯、不可篡改和时间戳等特征,可以将数据所有权、"链上"数据记录、数据交换记录等信息实时传输给所有参与者,并实时存储在分布式区块中由各参与者共同管理、共享维护,在"数字政府"中具有广阔的应用前景,主要体现在五个应用领域。一是应用于政府统计调查领域,保证数据的可靠性和可追溯性。区块链是统计研究数据的"安全岛",一旦上链,极难篡改。将区块链技术应用于"数字政府"统计调查功能模块,能对经济社会进行真实有效的数据研究统计,控制"链上"和"链下"数据交换记录,承载经济社会发展全面、多层次的实时监测、预警和预测分析。二是应用于企业和公民身份认证系统,确保原始信息安全可靠,基于区块链的企业和公民信息存储机制无法修改其中包含的信息记录,只能添加新的纪录,因此企业和公民的原始信息不可篡改,极大保障了企业和公民的信息安全。三是应用于政务信息管理领域,促进信息开放共享。区块链技术的开源代码机制可以查询区块链中每个节点、每个区块的记录信息,极大促进了政务的公开透明,完善了政府监督机制。四是应用到政府数据库中,实现去中心化。在政务数据库建设中利用区块链技术,构建分布式或去中心化的数据库,将显著减少交易环节,降低交易成本,缓解政务服务参与者之间的信息不对称,提高分工协作效率。五是应用于监控领域,实现政务数据溯源监控。区块链技术在"数字政府"监控平台的应用记录了被监管设施的所有信息,能够准确、高效地实时监控和跟踪被监管设施的状态。当监管对象出现问题时,将利用区块链技术追溯问题根源,极大地提高了监管效率和效果,降低了监管成本。习近平总书记在中央政治局第十八次集体学习中表示,要探索利用区块链数据共享模式,实现政务数据跨部门、跨区域共同维护和利用,促进业务协同办理,深化"最多跑一次"改革,为人民群众带来更好的政务服务体验。基于区块链技术的"数字政府"可以实现数据不可修改、可追溯、安全可靠、分布式存储和隐私保护,对降低运营成本、提高政府合作效率将发挥重要作用,推动"数字政府"转型和现代化。"互联网＋政务服务"从"信息服务"向"价值服务""信任服务"转变,将有力支撑国家治理体系和管理能力现代化。

三、我国公共政策工具创新发展趋势

为面对新发展格局,适应国家治理体系和治理能力现代化的需要,应大力推进政策工具创新和运用。

(一)运用系统思维

首先,不切实际的社会假设和落后的管理理念必须改变,不切实际的政治、经济、文化制度必须改变,不切实际的行政体制必须改革,政府的组织架构必须改革,管理规则、标准与程序等运行机制必须改革。学者李习彬等认为,从系统科学的角度看,政府管理创新从低到高涵盖六个层次,即管理手段和方法、运行机制、组织架构、行政体制、政治制度、管理理念。这六个层面相互关联、牵一发而动全身,从而打造政府管理创新体系。不同层次之间最基本的关系是:低层次的提升受到高层次的限制,即当高层次不合理时,低层次所能实现的提升是有限的。政策工具创新与管理手段和方法的创新密切相关,管理手段和方法在该体系中居于最低层次,因此,政策工具创新要落地、获得支持、取得成功,需要在上述六个层次进行有效的改革。

其次,改革创新条件。各地特别是欠发达地区要大力改善政策工具创新条件,如提高公务员的素质、加速经济的发展、提升社会就业人员的受教育程度、发展电子政务、加强政府间的交流等。在创新过程中,我们需要充分分析现有政策工具,了解政策工具之间是否存在摩擦,新政策工具与现有政策是否良好衔接。此外,各地区在政策创新过程中要注重获得上级领导的支持,因为上级领导的支持是我国政策工具创新成功的一种重要的权威资源。

此外，政策工具创新必须充分考虑政策创新给不同群体的利益带来的影响，做好政策创新的成本和收益在不同群体之间的公平分配，协调利益。

(二)加强创新管理

1. 加强对政策工具创新的指导

为了避免自下而上自发创新方式的随意性，为政策工具创新提供明确的基础，目前需要中央政府加强指导，如需要明确以科学发展观为指导思想、指明创新的方针、明确创新的原则等。

2. 促进政策工具的发明

这需要培养政府官员的企业家精神。一是政策工具的发明需要政府官员的觉醒、善于思考的精神、积极探索的精神；二是洞见政策问题；三是在上述基础上，政府官员或结合自身的经验，或结合理论原理，或通过对政策问题的深入分析，结合现实找出对症的"点子"，来形成创新发明的理念。

3. 优化相关机制

例如在激励机制方面，不仅有奖励和惩罚，还要建立创新失败的容忍机制，要对每项项目进行评估，根据不同规模确定可能失败的项目数量、时间和资金。在风险控制机制方面，除了注重吸收、积极学习其他地区已有的改革经验外，还应注重控制现有案例的溢出效应，积极制定新的方案，实施创新。

(三)广泛运用数字技术

近年来，互联网、大数据、云计算、人工智能、区块链等技术加速创新，逐渐融入经济社会发展各领域全过程。乘着新一轮科技革命的"东风"，数字政府建设大有可为，也必将大有作为。坚持以人民为中心，推动政府数字化、智能化运行，加快建设人民满意的服务型政府，从而不断增强人民群众的获得感、幸福感、安全感。

1. 加强数字政府建设是创新政府治理理念和方式的重要举措

党的十八大以来，以习近平同志为核心的党中央围绕实施互联网强国战略和大数据理念作出一系列重大部署，各方面工作取得新进展。习近平总书记在主持中央全面深化改革委员会第二十五次会议时提出，要把强国战略全部用在互联网上，广泛运用科技服务政务，推动数字化、智能化政府的运作。这为广泛运用技术支持数字政府建设指明了方向。

2. 加强数字政府建设，必须把满足人民对美好生活的向往作为出发点和落脚点

这是贯彻以人民为中心的发展思想的必然要求，也是增强数字政府效能的必然选择。从运用大数据、云计算、人工智能等技术打造抗击新冠疫情的防护网，到将"脑数据"融合警务、交通、城管等应用在智慧城市建设中，为群众提供订单式优质服务，一项项数字政府建设成果，给群众带来实实在在的获得感。本质上，数字技术是一种手段，而不是目的。只有坚持以

人民为中心,以群众的实际需求为导向,从解决群众关心的实际问题出发,才能确保数字政府建设更加现实有效。

3. 随着数字政府建设的推进,公共服务领域也发生了深刻变革

数字应用使民生服务、业务发展、灾害预测、危机管理等领域的工作更加高效,政府治理方式有了极大拓展和创新。因此,加强数字政府建设,必须以数字化改革助力政府职能转变,统筹推进跨行业、跨领域的政府应用系统集约化建设、互联互通,充分发挥数字化在政府执行经济调控、市场监管、社会治理等方面的重要支撑作用,构建协同高效的政府数字化绩效体系。

(四)借鉴西方国家的有益经验

西方国家自20世纪70年代以来不断创新政策工具,在推动政策工具创新方面积累了大量经验,其中一些做法值得我国政府在政策工具创新过程中借鉴。例如美国的一些创新组织常准备创新投资基金,以激励整个创新活动。对于我国的政策创新,政府可以每年在财政预算中设立专项准备金,为创新议程制定、创新战略实施和创新奖励提供资金。在美国,为了产生创意,一些组织也改革了领导方式,通过意见箱等方式激发创意,并通过民意调查等方式倾听受众的声音,另外,还通过动态走访管理或创新绿色通道等方式,倾听员工的声音。这些都为吸引公民参与创新政策工具提供了良好的经验。另外,美国的一些创新组织还注重将权力下放,鼓励一线员工创新。因此,在我国的政策工具创新中也需要打破控制权力的习惯,赋予基层创新的自由。

第四节 中国特色公共政策工具实践

中国政府在实施公共政策过程中,立足国情,认真履行政府公共管理职责,学习和运用国外政策工具的先进理念,不断提高公共政策工具的运用技巧,广泛开展公共政策工具的实践。随着改革的深入和发展,一些具有中国特色的公共政策工具的运用也不断涌现,这无疑为中国公共政策工具研究的理论和实践发展提供了契机和挑战。建立具有中国特色的公共政策工具学,对促进我国政府治理方式以及管理方法、技术与手段的创新,促进中国公共政策的贯彻执行,更好地实现和促进社会的发展具有重要意义。本节主要介绍中国特色宏观调控政策工具、中国特色专项治理政策工具、中国特色乡村振兴政策工具等相关内容。

一、中国特色宏观调控政策工具

(一)中国特色宏观调控的初步探索

"宏观调控"一词是在中国经济体制改革过程中诞生的新术语。它的出现不是偶然的,它是党和政府把马克思主义基本原理同社会主义经济建设实践相结合,借鉴西方有益元素,探索新的宏观经济管理框架过程中创造的社会主义政治经济学理论结晶。

1978年以前,中国的经济管理改革是在计划经济框架下进行的。政府调控经济的主要方式是直接干预和控制,不需要区分宏观问题和微观问题。改革开放之初,经济改革的思路就是在实施企业战略规划的基础上,强化市场调节方式的辅助作用。1982年党的十二大报告指出"计划经济为主,市场调节为辅"。因此,对经济运行的直接控制仍然是政府经济管理活动的主要方式。

20世纪80年代中期,从中国经济的实际情况来看,经济体制改革的长远方向确实是逐步减少行政资源,由直接管制转向间接管制。但短期来看,在新旧体制交替过程中,市场调控尚不具备充分发挥作用的制度基础,微观经营主体还难以对价格等间接调节信号做出快速、灵敏的反应。因此,政府必须继续主要依靠行政手段调控经济,保证经济社会正常运行,为改革创造适宜的宏观环境。

1985年9月通过的《中共中央关于制定国民经济和社会发展第七个五年计划的建议》中指出:要努力提高决策的科学水平和宏观控制调节能力。"控制"与"调节"作为宏观经济管理工具的两大体系在中央重要文件中被并列提及,这表明"宏观调控"作为宏观经济管理的新理念,已成为宏观经济管理的重要手段。

1988年的《政府工作报告》将理论论述转化为党和政府的权威表述,正式采用"宏观调控"这一新术语。

(二)中国特色宏观调控的形成与新突破

1. 中国特色宏观调控的形成

经过20世纪80年代的探索阶段后,1992年中国共产党第十四次全国代表大会确立了改革建立社会主义市场经济体制的目标,全面部署中国特色宏观调控体系建设。

1993年党的十四届三中全会通过了《关于建立社会主义市场经济体制若干问题的决定》初步确立了中国宏观调控体系的基本架构。会上提出社会主义市场经济必须有健全的宏观调控体系,国家计划部门、中央银行、金融部门三方宏观调控体系的基本架构已经形成。1996年的《政府工作报告》指出,新的宏观调控体系的框架初步建立,加强和改善宏观调控取得明显成效。

1997年之后,中国经济格局发生根本性转变,从卖方市场转向买方市场。此前,宏观经济波动的典型形式是需求增长快于供给增长,导致供给短缺,进而导致商品短缺、通货膨胀和经济过热现象反复出现。而在买方市场条件下,宏观经济波动的主要成因是供给增长快于需求增长,从而出现供给过剩、物价下跌、通货紧缩和产能过剩,成为困扰中国经济的新问题。

为了解决上述困难,1998年中央经济工作会议指出,扩大内需、开拓国内市场是我国经济发展的基本立足点和长期战略方针。1999年召开的党的十五届四中全会进一步明确,宏观调控的任务是扩大内需,开拓城乡市场,增加就业,促进国民经济持续快速健康发展,防止经济增长的大幅度波动,保障国有企业发展,创造良好的宏观经济环境。扩大内需是中国宏观调控的基本立足点,是实现宏观调控目标的主要途径。我国宏观调控的目标是多重的,既要促进经济持续快速健康发展,又要维护经济稳定、助力国有企业改革,体现了宏观调控在正确处理改革与发展之间关系方面的关键作用。

2002年,党的十六大强调要坚持扩大国内需求方针,明确提出根据形势需要实施适当的宏观经济政策。这一时期,中国已经加入世界贸易组织,外部冲击对我国经济的影响明显增大,准确评估经济形势就显得更加重要。在此基础上,要运用宏观调控应对经济波动,进一步完善中国特色宏观调控体系。2007年党的十七大提出发挥国家发展规划、计划、产业政策在宏观调控中的导向作用,综合运用财政、货币政策提高宏观调控水平。它重申了直接的行政手段和结构性调控工具在宏观调控体系中不可或缺的地位,体现了"控"在宏观调控中重要的作用。

2002—2012年,我国中央政府积累了社会主义市场经济体制下宏观调控的丰富经验,对市场经济与宏观调控关系的认识趋于系统化、稳定化。2011年的《政府工作报告》指出,健全的市场机制和有效的宏观调控是社会主义市场经济体制不可或缺的重要组成部分。市场作用多一些还是政府作用多一些,必须相机抉择。这就意味着,当市场机制扭曲或失灵时,政府必须加强和完善宏观调控,避免经济大起大落。

2. 新时代中国特色宏观调控的突破

党的十八大以来,我国经济发展进入新常态,这是一个不同于过去30年快速增长时期的新阶段。相应地,我国宏观调控也进入了新阶段。以习近平同志为核心的党中央强调,宏观调控必须适应发展阶段的特点和经济形势变化,该增加需求就增加需求,该调节供给就调节供给,开出适当的处方。

在上述新理念、新战略的指引下,中国政府紧紧围绕适应引导经济发展新常态的大局,把科学宏观调控作为充分发挥优势的内在要求。中国特色宏观调控体系充分运用发展规划、金融、货币等多种政策工具,贯彻落实两端政策——供给和需求。我们将不断推进经济发展现代化,实现宏观稳定,努力实现经济高质量发展目标。

(1)新常态:新时代中国经济发展的大逻辑。2012年前后,中国经济从年均10%左右的高速增长区间转入6%~7%的中高速增长区间,我国经济发展进入了新常态。2014年底召开的中央经济工作会议指出,认识新常态、适应新常态、引领新常态,是当前和今后一个时期我国经济发展的大逻辑。

新常态的"新"在于,中国经济发展出现了一些不同于过去30年的新变化。在众多宏观经济变量中,最显著的变化是经济增速明显放缓。经济增长的长期规律表明,任何国家的经济增长都不可能永远保持在较高水平,中国仅用了短短30多年的时间就实现了从低收入国家到中等收入国家的经济增长,并已进入由中等收入国家迈向高收入国家的新阶段。以经济增速放缓为特征的新常态,是这一历史性转型的必然结果。我们必须按照新常态的内在逻辑,遵循经济规律,优化经济结构,转变发展动力,破除限制经济发展的体制机制障碍,实现中国经济的"重生"。

新常态之"新",还表现为新的制度条件。深化经济体制改革是引领新常态的根本途径。2013年召开的党的十八届三中全会提出了全面深化改革方略强调发挥市场在资源配置中的决定性作用,更好地发挥政府作用,体现了市场与政府各安其位、各司其职、分工配合、协调共进的制度设计理念。这就要求宏观调控部门务必用好"调"与"控"两类政策工具。一方面通过全面深化改革,使市场调节措施能够更加有效地发挥作用;另一方面,要充分发挥国家发展战略和规划的引领作用,弥补市场机制的不足。在此基础上的调整措施应当辅之以必要的行政管制措施。

(2)高质量发展:新时代宏观调控的根本要求。在社会主义初级阶段,发展始终是解决一切问题的基础和关键。在新常态下,我国经济已由高速增长阶段转向高质量发展阶段,我们不能再把发展简单化为增加生产总值,而要追求有效益、有质量、可持续的经济发展,归根到底就是要贯彻落实新发展理念。

高质量发展是新时代我国宏观调控的根本要求,我国宏观调控决策者需要摆脱"速度情结"和"换挡焦虑",充分认识我国经济潜在增长率下降的客观现实,冷静看待宏观经济指标短期波动,保持战略定力,重新思考和转变宏观调控目标任务,追求速度略低,但质量与效益稳步提升的经济发展目标。经济快速增长不再是宏观调控的主要目标,"稳中求进"成为基本取向;经济持续健康发展的基础和前提是总量平衡、波动平缓、风险可控、预期稳定,而结构协调与布局优化事关经济长期发展的效率和潜力。稳定、协调与优化都是高质量发展的题中应有之义。

为了完成上述目标任务,中央政府不断推动宏观调控制度体系的创新与完善。2019年召开的党的十九届四中全会提出,要健全以国家发展规划为战略导向,以财政政策和货币政策为主要手段,就业、产业、投资、消费、区域等政策协同发力的宏观调控制度体系。这是对我国20世纪90年代以来形成的三位一体宏观调控体系的进一步完善和发展。首先,这一体系不仅包括应对短期波动的财政政策和货币政策,还包括着眼于中长期发展的战略规划。兼顾长短、调控并重,体现了鲜明的中国特色。其次,这个体系中有很多非常规的政策工具,如就业、产业、区域等,为了实现高质量发展,中国的宏观调控目标比西方国家更加多元化,把总供求均衡、经济增长、结构优化和民生改善等方面都涵盖在内。一种政策工具通常只能解决一个问题,而目标的增加意味着政策工具箱中应该包含更多类型的工具,使政府能够拥有应对各种问题的合适"武器"。

(3)供给侧结构性改革:新时代宏观调控的主线。党的二十大报告提出完善宏观经济管理体系,赋予国家发展规划战略引领作用,加强财政货币政策协调配合,着力扩大内需政策,强化消费对经济发展的基础性作用和投资对优化供给结构的关键作用。

新常态下,劳动力成本提高、技术上的后发优势缩小、国民储蓄率下降、生态环境约束加大,这些供给侧结构性因素造成的潜在产出下降,是我国经济放缓的主要原因。同时,在总体生活水平达到小康生活后,我国人民对美好生活的向往更加强烈,需求更高、更广,呈现出多种、多层次、多样化的需求。然而,我国目前的社会生产力水平还不能完全满足人们的需要。存在着供需结构不匹配问题。可见,现阶段我国经济发展中的主要矛盾已经转化为结构性矛盾,矛盾的主要方面在供给侧。

新形势下,党中央把握主要矛盾和矛盾的主要方面,及时调整宏观调控思路。把供给侧结构性改革作为宏观调控的主线,强调在适度增加总需求的同时,着力加强供给侧结构性改革。宏观调控的主攻方向是供给侧,要用深化改革的方式推动结构调整,提高供给结构对需求变化的适应性和灵活性,推动创造新的经济增长机制,并提高全要素生产率。

当然,供给与需求之间存在着既对立又统一、既相互依存又相互转化的辩证关系。在经济下行压力加大的现实背景下,仍需综合运用各种短期总量调节工具,适度增加总需求,使实际产出尽可能与潜在总供给相匹配,深化供给侧结构性改革创造了稳定的环境,反过来又为供给效率与质量的提升做出了贡献。

作为一项新的宏观调控理念,"区间调控"体现了供给侧结构性改革为宏观调控主攻方向的新特征,彰显了党和政府的战略决心。所谓区间调控,就是设定一个区间范围,而不是一个具体值。只要宏观经济指标在合理范围内,政府就不会再纠结速度,不会被某个宏观经济指标的短期波动所扰,转而把主要精力放在深化供给侧结构性改革上,来推动中国经济高质量发展。只有当经济运行逼近区间的上下限时,政府才将宏观调控的重心放在总需求管理上,将短期政策与中长期政策结合起来使经济运行保持在合理区间。

(4)有力支持实体经济:新时代宏观调控的着力点。党的二十大报告提出,要把实体经济作为经济发展的重点。近年来,我国持续创新完善宏观调控,财政政策、货币政策等宏观政策有力支持实体经济。建设完善新时代宏观调控,还要加强财政政策和货币政策协调配合,更有效支持实体经济、更有力服务宏观大局。

一方面,经济发展要向实体经济倾斜,需要推动资源要素向实体经济集聚,政策导向更加向实体经济倾斜,特别是加大对制造业的支持力度。在财政政策方面,从支出角度来看,应发挥好财政资金"四两拨千斤"的作用,通过专项债、财政补贴等多样化的方式,加大财政资金对制造业,尤其是先进制造业的扶持力度,推进我国制造业转型升级。还需加强对税收优惠政策的动态调整,通过优化税收优惠方式促进制造业的发展。同时,继续发挥好研发费用加计扣除等科技创新激励政策的效应,引导制造业加快推进新型工业化,全面建设制造强国,实现中国式现代化。

另一方面,货币政策需要保持一定的灵活性。目前国内需求仍处于恢复阶段,需要进一步加大对困难行业、中小微企业和重点领域企业的支持力度。要增加政策储备,推动有效投资"补短板、调结构、稳就业、促消费"的综合效应充分发挥,夯实经济复苏基础。

(三)中国特色宏观调控的独特优势

科学有效的宏观调控是中国经济40多年持续高速增长的重要源泉,中国特色宏观调控具有如下独特优势。

1. 中国共产党对宏观调控的集中统一领导

党是领导一切的,党的领导在我国的国家治理体系中发挥着总揽全局、协调各方的核心作用。党对宏观调控和其他经济工作的集中统一领导,是中国特色社会主义制度的主要优势。改革开放以来,我们党在宏观调控和经济工作中把握方向、研究大局、制定政策、推进改革的能力和决心不断增强。这样可以凝聚共识、统一方向,增强宏观调控的战略性、协调性、权威性,避免宏观调控各自为政,减少政策相互冲突和部门、地方执行不力等情况。

2. 宏观调控是正确处理改革发展稳定的重要抓手

我国宏观调控是经济政策总体框架的一部分,必须服从经济工作的总体部署和思路。从根本上说,中国经济转型过程是改革、发展、稳定统一的过程,宏观调控是处理好改革、发展、稳定关系的重要抓手。尽管三者统筹的办法在短期内会牺牲一些增长速度、付出一些改革成本,但最终却实现了长达 40 多年的持续稳定增长。

3. 形成了"发展规划、财政政策、货币政策"三位一体的宏观调控体系

财政政策和货币政策主要用于缓解短期经济波动。发展规划则着眼于调整经济结构、转变发展动力、改善人民生活水平等战略性、总体性目标;着力凝聚社会共识,稳定各方预期,调动市场主体积极性,努力实现中长期发展目标;促进短期政策与中长期战略规划的衔接配合,拓宽宏观调控视野,充分代表全体人民利益。

4."调"与"控"两类工具协同发力,致力于实现多元化的宏观调控目标

数十年来,市场化调节与行政性控制在宏观调控中协同配合,形成了中国宏观调控的又一特色。宏观调控部门的产业政策、资本管制、金融监管、投资、项目削减等行政调控措施,对稳定经济运行发挥了独特的作用。这两类政策工具共同作用,解决了国民经济许多战略性、普遍性、紧迫性、普遍性的重大问题,如平息经济波动,实现金融稳定,加快结构调整,转变发展方式,改善人民生活等。

5. 在繁荣期进行适度调控

我国在应对经济过热方面积累了丰富的经验,在经济景气之初,宏观调控部门注重及时、适度、有节奏的小步微调,并给每一次调整都赋予一定的消化、吸收过程,避免泡沫经济,促进宏观稳定。

二、中国特色专项治理政策工具

(一)中国特色专项治理的内涵

"专项治理"是我国治理体系的重要组成部分,是实现国家政策目标的治理工具之一。随着经济社会发展,"专项治理"理念逐渐转变,在各种重要文件中专项治理的使用频次和受重视程度逐渐提高,专项治理的相关内容也从注重党建这一传统范畴转向作为党建实践和工具的范畴,这也深刻体现了中国共产党在国家建设和发展中的"引擎"作用,折射出国家治理发展过程的时代特征。

可见,专项治理在中国政治实践中具有以下意义:专项治理继承了中国传统的政治管理文化,传承了党在革命战争时期的动员策略,蕴含国家建设初期"短平快"的追赶激进心态和时代发展特征。从政治学的角度来看,专项治理可以被认为是政府在特定时期内实现特定目标的政策工具。当然,专项治理的概念并不是一成不变的,不同政治时期的语境变迁中,专项治理的内涵也并非始终如一。

(二)中国特色专项治理的运行机制与特征

1. 中国特色专项治理的运行机制

这里分析的专项治理运行机制,主要是治理过程中影响其实施的各种因素的结构、作用和相互关系,以及这些因素发生的过程和基本轨迹。专项治理一般通过专门机构、档案建立、技术手段和人员培训,辅之以多部门协调和区域响应,引发全国范围内的阶段性勘误风暴。当然,实践中的专项治理可以根据国家、地区和地方的问题进行不同的分类。但即使是在统一的全国专项治理主导下,各地区、地方的专项治理做法仍存在差异,不同层级的专项治理由于可调动的资源不同,运行机制和制度也略有不同。专项治理运行机制具体表现为:触发机制(如社会经济问题爆发)—常规处置失效—专项治理措施出台—成立专项治理领导小组(形式有电话电视会议、国务院通知、部委通知、督导组)—宣传动员—协调监控,实施试点—制订工作方案—摸底排查—统一执法—政策回应—成效评估—问题缓解—总结表彰—问题复发—探索长效机制。

2. 中国特色专项治理的表现特征

专项治理作为我国长期采用的政策工具,其内在作用机制所固有的典型特征,在频繁实践过程中不断强化。专项治理的特征主要集中在以下几个方面。

(1)在治理时机选择上,具有特定性。选择专项治理的时机,一般以政治、经济、社会重大变化为契机,将重大事件作为切入点和机会窗口,实施有针对性的治理策略,集中公众注意力。虽然专项治理是中国政治的日常行为手段和主要工具,但其内容应与国计民生相关,并应与政治、经济、社会等相平衡。但事实上,专项治理主要关注的是工业经济发展、公共安全、社会稳定等重要内容。

(2)专项治理在决策机制方面,具有高度集中性。可以看到国家行政主管机关在资源配置、财产估价和处分、人事组织等方面以行政或规划条例的形式作出决定。部委或地方政府单纯执行国家下达的规划指标,难以保证执行部门自身主观意识的落实,也阻碍了因地制宜的治理目标的落实。

(3)在激励机制方面,具有利益刺激的行政性,在约束机制方面较弱。专项治理的成效评判对实践者的利益追求,体现为非货币性的行政利益,如行政级别或职务的晋升。而在监督约束机制上,专项治理往往由多部委联合行政,导致权责不清,"人人负责"造成"人人无责"的责任界定困境。特别是用于专项管理的行政资金等资金风险和预算约束相当弱,因为作为非常态化的常态治理的行政利益,如行政级别或行政评判对实践者的利益追求体现为治理工具预算往往无法及时透明地纳入预算和审计框架下。

(4)在专项治理的空间特征方面具有全方位性。从中央到地方实行全方位拉网式的整治,同时配以媒体铺天盖地的宣传报道,并以党组座谈会、干部学习会、党组织生活会等为辅,使机关各级干部和工作人员深度参与专项治理全过程。

三、中国特色乡村振兴政策工具

(一)中国特色乡村振兴的发展历程

乡村振兴战略作为一项系统性、复杂性的工程,不仅取决于当地资源,还取决于政策实施手段的合理运用。这意味着乡村振兴战略的实施与所需的资源和行动机制密不可分,在财政资源有限的情况下,只有有效地组合政策工具,才能有效整合资源,创新乡村治理模式。

党的十九大报告指出,农业、农村、农民问题是关系国计民生的根本性问题,必须始终把解决好"三农"问题作为全党工作的重中之重,实施乡村振兴战略。十九届五中全会《关于制定国民经济和社会发展第十四个五年规划和二〇三五年远景目标的建议》中提出的"实施乡村建设行动"是乡村振兴战略的纵深推进。它聚焦"县域综合服务能力""把乡镇建成服务农民的区域中心""统筹县域城镇和村庄规划建设""完善乡村基础设施""提高农民科技文化素质"等重点。

2012—2021年的9个"中央1号文件",政策导向分别聚焦于"加快发展现代农业进一步增强农村发展活力"(2013)、"深化农村改革加快推进农业现代化"(2014)、"加大改革创新力度加快农业现代化建设"(2015)、"落实发展新理念加快农业现代化实现全面小康目标"(2016)、"推进农业供给侧结构性改革加快培育农业农村发展新动能"(2017)、"实施乡村振兴战略"(2018)、"坚持农业农村优先发展做好'三农'工作"(2019)、"抓好'三农'领域重点工作确保如期实现全面小康"(2020)、"推进乡村振兴加快农业农村现代化"(2021)。上述政策文件,指引新时代中国美丽乡村建设、实施乡村振兴战略和乡村建设行动,不断向纵深发展。

党的十八大以来,国家战略不断出台。其中,"脱贫攻坚""新型城镇化""乡村振兴"三大战略对农业农村现代化和农民发展影响最为深远。党的十八大以后,国家扶贫战略进入"脱贫攻坚、精准扶贫"新阶段。2021年伊始,在中国共产党建党100周年的重要时刻,我国"减贫"预期目标顺利实现。习近平总书记《在全国脱贫攻坚总结表彰大会上的讲话》中宣告:"我国脱贫攻坚战取得了全面胜利,现行标准下9899万农村贫困人口全部脱贫,832个贫困县全部摘帽,12.8万个贫困村全部出列,区域性整体贫困得到解决,完成了消除绝对贫困的艰巨任务,创造了又一个彪炳史册的人间奇迹。"

新型城镇化始于党的十六大提出的"走中国特色城镇化道路"。胡锦涛同志在党的十八大报告中提出"走中国特色新型工业化、信息化、城镇化、农业现代化道路"的发展方略。党的十八届三中全会《关于全面深化改革若干重大问题的决定》中强调"走中国特色新型城镇化道路"。2013年12月,中央城镇化工作会议进一步明确了推进城镇化的指导思想、主要目标、基本原则和主要任务,引导新型城镇化取得丰硕成果。

"实施乡村振兴战略"和"实施乡村建设举措"分别由党的十九大和十九届五中全会提出,推出时间晚于新型城镇化战略。但从历史逻辑来看,实施乡村振兴战略和乡村建设活动,是社会主义农村建设和中国特色社会主义新农村建设的延续,是在农村建设取得的成绩的基础上进行的。从这个角度看,乡村振兴和乡村建设行动早于新型城镇化战略。

"三大战略"相互衔接,在农村地域空间同时植入了"四化同步""城乡融合""基本公共服务均等化""看得见山、望得见水、记得住乡愁""绿水青山就是金山银山"理念等多重愿景,推动了中国农村地域空间重构。一是乡村"三生"空间再造,包括生产空间整备(如土地整理)、生活空间改造(如危旧房和旧村改造)、生态空间修复拓展;二是城乡聚落空间重构,包括中心城镇、圩镇、村庄、道路、水系及其相对应的人口、产业、医院、市场、学校……全域布局、规划和建设;三是区域主导产业转型和产业体系重构(如农业二、三产业拓展,农村地域空间一、二、三产业融合发展)。农村地域空间重构的壮阔局面、体量规模及其制度变革的广度、深度和效益,中国无前例,全球无二例。

2021年4月29日,十三届全国人大常委会第二十八次会议通过了《中华人民共和国乡村振兴促进法(草案)》,该法于2021年6月1日起施行。从此,我国实施乡村振兴战略和农村建设活动将进入法治轨道。可以预见,中国的"实施乡村建设行动",中国农业农村和农民现代化将在中华民族伟大复兴大业中更加辉煌。

(二)中国特色乡村振兴政策工具的选择

[案例背景]

四川省安岳县现代农业产业园位于四川盆地中心、成渝经济区腹心,总面积24.6万亩(1亩=666.7m²),辖13个乡镇(街道)、103个行政村。安岳县把柠檬产业作为推动乡村振兴、引导安岳县产业发展的重要支撑。以创建国家现代农业产业园区为抓手,积极研究丘陵地区县域经济发展区域特色产业。2019年产业园总产值60.64亿元,主导产业柠檬种植面积16.3万亩、产值41.77亿元,占产业园总产值的68.88%。农民人均可支配收入2.31万元,比全县平均水平高33%。

从一个默默无闻的小县城到如今的"中国柠檬之都",安岳县的快速发展离不开县委、县政府对于柠檬产业发展政策工具的正确选择。安岳县柠檬产业发展过程中,自愿性政策工具、强制性政策工具和混合性政策工具在不同阶段给予了其推动力。

1. 自愿性政策工具

安岳柠檬产业发展初期,采用的是自愿性政策工具。柠檬最早出现在安岳,当时人们可以依靠种植柠檬来换取苏联的工业产品,后来安岳柠檬成为上海香料厂的供应商,社会需求和利润吸引了大量人们参与种植。安岳当地种植柠檬,国家虽然当时没有提供政策支持,但持续给予了肯定。20世纪70年代初,安岳县建立了芳香柠檬油加工厂,柠檬的需求量猛增,生产规模的扩大导致种植规模急剧增加。1986年,我国中央正式批准安岳县为全国唯一的柠檬商品生产基地县,安岳柠檬步入产业化发展轨道。

2. 强制性政策工具

在安岳柠檬产业发展中期,政府开始出台强制性政策工具来把控市场。安岳柠檬一开始在市场需求的影响下独立发展,其生产和销售方式由市场需求决定,显得相对被动,发展缓慢。2008年,安岳县政府公布实施了《中国柠檬资本建设实施意见》,并颁布了《柠檬体系标准》手册,强制整合了当地的安岳柠檬产业,提高了行业企业的信息流通和业务一体化,加强了管理一体化、生产规范化。2009安岳县人民政府成立了安岳县柠檬产业局,主要任务是探讨安岳县柠檬产业的发展路径和管理问题,规范柠檬生产技术的生产标准,开展开放柠檬产业的技术培训,为安岳柠檬打开销路。2018年起,安岳县目标管理委员会办公室、安岳县柠檬黄脉病综合防控工作领导小组办公室联合印发实施了《关于开展 2018 年度柠檬黄脉病综合防控专项目标考核的通知》(安目办〔2018〕10 号),进一步根据安岳县柠檬黄脉病综合防治工作总体部署实施,主要是建立柠檬黄脉病防治机制、宣传动员、集中排查、科学防控、复工复产等情况,对各单位、各市的表现进行考核。同时,每年制定下发柠檬黄脉病集中排查清除工作方案,全面落实"拉网全覆盖、按程序全面清除病株"的总体要求,进一步有效推进柠檬黄脉病防治工作。

3. 混合性政策工具

自 2008 年至 2012 年,安岳县政府提出打造中国柠檬之都,种植面积由原来的每年 5 万～8 万亩增速,增加到了每年 20 万亩的增速。2009 年 10 月,安岳县柠檬产业办公室成立,负责柠檬产业的规划、发展和管理、柠檬种植技术指南、柠檬科学研究等工作。2011 年,《财政支持柠檬产业发展实施方案》公布,实施农贷奖励政策,促进柠檬产业快速发展,柠檬果农收入大幅增加。随后,省、乡、县对柠檬种植的投资鼓励政策相继出台,吸引了大量的外商投资,促使了柠檬种植面积的进一步增长。紧接着,政府设立了 300 万元的柠檬产业专项发展基金,并根据地方财政收入进行一定幅度的增加。为了鼓励大家种植柠檬,对特定面积的柠檬种植提供财政补贴,并对大面积柠檬园进行专项技术培训。随后,2011 年,出台了《柠檬产业发展金融支持实施方案》,针对种植柠檬的个人和企业提供贷款和利率补贴,进一步促进了柠檬产业的发展。

特色农业产业政策工具是市场与政府关系演变的缩影。安岳县柠檬产业发展中政策工具的运用,可以为我国其他地方选择特色农具产业政策提供借鉴。我国经济社会发展进入新时代,农村改革发展进入新阶段,要尊重新发展理念,推动灵活正确运用政策工具,对实施乡村振兴战略、推动农业转型和现代化、增加农民收入具有重要意义。

第五章 公共政策过程

公共政策过程是公共政策学的重要概念,也是公共政策学研究的重要对象。本章主要阐述公共政策过程的概念,公共政策过程与公共政策系统的关系,公共政策机制,公共政策风险,以及中国特色公共政策过程实践与模式等相关内容。理解公共政策过程的发展过程,区分和分析公共政策过程与公共政策系统之间的关系,掌握公共政策的作用机制和面临的风险,对公共政策研究具有重要意义。

第一节 公共政策过程的概念

公共政策过程是公共政策学的重要概念,也是公共政策学研究的重要对象,同时也是本章的基本内容。保罗·A·萨巳蒂尔将公共政策过程称为"政策生命",就是一项政策从问题认定到政策终结的整个运行过程,这个过程是一系列相互关联的操作性程序的组合。自此,国内外学者在研究公共政策过程中聚焦在公共政策周期的视域下。公共政策过程也可分为广义公共政策过程和狭义公共政策过程:一是广义公共政策过程,即从政策问题的确认到政策的评价和完成;二是狭义公共政策过程,即从政策目标的确认到政策选择的过程。前者是从宏观角度关注政策从确认到终止的全周期;后者是从微观角度审视政策选择的决策过程。宏观上,公共政策过程始于问题的识别,通过政策议程设定将社会问题提上政治议程,政策制定者制定公共政策,优化方案并使其合法化,然后执行机构执行方案;在方案实行后对其评估以测其效,并对方案进行终结的操作。这是"政策循环"的一个典型过程。

本书将公共政策过程定义为,公共政策的主体与客体以及他们之间互动结果的政策所经历的酝酿、提出、执行、评估和创新的一个循环和周期。

第二节 公共政策过程与公共政策系统的关系

国内的《公共政策学》主要以政策系统和政策过程的介绍为编著思路,但是对于两者之间的关系及其发生机制尚缺乏专门的讨论。本节主要从公共政策过程与公共政策系统的区别以及联系两方面内容着手进行介绍。

一、公共政策过程与公共政策系统的区别

公共政策过程是指政策主体、政策客体及它们与政策环境的相互联系和相互作用,使政策体系成为一个动态的运行过程。公共政策系统是指由政策主体、政策客体及它们与政策环境相互作用而构成的社会政治系统。两者之间有区别之处。

(一)公共政策系统相对封闭,公共政策过程相对开放

公共政策系统是一个由若干个相互区别又相互联系的公共政策子系统(要素)构成的政治巨系统,它与公共政策环境不断交换物质、信息和能量,使公共政策系统成为一个动态的、开放的系统。公共政策过程与公共政策系统的主要区别在于政策系统相对封闭,政策过程相对开放,尤其是进入执行环节后。

(二)公共政策系统运行相对复杂,公共政策过程相对简单

公共政策系统的运行表现为不断地输入、转换、输出的系统过程。在输入过程中,政策环境向政策主体传达各种要求和支持,在转换过程中,这些要求和支持成为政策建议;在输出过程中,政策方案作用于环境,引起环境变化,产生新的要求,而这种新的要求反馈到政策体系中,进一步导致政策输出。这种周期性的运转使政策系统的运行得以持续。政策系统的运行分为利益输出、利益综合、政策形成、政策发布、政策执行、政策反馈等步骤。

公共政策系统的运行与公共政策过程的区别在于,当涉及某一特定公共政策的政策过程时,公共政策系统的运行是从利益要求的引入开始的,到利益要求的结束为止。但是,任何公共政策系统都不会是只处理一项政策,而是同时处理几十上百项政策。因此,政策系统的运行犹如大河奔流,而滔滔的河水则是由一项又一项公共政策过程的小溪汇集而成的,即公共政策系统的运作相对复杂,公共政策过程相对简单。

二、公共政策过程与公共政策系统的联系

公共政策过程与公共政策系统两者有区别,同时也存在关联,两者密不可分,相互影响,主要体现在以下三个方面。

(一)公共政策系统的运行就是公共政策过程

公共政策系统是指由政策主体、政策客体和政策环境三种因素及其相互作用所构成的社会政治系统,可分为若干子系统。在该系统中,政策主体是最基本或最首要的因素,公共政策系统由若干活动环节或阶段组成,主要包括信息子系统、咨询子系统、决断子系统、执行子系统、监控子系统,而公共政策系统的运行就是公共政策过程。

(二)公共政策系统是公共政策过程展开的基础

公共政策系统是公共政策运行的载体,是公共政策过程展开的基础。公共政策系统是公

共政策过程展开的基础,它是由若干相互区别又相互联系的子系统所构成的政策巨系统,并与政策环境持续不断地进行着物质、信息和能量的交换。如果说公共政策是社会资源和社会价值的权威配置,那么公共政策系统就是不同政策主体不断互动,寻找有利于自己的配置方式。从时间上看,这种互动并不针对某个特定阶段,而是贯穿整个政策过程,即公共政策系统是公共政策过程展开的基础(图5-1)。

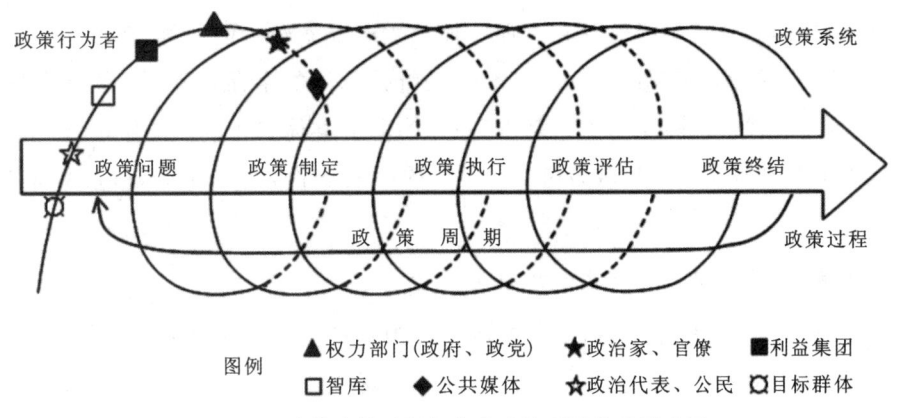

图 5-1 公共政策过程与公共政策系统关系示意图

(三)两者共同构成公共政策学的重要内容

公共政策学是综合运用各种知识和方法来研究公共政策系统和公共政策过程、探求公共政策的实质、原因和结果的学科,其目的是提供公共政策相关知识,改善公共决策系统,提高公共政策质量。因此,公共政策系统和公共政策过程共同构成公共政策学的重要研究内容。

第三节 公共政策机制

在考察公共政策过程及其与公共政策系统的关系后,我们需要进一步理解公共政策机制。本节主要对公共政策机制概念、要素、类型,公共政策机制与市场机制的关系,公共政策机制的改进与完善等内容进行介绍。

一、公共政策机制概念、要求、类型

(一)公共政策机制的概念内涵

公共政策机制是一国政府在公共政策制定与执行中发展出的特定操作方式,在特定的政策体系、政策生态及运行逻辑下使用,本质是政府作为主体实施政策的具体方式,具有时效性、多元性、复杂性和不确定性等特点。一般而言,公共政策机制的概念内涵可从以下几个方面加以分析。

1. 公共政策机制的目标具有多元性

公共政策机制具有多重目标。首先是经济公平。经济公平是市场经济的内在要求，强调要素投入与要素收益的对称性，通过平等竞争条件下的等价交换来实现。经济公平是公共政策机制的目标之一。其次是伦理公平。从底线上保障所有人的基本利益，实现伦理公平，同样是公共政策机制的目标。在市场竞争中，由于人们拥有的生产要素在质与量上的不同，收入分配必然不均等，收入差距必然存在。那些拥有生产要素较少的人群，在市场竞争中处于弱势地位，因此所分配到的利益会较少，甚至无法维持基本的生存与发展。防止贫富差距的失衡，应是侧重从底线上保障所有人的基本利益，为弱势群体和市场竞争中的失败者提供生存和发展所需的基础资源。通过政策机制所实现的伦理公平是弥补市场缺陷、保持社会稳定的重要途径。

2. 公共政策机制的缺陷同样也表现在公平上

相对于市场机制追求效率的目标，公共政策作为弥补市场失灵的制度安排，更多地体现为追求社会平等、正义、民主、社会责任等。然而和市场机制缺陷一样，公共政策机制的缺陷同样也表现在公平上，因为政府干预市场同样可能会带来一些公平问题，如成本和收益分离、特权造成的分配不公等。即政府通过公共政策克服市场机制追求效率的过程中，也会造成不公问题。

3. 公共政策机制仍需要重视效率问题

公共政策机制注重公平，并不意味着公共治理不注重效率。公共政策机制重在解决公平的同时，也要适当地解决效率问题，尤其是在特殊阶段，如我国从"以阶级斗争为纲"转向"以经济建设为中心"的初期，"文革"对经济建设与发展的破坏，让社会"蛋糕"变得极小。尽快把蛋糕做大做优已经成为时代的要求，这时公共政策机制的重心必须放在"效率"而不是"公平"上。

(二)公共政策机制要素

政策机制在特定的政策体系、政策生态以及运行逻辑下使用，其本质是以政府为主体的实施政策的具体方式，它既包括使用与挑选政策工具的逻辑，也包括作出决策与执行政策的策略方式。政策机制的衡量和描述一般从政策策略、政策目标和政策手段三个方面进行。

1. 政策策略

公共政策策略是指政党、政府等政策主体为了实现一定的国家或社会目标，针对某一政策制定或实施所做的政策的制度背景、覆盖范围、实现条件、基本态度、根本方向等方面的涉及全局、长远、重大计划的部署与考量。公共政策策略的两个基本面向主要包括公共政策策略思维与公共政策策略管理应用。策略思维层面主要涵盖策略化公共政策问题，应用层面则主要涉及公共政策策略化问题。

2. 政策目标

政策目标是政府为规范社会、解决问题或实现战略目标而采取的行动。政策目标包括国家战略目标、社会问题解决目标和经济发展目标等。政策目标既是政策实施的基本条件，也是政策实施的前提。具体的政策目标是政策评估的基础，也是执行者可遵循的明确指令。确定的政策目标必须是：①可衡量的和具体的；②表明预期结果；③在执行人员或执行机构的权限范围内；④切合实际；⑤指出完成时期的。

3. 政策手段

政策手段是指为达到特定的政策目标的具体政策措施或政策工具，包括政策谋略与政策工具。政策措施可分为宏观政策措施和微观政策措施两个层面。宏观政策措施包括财政政策、货币政策、产业政策、社会保障政策等，微观政策措施包括贸易政策、科技政策、市场管理政策等。

(三)公共政策机制类型

一般来说，机制运作分为三种类型。一是行政计划运行机制，即规划与管理相统一。二是引导服务机制，即通过引导和服务来协调各部分之间的关系。三是监督工作的运行机制，即以监督、指导的方式协调各部门之间的关系。公共政策机制的划分在这里有其独特的依据。

1. 公共政策机制划分依据

公共政策机制是特定公共政策领域中的运行逻辑，政府通过一定的运作方式把事物各个部分联系起来，使它们协调并发挥作用。公共政策机制的划分，需要从一国重大政策改革实施所采用的主导政策机制入手。

2. 公共政策类型和主导政策机制划分

政策科学学者对政策进行分类的方式有助于研究者与实践者们理解政策之间的差异，并对政策过程进行总结概括。对政策最广泛的分类是按照其内容或涉及领域进行划分，分为能源政策、产业政策、环境政策、教育政策、经济政策、文化政策等；或者按照政策空间层次不同，分为总政策(也称为元政策)、基本政策和具体政策。最经典的政策分类是洛伊提出的三分或四分法，根据政制的社会影响不同，分为管制型、分配型和再分配型，或以政府强制力为核心，从"强制的可能性"和"强制发生影响的途径"两个维度为依据划分出四种政策。当然，还有其他学者将政策分为不同的类别。这些传统的、广泛使用的政策分类法便于说明各种政策和对其进行讨论，但是仍然忽视了若干政策的基本特征。

事实上，政策不仅是政治过程的产物和结果，同时也是一个依赖于政策作用来反映其背后政治关系的自变量。政策类型可以看成是由政策作用的对象本身属性所塑造的。据此，则可以依据政策作用的对象主体为基础划分为行政领域政策、市场领域政策与社会领域政策。例如，典型的行政领域政策为中央八项规定、政府机构改革、公车改革等，市场领域政策为利率政策、资本市场改革等，社会领域政策为教育政策、社会保障政策等。可以根据政策对象的不同来考察政府在其中所采用的政策机制———政府决策、实施政策所采用的方式方法。从政府角度出发,除了常见的行政主导机制外,多元博弈机制和影响网络机制已经悄然浮现于深化改革以来的政府公共政策的运行实践中(表5-1)。

表5-1 我国主导政策机制表

领域类型	政策领域属性特征	主导政策机制特征	政策执行失利后果
行政领域政策	议题范围确定,不确定性低 政策作用对象在行政体系中。政策作用对象直接利益较少,政策目标一致性高,满足从属关系。 执行效果可控、可预见	行政主导机制 政府角色:上传下达。 政府和作用对象的关系:委托代理。 政策作用方式:行政执行,官僚体系运作	确定性,失败可再来 执行失败/效率低。 行政能力的质疑、稳定性
市场领域政策	跨议题传导性,不确定性高 政策作用对象在行政体制内外。政策对象有直接利益,政策目标一致性低,个体分散行动。 执行效果难以控制、预见性差	多元博弈机制 政府角色:引导、协调。 政府和作用对象的关系:平等交易/契约式、规制方和被规制方。 政策作用方式:建立基本规则,引导/规制市场主体	不确定性,结果不可逆 经济、金融风险,实质性影响经济、金融稳定性
社会领域政策	议题价值多元,公平为前提 政策作用对象主体在行政体制外。政策作用对象有直接/间接利益。政策目标一致性低,个体或群体分散行动。 执行效果不可控、难以预见	影响网络机制 政府角色:指导、沟通、影响。 政府和作用对象关系:服务与倡导。 政策作用方式:倡导、宣教、达成共识	不确定性,反遭到抱怨 群体性事件、游行和抗议。 稳定性,政府公信力

(1)行政领域政策和行政主导机制。典型的行政领域政策为中央八项规定、政府机构改革、公车改革等,这些行政领域的政策主要具有以下政策属性特征:政策具有清晰的议题涵盖范围,跨领域传导性低,政策不确定性低。政策作用对象直接利益较少,政策目标一致性高,满足政策对象与政策实施者之间的从属关系。不同政策选择的结果相对明确,只能由少数政治精英进行分析和理性判断来推动,政策执行效果可控、可预见。

我国实施有关行政领域政策改革时,习惯使用行政主导机制。在行政主导机制中,各级政府的角色为上传下达,政府与政策作用对象的关系是委托代理关系,政府政策的作用方式是在管理体系内逐层执行。政府为了实现"按照图纸、分步实施"的规划,政策目标一般以行政体系内自主设立的目标为主,在某一时期单独推进一个总体性目标,如规制目标和发展目标经常交替进行。采用强制性政策工具指挥政策作用对象,如行政命令、政策文件、指标约束等来引导政策作用对象的行动。政策执行则按照特定的行政过程和信息传导机制进行,由政府自上而下命令并控制,政策绩效与结果相对具有可预见性,行政过程与信息传递过程都受到自上而下的命令与控制。行政主导机制经常被用于行政体制内不同政策领域的改革实施,如政府机构改革、节能减排政策、行政审批制度等。

行政主导机制运转良好所需的条件是:政策制定与执行主体都在行政体系内,政策执行主要依靠自上而下的科层从属关系。同时,政策生态相对简单:政策执行主体由严格的科层体系组成,秉承简单的委托代理关系——对上负责;政策对象受到行政体系的掌控。政策执行的调试发生在跨地区的实施过程中;分散的地区试验和实施并不影响总体的政策规划与进展,还可为下一步的政策改革收集反馈,政策协调过程也是自上而下的。

(2)市场领域政策和多元博弈机制。随着经济体制改革的不断推进,越来越多的市场化改革被提上政治议程。典型的市场领域政策为利率政策、资本市场改革等。市场领域和行政领域的政策属性区分明显,采用以往行政领域内惯用的行政主导机制实施此类改革将面临较大挑战:首先,面对具有高度系统性、关联性和不确定性的政策问题时,决策知识缺陷和能力不足问题会愈加凸显;其次,面对更多涉及政府与市场关系的政策领域,政府难以主导市场范围内的多元行为主体。市场行为主体则具有个体的理性预期,其集合未见得与整体优化决策相符。

面对市场领域的政策改革时,政策在机制上的转变应该是根本性的,可将这一新的政策机制称为多元博弈机制。多元博弈存在于政府与企业、政府与微观市场行为主体之间。由于各行动方依据自身利益和价值选择进行分散决策,很难制定统一的目标,而政府只是博弈过程的参与者,无法控制或指导。因此,政策实施的方式和工具选择都须有较大转变。具体而言有如下几点。

第一,政策目标需要在与市场的互动中设立及调整,而不是由行政体系自主设立。避免在某一时期激进地推行发展目标,而又在随后时期采用运动式规制,这会产生潜在的社会成本。如果能够在相互交错的过程中谨慎进行和同步处理,则可以显著降低相关的社会成本。第二,政策工具亦亟待转变,应以导向型政策工具为主,兼具高度的适应性,与市场的行为主体形成良性的互动,才能行之有效。第三,政策实施过程要尽可能扁平化、不官僚化,要做好充分准备,应对政策流程、目标和节奏无法完全掌控时可能出现的各种情况。

总体来看,在多种市场主体参与、政府主导的多元博弈机制中,政府的作用是引导和协调,政府与政策作用对象之间是交易关系或契约关系,抑或是规制方与被规制方,政府主要的政策作用方式是建立基本规则,引导或规范市场主体,协调和引导各种利益,以达成共识。

近年来,我国央行和相关金融管理部门在货币政策领域改革中运用的专业化和灵活的调节机制就是多元博弈机制的雏形。在经济转型过程中,增加了宏观经济波动中政治选择的自由度和灵活性,并在市场领域引入了政策的自主决策特征。表现最突出的是政府的宏观调控政策(利率、汇率、财政等),在适应国际形势、非常规逆周期操作、理顺经济周期等方面发挥了重要作用。

(3)社会领域政策和影响网络机制。社会领域政策是以社会正义为前提的,议题价值多元。典型的社会领域政策为教育政策、社会保障政策等。从政策属性上来看,社会政策的价值选择更加多样化,政策实施的效果在很大程度上取决于政府的巧妙倡导和社会的接受程度,让大多数公众满意是政策结果的评价指标。其中,政府既是重要的改革发起者,又是最大的影响方,需要赢得各方舆论支持和赞同,以获得社会主体的共识与满意为原则,引导社会向公平公正方向发展。政策作用的对象在行政体制外,政策对象一般与政策有直接或间接利益关联,政策目标一致性低,政策作用对象呈现出个体或群体的分散行动。政策实施效果相对不可控,结果无法预测。

社会领域的政策涉及多种不同类型的个人或群体,社会行为体根据自身的价值选择做出决策,这使得公共决策很难实现统一的价值观选择。面对社会领域政策改革,政策机制的转变,即影响网络机制的出现也是根本性的。

影响网络机制意味着政府在公共政策制定之初就应该通过影响网络来战略性地提高价值主张的连贯性。政策目标以公平公正为前提,以协商一致为原则,由社会主体和专家共同制定。政策工具主要是有影响力的工具,只有得到公众的支持,才能更容易保证政策的有效性。政策实施要最大限度地利用公众观察作为同步实施的基准。政府还需要对政策结果的不确定性,包括预期无法达到甚至逆转的情况做好充分的心理准备。在社会领域改革的实施中,"实施时间"这个关键因素值得政府足够重视。其中,要充分了解政策领域的属性和各利益相关方的价值诉求,通过政治宣传和政策澄清获取更多信息,非常需要多边支持。

社会领域政策与行政领域政策属性存在明显差异,通过传统行政政策机制实施此类改革面临更大挑战:难以满足各方利益。整个社会在面临价值选择时,政府作为公共服务的提供者往往在舆论上处于弱势地位。

近年来,网络机制对房产税政策实施的影响在我国已初见端倪。房产税看似是市场化政策,但其主旋律实际上是社会实体。此次改革不仅涉及影响地区房地产价格的新税种建设等问题,还涉及不少社会人士的家庭支出。各级政府应逐步探索出一条通过专家研讨、区域试点、舆情监测、宣传引导等战略推进的政治改革路径。

二、公共政策机制与市场机制的关系

公平与效率是对立统一的辩证关系,在社会主义市场经济条件下,公平与效率可以相互促进、协调,但也存在着矛盾。正确认识社会主义市场经济公平与效率的关系,特别是市场分配中效率与社会公平的矛盾,是掌握公共政策机制与市场机制关系的重要前提。

1. 两者为市场经济的重要组成部分

市场经济是通过市场配置社会资源的经济形式,是一种历经几百年发展,才逐渐形成的复杂而精巧的制度。简而言之,市场是商品或劳务交换的场所或接触点。市场可以是有形的,也可以是无形的。在市场经济中,存在着市场与政策两种巨大作用,从而形成市场和公共政策两种不同的机制,即市场机制和公共政策机制同为市场经济的重要组成部分。

2. 市场机制主要解决市场经济中的效率问题

市场机制就是市场运行的实现机制。作为一种经济运行机制,是指市场机制体内的供求、价格、竞争、风险等要素相互联系和运行的机制。在市场经济环境中,市场机制发挥着基础性的资源配置功能,是市场经济能最优配置社会资源的根本条件。

效率与公平都是市场经济追求的基本价值。在实现机制层面上,效率与公平可以通过不同机制作用实现有机统一。在经济性公共事务的管理中,市场机制主要解决市场经济中的效率问题。

3. 公共政策机制主要解决市场经济中的公平问题

政府活动的需求,在相当大的程度上是由被觉察到的市场缺陷引起的。比如,市场活动所引发的外在性,垄断严重地影响了市场的产出成本与效益,市场交易中造成了不公平的利益分配等。政府干预主要依靠公共政策来弥补市场失灵。换句话讲,作为政府行为的产出项,公共政策是按政府的目的去修正市场的失效,即公共政策机制主要解决市场经济中的公平问题。

公共政策机制解决的公平问题主要包括公平竞争原则、公平市场环境以及公平分配机制和原则。公共政策机制在解决公平的同时,也需要妥善解决效率问题,特别是在特定时期。

4. 市场机制与公共政策机制协同,实现效率与公平的有机统一

效率与公平不仅在价值层面上是统一的,在实现机制层面上同样可以统一。虽然单一市场机制很难同时实现高效和公平,但不同机制的结合也并非不可能。在经济公共事务管理中,要实现效率与公平的统一,需要兼顾各种机制的协同作用,将市场作用与政府作用结合起来。在经济活动中,国家作为最重要的公共管理主体,主要通过政策的制定与执行为市场机制的发挥创造良好条件,弥补市场的缺陷。换句话说,市场机制与公共政策机制在功能分化基础上的协同,能够实现效率与公平的有机统一。

三、公共政策机制的改进与完善

国家治理体系是在党领导下管理国家的制度体系,包括经济、政治、文化、社会、生态文明和党的建设等各领域体制机制、法律法规安排。党的十九届四中全会的《中共中央关于坚持和完善中国特色社会主义制度、推进国家治理体系和治理能力现代化若干重大问题的决定》指出:"中国特色社会主义制度是党和人民在长期实践探索中形成的科学制度体系,我国国家治理一切工作和活动都依照中国特色社会主义制度展开,我国国家治理体系和治理能力是中国特色社会主义制度及其执行能力的集中体现。"国家治理体系就是国家的制度体系,制度体系必须转化为治理效能、转化为执行能力。完善我国公共政策机制,有利于发挥公共政策机制对经济社会系统性改革的关键指导作用,同时有利于增强将制度优势转化为治理效能的能力。概括而言,目前完善我国公共政策机制主要包括以下几个方面。

(一)完善公共政策机制设计

有效的机制设计即通过规则、手段和工作方式等引导不同利益主体的行为朝着预期目标发展。完善我国公共政策机制设计需要多方协作。首先,政府部门应采取有效措施,根据国家发展战略出台相应的法规政策,维护企业的发展环境,并在不同利益相关者之间创建有效的对话渠道、沟通机制,实现共赢。其次,企业也需要主动调整自身策略,根据政策法规变化和市场发展趋势,充分利用资源优势,促进企业之间的协作,实现高质量发展。最后,社会团体也应提供相应的技术和设施支持。总之,多方协作是完善公共机制设计真正落地的关键,政府部门、企业和社会团体都应该承担责任,共同努力,发挥各自的优势。

(二)合理运用公共政策机制

我国未来在推进国家治理体系和治理能力现代化的建设过程中,还会有一系列重大改革,国家政策的运行机制尚未完全形成。只有当国家治理体系和治理能力日趋成熟,急迫的重大政治改革频率才会减少,渐进式的系统性改革和微调才会成为主流,政策机制的运用才会进入相对稳定的时期。我们也需要意识到,宏观政策环境和微观政策对象的变化导致的国家政策机制的变化,不仅发生在中国。许多发展中国家都将面临逐步构建市场机制、逐步创建和谐社会的问题,这是经济社会发展的必然趋势。随着国家治理环境和政策目标的变化,不同类型的政策机制也在逐步形成,政府需要有意识地对政策机制的使用方式进行系统性的调整和完善,才能让政策机制真正发挥将制度优势转化为治理效能的能力。

(三)创新发展公共政策机制

创新发展公共政策机制是完善我国公共政策机制的重要做法。首先,注意吸收西方国家政策工具的先进方法,加强我国政策工具的实验和改革。对西方国家政策工具的借鉴,必须从实际出发,有选择地吸收,将之与中国的具体实践相结合加以运用,而不能全盘照搬。其次,关于市场化工具应用的反思问题。一方面,我们必须认识到市场机制并不是万能的,另一方面,要认识到公共服务市场化不是全盘私有化,而是有限的市场化。再次,关于管理性工具的引入问题。我国运用政策工具可以引入有效的私营部门管理原则和方法,并通过私营部门的管理方法为公共行政注入新的活力,但不能完全照搬私营部门的管理方法,必须从根本上指出公共部门和私营部门之间的根本区别。最后,关于政策工具运用中的政府作用问题。政府在市场化的实践当中的作用至关重要。当前,我国市场机制不完善,市民社会欠发达,非政府组织力量薄弱等情况决定市场化仍然是在政府主导下的市场化,必须充分发挥政府在市场化当中主导者、促进者、协调者的重要作用。

第四节 公共政策风险

公共政策主要通过分配社会资源以实现公共利益,它是防范和治理社会风险的重要手段,但其自身也隐含着一系列风险。公共政策的价值属性在彰显和实现过程中会遭遇各类风险,主要体现在政策的制定、执行和落实过程中,并可能"再造风险"。本节首先分析了公共政策各类风险因素,进而总结了公共政策风险控制的类型和方法。

一、公共政策风险的分类

从风险社会的话语角度,政策的本质与目标是对风险的选择、分配与规避过程。因此,政策风险也就是无法有效实现风险的选择、分配与规避的潜在性。结合风险理论和我国具体的政策实践,将公共政策风险主要分为以下四个类别。

(一)政策环境风险

政策环境可以按政策过程划分为政策形成的环境、政策实施的环境以及政策评估的环境,这里的政策环境主要是指政策系统所处的气候与生态等自然环境,国际国内社会政治、经济、文化、科学技术发展、人口结构与分布状况等人文环境,以及可能遭遇危机的紧急环境等。政策环境风险主要是指政策在制定和执行过程中所遇到的使政策问题发生变化、转移的环境变化。

1. 自然环境变迁

自然、文化、国际和国家形势的变化可能会也可能不会在特定的政策周期内发生,可能是由相关政策引起的,也可能是由不相关政策引起的。现有的政治制度通过改变原有的政策问题而产生重大影响,这可能导致在原本稳定的政策环境下已经成形和付诸实施的政策失去针对性。

比如,由于地质灾害、生态环境险恶或严重恶化等,原有的区域经济社会发展政策可能发生彻底改变;因为气候的变化,原先制定的某些引水工程项目可能失效;由于科技的发展,能够方便而低成本地开发新能源和储藏、转化能源,那么传统的能源开发与既定的能源传输政策可能失效;人口流迁造成的人口性别结构、年龄结构和人口分布格局的变化,可能会导致原有的一些政策,如教育政策、社会保障政策、人口政策等失去作用等。自然环境变迁一方面是人为政策结果的产物,另一方面也是政策面临的前置性条件,在现代化进程中,其自身的不确定性和对政治制度的威胁日益增加。

2. 突发事件所致的政策焦点变化

一旦发生突发事件,政治环境会改变政策重心,扰乱原有政策秩序,导致政策执行出现重大偏差,使政策制定和执行面临风险。理论界将这种突发事件称为打开一项政策的"窗口",那些希望出台某项政策的人可能会通过该"窗口"来推进政策的形成。这固然是一个客观现实,但这中间存在的风险也恰恰在于:打开一项新"窗口"的同时,可能将其他已经打开的"窗口"置之不理。政策资源是稀缺和有限的,如果没有合理的分配机制,旧"窗口"很可能会因为新"窗口"的打开而被忽视。

(二)政策制度风险

政策制度风险主要是指政策制定和执行的制度安排可能导致政策功能失效的潜在性。

1. 执行主体权能配置

政策的制定和执行系统是处于宏观的政治制度安排中的,立法机关、行政机关和司法机关是现代国家政治制度安排中的"三驾马车",各自的权能配置与相互间的关系紧密相关,不同关系形态下每个机关体系的权能不同。

这里的风险主要存在于如下几个方面。①政策主体的权能配置是否合理。权能太大,政策的制定与执行可能缺乏有效监督;权能太小,政策又可能缺乏权威性,得不到有效遵守。②政策产生的程序是否合理。不同关系形态,不同权能配置,对于政策产生程序的要求也不一样。③政策之间是否相互冲突。由于政策产生的主体不同,权能配置不同,政策效力也有不同等级,因此,在宏观政策制度安排下的政策是否有效就需要有相应的审查制度,否则可能存在政策失效。

2. 政策制定与执行过程的衔接

政策的制定与执行是两个相对独立但又互相依赖的系统,如何合理衔接这两个很不相同的环节是制度安排的一项挑战。在风险社会中,由于权力分散的增加和管理结构的复杂化,中央与地方、地方与地方、条与块之间存在竞争关系,而不是完全统一的协调关系。中央及其所属部门主要负责政策的制定和评估,这离不开地方政府的执行配合和信息反馈;各级地方政府不仅负责制定相应的政策,而且负责落实中央和上级政府的政策。但不同层次和强度的风险使地方政府事实上要承担更多风险治理的责任,需要更加强调地方政府的主体性,导致政策执行上的冲突和障碍,从而产生政策风险。

3. 政策系统的流动性

由于制度安排,每项政策的决策者和执行者都有固定的任期,这与政策调控对象的相对稳定性相矛盾。在这种情况下,如果政策制定者的职位发生转移,或者任期届满离开,政策的连续性就会受到显著影响,既定政策的风险就会凸显。所以可以看到很多政策都是半途而废的;也有很多企业、制造商经常追逐某个领导,他搬到哪里就到哪里投资建厂;也有时候某个关键决策者的去留会引发巨大的政治、经济波动等。

(三)政策选择风险

政策选择风险是指在政策制定过程中,决策者对政策的议程、类型、理念等把握不当,导致政策失败的可能性。它主要包括三个方面。

1. 政策议程的确定

许多时候政策失败的实质原因不在解决方法上,而在于问题本身无法根本解决,只能在现有基础上减轻其严重性。社会的风险是永远存在的,因此,当宣称一项政策能够从根本上解决某个问题时,这种政策注定会失败,会使期望变成失望。此外,有些问题不应列入政治议程,或者即使列入,也只能列入地方政府决策者的议程,而不列入中央政府的政治议程。如果在政策制定时没有做出这样的选择,结果可能是不切实际的期望和随之而来的政策失败。这里,主要是指政策议程的选择不能干涉或侵犯或替代市场与公民社会治理的空间,公共政策应该将自身严格定位于公共产品的提供,也即社会风险秩序的提供,包括法律制定、产权界定和公共基础设施建设等方面。

2. 政策类型的选择

政府面临的政策环境极其复杂,很多时候它所要实施的是不同政策的复杂组合,而且大多数单一政策包含多种政策工具。同时,历任决策者所制定的政策也还在起作用,有时不同政策之间可能会发生冲突。在选择政策类型及其配套工具时,人们往往关注所讨论的具体问题,而忽略了当时的政策背景。因而政策类型的选择就非常重要且有时显得比较微妙,比如:转移支付是否一定能够达到平等和帮扶弱者的目的;是应该选择减税、免税,还是补贴来实现某项产业振兴或区域发展;是运用管制政策还是引导政策更有效果等。一项出发点良好、实施得好的政策,可能会因为政策类型选择错误而导致与初衷完全不同的结果。

3. 政策理念的选择

政策的指导思想或者说政策的标准往往可以从三个方面来予以设定,即政治文化方面、经济方面和技术方面。政策必须首先满足和符合政治文化标准,其次才应考量政策的经济成本、技术保障能力等,一项政策也许在经济层面和技术层面都非常可行,但不符合基本的政治要求和理念就不能制定和实施。如果将政治文化的要求放置于后,则公共政策可能会失去公正、公平的基本价值。比如政府的投资政策,按经济原则和技术原则都应在经济发达的地方实施,但如果所有的政策性投资都只放在资本回报率高的区域、产业和领域,则社会的发展会显失公平和公正。政策理念的选择是指政策的政治、经济和技术相关性之间的权衡。如果选择不当,就会与具体的风险问题和风险环境挂钩,导致政策本身的风险和更大的政策结果风险。

(四)政策伦理风险

伦理是指在处理人与人、人与社会相互关系时应遵循的道理和准则。这里讨论的政治伦理主要涉及风险社会中政策的性质、政策的成本以及政策主体的伦理。

1. 政策的性质优劣

政策的好坏与其执行情况没有必然关系,主要取决于政策制定时的出发点和目的,但政策制定的制度安排会影响其性质。当然政策的好与坏只是相对的,并没有绝对与统一的标准,因为任何公共政策都会有一套形式和理由,极少有对民意的漠视。因此,政策的优劣只能够成为每个政策利益相关者内心的一项评价指标,而无法量化或可视化。

2. 政策的成本高低

政策的成本主要从经济成本角度考虑,但也包括时间成本、遵从成本等非经济因素。政策的成本高低在很大程度上是一个选择结果,在风险社会中,由于客观存在的不确定性,单独确定一项政策的成本并不容易。但往往决策者不愿意做更多的评估与选择去寻求低成本,甚至在既定成本的多项选择中也不选择低成本政策。

3. 政策主体的伦理

政策主体的伦理主要包括爱岗敬业、遵纪守法、忠诚与服从权威等,与之相对应的则是怠工窝工、违法乱纪、对抗叛逆等,它涵盖了职业道德、行政伦理的基本内容,政策内容贯穿于政策制定、政策实施和政策评估的各个方面。如果政策的性质和成本没有问题,但政策主体的伦理道德素质不达标,政策仍然存在失败的风险。伦理属于自我内心约束的领域,并不能总是通过法律来规范和强制,因此要规避政策伦理风险,主要借助于正确人生观、价值观的引导,良好的行政文化的校正和熏陶,积极进取的舆论环境的激励与影响,腐化、堕落与反动典型的反向警示等来实现。

二、公共政策风险的控制

(一)公共政策风险控制的含义

了解风险、识别风险、评价风险的目的是控制风险,减少损失。在公共政策风险识别、风险评价之后,接下来要研究的问题是:如何有效地控制这些公共政策风险,以达到减少公共政策事故发生的概率和降低损失程度的目的。

所谓公共政策风险控制是指在风险识别和风险评价的基础上,积极采取措施控制政策环境中出现的风险概率,以消除风险因素或降低风险因素发生的概率。在事故发生之前,降低事故发生的可能性;在事故发生后,将损失减少到最低,从而达到降低风险预期损失的目的。因此,风险控制的本质是减少损失或降低损失程度。

(二)公共政策风险控制的类型

公共政策风险控制是公共政策风险管理活动的一个重要环节。在复杂的内外政策环境中针对存在的风险因素,管理者对控制的对象有目的地施加作用,以达到降低风险不确定性、减少损失的目的。

在控制系统中,有什么样的系统目标,就要求有什么样的与之对应的控制结构方式,而同一系统目标也可以通过不同的结构方式来实现,相应地,公共政策风险控制也有不同的类型,根据风险控制的集中程度,可以分为集中控制、分散控制和等级结构控制。

如果风险是由一个集中的控制机构进行控制的,就是集中控制,具有集中信息、统一协调的特点,但传输效率低,适应性差。如果采用几个分散的、独立的控制机构分别进行风险控制,就是分散控制,其优点是适应性强、控制简单、局部控制效果好,但往往难以统一目标进行整体协调。等级结构控制实际上是分散控制和集中控制相结合的一种形式,兼有两者的特点。

从动态角度看,公共政策风险控制可分为事前控制、事中控制和事后控制。在风险事故发生前的控制,就是事前控制,也称损前控制,在现代控制实践中,这种方法越来越受到重视并得到广泛应用,因为它在一定程度上避免或防止了事中控制和事后控制导致的别的失误。事中控制也是必要的控制形式,当公共政策风险事故发生时,应及时采取必要的措施控制损失的加大或减少损失。事故发生后,要确定事故风险的原因,并采取新的控制行动来减少损失,这种事后控制是针对已经产生的风险损失进行控制的,往往很难取得明显的效果。

(三)公共政策风险控制的方法

公共政策风险控制对策可分为回避、预防、分离、分散、转移五大类。在进行风险管理时,应灵活、综合运用这些对策,以达到控制公共政策风险、降低损失的最终目标。

1. 回避公共政策风险

回避风险是通过主动放弃或者拒绝承担公共政策风险来实现的。回避风险可以在公共政策风险事件发生之前完全消除特定公共政策风险可能造成的任何类型的损失，因此是种彻底地控制公共政策风险的对策，而其他任何公共政策风险控制对策都只能减少损失发生的概率或损失的严重程度，或在损失发生后予以经济补偿。

然而，回避公共政策风险的对策有很大局限性且是消极被动的。其一，回避公共政策风险只有在人们清楚地了解风险事件的存在与发生条件，并对损失的严重性完全有把握的时候才具有积极意义。如果对公共政策风险事件的识别、评价尚无把握，回避公共政策风险就没有意义。在实际生活中，自然界和人类社会活动极其复杂，以及人们认识能力的局限性，常常使得我们不可能对所有公共政策风险的潜在危害程度做出正确的估计和判断，因而回避公共政策风险只是特殊情况下的选择。其二，回避公共政策风险以放弃某项计划或事业作为代价去消除可能由此产生的风险损失。就经济活动而言，公共政策在面临种种风险损失的同时，也伴随着盈利，为了回避公共政策风险而放弃这些计划，也必然随之失去与这些活动相伴随的种种利益。如果遇到公共政策风险就一概回避，那么社会将无法进步。其三，从某种意义上说，公共政策风险是无法回避的，因为回避了甲风险可能又面临乙风险。因此回避公共政策风险的对策在现实生活中往往并不可行可取。

2. 预防公共政策风险

预防公共政策风险是指在公共政策损失发生之前，消除或减少可能造成公共政策损失的各种因素，从而降低公共政策损失的可能性的工作。预防公共政策风险的对策包括纯预防型对策、保护型预防对策和半预防型对策。纯预防型对策旨在通过公共政策消除造成损失的原因，保护型预防对策和半预防型对策是指保护处在危险境地或可能因公共政策受到伤害的人和物。

以公共政策规定企业生产经营标准为例，预防公共政策风险得以体现。例如在一个新工厂的最初建厂阶段公共政策就要求工厂采用防火材料建设仓库，把存在火灾风险和其他风险的生产区域预先隔离开，通过公共政策预防的方法减少火灾损失，而这一公共政策产生的成本只不过是工厂建成后的改建或火灾后抢救费用的一小部分。通常，预防公共政策风险使公共政策对象可以用较少的费用换取较大的安全效益和经济效益。

总之，预防公共政策风险在公共政策风险控制对策中占有重要的地位，预防公共政策风险旨在消除潜在损失于公共政策风险事件发生之前，是一种积极主动而又有经济效果和社会意义的公共政策风险控制方法。

3. 分离公共政策风险

分离公共政策风险是指人为地将公共政策风险损失分割成多个独立的小单元，减少风险同时发生、集中损害的可能性，以达到损失规模最小化的目的。采取分离公共政策风险的对策，应尽可能把人、财、物与潜在的事故在空间上隔离，在时间上错开，以达到分离风险控制损失的目的。

分离公共政策风险的一个例子是，公共政策在实施前往往进行试点，很多公共政策并不会同时在全国同时推行,而是先选择部分地区进行试点观察该公共政策实施产生的效果,如此一来就减少了公共政策在全国范围内同时实施所能造成的最大期望损失。

在公共政策风险控制对策中,分离公共政策风险是一种较为特殊的方法,应用起来有一定的局限性,但却可以有效地减小风险损失的幅度。

4. 分散公共政策风险

分散公共政策风险是一种比较常见的应对公共政策风险的方法,目的是降低公共政策风险造成的损失,从而在一定程度上控制损失。例如,公共政策通过系列出台,一般不会大幅快速对某个领域进行全面否定,而是通过选择政策群体中的部分对象进行支持,以期达到分散风险,降低损失幅度的同时推进公共政策目标的目的。

5. 转移公共政策风险

在各种公共政策风险控制对策中,转移公共政策风险不失为良策。风险转移方式分为两类:非保险型风险转移手段和保险型风险转移手段。非保险型风险转移是指根据合同条款将某些公共政策风险可能造成的损失以及由此产生的责任和财务损失转移给其他机构或个人,不涉及所有权的转移;保险型风险转移是以合同形式建立保险关系,为特定公共政策负面影响提供财务保障的经济形式。

在世界百年未有之大变局背景下,风险社会特征日益明显。公共政策作为促进社会公共利益的治理工具,应当进一步重视公共政策全过程的风险管理问题,增强忧患意识、提高防控能力,将公共政策促进发展与社会安全相统一。

第五节 中国特色公共政策过程实践与模式

公共政策过程是指公共权力机关经由政治过程所选择和制定的为解决公共问题、达成公共目标、实现公共利益的方案从制定至终结的过程。中国共产党人在长期的政策实践中,制定并实施了许多正确可行的政策,逐步形成了一些中国特色公共政策的实践模式和基本经验。本节介绍人民代表大会制度、党政同责制度、政治协商会议制度、纪委监委双重监督制度四个中国特色公共政策过程实践,以及在此基础上形成的"摸着石头过河""从群众中来,到群众中去"的政策制定模式。

一、中国特色公共政策过程实践

(一)人民代表大会制度

人民代表大会制度是指中国各族人民在中国共产党的领导下,依法定期选举各级人民代表大会代表,出席各级人民代表大会。各级人民代表大会是人民行使国家权力的机关,按照民主集中制原则依法组织和监督其他国家机关的工作,依照法定程序行使国家权力,并决定国家政治生活中的重大事项,从而实施对国家和社会的管理。

人民代表大会制度运行机制的构成要素主要包括组织体系、代表产生机制、会议运行机制、监督机制、代表联系群众机制等，这些要素共同构建了中国特色公共政策过程。在人民代表大会制度运行过程中，人大代表通过行使相关权利参与公共政策过程。

首先，人大代表可以以联系群众机制为基础，确认带有普遍性和共性的社会问题或公共问题，是人们的价值、观念、利益或生存条件遭到威胁或损害而出现的政策问题，向大会提出相关议案，促进一些公共政策的提出或修改，帮助政策进入制度议程。其次，人大代表具有审议权和表决权，可以对列入会议议程的各项报告和议案进行讨论、发表意见、表明意愿和立场，给予肯定、否定或者提出修改意见，并可以通过表决权表明对公共政策修改的各种意愿（包括赞成、反对或弃权），使得政策获得政治正当性，通过合法化程序。最后，针对正处于政策执行阶段的政策，人大代表拥有批评权、建议权和质询权，对政策进行监督。

(二)党政同责制度

党政同责是在特定国家治理需求下的制度性创设，党政同责制度实际上就是指开展某一项工作，党委和政府要一起管、一起抓、一起负责、一起担责。当前中央已明确要党政同责的领域有生态环境、食品安全、安全生产、粮食安全等领域。不难看出，这些都是与老百姓生命和生存权利息息相关的领域，实行党政同责充分体现了我们党以人民为中心的初心使命和执政理念，相关领域公共政策过程也因党政同责而更加准确、高效。

党政同责制度的运作机理一是以党管干部原则为联结纽带，使党内考核、评议、问责和奖惩等措施的规制效果外溢至行政管理等党外活动之中，领导干部的履职情况成为党的干部管理的重要依据，而党对领导干部的管理反过来又影响到领导干部履职的积极性和主动性。党政同责正是依托党管干部这一纽带，锁定地方各级党政领导班子成员，通过对"关键少数"的内规制，倒逼社会治理外部效果的提升。二是以混合性党规为制度载体。混合性党规是指党内法规的制定主体与国家法律的制定主体就党政融合领域的特定事项共同制定章程，以党组织的文号印发的，在党内领域和国家特定领域均具有效力的一系列行为规范、规章的总称。混合性党规反映了党政关系中最为稳定的核心部分，即在坚持党的领导这一中国特色社会主义最本质特征的前提下，党通过包括行政机关在内的整套国家机构来实现国家治理的目标。与纯粹国家法律和党内法规的单一型调整方式不同，混合性党规在职权和责任内容的配置上具有二元性，既对党组织和党员作出要求，又对政府及其公职人员课予义务。同时，混合性党规强调对党政领导干部的监督和问责，敦促其全面正确履职，通过领导干部的示范效应为全体公职人员作出表率，进而带动生产经营者和消费者等社会主体积极守法。

(三)政治协商会议制度

政治协商会议制度（政协制度），是指在中国共产党的领导下，各政党、各人民团体、各少数民族和社会各界的代表，以中国人民政治协商会议为组织形式，经常就国家的大政方针进行民主协商的一种制度。中国共产党领导的多党合作和政治协商制度，是中国共产党把马克思主义政党学说和统一战线理论与中国具体实际相结合的伟大创造，是中国共产党同各民主党派、无党派人士长期团结奋斗的重大理论成果和实践成果，具有历史的必然性、伟大的独创性和巨大的优越性。

民主党派和无党派人士在公共政策过程中的议程设置、政策规划、政策合法化三个环节都发挥了重要作用。在议程设置环节,民主党派主要围绕中国共产党和国家已经创设的议程建言献策,主要不是提出新的政策议程,而是提出解决问题的方法,以及提供与问题解决状况有关的信息。比如,在最重大的政治决定上,存在"会议群"的现象,即中国共产党首先就某个主题召开大会,通过大会作出决定,该决定就成为人大、政府和政协今后一段时期的会议主题。具体到民主党派而言,中共中央和各级党委的会议为各民主党派参与政策过程规定了主要的方向和议题。当然,这并不是说民主党派就不能决定和影响议程设置,实际上,民主党派集中了不少中高层次人才,尤其是其领导人,他们提出的一些政策议题,往往能引起决策者重视,并最终促进相关政策的出台。

在政策规划环节,民主党派的作用主要体现在两个方面:一是直接参与统一战线和多党合作方面重要政策文件的起草;二是在政策论证和协商环节对政策草案提出修改意见和建议。按照我国多党合作制度的规则,在重大政策文件的草案文本形成后,一般要征求民主党派的意见和建议。民主党派通常会提出一些具体的修改意见和建议,包括观点、语句表述、用词,甚至是标点符号等方面的问题。

在政策合法化环节,第一个层面是程序的合法化。担任人大代表的民主党派成员在人民大会中参与宪法、法律和地方性法规的制定和修改,通过表决的方式通过法律法规,这是民主党派发挥公共政策程序合法性作用的重要方式。政策合法化的第二个层面是获得公众的理解、支持和接受。我国在出台重大政策前,往往会事先与各民主党派进行充分的沟通和协商,听取民主党派的意见和建议。有了这样一个事前协商的过程,这些决策作出后,民主党派的认同度自然比较高。同时,在这些重大政策出台后,民主党派都会在各自的成员和所联系的社会成员中组织深入学习、开展广泛宣传,使他们也充分认同、理解和支持这些政策,使政策实施起来更加顺利。

(四)纪委监委双重监督制度

纪委全称是"纪律检查委员会",是党的工作部门;监委全称是"监察委员会",是国家监察机关,目前纪委监委双重监督制度是指两者处于合署办公状态,即一套人马两种身份和职能。两者最明显的区别在于对象不同,纪委"管辖"的是党员、党组织;监委"管辖"的是所有行使公权力的人员。

纪委监委双重监督制度主要在政策执行和评估阶段发挥作用。在政策执行和评估阶段,纪委监委双重监督制度可以同时监督所有行使公权力的人员,可以在政策执行阶段检查政策执行内容是否符合党的路线、方针、政策,对政策执行人员从依法履职、秉公用权、廉洁从政及道德操守等方面进行监督检查,对涉嫌贪污贿赂、滥用职权、玩忽职守、权力寻租、利益输送、徇私舞弊以及浪费国家资财等职务违法和职务犯罪进行调查,对违法的公职人员依法作出政务处分决定;对履行职责不力、失职失责的领导人员进行问责;对涉嫌职务犯罪的,将调查结果移送人民检察院依法审查、提起公诉;向监察对象所在单位提出监察建议。

二、中国特色公共政策制定模式

20世纪70年代以来,在美国政策科学界形成了两种政策制定模式,即理性模式和渐进模式。理性模式又分为理性分析和有限理性分析,后者弥补了前者的缺点,代表人物是美国行政学家赫伯特·西蒙。渐进模式代表人物是美国政治学家林德布洛姆。同时,渐进模式又可分为多元决策模式和精英决策模式。更具体地讲,在理性模式下,政治决策应该建立在充分理性的基础上,政治的极端复杂性和关系重大性决定了其必要性。有限理性模式则认为决策者在决策过程中受到各种条件的限制,其理性有限,决策目标及实现目标的手段也不可能完全基于充分理性之上,决策实现是在各种方案中选择比较满意的,而不是最优的。渐进模式通过动态的"政治互动"方法来分析和解释政策制定过程。渐进模型中的多元决策模式认为,决策不是分析的结果,而是相互作用的结果,政治决策过程是各党派、利益集团及垄断资本集团相互斗争、相互妥协让步的结果,政策分析受到权力的制约,因而在决策过程中,科学分析只起微弱的作用。精英决策模式认为政治决策实际上是权力精英为了自身利益以及小集团和统治集团的利益而做出的决定。

以上决策模式对于我们理解分析中国公共政策的制定模式提供了帮助,但这仍是不够的。就理性模式而言,它的前提是决策者是理性的,对决策信息有充分的把握,而且对决策所带来的后果及其影响有充分的认识,对收益与代价有科学评估。在渐进模式的情况下,多元决策和精英决策都是外部力量对政府施加的压力和要求,其前提是一个利益高度分化的社会。

在当今中国,社会结构分化程度较低,社会利益的表达与综合并非由各种社会结构来承担,而是由政治系统内部权力精英通过分析、研究和调查而将他们所认定的社会利益输入公共政策。改革开放以来,中国特色公共政策的制定模式主要体现为以下两种类型。

(一)"摸着石子过河"的政策制定模式

改革开放时期,中国公共政策的制定模式为"摸着石子过河"的政策制定模式。

党的十一届三中全会以后,中国共产党把党的工作重心转移到经济建设上来,并在确定工作重点转移的同时,做出了改革开放的伟大决策,从而使我国的社会主义现代化建设进入了一个崭新的历史时期。党的十三大则提出要建立社会主义市场经济体制,开始了经济体制的转轨历程。在新的历史发展时期,我国的政策制定坚持实事求是,从实际出发,循序渐进,逐步形成了"摸着石子过河"的政策制定模式。

"摸着石子过河"的政策制定模式,是以邓小平同志为代表的中国共产党人的一个创新,是改革开放时期,我国政策制定中的一种重要模式,具体表现为以下三点。

1. 注意摸索,大胆创新

"摸着石子过河"的"摸",就是摸索的意思。改革开放是前所未有的伟大事业,它没有现成的模式可循,没有现成的经验可搬,只有把马克思主义的基本原理与中国特色社会主义建设的实际相结合,才能在摸索中前进。在改革开放初期,我们面临许多新情况、新问题,需要及时解决,需要新政策与改革开放相结合。适应我国经济体制的旧政策已经不合时宜了,这就需要在探索过程中大胆创新,制定适应新形势的新政策。

2. 由浅入深,循序渐进

改革开放面临的问题纷繁复杂,需要解决的问题千头万绪,存在着许多困难的因素,具有一定的风险,不能企求一步登天,在短时间内就建立起一种新的经济体制和运行机制。"摸着石子过河"的模式最突出的特点就是强调循序渐进。改革开放过程中,政策制定一般都是从比较明确、条件比较好、阻力和风险比较小的事情入手,优先考虑现实可行的改革议程,然后逐步推进,解决更加复杂、困难的问题。聚焦一步,砥砺前行,一步一个脚印,真抓实干,不断实践,不断总结经验,纠正错误,稳步前进,避免改革出现重大波折,顺利推进改革。稳定是改革开放伟大事业顺利推进的保障。

3. 从点到面,协调发展

"摸着石子过河"的模式,从纵向的角度看,强调由浅入深,从横向的角度看,强调由点到面协调发展。改革开放中的政策制定模式充分运用了"抓典型、搞试点"这一我党政策制定的重要经验。重大改革政策出台时,往往先进行试点,先由点积累经验,再由点推到面,实现相对稳定协调发展。

(二)"从群众中来,到群众中去"的政策制定模式

"从群众中来,到群众中去"是指我国制定政策的过程是从群众到领导、从民主到集中、从个人到普遍,这是我党的优良传统,也是具有中国特色的政策制定的模式之一。"从群众中来",就是深入群众工作,集中群众智慧和要求,反映群众愿望,作出正确决策;"到群众中去",是将正确决定变为群众有意识的行动。

"从群众中来,到群众中去"的模式表现为以下三点。

1. 政策制定过程呈现"内输入"的特点

"内输入"作为一个学理概念,最初来源于美国政治学家伊斯顿的政治系统分析理论。其中"输入"概念是指环境系统对政治系统的支持和压力,即社会中的各种行为到底怎样影响政治领域中发生的事情的"概括性变量"。与此同时,他也意识到有一些要求来自政治系统内部所产生的愿望、意向、偏爱或利益,反映了政治系统成员对于系统既有结构的不满,因此,他声明用"内输入"这样一个术语来描述严格意义上的由政治角色的经验和活动而不是由社会非政治领域中人们的经验所形成的要求。中国学者胡伟在《政府过程》中运用伊斯顿的政治制度方法来研究中国政治过程的制度性和非制度性结构,强调了权力精英在中国政治决策中的作用,进而借用并提出新的"内输入"概念,认为"内输入"是指在社会不存在利益分化的情况下,统治精英而不是人民的利益综合和表达。它的特点是权力精英之间的政治妥协,而不是多重决策中的社会互动。

在西方,由于社会利益结构分化明显,压力群体作为特定利益集团的代表较为发达,社会利益表达现象较为普遍和强烈,因此西方的政策制定过程是更多地表现为社会各种政治力量

相互作用的过程。但我国社会利益结构的分化并不那么明显,长期以来没有出现较为明显的多元利益结构,也没有分化为相应的利益群体和其他社会政策投入结构。党组织和政府的群众路线是现代中国社会利益表达和综合的决策规范,以及党的领导人和国家官员"从群众中来,到群众中去"的领导和决策方法,主要由社会结构采取,但也受到党组织和各级政府官员的观察和识别。当然,这并不意味着中国不存在利益表达和综合的社会互动过程,相反,这种互动过程近年来呈现出日益强烈的趋势。

2. 政策制定主体从官方的政策制定主体向非官方的政策制定主体拓展

非官方的政策制度主体不但有参与公共政策制定的愿望和要求,而且逐步具备了参与政策制定的素质和能力。他们既代表一部分群众向中国共产党和各级政府表达意见,又常常反过来协助党和政府做自己所代表的那部分群众的工作,而不是简简单单地施加"压力",从而使当代中国的政策输入过程表现出高度的政府整合性和组织化一体性。正是基于这一点,我们认为当代中国的政策输入过程呈现出明显的"内输入"特征。同时,政治体系也为非官方的政策制定主体参与政策制定提供了一定的条件。事实上,一些公民和社会团体已经亲自参与了某些政策的制定,如有关的价格政策,原因有四个方面。

(1)经济的快速发展和全社会物质生活水平的提高造成利益差距,导致利益分化,出现众多利益相关者。在利益竞争中,不同利益主体必须寻求政治手段来实现自身利益最大化。面对利益相关者的多样性和地位的不平等,政策制定体系要为不同利益群体提供利益表达的平台,以选择和综合多种利益,使具体的公共政策不丧失合法性。

(2)全社会受教育程度普遍提高,社会民主意识和自治意识增强,人们逐渐认识到决策不是政治领袖或少数政治精英的"专利",而是也可以以"主人"的身份积极参与。

(3)现代信息产业的快速发展,让老百姓可以通过多种渠道、多种方式获取政策相关信息,不再"无知"。公民参与政策制定与获得政策信息的数量和质量密不可分。了解相关政策信息不仅是公民有效参与政策制定的前提和基础,也是公民参与政策制定的动力。先进、方便、快捷的交通、通信和新闻媒体为公众之间双向或多方信息交流提供了有利条件,从而保证公民获得足够的信息参与政策制定。

(4)政策制定体系改革使得政策制定逐步规范化、程序化、透明化,为非官方的政策制定主体参与政策制定提供了制度保障。政策制定中应建立听证制度、专家咨询制度、社会广告制度等。

3. 集权与适度分权相结合的政策制定权

改革开放后,我国以解决权力过度集中问题为重点,开展了以简政放权为目的的体制改革,构建了集权与适度分权相结合的政策制定权。我国中央高度集权的决策权力结构模式发生了重大变化,正在逐步走向集权与适度分权相结合的方向。这种变化体现在以下三个方面。

(1)党政关系集中体现为党政分开。具体表现在:重视人民代表大会制度的建设,中国共产党与人民代表大会的权力关系在宪法与法律上得到区分和保障;党政领导实行分任制,中央政治局和书记处的一部分成员不再兼任国务院领导工作,地方各级党委的书记一般不再兼任同级政府的行政首长;建立了行政首长负责制的政府工作系统,政府不再是被动地执行党的路线和方针的"工具",而是获得了应有的自主权和自主地位等。

(2)中央逐步向地方放权。中央政府通过下放人力、财力、物权,尤其是事权和财权,扩大了地方政府的权力。事实上,经过多年的改革,地方政府已经在投资、流通、价格、外贸、外汇、工资、科技、社会发展等方面获得了广泛的决策权。

(3)公民社会的力量成为具有相对独立自主地位的力量,约束国家和政府的行为,发挥应有的参与和监督政府决策的作用。在经济领域,个人财产权得到宪法和法律的承认和保护,个人经济行为取得合法地位,个人经济利益与国家经济利益的界限日趋清晰;在政治领域,个人社会交往权利的法律保障取得长足进步,一些社会团体和中介组织相继涌现,个人和群体利益表达和参与政治的渠道更加丰富,政治沟通机制逐渐制度化。

第六章 公共政策问题与议程

公共政策问题的形成与认定是政策过程的起点,发现和确定问题甚至比解决问题更重要。在公共政策过程中,公共政策议程好比是一个"过滤筛",经过公共政策议程筛选后的政策问题才能进入政策决策的道路上来,公共政策的"公共"规定性表明政策议程的"过滤筛"不同于私人处理问题。本章着重介绍公共政策问题、公共政策议程、公共政策问题与议程的关系等内容。

第一节 公共政策问题

政策分析中公共政策问题的认定是一个很重要的步骤。公共政策问题认定的重点环节和实质是要认识公共政策问题的范围、领域及处理方法。每一个不同领域都存在不一样的公共政策体系,也存在不一样的处理政策问题的资源手段、特殊条件,所以,在证实政策问题时,需要首先确定其所在的范围,厘清政策问题的本质范畴。公共政策中的领域和性质界限通常有多个分类,如政治问题、科技问题、经济问题、外交问题、教育问题、环境保护问题、人口问题、军事问题等。社会生活是一个有机组合体,通常各个领域是相互联系、相互渗透、相互交融的,因此,一个政策问题的性质与范畴往往是相互交织在一起的。

一、分析公共政策问题的必要性

小到一项政策制定的过程,大到整个公共政策制定的过程,公共政策问题的研究与分析都占有举足轻重的地位。可以说,要了解公共政策,首先就必须了解政策问题。而现实当中政策失败的原因却往往在于解决了错误的问题,而不在于为正确的问题找到了错误的解决办法。从诸多学者的观点中可见,进行公共政策问题分析的意义是非常重大的,主要表现在以下方面。

第一,公共政策问题的分析是设计政策备选方案的依据。公共政策有一个非常重要的特性,那便是特定目的性和问题取向性,即公共政策关心解决或改善社会问题。如果没有回答政策问题是什么,什么原因产生了这种问题,公共政策问题的危害是什么等等问题之前,就去寻找解决问题的政策方案,这无疑是无的放矢。当然,在这种情况下设计和论证的方案也是毫无意义的。

第二,不进行公共政策问题的分析,极易造成资源的浪费和时机的贻误。公共政策的制定、实施是需要时间、精力、物质财富等资源的。那么，如果解决的是一项错误的公共政策问题，就会造成资源上的浪费。另外，有些公共政策问题的解决需要抓住时机、防患于未然，如果把精力放在一个错误的问题上，而对那些紧迫性、急需解决的问题认识不清的话，就会眼睁睁地错过时机，一方面会浪费资源，另一方面还有可能酿成更大的政策方面的问题，这样就会导致其在社会当中造成更大的破坏性。由此不难看出，展开公共政策问题的探索分析，明确出真正的公共政策问题，能够有效减少政策资源方面的耗费，提高政策决策的科学性。正是在此基础上，有一些学者指出：公共政策问题的分析、界定与构建是政策分析过程当中最重要而又最困难的一环，公共政策问题的分析、界定也是政策分析和政策过程的逻辑起点，找准了公共政策问题，就等于完成了政策制定的一大半。

二、公共政策问题的概述

总体来说，公共政策方面的问题是一直存在的。布鲁默指出，社会学家往往把政策问题界定为客观所为，这实际上是错误的，政策问题存在于一个集体界定的过程之中。他将公共政策问题的形成过程划分为五个阶段：第一阶段是政策问题的出现；第二阶段是政策问题获得了合法性；第三阶段是发动各类活动研讨政策问题；第四阶段是官方采取行动；第五阶段是将官方采取的计划付诸为切实的行动。

公共政策问题一般由如下几个基本要素构成。

第一，公共政策问题的前提就是一个"问题"，这个"问题"是客观存在的。这个问题一方面是客观存在的不足，即"实际的"系统状态同"应有的"系统状态之间的差距，现有的状态同期望的状态之间的差距，也就是政策意义上的矛盾。另一方面，问题还有主观性的一面，仅仅有客观存在的差距并不能构成"问题"，还需要人们对这一差距的主观认定，产生解决这种差距的诉求。

第二，公共政策问题不是一般的问题，而是社会公共问题。问题的种类很多，有仅仅涉及一个人或一个家庭的，有涉及整个社会的，甚至有涉及整个人类的，当一个问题涉及一个社会当中的大多数人时，便是社会公共问题，它会造成整个社会的紧张，威胁到社会大众的生存与发展。因此，单靠个人的力量，永远无法解决此类问题，只能通过社会，通过公共管理机构才能解决。如迪里指出，政策问题是未实现的需要、价值或可以通过公共行动来追求的改善机会。福勒也指出，政策问题，只有靠众人集体的行动，才能消除或改善，单凭一个或少数几个人的力量是无法做到的。

第三，政策的决策者认定的需要加以解决的社会公共问题，是公共政策问题。从理论层面来讲，所有的社会公共问题都应该进入政策议程，并逐步得以解决。但事实并非这样。首先，政策决策者的认识能力有限，不可能觉察到任何一个社会公共问题，总会有一些社会公共问题在他们的认识能力所及范围之外。其次，受价值偏好的影响，一些在社会大众看来是社会公共问题的问题，而在决策者看来却未必是。问题察觉后是否能够实现，政策决策者是否能认定问题，这不仅取决于存在的客观条件，同时也取决于相关决策者的主观条件，如价值观念、政治理念、个人利益、政治立场、思想认识等。最后，受资源条件的影响，即使决策者认定某问题是社会公共问题，但由于权限限制、资源能力限制等的存在，而只能作罢，这些问题也不能称为政策问题。

三、公共政策问题的基本特征

一般看来,公共政策问题具有七个方面的特征。

(1)客观性。虽然社会公共问题只有被决策主体认定之后,才能真正称得上公共政策问题,但客观存在是公共政策问题的首要特征。对于公共政策问题本身而言,它是一种客观状态,而不是人们主观臆想和猜测的产物,不随人们的意志转移。公共政策问题都是从客观存在的政策环境中产生的,受客观条件的影响和制约。因此,公共政策问题的产生和解决都受客观环境的影响和制约,即在进行政策分析时,切忌随意扩大或缩小公共政策问题。

(2)主观性。我们承认客观性是公共政策问题的首要特征。但是,客观存在的社会问题并不能自发成为公共政策问题。因为,它是人们的认知、理解、价值偏好、主观判断的产物,具有主观性。首先,公共政策问题的认定具有人为性。从逻辑上看,客观的矛盾状态的存在,是公共政策问题形成的必要条件,而非充分条件。有些社会问题可能已经存在,但如果政策决策者忽视或无视这种矛盾的存在,该问题就进不了公共政策议程,也就不能称为公共政策问题;或者,社会上大多数人都认为某社会问题已经具有了很大的社会危害性,需要全部解决,但是,这种危害性不被政策决策者所认可,那么,这一问题也就不能被称为公共政策问题;再者,有些表面看来并不十分紧迫也不具有典型性、普遍性的问题可能从长远角度被认定为公共政策问题。这些都表明公共政策问题的认定具有人为性特征。其次,公共政策问题受人们的价值偏好的影响。具有不同的价值观,持有不同利益追求的人对同一个社会问题会有不同的理解,持相异甚至相反的观点。因此,不同的决策者,具有不同偏好的决策群体和社会环境都会影响到政策问题的认定。最后,公共政策问题受到人们知识结构、认知水平和能力的影响。知识素养、能力水平、眼界范围等都会影响到公共政策问题的认定。

(3)公共性。公共政策问题的公共性是指其影响范围的社会性和其解决主体的政治性。公共政策问题是关乎某个国家或地区大部分人或所有人的社会问题,其危害可能会波及大多数人甚至所有人,诸如社会动乱、环境污染等。在公共选择学派看来,正是公共政策问题的公共性,使得"搭便车"行为普遍发生。因此,只有政府出面才能解决。事实上,公共政策问题是单靠个人或几个人是无法解决的,能靠个人或几个人解决的问题也就不再是公共政策问题了。

(4)关联性。公共政策问题的关联性特征不是针对单个政策而言的,而是在整个公共政策问题系统的层面谈这个问题。邓恩指出,公共政策问题不是孤立存在的,同一个领域、不同领域中的公共政策问题是相互影响、相互存在的,可以说,公共政策问题是一个"问题系统"。如果类似于"头痛医头、脚痛医脚"那样,仅把某一具体的公共政策问题视为孤立的现象,解决起来会十分困难,甚至根本无法解决。有时解决一些相互关联的问题比解决单一的问题更容易,也就是说,将公共政策问题作为一个系统问题解决起来可能会达到事半功倍的效果。

(5)动态性。公共政策问题的动态性特征,是指公共政策问题不是一成不变的,而是随着历史情境和时空状态的变化而变化的。马克思主义指出,人们自己创造自己的历史,但是他们并不是随心所欲地创造,并不是在他们自己选定的条件下创造,而是在直接碰到的、既定的、从过去继承下来的条件下创造。这说明,公共政策问题的发生和发展并不是突发的或偶然的,而是有着深刻的因果关联性,是在历史进程中逐渐形成并发展的。不同的历史发展阶段决定了这一时段的特定目标和历史任务,历史发展会影响到公共政策问题的变化,环境改变会影响到公共政策问题的发展与变迁。

另外,前一个政策对公共政策问题也有很大的影响。一个公共政策问题的产生,可能是前一个政策失误或不当造成的,也可能是前一个政策执行不当造成的,一个公共政策问题的解决也可能会引起另外一个公共政策问题等。

(6)层次性。由公共政策问题的关联性特征可以得出一个结论:公共政策问题实际上构成了一个相互联结的公共政策问题系统。既然政策问题存在于政策问题系统之中,其必然表现出不同的层次性。比如,从战略性决策问题到战术性决策问题之间包括主要问题、次要问题、功能问题、轻微问题等几个层级。一个政策问题往往是更大范围内政策问题的一部分,同时,这个政策问题本身又包含着几个更小范围的政策问题。不同层次的政策问题之间存在着各种各样的相互影响、相互制约的关系,政策问题的这种层次性是解决问题的一个重要影响因素。

(7)依存性。公共政策问题是所有公共政策问题体系当中的一个组成部分,与其他地区、其他领域和部门的政策问题相互产生影响。政策问题的解决或多或少会产生可预测或不可预测的其他方面的政策问题。例如,经济发展问题、科技问题和环境问题等都有密切的相关性。政府治理了排水排污问题,却可能影响到相关企业的效益乃至生存。当初国家鼓励发展乡镇企业,却带来"五小"企业遍地开花,中央关闭"五小"企业,又带来了地方政府的财政困难问题等。

四、公共政策问题的分类

公共政策问题覆盖的范围很广,层次很多,通过对纷繁复杂的政策问题进行分类,有助于我们更加清晰地认识和理解公共政策,进而有助于我们解决公共政策问题。角度不同,标准不同,对公共政策问题的分类也就不同。现介绍几种有代表性的分类方法。

(一)琼斯的分类

美国学者琼斯从公共政策问题的内容、所属的不同领域入手,将公共政策问题分为三类。
一是外交政策问题:国与国之间的关系、矛盾、冲突、协调等问题。
二是国防问题:军事问题,对其他国家的军事援助、军事控制等问题。
三是国内问题:包括人力资源问题(诸如保健、教育、福利、职业培训),物理的和自然的资源(诸如环境、能源、交通、住房、农业)问题,社会控制(诸如加强法制、药物控制、社区支持)问题,经济控制问题,政府组织、税收问题等。

当然,琼斯的分类主要是以美国为例的,他的划分也较为笼统,针对此,我国学者按政策问题的内容将公共政策问题划分为经济问题、政治问题、人口问题、教育问题等。经济问题往往涉及经济体制、经济发展、资源配置、利益分配、财政收支等方面;政治问题涉及国家权力分配、政治制度、权利义务、政治参与等方面;人口问题则涉及国家人口增长速度、社会保障、数量、人口结构、人口素质等对社会经济带来的影响;教育问题是指教育发展过程中教育资源的配置、教育质量、教育公平等问题。当然,有时各种类型的公共政策问题并不是截然分开、互不相干的,而是相互交织相互关联的。有些公共政策问题既是经济问题又是社会问题,如收入分配不公平问题;有些公共政策问题既是人口问题又是教育问题,如全民素质问题;等等。

从作用范围的领域来看,可以将公共政策问题分为全国性政策问题、区域性政策问题和地方性政策问题。一国内由于各地在自然、文化、历史等方面有着较大的差异,这种差异导致了各区域和各地方都存在自身的独特性。因此,除了国家整体共同面对的公共政策问题外,各地区也会面临自身独特的公共政策问题。

(二)邓恩的分类

美国学者邓恩根据米特洛夫和萨伽斯蒂的观点,从公共政策问题的结构角度出发将公共政策问题划分为结构优良、结构适度和结构不良三种类型,如表6-1所示。

结构优良的公共政策问题有如下几个特征:所面临的情境可能是相当确定的;是与政策相关的只有少数几个人牵涉到的问题;解决问题的政策方案是有限的;政策方案的效用或价值,较好地反映了与政策相关的人在这个方案的目标上达成一致的共识;每一种方案的结果可能不完全可知,但是,都在能够接受的范围以内。

结构适度的公共政策问题的特征有:包括少数几个决策者和少量政策选择方案;价值取向基本反映了对排列好的政策目标的共识,但是选择的政策后果是不确定的,即使是在可接受的范围内,预测出结果的难度也比较大。由于结果不可确定,这就意味错误概率难以预算。所以,对构建这类问题,其最为典型的解决方法是政策模拟。博弈论中的"囚徒困境"模型可以说明这类问题的特征。

表6-1 公共政策问题的结构分类

要素	问题的结构		
	结构优良	结构适度	结构不良
决策者	单个或多个	单个或多个	很多
备选方案	有限	有限	无限
效用(价值)	共识	共识	冲突
结果	确定或有风险	不确定	未知
概率	可计算	不可计算	不可计算

结构不良的公共政策问题是指那些包含了很多决策者,且决策者在政策方案的效用、价值、政策目标等方面都无法达成一致的公共政策问题。结构不良的公共政策问题的目标存在着互相竞争的冲突,无法达成共识。对政策选择和后果具有不确定性,无法估计风险程度,而政策问题的性质是明确的。原因在于:第一,问题的历史性与动态性;第二,决策者偏好;第三,利益群体的不同目标;第四,决策者的方案限制。比如收入问题,无论实行平均分配政策还是实行效率优先、兼顾公平的政策;无论普遍增资,还是拉开收入差距政策,结构都不可能

是优良的。

(三)我国学者类似的分类

1. 按公共政策问题的确定程度分类

周树志指出,公共政策问题是政策主体和政策客体相统一而产生的,在政策主体看来,公共政策问题有三种不同的情境。

一是公共政策问题的确定性情境。其中,公共政策问题相对稳定不变,政策研究者和决策主体对公共政策问题的各种情形、环境、变量、原因、可能性等方面的信息有相当清楚准确的了解,对于政策备选方案实施的后果和效益能够做出确定的计算,可以比较精确地预见政策结果。

二是公共政策问题的不确定性情境。其中,公共政策问题的变化速度较快、问题产生的缘由也具有多变性,政策方案实施后会产生多种可能的结果,研究者和决策者都很难搞清楚。

三是公共政策问题的风险性情境。其中,政策研究者和决策主体面临着多种可能的情形,按照概率分布预估和推测可以确定每种情形的发生概率。当然,政策方案的实施可能会产生两种后果:获得巨大的政策效益,也可能付出巨大的代价。因此,这种政策情境是有风险的。

2. 按公共政策问题发生的不同领域分类

按公共政策问题发生的领域不同,将政策问题分为政治问题、经济问题、社会问题、民俗问题等。公共政策问题往往以具体的形式表现出来。政治问题涉及国家权力的分配,组织以及运用过程中所出现的问题;经济问题通常涉及一国经济环境、经济发展等方面的问题;社会问题往往涉及对一个社会所持有的某些社会道德规范产生的偏离情况;民俗问题涉及风俗、道德问题等。但是,在一定的情况下,各种公共政策问题如前所述是相互关联的。经济问题往往与政治问题、社会问题等紧密相关。

3. 按公共政策问题的作用范围分类

按公共政策问题的作用范围,将公共政策问题分为全国性政策问题和地区性政策问题。我国由于地域辽阔,各地传统、习俗和文化特征不同,地区和地区之间存在着各种各样的差别。虽然作为一个统一的疆域,全国具有一些共同性的政策问题,但是在相当多的情况下,此地的政策问题在彼地并不一定是政策问题;反之亦然。也就是说,除了能够作用于全国范围内的政策问题以外,还有仅仅作用于地区性范围的政策问题。因此,要求政策主体在制定政策的时候,既要注重政策的统一性,又要考虑政策的地区差异性;各地在执行统一的全国政策的同时,也要根据本地的实际情况,制定一些切合本地实际的地区性政策。

4. 按公共政策问题的功能分类

按功能的不同,公共政策问题可分为指导性问题、分配性问题和限制性问题。所谓指导性问题,是指对整个国家的发展具有影响的问题,一些工作或项目的进展缺乏方向,导致需要政策性指导;分配性问题,是指涉及每个产业、行业、企事业单位部门以及社会成员之间有关资源调整和利益分配的诸多问题;限制性问题是指涉及对产业、行业、企事业单位部门以及社会成员之间利益、资源、行为进行控制,需要对社会某些成员的利益或行为做出政策性限制的问题。当然,在很多情况下,它们可以互相交叉,有些政策问题可能既是分配性问题,同时也是限制性问题。

此外,按政策问题对人类行为的影响,还可以将政策问题分为五类:影响身体健康方面的问题、影响生活方式方面的问题、影响人类道德方面的问题、影响人类公平方面的问题、影响人类平台方面的问题。

五、公共政策问题建构的方法

政策分析当中非常重要的一环是公共政策问题的界定,也是政策科学中一个非常重要的概念。概括地说,公共政策问题界定就是相关主体透过纷繁复杂的现象,分析、解释、描述特定问题以便解决这一问题的过程。公共政策问题界定可以分为问题察觉、问题分析与解释、问题描述三个过程(图6-1)。

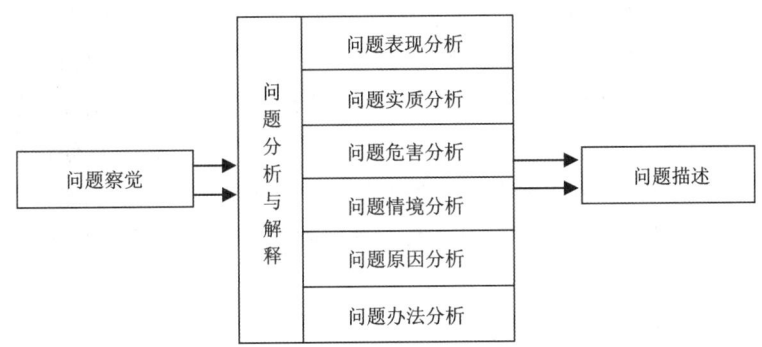

图 6-1 公共政策问题界定过程示意图

(一)问题察觉

问题察觉是指某一社会问题被人们发现、感知,并被大多社会公众、政府决策机关广泛关注的过程。问题察觉仅仅是某一社会公共问题从整个问题系统当中区分和剥离出来,使人们初步地感觉到应该做些什么,以改善现状、完善不足。但并没有认真地思考到底是什么情形引起我们的不满,到底应该做些什么,具体怎么做等问题。当然,问题察觉也是主客观条件统一的结果:首先,必须存在一种社会公共问题;其次,问题由人们主观感知,这种感知受主体的政治立场、价值偏好、知识结构、能力素质等方面因素的影响。

(二)问题分析与解释

问题分析与解释是政策问题界定过程的主要环节,它包括如下几个方面的要素。

第一,问题表现分析,即找出问题所在,分析与解释现实状况与理想状况之间的差距。能否真正地找到这种差距,并准确地表达这种差距是解决问题的前提基础。

第二,问题实质分析,即通过一定的方法和标准对问题进行必要的归类,分析、解释其性质,找出其中的主要矛盾以及矛盾的主要方面。

第三,问题危害分析,即通过信息收集、整理、分析等过程分析与解释公共政策问题有什么危害,是否紧迫,影响范围和影响程度如何,等等。对这些问题的回答,有助于决策主体准确地认识其是否应该上升为公共政策问题,是否应该立即解决等。

第四,问题情境分析,即通过一定方法分析、讨论问题是稳定不变的,还是变化不定的,其结果是可预见的还是难以估测的,其解决方案是简单易寻的还是复杂难寻的,相关利益群体对其预期和价值偏好是一致的,还是有分歧的,或是冲突的,等等。对这些问题的回答有助于决策者更加准确地把握公共政策问题,在复杂的现象背后找出有助于解决问题的关键要素。

第五,问题原因分析。"头痛医头,脚痛医脚"的做法是草率的,往往不能解决问题。只有找出问题发生的内在原因,才能"对症下药",最终实现标本兼治。

第六,问题办法分析,即要回答解决该问题的办法是什么,什么样的解决办法是可以接受的,在解决该问题的办法上有哪些不同的意见等。这些问题的答案对以后政策备选方案的制定、评估等都有帮助。

需要强调指出的是,在问题分析与解释的过程中要注意以下几个方面。一是一定要客观,不能单凭分析者的主观臆断,要讲求真凭实据。二是要注重参与,让真正能够感受到问题的相关人群参与到政策过程中来,听听他们的意见,看看他们是如何认识该问题原因的,这些都有助于真实准确地分析与解释问题。三是要注重专家的作用,专家拥有较高的学识,往往可以帮助决策者发现问题的实质、问题产生的原因、问题的主要矛盾。通过德尔菲法、头脑风暴法、专家会议法等方式请专家们参与到公共政策问题的分析与解释当中来是有意义的。

(三)问题描述

问题描述就是在问题分析与解释的基础上,运用可操作性的语言(如数字、文字、符号、图表等表达方式)对问题进行明确、直观表述的过程。经过问题察觉、问题分析与解释之后,就需要对该问题进行客观如实的陈述,否则将没有办法对该问题做出准确的分析和判断,进而会影响政策问题的确认和政策议程的进行。在问题描述的过程中,要避免两个问题的出现:一是语言的运用要精练而不失全面,抽象而不失准确;二是要客观、准确,避免主观地人为夸大或缩小,尽可能地运用第一手资料。

在第一阶段,即问题察觉时,分析人员假如过早地停止察觉,就有可能为元问题选定出错误的边界。在元问题的某一些重大方面,如那些执行或将执行政策的人进行的问题陈述,极有可能被简单地留在元问题的限制之外。在第二个阶段,也就是在问题分析与解释阶段,分析人员在为问题形势形成观点之时,它所面临的主要风险来自应该选择正确的世界观时,却做了错误的选择。在最后一个阶段,即问题描述阶段,它所面临的主要风险来自当应该选择正确的实质问题的规范模型时,却选择了错误的模型。分析人员在以上任何一种情形下,都容易犯"第三类错误",因此问题的界定尤为重要。

问题构建的过程提出了一系列对政策分析和一般科学方法至关重要的问题。问题构建的每一阶段都要求使用不同的方法技巧,并意味着不同的理性标准。例如,发现元问题并界定实质问题最适当的方法分别是观察的方法和概念的方法。数理性和统计性课程(经济学、运筹学、系统分析)主要与对规范问题的说明有关。问题构建也向我们提出了有关理性的不同含义,因为理性并不只是一个简单地对问题情势做出完全正规的陈述的问题。而对理性的标准的技术性定义认为,理性就是对问题情势做出正规陈述,有人批评它对复杂过程的处理过于简单化。也许可以在更为基本的层面上对理性加以定义,在这些层面上,对世界观、意识形态或民间传说的无意识或随意的选择,非常有可能严重歪曲实质问题。在这种特别情况下,政策分析所扮演的只是一种伪装的意识形态。最后,对元问题的搜索是以提问与回答的过程为基础的,这个过程称为疑问理性。

第二节 公共政策议程

公共政策问题的界定还只是将社会公共问题描述清楚,这并不意味着社会公共问题必然会成为公共政策问题。从公共政策问题的界定到公共政策制定过程的正式启动,中间还有一个必经阶段,即把社会公共问题"上升"为公共政策问题,也就是必须将其列入政府的政策议程。

一、公共政策议程的含义

对于什么是公共政策议程,可谓是"仁者见仁,智者见智",具有代表性的观点有如下几种。

美国学者安德森认为,在人们向政府提出的成千上万个要求中,只有其中的一小部分得到了公共决策者的密切关注。那些被决策者选中或决策者感到必须对之采取行动的要求构成了政策议程。

我国学者张金马认为,所谓政策议程就是将政策问题纳入政治或政策机构的行动计划的过程,它提供了一条政策问题进入政策过程的渠道和一些需要给予考虑的事项。张国庆指出,所谓政策议程是将政策问题提上公共部门的议事议程,公共部门正式决定进行讨论和研究,并准备如何制定有效政策加以解决的过程。广义的公共部门包括立法、行政、司法和其他有关的政策部门。将一个政策问题提上政府部门的议事日程,是解决该问题的关键一步,只有把政策问题纳入政策议程,才能研究、分析并为之制定公共政策加以解决。周树志认为,政策议程是指社会公共问题引起公众和政府关注,被列入政府的政策议事日程之上而成为政策策划项目的过程。

综上所述,虽然各位学者的表述不尽相同,但是政策议程的实质内容基本上一致,即政策议程是社会中存在的公共问题被政府所认定,并提上处理的日程,着手开始制定处理方案的过程。换一种方式来说,就是社会上的公共问题被"提升"为公共政策问题,与此同时,开始思考寻找处理方案的过程。

二、公共政策议程的类型

一般的学界观点认为,公共政策议程包括系统议程(也称公众议程)和政府议程两个相互关联的议程阶段。系统议程是指社会上的某个公共问题已引起社会大众和利益集团的广泛关注和普遍讨论，并开始向政府施压、提出诉求，要求政府采取措施、制定政策加以解决的议程阶段。系统议程往往是由一些片段的、零散的、非系统和不成形的讨论所组成。在这一过程中，非正式群体的情绪和大众传播媒介起着十分重要的作用。当然，能否成为系统议程，还取决于社会问题自身的社会影响、危害性、普遍性、紧迫性等。一般情况下，关注某一议题的公众人数越多，要求解决的呼声越大，问题的危害性、紧迫性越大，就越能进入系统议程，换句话说，在系统议程当中讨论的社会公共问题很多，但并不是说所有经由系统议程的问题都能进入政府议程，由于种种原因，很多社会公共问题并不能得到政府的认定，因此，也就无法进入政府议程。这意味着，仅经过系统议程讨论的社会公共问题仅仅是"社会"公共问题，还不能算是真正意义上的公共政策问题。当然，在实践中也有很多社会公共问题并不经过系统议程，而是直接进入政府议程，也就是说系统议程并不是政府议程的必经阶段。

（一）系统议程

在系统议程当中，存在不同的利益表达主体和表达方式，一般可以分为两种。第一种是个体形式的利益表达。社会个体代表本人、家庭的利益或者代表某一社会团体向某个政府领导人或政治系统提出政策诉求。当然，也有可能是为了国家公共利益而向政府系统提出政策建议。个体表达的方式一般包括发表言论、主动接触相关领导人等。第二种形式是以利益集团的方式表达利益，通常是具有某种共同利益需求的个人、群体、组织联合起来提出政策动议，方式有集会、游行示威、联合上访、发表言论等。

（二）政府议程

政府议程是指政治系统对某些社会公共问题深切关注，并从社会秩序、公共利益等出发，将社会公共问题列入政府的议事议程的过程。列入政府议程的社会公共问题可能是经由系统议程提出来的，也可能是政府基于自身的立场、需要提出并列入议事日程的。

美国学者托马斯·A·伯克兰德对政策议程做了更为详尽的分解，他把政策议程分为四个层次，即一般议程、系统议程、制度议程和决策议程。议程的最低一个层次是一般议程，包括在一个社会或政治系统中的可能提出并进行讨论的全部思想。在这些大量的思想当中只有或多或少的部分被政治系统接受，进入议程的第二层次即系统议程，包括那些被政治系统的成员认为引起公众的关注并属于现任政府合法权限范围内的问题。如果问题从系统议程中提出来，并得到权威决策者积极和认真的考虑，就进入了第三层次，即制度议程，时间等各种资源的有限性意味着在任何制度或社会当中只有数量有限的问题能进入制度议程。在进入制度议程的问题之中，极少的问题将会得到政府的解决，也即把这些问题提上决策议程，这是议程的最后一个层次，也是最高层次。

（三）两种议程的区别

政府议程和系统议程是政策议程中两个处于不同阶段的议程，这两者之间存在着本质性的区别。政府议程相比较于系统议程要来得具体一些，它是对政策方面的问题进行陈述和认定的最后一个阶段。这个问题经过描述之后,被决策系统接受,决策系统利用具体方案加以解决之时,系统议程就转入政府议程。

系统议程一般由一些较为抽象的项目组合而成,其范围和概念都较为模糊,它仅是发现了问题并提出问题,可以不提出政策方案或解决办法,因此表现出来的是众说纷纭的特征。

政策问题提出的过程往往是这样的:某一领域的社会问题首先进入公众议程之中,接着被公众关注和讨论;由这个问题自身的严重性、迫切性和重要性等,引起政府决策者的重视,再经过公众议程来到政府议程之中,最后才成为一个政策问题。当然,也并非社会上所有的问题都能这样。社会上虽说很多问题在公众议程之中,也让普通的公众引起了普遍的讨论和关注,但决策系统并不一定把它列入政府议程。产生这些结果的原因多种多样:有问题本身的性质、问题本身的影响以及问题的规模没有达到要去解决的程度,又或是问题表达途径不符合组织的工作程序。同时,还存在这样的一种情况:一些问题不经过系统议程,直接进入政府议程之中。产生这种情况的原因是高层决策者和专家学者可能会根据自身对社会发展变化的分析,发现某些普通公众并没有关注到的政策问题,这些专家学者凭借自身的影响力,将这些出现的问题直接送到政府议程之中。

三、公共政策议程的分类

此处主要介绍两种有代表性的分类方法。

(一)赖瑞·N·格斯顿的分法

赖瑞·N·格斯顿将政策议程分为实质性议程和象征性议程。

实质性议程的意思是指有着重大影响和有着深远意义的公共政策问题方面的议程。这些公共政策问题往往会引起社会大众和公共政策制定者的高度重视和强烈争论。而实质性议程的产生来自三个方面的原因:第一方面是大量的公共资源的分配极其危险;第二方面是大众和公共政策制定者广泛注意到问题本身;第三方面是问题藏着巨大的变化。大部分时候,实质性的公共政策问题通常出现在一些重要的社会领域和经济领域,如恐怖事件、种族团结移民、暴力犯罪、吸毒贩毒、环境污染等。

象征性议程则是指会引起社会上的大众和公共决策者在政治上较为关注的政策议程。尽管公共政策问题只是象征性的,但这些问题多出现在价值观领域,并没有涉及资源分配方面,如虐待儿童、焚烧国旗等诸多方面。尽管它们只具有象征性,但是由于它们涉及民族情感、民族精神和社会价值观念等方面,所以它们也具有至关重要的作用。通常情况下,实质性问题会进入实质性议程之中,但也有一些情况下,因为条件所限或相关方面的压力过大而只能将实质性问题象征性地处理。

(二)科布的分类

最初,科布和埃尔德仅将政策议程区分为系统议程和政府议程,认为议程的启动就是社会大众的参与和政治精英决策之间的联系,即社会公共问题经由系统议程而后进入政府议程,从而变成公共政策问题而被提上日程。从后来的实践中看,这种分法并不符合现实,很多问题并不经过系统议程。因此,科布后来对上述观点进行了一些修正。他根据政府在议程建立中所起的不同作用,或者说根据公共政策问题诉求的主体而将政策议程划分为外在创造型、政治动员型和内在创造型三类。

第一,外在创造型。外在创造型政治议程是指政策诉求由政治系统之外的个体或有关利益团体提出,并通过一定的方式进入政府议程。这与科布和埃尔德最初提出来的议程分类相似。这一种类型的政策议程会经历如下阶段:身处政治系统之外的创造者表达或提出一项政策需求→散布该需求,并影响其他利益群体,使问题进入系统议程→向政治系统输入要求,向公共决策者施加压力→问题进入政府议程。该模型通常在民主和平等的社会中比较常见。通过该模型创建的政策议程只是让政策问题列入政府的议事日程,并不意味着政府会不折不扣地按创始者的意愿做最后的决定。通常情况是,通过该模型创建的政策议程,最终不是受到彻底否决,就是被修改得面目全非。

第二,政治动员型。政治动员型政治议程是指公共权威或政治领袖主动提出政策意向,并通过动员社会公众和相关精英而使该问题进入政策议程。这是因为公共权威和公共决策者需要得到社会公众和精英阶层的理解和支持,为了制定、执行某些政策,首先必须进行社会动员。政治动员型政治议程以政府议程为基点,以系统议程为对象,其目标在于政策方案的顺利执行。该模型通常出现在不太民主的社会中,在这样的社会中,政府及其核心决策者具有超强的权威,在建立政策议程的过程中,权力精英的"内输入"现象相对明显。

第三,内在创造型。内在创造型政策议程的政策诉求由政治系统内部的工作人员或部门发出,他们设法直接把问题列入政策议程,而在其间,社会公众的参与和影响并不被重视,甚至被忽略。这种政策议程的启动主要由政府或政党内部的力量起主导作用。政府体制内的一些工作人员以及政府体制内一些部门为了处理内部事务提出政策问题,通常问题扩散的对象只是单一地限制于体制内部的相关部门和个人,在这样的模型下,政府体制内部的团体或接近决策者的团体才可以提出政策问题;这样的问题确实离系统议程非常远,普通大众没有参与的希望和可能;这样的问题最多会扩散到一些认同性的组织,从而争取到更多一些的力量和支持,他们向决策者施加足够大的压力,推进决策者将这样一些问题加入正式议程。这种模型在财富和权力较为集中的社会比较流行。

这里要指出说明的是,公众议程与政府议程之间相互作用和影响,从而建立政策议程,它的发展是不同的政治力量不间断的分化与重组,涉及"体制内",同时又涉及"体制外",现实的情况具体到一个社会或者国家来说,并不是单一采用一种模型来构建它的政策议程,而是会同时采用多种多样的模型。高度的复杂性是政策议程建立的主要特征,在多数国家之中都有体现。

四、公共政策议程确立的条件

社会当中存在的问题很多,不同的人会感知到不同的社会公共问题。但是,为什么有些社会公共问题能进入政策议程而"上升"为公共政策问题,而有些却不能呢?这便需要讨论政策议程确立的条件。

约翰·金登从信息流的角度对政策议程确立的条件进行了较为详尽的论述。约翰·金登所谓的信息流主要包括问题流、政策流和政治流,如图 6-2 所示。

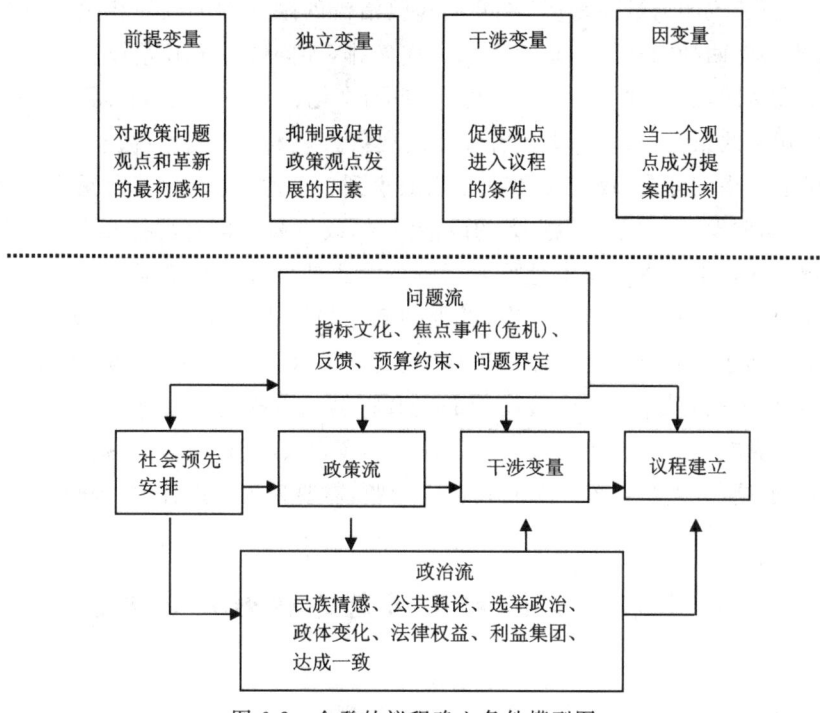

图 6-2 金登的议程确立条件模型图

问题流包括的主要方面:一个问题是怎样被察觉的,一些客观条件是怎样被认定成问题的,这些问题又是如何被界定的,等等。当然,反映问题的客观现象表现为系统指标的变化(如失业率增加、老龄人口比重加大)、焦点事件(如一些自然灾害、公共危机)。在约翰·金登看来,决策者并不是通过某种政治压力或对人的认识的重视而关注到问题,问题通常经过以下三种情况引起人们的广泛关注:一是社会问题存在与否以及它的重要程度,它可以用一系列指标来反映(如物价水平、免疫率、公路死亡人数、发病率等);二是决策者对重大事件或危机事件问题的关注;三是从正在进行的项目中获取到的反馈信息,可以推动对问题的关注。

政策流主要与处理问题的可行性、公众对问题处理方案的接受程度等方面有关。政策流最主要的内容是有关解决问题的各种计划、建议。这些计划和建议通常以规范性文件、交流会等形式出现。它们之间相互影响、相互接触又相互妥协,最后广泛传播。这些计划与建议也会受下列因素的影响:它们的可行性,它们与主流价值观的相符程度,它们的预算可行性以及政策制定者在提出这些方案时可能会遇到的反对与支持等。政策流的重要方面在于针对政策问题而提出的各种建议,各种各样的政策建议、解决办法相互结合,广泛传播。这些建议之所以能够存在需要满足很多项条件,如政策制定者提出这些建议可能遇到的支持或反对以及它们的预算可行性等。

政治流主要是指"政治"对于出现的问题及解决这个问题策略的影响,它包括三个因素:大众的情绪、行政机构、压力集团间的竞争或立法机构的换届等。如果隐性的议程项目能够在当前的大众舆论那里获得合法性,并且还符合公共权威和国家政府机构的取向,那么,该议程项目就更容易被提上政府的议事议程。

当然,这并不能说明通过问题流、政策流和政治流的融合就可以使相关问题进入政策议程,还必须考虑另外两种因素。一是社会的预先安排,即问题进入政策议程是在一定的社会环境的背景下发生的,这些背景因素有价值观、政治文化、信仰、宪政结构等。二是干预变量。干预变量主要包括政策窗口、政策促进者和溢出现象。政策窗口是指提出社会公共问题及其解决办法的机会。当问题流、政策流和政治流汇集到一起时,便意味着政策窗口被打开。另外,令人注目的问题发生,或者产生强大的政治流时,政策窗口也将被打开。政策促进者指对社会公共问题进入政策议程具有十分重要影响的个人或集体。政策促进者愿意且能够利用自身的资源提出公共问题及其解决方案,并促使政治权威人物关注这一问题。一般而言,政策议程可以受到问题流或政治流的影响而启动。但是,如果问题流、政策流和政治流通过政策促进者而结合,那么,问题进入政策议程的机会将会显著提高。溢出现象主要是指某一领域的议题有时会影响到另一问题进入政策议程的事实,它也会影响到问题进入政策议程。比如,解决前一个问题,就意味着后一个问题也是问题,需要列入政策日程,否则便是不公平的。

第三节 公共政策问题与议程的关系

政策议程的建立既是现代政府公共政策过程的逻辑起点,又是政府决策的重要环节。不进入政策议程,社会问题就没有通过公共政策加以解决的可能性。在近年来公共政策的研究中,政策问题的构建和政策议程的建立日益受到学术界的重视,学者们从不同角度提出了各种模型,来研究政策议程建立的过程。一般说来,社会问题可以通过多种途径进入公众议程和政府议程,转化为政策问题。在此过程中,政治权威、危机事件、抗议活动和大众媒体等因素发挥着重要的影响作用。

一、社会问题进入政策议程的途径

以查尔斯·琼斯与马瑟斯为代表的一些学者,从政府与私人两个方面,把社会问题进入政策议程的方式分为:私人主动、政府有限介入;政府主动、私人有限介入;两者都主动;两者都不主动。还有一些学者,如科布和埃尔德,把促进社会问题纳入政策议程的行为主体总结为四类:再调适者(因觉得当前政策中利益分配不公而向政府提出要求的个人或组织);环境反应者;行善者(单纯出于提升社会福利的考虑而积极探索政策问题的个人);开拓者(为了自身的利益,积极地挖掘政策议题的人)。一般而言,社会问题是通过下列方式被纳入政策议程的。

(一)社会中部分团体或个体主动,政府有限介入

不少团体会从各自的利益出发,谋求在社会中获得所期望的平衡位置。在一个群体中,一旦其自身的均衡(及其内部成员间的均衡)受到了极大的损害,便会产生各种不同的行为。在不造成严重损害的情况下,各集团的领袖会设法重新建立之前的均衡。这样做会让一些组

织马上向政府寻求帮助。当这种干扰足够大,以至于打破了均衡时,就会产生其他的行动。当这种群体的权益遭到侵害或被剥夺时,他们将不遗余力地寻求政府的帮助。尽管此类群体或个体在向政府提出确认和重视某个社会问题时并没有形成完全一致的意见,但是,他们的诉求始终会与跟他们有分歧的群体产生激烈的利益冲突。例如,在美国,一些组织呼吁解决汽车安全标准问题,而汽车制造商则表示反对,双方的矛盾和冲突无可避免。面对如此重大的社会问题,政府迫于巨大的压力而采取了措施。在现实生活中,各种利益冲突、价值和需求之间的矛盾,因其表现程度和范围的不同而影响政策问题的确定。这一结果将影响到政府在多大程度上关注这一问题,也将影响政府采取何种行动。为什么政府在社会团体和个人所重视的公共问题上,只有有限地介入?造成这种情况的原因大体上有四点。

(1)政府基本上没有意识到这一问题。虽然现代政府所承担的职能越来越多,管辖范围越来越广,政府也试图通过各种现代科技手段及时了解社会上的各种信息,但是由于时间和资金的限制,无法对当前的社会问题提出积极的看法。

(2)政府意识到了这个问题,但是却无权处置。政府的能力是有限度的,不是无所不能的。尤其对于地方政府而言,虽然个人或团体所提的政策议题非常重要,但由于上下、左右各种关系的限制,有时很难及时解决那些被视为应当解决的议题。

(3)政府明知存在问题,有处理的权力,却无力处理。政府想要插手任何社会问题,都是要消耗资源的。更重要的是,这些问题一旦想得到彻底解决,将会消耗更多的公共资源。有没有足够的资源进行支撑,是政府必须要考虑的问题。

(4)政府意识到了这个问题,并且拥有解决这个问题的权力和能力,但是它并没有立刻被提上议事日程,政府会按照自己的优先次序来解决问题。

(二)政府主动介入发现和解决问题,社会团体或个人只是有限介入

政府是公共权力的主要载体,也是公共管理的核心主体,与其他社会组织相比,它有着更多的机会去了解社会各个方面的动态,也更有可能站在社会整体利益的角度去解决社会矛盾。一个人的干预能力,永远都是有限的,甚至可以说是微不足道。在以下情况下,政府会主动发现和解决问题。

(1)像环境保护这样涉及全局的事情,政府会站在更高的层面上去处理。对于一些社会团体和个人而言,他们更多关注的是眼前和局部的利益。

(2)社会中有一些群体或个人,因为缺乏资源,无法向政府求助,但实际上却非常需要政府的主动注意,政府决策者可能会主动去发现这些问题。

(3)当社会利益发生冲突时,总会有一些群体或个人以其对大量资源的掌控力而占据主导地位,他们或者歪曲事实,或者故意制造混乱。为了维护社会公平,政府应当积极介入,对冲突受害者进行保护。

(4)政府将根据其自身的利益需要,积极寻找问题所在。在政府成为问题的主要确认者之后,对存在哪些问题的确认会经常发生改变。不同的决策者可能会对一些问题有不同的看法。但是,无论哪一种情况,政府的这种行为都将在权力的争夺和交换中表现得更为突出。

(三)政府及社会团体与个人都主动

把社会问题变为政策问题,大多数情况下是政府与私人活动共同作用的结果,这种作用大致有三种形式。

(1)政府所要处理的社会问题与公众所要求处理的公共问题完全相符或大致相符。这时就能比较快地构建政策问题,顺利地把社会问题提上议事日程。

(2)政府希望解决的问题与公众要求解决的问题完全相反或基本相反。双方的主动行为成了尖锐的冲突行为。由于双方在对事件和环境的认识上存在着差异,这种差异又会衍生出各种相关问题,从而使矛盾和冲突进一步加深。

(3)在多数案例中,政府所要处理的问题和公众所需处理的问题,两者之间存在着共同点和不同点。不同的认识也会产生一定的冲突。然而,这一冲突不同于第二种形式,它是通过协调逐步实现认知一致性的,而随着政治参与者数量的增加,政策议题建构过程中对问题理解与界定的多元化将逐渐成为一个重要特点。

(四)政府与个人、团体都不主动介入

这种类型在理论上看起来确实存在,但是实际上却很少。这可能是因为受到事件影响的人们找不到途径,也可能是因为缺少能够向政府提出要求的组织,或者仅仅是因为与其他公共问题相比,缺乏能引起政府关注的竞争力,还可能是,无论是私人组织还是决策者,都试图避免承认这类问题。

二、影响社会问题进入政策议程的因素

特定的社会问题能否顺利进入政策议程,被政府决策者加以关注和解决,与下列因素有着直接或间接的关系。

(一)公民个人的因素

在一定程度上说,许多具有公义性的问题起因于私义性问题。举个例子来说,如果有人对现行汽车管理法规给自己增加了太多的负担不满,他可能忍气吞声,或者偶尔向朋友和家人抱怨几句。在这一点上,不管是对他自己,还是对别人,这都是一种私事。但他也有其他办法,如向公众和媒体公开他的想法,或召集志同道合的人,发动一场向相关政府部门抗议的群众运动,或以适当的方式展开对话,提出政策建议。以上所说的行为,很可能会引起不同意见,并形成一种讨论性的局面。此外,还应着重指出,在政策议程进程中,非正式关系发挥的作用。非正式关系是一种超越法律规定与工作程序的人际关系,如同乡、亲戚、同学、朋友等。通过这种联系,公民个体提出的问题就有可能进入政策制定者的议事日程。

(二)利益集团的作用

利益团体指的是以某种共同价值、共同利益、共同态度或者共同职业等为基础而形成的正式或非正式的社会组织。利益集团的基本责任是维护和促进其成员的共同利益。在社会

和政治生活中,当已有的社会利益结构发生改变的时候,利益集团为了维护自己的利益,会单独或与其他集团联合起来,向政府提出各种问题和要求。多元主义理论认为,现代政府制定公共政策的过程,实质上就是多个利益集团,对他们的利益进行聚合和表达,经过竞争、博弈和谈判,最后达到妥协和均衡的过程。利益集团在议题建构与政策制定过程中扮演了重要角色,他们通过游说、宣传、选举、抗议等方式,迫使政府将他们所提议题提上议事日程,采纳对他们有利的政策建议,或用各种方式阻挠那些可能损害他们利益的政策,从而最大程度地维护他们的利益。

(三)政治领袖的作用

迄今为止,无论哪个国家或地区,政治领袖对制定政策议程都有着举足轻重的作用。不管是出于公共价值观念、政治使命感、个人需求、集体利益,他们都会密切注意社会上所发生的各种问题,并就具体问题提出解决办法,尽可能地向公众通报,从而引发人们的反应。应该指出,政治领袖对于社会问题的关注与认同,常常受到许多个人因素的影响,如个人特质、成长经历、教育程度等。在政策议题的建构和政策议程的制定过程中,这些个体因素常常与公共议题相结合,并以国家和公众的名义表现出来。

(四)政府体制的作用

一国政府制度,尤其是它的民主化程度与开放化程度,从制度层面上规范了信息交流渠道与利益表达方式,也影响着社会问题进入政策议程的过程。如果政府采用民主选举产生,执政理念符合民主趋势,组织程序符合民主要求,政务信息公开,让人民参与决策过程,倾听人民意见,接受人民监督,那么许多社会问题就可以正常、平稳地被提上议事日程了。与此形成鲜明对比的是,一个独裁、封闭的政府会阻止许多社会问题进入政策议程。

(五)大众媒体的作用

在西方,大众媒体被视为"第四权力"。信息化社会中,大众媒体以其覆盖率高、信息量大、影响范围广、冲击力强的特点,对社会问题向政策议程的转化起到了重要的作用。大众媒体对政策议程的影响体现为,一方面,它反映了民众的偏好、利益与需求,将少数人发现的问题广为传播,从而形成强大的舆论压力,促使政府决策体系对具体的政策议题予以关注与接受;另一方面,大众媒体利用政府的观点及自身的观点来影响并改变公众的意愿及要求,从而对社会中的公共问题进行重塑。这一双向互动的过程,使大众媒体越来越成为政策议题的重要提出者。

(六)专家学者的作用

在科研机构、高等院校中工作的专家学者,凭借他们的专业和技术特长,不仅可以及时地捕捉到社会运行中存在的现实问题,可以对社会发展中可能存在的问题进行科学的预测,还可以利用他们独特的地位和重要的影响力,对问题进行分析,为社会问题进入政策议程创造条件。应该指出,专家学者对于社会问题的觉察和对于制定政策议程的影响远小于政治领袖所起的作用。专家学者所提出的社会议题,只有在获得了政治当局的认同与支持后,才有可能被提上议事日程。

(七)问题自身的作用

社会问题自身的特征对政策议程的建立具有非常重要的影响。美国学者科布和埃尔德指出,一个问题被定义得越模糊,就越有可能被更广泛的公众所接受(特殊程度);一个问题的社会意义越大,它越有可能影响到更广泛的公众(社会重要度);人们认为某一问题在长期内具有较强相关性,则该问题更有可能影响到广大公众(关联期长短);一个问题被认为越不具有技术性,这个问题到达更广泛的公众的可能性就越大(问题复杂程度);人们越是觉得一个问题缺乏清晰的先例,它就越有可能影响到广大公众(先例的明确度)。

三、社会问题进入政策议程的触发机制

美国学者拉雷·N·格斯顿将社会问题转变为政策问题的触发机制分为国内因素和国际因素两方面。国内因素包括自然灾害、经济灾害、技术突破、环境变化和社会演进等;国际因素包括战争、间接冲突、经济对抗、军备升级等。

美国学者安德森总结了他人的研究成果,提出了推动社会问题加速进入政策议程的四种触发机制。

(一)政治领袖

政治领袖在政策制定过程中可能起到很大作用。无论政治领袖是出于某种政治优先权,还是出于公共利益的考虑,抑或两者皆有,他们总是密切关注公共领域中的某些具体问题,将其公布于众,并提出解决方案。在美国,总统是政策议程的主要决策者。国会里还有一些议员,他们对社会事务充满热情,想要推动社会变革并得到改革人士的赞誉。

(二)危机事件

某些危机或紧急事件,如矿难、天灾等,会将一些公共问题提上议事日程。虽然社会上存在着许多问题,人们已经意识到并广泛关注和讨论,但是这并不意味着必须采取行动。但是,当一个突发事件发生后,所有和这个事件有关的事情都被联系在一起时,决策者很快就会意识到这个问题的严重性。

(三)抗议活动

包括暴力在内的抗议活动也会让政策制定者注意到某些公共问题,把它提上议事日程。20世纪60年代在美国不少城市中,黑人社区在几乎没有其他手段获得社会关注的情况下,不少地方出现了大规模抗议和骚乱,这促使人权问题被提上了政府议事日程。

(四)媒体曝光

某些公共问题引起了大众媒体的关注后藉由大众媒体进行报道及宣传,可将相关议题提

上议事日程,而且,已经被提上议程的问题会得到更多的重视。不管媒体的目的是什么,它们都是通过对社会热点事件的报道来帮助政府制定决策的。

四、社会问题进入政策议程的障碍

正如前面提到的,不是每一个社会问题都会进入政府的政策议程。对于某些社会问题,政策制定者也许不认为需要制定相应的政策来处理。这里需要提到"无决策"这一理念。按照巴克拉克、巴拉兹等的观点,"无决策"是主张在改变社会现行利益和特权分配的需求尚未提出以前就对其加以抑制,或在这种需求尚未到达政策制定领域以前,就加以阻止的一种方法。

阻碍社会问题进入政策议程的因素有如下几种。

(一)政治原则的偏离

每一个国家都有自己的基本政治原则,政府有责任坚持这些原则。因此,一旦政策诉求与这些原则相背离,政府便会想方设法地将它从决策体系中排除出去。美国政治学家沙特施奈德指出,在政治上关键性的问题,是如何处理冲突。政权为了长久存在,必须要处理一些问题。一切的政治、领导、组织皆涉及冲突的处理。所有的冲突都是对政治宇宙的空间加以分配。冲突的结果是如此的重要,以至于任何一个政权,为了求生存,就必须设法塑造政治系统。鉴于此,政治领袖或政治组织为了稳定起见,对可能会威胁稳定的问题,必然会设法使其无法进入政策议程。

(二)价值体系的排斥

在每一个社会中,都存在着一种主流的价值观与信念,这种价值观与信念是人们思维的基础,也是人们行动的标准。任何与社会主流价值观背道而驰的社会问题或政治建议,都难以被提上议事日程。举例来说,美国人相信私人产权,相信资本主义,这就会阻止其把铁路国有列入政策议程。

(三)政府体系的封闭

如果政府体系保守,决策过程封闭,政务信息闭塞,民选代表不能代表选民的利益,那么民众和政府之间的交流将会受到阻碍,民众的利益倾向和政策意图将难以被决策者了解,普通民众不但得不到应有的交流,而且也不可能以议题的方式参与到公共政策的制定中来。在这种情况下,公众觉察的社会问题很难进入政府议程。

(四)承受能力的不足

任何一种政策问题的提出,如果超出了决策者的承受能力,就会受到他们的排斥或回避。虽然这类议题有时是有益于社会的,符合民心所向、时势所趋,但却往往很难被提上议事日程。

(五)表达方式的失当

有些问题本可以通过法定的正常渠道提出,却偏偏要选择非正常渠道;明明可以在正式场合上讲,却偏偏要进行地下活动;明明可以采用平和方式提出,却偏偏要采取过激的形式;明明可以言简意赅、通俗易懂地讲明,却偏偏要使用长篇累牍、晦涩冗长的分析报告……上述种种表达方式的失当,很多时候使本该列入政策议程的问题没有被列入。

第七章 公共政策建议与合法化

公共政策建议与合法化是政策过程的必经阶段,在整个政策过程中居于重要的地位,同时也是政策执行的前提和基础,对政策过程的具体运行也具有重要意义。从现代决策角度而言,政策合法化还是决策民主化、科学化和法治化的具体运用和体现。作为公共政策不可或缺的一项基本属性,合法性是公共政策具有实施效力的关键和保证。据此,本章主要围绕公共政策规划概述、公共政策规划的程序等内容进行探讨。

第一节 公共政策规划概述

政策规划是为解决某个政策问题而对政策方案进行设计、比较、选优,进而制定政策的活动。同时,政策方案的规划与设计是政策合法性实现的过程之一,因此本节需要在了解政策目标的基础上,围绕公共政策规划的含义、主体和原则,深入探讨公共政策规划中的一些重要问题。

一、公共政策规划的含义

政策规划,也称政策构建,可从狭义和广义两个角度对其进行界定。狭义上,政策规划是公共权力机关组织在有关政策议程的支撑上,为实现政策目标从而采取行动的过程。广义上,政策规划是使公共政策问题得以解决的方针。问题界定、目标确定、政策抉择等不是政策规划中需要关注的。

政策规划的主体具有多元性。政府在此过程中充分发挥其主导作用,担任规划的发起者、组织者和资源提供者。政策规划是政策目标的确定与政策抉择的中间一环,但这不是绝对的,在政府决策过程中可能也涉及政策规划,此时仅包含对政策目标实施方案的模拟制定。

二、公共政策规划的主体

在实践中,除一个国家政治体制规定的实际负责规划的单位或个人外,公共政策规划一般会受到他人和团体的影响。一般而言,参与政策规划过程的单位,包括个人或团体,可粗略地划分为立法机关、行政机关、政党、利益团体、公民、政策研究组织等。

(一)立法机关

立法机关在西方指国会、议会、代表会议之类的国家权力机关,在我国是指全国及地方各级人民代表大会及常务委员会。立法机关是政策主体最重要的构成因素之一,它的主要任务是立法,即履行制定法律和政策这一政治系统中的主要职责。在西方尤其是美国,立法机关通常能够在独立决策的意义上行使立法权。例如,在国会中,常务委员会对提交的法案常常拥有生杀大权,它们甚至可以不顾所在议会的大多数成员反对而行事。

在我国,人民代表大会是权力机关和立法机关,它是我国的政策制定及立法的主要机关,也是政策执行和监控的制约机构。就法律地位来说,人民代表大会的地位是至高无上的,它决定着我国社会发展的方向。宪法规定,中华人民共和国的一切权力属于人民,人民行使国家权力的机关是全国人民代表大会和地方各级人民代表大会。人民代表大会制定的政策有两个基本特征:一是权威性;二是强制性。

(二)行政机关

行政机关为公共政策的主要规划者。行政机关的专业人员具备相当的实践经验,具有处理复杂专精问题的能力,他们担负着制定政策的主要工作。

行政机构在公共政策制定过程中的作用巨大,这不仅在于行政机构是政策执行的主导机构,而且在于它越来越频繁地参与政策制定的事务。在当代,随着行政权力扩张,出现了"行政国家"或者"以行政为中心"的时代,行政机关在公共政策制定过程中的地位和作用变得更加突出了。在西方特别是美国,无论是政策的制定还是政策的执行,政府的效能从根本上说取决于行政领导,尤其是总统。特别是在决策权难以分散的国防和外交领域。美国的外交政策主要是总统领导和行动的产物。当然,国会并非一定会采纳总统提出的任何政策建议。

在我国,政府作为管理机关,是政策主体的一个重要因素。宪法规定,中华人民共和国国务院即中央人民政府,是最高权力机关的执行机关,而地方各级人民政府是地方各级权力机关的执行机关。国务院享有行政立法权、提案权、监督权、人事权,以及全国人大及其常务委员会所授予的其他方面的职权。它统一领导全国行政机关的工作,统一领导全国的内政、外交事务,主要内容有:编制并执行国民经济和社会发展计划以及国家预算,领导和管理教育、科学、文化、卫生、体育和计划生育工作,管理国防与外交事务等。县级以上的地方各级人民政府享有执行权、制定权、管理权和监督权,以及中央政府给予地方的其他权限,全面领导本行政区域内的经济文化建设和各项行政事务。政府机关不仅是政策执行的机构,而且它有权根据基本国策制定出具体的政策法规。政府部门制定的政策具有如下两个特征:一是具体性;二是补充性。

(三)政党

现代国家的政治统治大都通过政党政治的途径来实现。在现代社会中,政党常常履行着某种"利益聚合"的功能,即政党努力将利益集团特定的要求变为一般的可供选择的政策方案。所以,公共政策在很大程度上可以视为执政党的政策。

在西方两党制或多党制条件下,政党首先与权力而不是与政策相联系。也就是说,政党的主张转变为国家或政府的公共政策是靠选举来实现的,只有在大选中获胜、取得政权的政党才能成为直接的政策制定者,把它的纲领、主张转变为公共政策。在实行两党制的国家(如美国和英国),政党为获取更多选民的支持,会在它们"一揽子"的政策意见中更多体现选民的利益和要求,并尽量避免与势力强大的社会阶层或利益团体的利益与要求相左。在多党制国家(如法国),政党所履行的利益聚合的功能相对小一些,在政策制定的过程中,政党更多的是充当各种特定利益的经纪人而非倡导者的角色。

(四)利益集团

利益集团是由具有共同立场、观点和利益的个人组成的社会组织,以保障或增进其成员的利益为最高目标。在一个国家或社会里,会出现各种利益团体,这些利益团体是非官方政策主体重要的构成要素之一。它在公共决策过程中起着重要作用。

利益集团的存在及活动是西方民主社会的一个基本前提,它促进社会的多元化,决策的民主化和合理化。利益集团参与公共决策过程在某种程度上有利于决策更加合理。特别是在那些利益集团的利益与社会公共利益不矛盾的场合更是如此。因此,利益集团的参与也使得政府的决策易受操纵,容易使政策走样,利于特殊利益集团的利益,而损害公共利益。

利益集团对公共决策的影响力取决于若干因素,如集团成员数量、财力和其他资源、官方人士对利益集团的态度,以及利益集团在政治系统决策中所处的位置等。由于各国的社会、政治、经济和文化等方面的具体情况不同,利益集团的数量、成熟程度、合法化、组成方式对政府决策的影响是有区别的。在西方发达市场经济国家,利益集团成为最主要的社会组织之一,利益集团之间的争斗成为政治过程的一个主要内容。美国社会多元化的性质导致利益集团数量众多,其利益、规模、结构和活动方式多样化。在我国,随着市场经济体制的建立和完善以及利益多元化格局的出现,各种利益集团进一步形成或发展,成为一种重要的社会力量,并对政府的公共决策产生重要影响。如何充分发挥利益集团的积极作用,是我国在公共决策中应该考虑的。

(五)公民

公民或选民是政策主体一个重要的组成部分,或者说是一种最广泛的非官方政策主体。公民不仅是政策主体的构成因素,也是政策发生作用的对象。一般而言,在现代民主国家,公民决定或影响政府公共政策的主要途径有:间接或代议的方式、威胁的方式等。

公共选择理论家们从经济人假设出发认为,政治领域中的选民和经济领域中的消费者的动机是一样的,即出于利己主义的最大化原则,他们在政治领域中的投票行为取决于投票获得的收益和投票所支出的费用之比。选民所期待的收益取决于他们对自己所希望的政策得到实施的期望值,即只有自己所支持的候选人当选时才能使其所希望的政策得到实施。但同时,选民知道自己投票的影响力微乎其微,因此,他们参加投票的动机或者出于扩大支持率或缩小投票差额,或者出于尽义务或满足感。

在西方,公民的政治参与及对公共政策的影响是有限的,许多人在选举中弃权,不参加政党活动,不参加压力团体,甚至对政治不感兴趣。

(六)政策研究组织

政策研究组织又叫思想库、脑库,是由各种专家、学者组成的跨学科综合性政策研究和政策咨询组织,主要进行综合性政策理论研究、政策设计、政策分析、政策评估等,帮助政府部门和机构进行决策,提高公共政策质量。

思想库作为西方资本主义政治制度的一个重要组成部分,在政治运行中起着十分重要的作用。具体来说,包括:第一,提供政策建议;第二,提供学术思想;第三,提供政策结果信息;第四,向政府输送官员和专家;第五,起宣传作用。

中国目前著名的思想库包括国务院发展研究中心、中国社会科学院、中国科学院等,可以看出国内大多数顶尖思想库都是由政府或者高校支持建设而成的官方思想库,一方面,它们为政策构建、分析、评估等诸多环节做出了不可小觑的重要贡献,但另一方面缺乏竞争的属性也决定了它们存在着体制机制僵化、运行效率低、一些研究成果与社会实际需求脱节等问题。而民间思想库虽然近些年有所发展,但仍然在建言献策方面存在不足,大多数为原来的咨询公司、调查公司、信息公司,由于赶政策红利而转变成为思想库,缺乏实质性的业务转型。

三、公共政策规划的原则

遵循政策规划的原则能使规划工作更加顺利的开展,能更有效地解决政策问题。原则贯穿政策规划过程,有利于对其进行全面指导,政策规划的类型多种多样,但都应遵循以下五点共同原则。

1. 合目的性

合目的性是政策方案设计过程的首要原则,也是检验其规划结论的重要标准,要明确规定政策方案和政策目标之间的响应关系。明确这一点,有利于实现同一目标所需的与其他备选方案间关系的比较。公共政策所要实现的目标主要包括以下几点。①社会的公平与正义,确保资源和机会的公平分配,以便各个社会群体都能享受到公共政策优化带来的社会发展成果。②发展可持续性,一项政策要实现经济与生态的双向可持续,确保公共政策不会对经济和生态环境带来不可逆转的负面影响,实现人与自然的和谐发展。③法律遵从,公共政策的规划必须体现宪法和法律的精神,保证公共政策不会违背相关法律规定,维护宪法和法律的权威。④长期规划与短期需求的平衡,公共政策规划需要在满足当前需求的同时,考虑未来的长期利益,确保公共政策的可持续性不受影响。⑤效率提升,公共政策规划应当有助于提高政府的运行效率,确保政府的资源得到有效的利用。

总之,合目的性的公共政策规划应当平衡不同的社会需求与价值观,以实现社会的整体福祉与可持续发展。

2. 系统整体性

系统整体性是政策问题的重要特点。任何政策问题都不是孤立的,在社会整体中看政策问题才是有意义的。政策制定者在进行政策方案设计时应该站在全局角度,整体统筹,从宏观上、整体上把握政策问题的发展趋势,以处理和解决局部问题。公共政策规划主体需要考虑到公共政策的各个方面、影响因素和利益相关者,以便将公共政策制定为一个完整的系统,而不是孤立的决策,这包括以下几个关键方面。①多维度考虑:公共政策规划需要综合考虑公共政策的社会、经济、环境、法律和政治等多个方面的因素。这有助于更好地理解公共政策的全面影响。②利益相关者参与:公共政策规划应该包括广泛的利益相关者,如政府部门、民间组织、行业代表和公众的意见,以便汇聚不同观点,确保政策综合考虑各方的需求。③评估和反馈:公共政策规划不应是一次性的,而应包括定期的评估和反馈机制,以监测政策的执行情况,并在必要时进行调整。

系统整体性政策规划有助于确保政策的协调性和一致性,减少决策的碎片化,以更好地解决复杂的社会问题。

3. 民主性

政府在制定公共政策时应该积极倾听和反映民众的声音和需求,以确保公共政策决策过程的透明性、参与性和反映多样化的民意。为了确保政策规划的系统和科学,政策方案的设计必须体现民主性,政策规划中的民主性表现在两个方面:一是政策目标必须满足最广大人民的根本利益,政策方案必须体现多方利益均衡,维护社会公正;二是政策规划时要吸引公众和专家学者参与,广泛实行运作成熟的听证制度,开通专家参政的沟通渠道,确保政策科学。

4. 创新性

政策规划是对未来情景的一种设想,对未来行为的一种安排,是在事情发生之前的一种预先分析和选择,具有明显的创新性。解决的政策问题是否有"新意",程度如何,这一原则是政策规划的核心。要确保在未来不出现相同的社会问题,或在出现时既定的政策可以加以解决。同时,由于创造活动的困难,也使其成为政策规划中的难点和关键点。政府和公共政策制定者在解决社会问题和应对挑战时,可以采用新思路、新方法和新技术,以实现更有效的政策目标。以下是创新性公共政策规划的思路。①新思维和理念:公共政策规划需要鼓励政策制定者思考新的解决方案,挑战传统思维,寻找创新的公共政策理念。②数据驱动决策:利用先进的数据分析和科技手段,以更好地理解问题和预测公共政策效果,制定更智能、有针对性的公共政策。③科技应用:采用新技术,如人工智能、大数据分析、区块链等,以改进政府服务、提高公共政策执行效率,或者解决特定问题。④跨部门合作:鼓励政府部门之间的合作和信息共享,以打破信息孤岛,实现更协调和整合的公共政策规划。⑤社会创新:支持社会企业和非营利组织的创新解决方案,以补充政府政策的不足。⑥试验和评估:政府可以采用政策试验,即小规模的政策试点,以了解新政策效果,从而在全面推广之前进行必要的调整。⑦市场机制:在一些领域,政府可以采用市场机制,如激励措施、公共-私人合作,以创新方式解决问题。

创新性公共政策规划有助于提高政府的响应能力,适应不断变化的社会和经济环境,以提供更具前瞻性和可持续性的解决方案。这有助于改进公共服务、促进经济增长和提高社会福祉。

5. 可行性

一项好的政策不是凭空捏造的，它与现实社会环境息息相关，只有当现实条件存在并成立时实施，才有可能取得预期效果。政策规划是否可以操作取决于其对限制性因素的满足程度，包括本身所需条件的限制、法律和公德的限制、规划制定时的影响因素等。公共政策制定者在规划和制定公共政策时，需要考虑公共政策的实际可行性和可实施性。以下是确保公共政策可行性的关键要素。①资源可行性：公共政策规划需要考虑是否有足够的财政、人力和物力资源来支持公共政策的实施。确保政府能够承担公共政策的成本是至关重要的。②政治可行性：公共政策规划需要考虑政治环境和政治支持。公共政策是否得到政治领袖和关键利益相关者的支持是制定政策的一个关键考虑因素。③社会接受度：公共政策规划需要考虑公众的态度和反应，以确保公共政策不引发广泛的反对或社会动荡。④技术可行性：公共政策规划需要评估是否有现有的技术和知识来支持公共政策的实施，或者是否需要进一步研发和创新。⑤时间框架：公共政策规划需要考虑制定公共政策的时间表，以确保公共政策在适当的时间内得以实施。⑥监测与评估：制定公共政策后，需要建立监测和评估机制，以确保公共政策的实施和效果能够受到充分的追踪和审查。⑦利益相关者参与：与关键利益相关者合作，以确保公共政策在实施过程中不受到过多的障碍或抵制。

公共政策的可行性评估有助于避免政策失败和资源的浪费，它可以确保政策既符合政府的愿景和目标，也符合社会和实际条件。

6. 多样性

多样性强调的是规划方案的灵活性和各种可能方案的共同设计，在不同国家、地区或领域中，政府与相关机构制定和实施公共政策的方式及内容可以有很大的差异。在政策规划的过程中，要尽可能将所有能够实现政策目标的方案列举出来。一方面可以选择更优方案，另一方面，也可以增加决策结论的科学性和可行性，体现规划的价值。这种多样性体现在以下几个方面。①政策领域：不同国家或地区可能面临不同的社会、经济和环境挑战，因此公共政策的重点领域会有所不同。例如，一些国家可能更关注医疗保健政策，而另一些国家可能更关注教育或环境政策。②政策目标：政府根据其特定的国家或地区需求来设定公共政策目标。一些公共政策可能旨在提高经济增长，而其他公共政策可能侧重于社会公平或环境可持续性。③政策工具：政府可以使用不同的政策工具来实现其目标，包括税收政策、法规、财政支持和激励措施。这些政策工具的选择会因国家而异。④政策制定过程：公共政策的制定过程也可能因国家而异。一些国家可能采用广泛的民主程序，而其他国家可能更加集中化或权威性。⑤文化和社会价值观：文化和社会价值观也会影响公共政策。不同文化背景和社会价值观可能导致各个利益相关者对某些公共政策问题持有不同的看法。⑥法律和政治体系：国家的法律和政治体系会对公共政策的制定和实施产生重要影响。民主国家的公共政策制定过程可能更加透明和多元化，而专制国家可能更加注重政治领袖的决策权。

这些因素共同导致了公共政策规划的多样性，使不同国家和地区能够根据其独特的情况和需求来制定适合自己的公共政策。

第二节 公共政策规划的程序

为确保政策方案的权威性,必须遵循特定的程序来实现政策的科学性、合法性。公共政策规划的程序,是公共政策的制定者为最终达成政策规划和实施的过程。这一过程十分重要,是公共政策制定过程中最具有实质性意义的阶段,具有实现政策科学性、合法性的重要作用。因此任何一个国家都会对自己公共政策合法化的实现,做出一定的程序化和法治化规定。虽然不同的国家在程序化和法治化的程度上有所差异,但这并不会影响对公共政策合法化的判断。本节主要通过探讨公共政策目标的确定、方案的设计、方案的抉择、公共政策合法化等有关问题,对公共政策规划程序进行详细介绍。

一、公共政策目标的确定

(一)政策目标的含义

政策目标是政策主体为解决政策问题所提出的要求和要达到的目的。

一个完整的政策目标应该包括以下三个方面的内涵,具体如下。

(1)具体内容。它说明政策实施后政策问题解决的期望程度和水平,包括目标项和目标值。目标项是指政策制定和实施后所要达到的目的、效果和作用范围。而目标值则是指政策制定和实施后所要达到的理想状态的具体指标水平。每个目标项的具体水平即目标值要依不同经济发展时期的特点来设定。政策目标的常见具体内容包括但不限于:促进经济增长、创造就业机会、促进社会公平、保护生态环境、改善公共医疗卫生条件、普及教育、维护国家安全、发扬优秀社会文化等。

(2)有效时限,指政策目标发挥作用的时间范围,政策目标时限与其对应的政策有效时限一致。政策的终止意味着与之相对应的政策目标终止。由于政策问题的复杂性,政策目标时限分为总目标时限和分目标时限,也存在子目标的作用时间比总目标作用时间短的特殊情形。政策目标按时间跨度来分类可分为以下几类。①短期目标:有些公共政策的目标是在短期内产生立竿见影的效果。这些目标可能在几个月或一两年内实现,例如应对紧急危机(如自然灾害或金融危机)的政策。短期目标通常专注于解决当下的问题。②中期目标:许多政策目标需要更长时间来实现,通常在几年或十年内。这可能包括经济增长、就业市场改善、基础设施发展等。政府可能需要连续推动政策来实现这些中期目标。③长期目标:一些公共政策目标是长期性的,通常需要数十年甚至更长时间来实现。这包括大规模社会变革、教育体系的改进等。这些目标通常需要长期规划和持续的政策干预。④持续目标:有些公共政策目标是永久性的,例如国家安全、维护法治、保护公共健康等。这些目标需要政府持续关注和干预,以确保长期的稳定和福祉。

需要注意的是,公共政策目标的时间范围可能相互关联,较短期的目标可能是实现更长期目标的一部分。政府通常需要对公共政策目标进行监测和评估,以确保它们在规定的时间范围内实现,或者根据需要进行调整。政策目标的时间范围也受到政府资源、政治因素和社会需求的影响。

(3)实现条件。任何政策目标都是在一系列条件下实现的,否则就是不完整的目标。条件分为内部条件和外部条件,在提出目标前应对这些条件作详尽分析。公共政策目标的实现条件通常包括以下几类。①资源分配:政府需要分配足够的财政、人力和物质资源,以支持公共政策目标的实施。这包括预算资金、专业知识和人员。②法律和政策框架:政府必须确保存在适当的法律和公共政策框架,以支持公共政策的合法性和有效性。这可能涉及法律的制定和修改,以使政策目标合法化。③公共政策工具和措施:政府需要选择合适的政策工具和措施,以实现所设定的目标。这包括税收政策、法规、激励措施、监管措施等。④制度和机构:政府需要确保存在适当的制度和机构,能够有效地实施公共政策。这可能包括政府部门、监管机构、合作伙伴组织等。⑤参与和沟通:政府需要与利益相关者和公众进行有效的参与和沟通,以确保公共政策的接受度。⑥时间框架和计划:政府需要制订明确的时间框架和计划,以管理公共政策的实施和监测。这有助于确保目标按时实现。⑦政治支持:公共政策目标的实现通常需要政治支持,包括政府领导层和议会的支持。政治稳定和一致性对公共政策的实现至关重要。⑧社会接受度:公共政策目标需要获得社会接受度,以便公众愿意遵守政策和配合实施。⑨国际和外部环境:在某些情况下,国际和外部环境因素也可能影响公共政策目标的实现,例如国际合作、贸易条件、全球事件等。

这些条件相互关联,政府通常需要进行综合性的规划和管理,以确保公共政策目标的有效实现。

(二)政策目标的意义

设定政策目标的重要性是不言而喻的。只有目标选择得正确,才能确保进行有效政策研究和提出政策建议方案。否则,必然会因得出错误的结论而失去意义。政策目标的重要性体现在以下几个方面。

(1)指明方向。设计政策方案的基本依据之一就是政策目标。政策目标是选择和设定政策方案的标准。公共政策目标指明方向的意义主要体现在如下几个方面。①方向性引导:公共政策目标为政府和政策制定者提供了明确的指导,帮助他们理解政府在特定政策领域的愿景和优先事项。这有助于确保公共政策制定和实施过程有一定的方向性和连贯性。②社会共识:公共政策目标的明确表述有助于建立社会共识。当政府明确表达其政策目标时,公众和利益相关者更容易理解政府的意图,从而更有可能支持政策。③资源分配:公共政策目标指明政府应该将资源投入在哪些领域以实现特定目标。这有助于有效地分配有限资源,以最大程度地实现政策目标。④确保一致性:公共政策目标有助于确保政策制定和实施的一致性。各级政府机构和政策制定者可以根据共同的目标协同合作,确保政策的实施在不同部门之间保持一致。⑤提高透明度:公共政策目标的明确表述增加了政府的透明度。这有助于公众了解政府的决策基础,为政策制定提供更多的可见性和问责制。⑥动力和激励:公共政策目标可以激发行动和动力。它们为政府和相关方提供了明确的动力,以实现共同的愿景,促使各方更有动力地向共同目标迈进。

总之,公共政策目标的方向性作用确保政策制定和实施过程有清晰的目标和愿景,有助于有效管理和评估公共政策的成功与否,有助于建立更有效和负责任的政府。

(2)有利于指导和控制政策的实施。政策实施、政策反馈和政策调整都离不开政策实施后问题的实际解决范围、程度及水平与比较,政策目标是所对比对象的期望状态。只有有效地利用目标的这些作用,才能确保政策的顺利实施。这项意义主要体现在如下几个方面:①资源配置:公共政策目标帮助政府分配资源,包括财政、人力和物质资源,以实现特定目标。这有助于确保资源被用于最被需要的领域,提高效率和效益。②社会参与:明确的公共政策目标可以促进公众参与政策制定过程,因为它们提供了一个共同的基础,各利益相关者可以共同讨论和评估政策。

公共政策目标在政府决策和行动中发挥着关键作用,有助于确保政策制定和实施的合理性、有效性和透明性。

(3)为政策效果评价提供重要参考标准,通过评价,可以确认政策效果的状况,也可以对政策制定、实施的各个环节进行综合检验,依此评判其实现程度。正确地设定政策目标,也是政策效果评价过程顺利进行的有效保证。公共政策目标为政策的评估提供了标准。公共政策目标通常是定量或可衡量的,因此它们可以用作评估政策实施成功与否的依据。这有助于政府和社会对政策的绩效进行客观评估。

(三)政策目标的原则

政策具体目标确定时,应遵循下面几条基本原则。

1. 针对性

政策目标的提出和设定,要针对政策问题中的根本原因。由于问题错综复杂,政策目标一般是由多个目标组成的目标群,在政策目标体系中要明确多个目标的重要程度和关系,牢牢抓住主要目标。只有把握住主要目标,才能带动次要目标,使政策能够顺利进行。政策目标的针对性是确保公共政策制定和实施的有效性的关键因素。明确的、可衡量的目标有助于政府和利益相关者了解公共政策的方向和期望结果,提高政策的透明性。

2. 明确具体

一是政策目标必须明确,尤其是对于易混目标;二是政策目标要尽可能具体,有利于理解和认识,也便于执行和检查,有效增强实施效果。明确具体的公共政策目标有助于政府更好地规划、实施和监督政策。它们提高了政策的有效性、透明度,有助于实现政府的目标和提供更好的公共服务。

3. 可操作性

政策目标的可操作性,是其转化为现实的前提。在设定目标时,要充分考虑所需资源状况、环境状况、适应能力和自身水平四个要素,才能增强政策目标的可操作性。必须从客观实际出发,充分考虑主客观条件,符合国情和国力的政策,才能在实践中站得稳、行得通。可操作性是公共政策目标的关键属性,它确保公共政策的实际执行是可行的,有助于提高公共政策的有效性。如果公共政策目标不是可操作的,它们可能会只停留在理论层面,而无法在实践中产生实际效果。

4. 合理性

政策目标要充分体现政策决策者所代表的社会利益,并尽可能使政策实施后带来的正面效益最大或者将损失降到最小,并且政策目标必须在国家法律所规定的范围内,不能突破道德底线;同时,政策目标的设定要符合实际,既要高于现实水平,使政策实施者须经过一定努力才能实现,又不能脱离现有基础,否则会降低政策应有效力。政策目标的合理性是确保公共政策制定和实施符合道德和公共利益的重要因素。合理性的目标有助于提高公共政策的道德立场和社会接受度,从而加强政府的合法性和问责制。

5. 协调性

政策目标的设定往往是多因素综合作用的结果,是多目标有机结合形成的体系。多目标间要避免相互矛盾,使其作用效果能够保持一致。政策目标的协调性有助于提高公共政策的整体效能,确保公共政策制定和实施的协调性和一致性。这有助于面对复杂社会问题的挑战,提高公共政策的成效和可持续性。

6. 相对稳定性

政策目标的意义就在于对政策的实施及问题解决的引领作用,给人们行为和需求以正确的导向。确定目标后除特殊情况外不要频繁变动,切勿轻易取消甚至废止。然而,需要指出的是,政策目标的相对稳定性也需要平衡。有时,政府可能需要适应新情况、挑战或紧急情况,因此也需要在需要时调整政策目标。政策目标的调整应该是谨慎和经过深思熟虑的,以避免不稳定性和混乱。因此,需要在政策目标的相对稳定性和灵活性之间取得平衡。

7. 适当弹性

社会处在不断变化发展中,公共政策的目标制定要与时俱进,要为偶然事件留有余地,意外情况发生时也能及时调整,不妨碍政策的实施。需要注意的是,政策目标的弹性应该在一定程度上平衡稳定性。过于频繁的目标变更可能引发不确定性和混乱,降低公共政策的可预测性和社会接受度。因此,政策目标的弹性应该受到慎重考虑,以确保与稳定性之间取得平衡。

二、公共政策方案的设计

公共政策设计很难做出准确定义的概念。一般认为,政策设计是针对现实某些政策问题在未来可能演变或生成的情形,系统地制定一套解决预案的过程。政策设计也可以理解为一种具有权威性的政策设计。政策规划是这个过程中最重要的一个环节。后来随着学者对政策过程阶段论的批评,"政策设计"成为政策规划的替代性概念之一。张成福认为,政策规划与设计乃是政府为了解决公共问题,采取科学方法,广泛收集各种信息,设定一套未来行动选择方案的动态过程。我国台湾学者丘昌泰认为,政策设计是结合政策问题与政策方案、政策结果与政策过程的连锁,采取此种观点得以有效设计可行的政策方案。从这个定义来看,它强调政策设计是贯穿于不同的政策过程环节,通过对不同政策过程的考察来综合思考、设计可行的政策方案。陈潭认为,公共政策设计是对公共政策问题进行分析研究并提出相应解决办法或方案的活动过程,既是一种操作设计的具体实践活动,也是一种充分运用智能的抽象思维活动过程。这个定义较为清楚地描述了政策设计的内涵。

公共政策设计有如下特点。

1. 目标导向

主要表现为任何一项政策设计必须具有前瞻性和指导意义。要实现政策设计的"未来状态",就必须有相关的人力、物力、财力和共同努力,同时也需要资源和目标的配合,只有这样,才能达到预期效果。这个特点包括以下几个方面。①明确性:目标导向政策设计要求政策制定者明确定义政策的目标和预期结果,确保政策的目标具体、清晰,不容易产生歧义。②可衡量性:公共政策目标应该是可以度量和评估的,以便政府和公众能够确定政策的成功程度。这通常需要建立明确的指标和数据收集机制。③参与和反馈:目标导向政策设计通常包括广泛的利益相关者参与,以确保政策目标反映各方的需求和意见。此外,政策制定者应该接受反馈,以便在必要时进行调整。④透明性:公共政策目标和相关决策过程应该是透明的,公众应该能够获得关于政策制定和实施的信息,以提高决策的可信度和问责制。

总的来说,目标导向政策设计强调政策的明确性、可度量性、可行性和合法性,以确保公共政策能够实现预期的结果,并符合公众利益。这些特点有助于提高公共政策的有效性和可持续性。

2. 标的群体

目标人群或称标的人群,是公共政策所直接或者间接影响到的团体和个人。政策制定者期望通过公共政策引导、改变和规范目标人群的行为。政策设计必须考虑到政策对目标人群的利益可能产生的各种影响以及由此带来的反应。只有如此,才能共同达成公共利益,取得公众信任,防止政策可能产生的疏漏。公共政策的目标人群多种多样,具体取决于政策的性质和目的。以下是一些可能的目标群体。①公民:政府制定政策以满足公民的需求和改善他们的生活质量。这包括教育政策、医疗保健政策、社会福利政策等。②企业和产业:政府可能会针对不同产业和企业领域实施政策,以促进经济增长和竞争力。这包括税收政策、贸易政策、创新政策等。③政府官员:政府官员本身也是公共政策的标的群体,政府可以制定公共政策来约束或规范官员的行政行为,如公务员政策、行政法规等。

这些目标群体只是公共政策的一部分利益相关者,公共政策制定通常需要平衡各方的需求和利益,以实现整体社会的福祉。不同的公共政策可能会关注不同的目标群体,根据政策的具体目的和影响来确定。

3. 有效选择

政策设计在于"选择与设计",它包含一系列大大小小的抉择活动,其表现在选择上应具有广度、深度和连续性,在有限选择里做出最优选择。但同时,在选择时要对选择的项目、项目的情形、实践做出适当谨慎的考虑。政策的选择通常是复杂的,需要综合考虑各种因素。以下是一些政策有效选择的关键考虑因素。①目标和问题定义:首先,政府需要明确定义目标或问题,明确需要解决的挑战,这有助于确定政策选择的方向。②证据和数据:政策选择应该基于可靠的数据和研究证据。政府需要了解问题的性质以及可能的解决方案,以便做出明智的选择。③成本和效益:政策选择必须考虑资源分配的效率。政府需要权衡政策的成本与预期的利益,以确保资源得到合理利用。④利益相关者:政府通常需要考虑各种利益相关者包括公民、行业、非政府组织等的需求和意见。他们的反馈和参与对政策选择至关重要。⑤法律和法规:政策选择必须遵守国家和国际法律,以确保政策的合法性和合规性。⑥政治可行性:政策选择还受到政治因素的影响,包括政治支持、公众意见和立法程序。政府需要考虑政策是否能够在政治上获得支持和实施。⑦可持续性:政策选择需要考虑其长期影响,以确保解决问题的方案是可持续的,不会对未来产生不利影响。⑧监测和评估:政府应该设立机制来监测和评估政策选择的效果,以便在需要时进行调整和改进。

政策的有效选择通常需要综合考虑上述因素,并进行深思熟虑。这一过程通常需要专业知识和公共政策制定过程的透明性,以确保政府做出最佳的政策选择,满足公众的需求和利益。

三、公共政策方案的抉择

(一)抉择主体

1. 国家行政系统最高决策者

在不同的政治体制里,国家行政系统的最高决策者有这样几种类别:①一个人,即国家元首兼政府首脑;②两个人分享,即国家元首和政府首脑都行使一定的行政决策权(双首长制);③政府首脑与内阁成员一道集体决策;④行政委员会集体决策。无论哪种类别,由最高决策者率领的行政领导团如国家各部委、局、办的行政首长和最高决策者一起,直接参与国家政策的选择,成为公共政策抉择的主体。在实行和类别的决策体制的情况下,国家元首只能行使礼仪上或形式上的国家政策决策权力,不具体参与国家政策的实际决策过程,最终结果经过国家元首的批准、签署和发布才能生效。另外,无论哪种体制,国家行政系统中各部委、局、办都普遍采取行政首长负责制,即行政首长拥有抉择权,并对其行政决策的抉择行为负责。最后还要指出一点,即当代世界各国都在向最高行政决策权更加个人化的方向发展,连属于③类别的决策体制的国家的政府首脑,事实上也都在行使着越来越大的个人决策权。

2. 由民意代表组成的立法机关

一些公共政策,特别是上升到国家法律高度的公共政策、需要立法机关审议的公共政策,通常必须经过民意代表的赞同和批准才能得以制定。可见,民意代表往往掌握着重要的国家政策的抉择权。应当指出的是,民意代表没有脱离立法机关单独对公共政策进行抉择的权利。立法机关本身是一个合议机构外的政治体制,所以民意代表们须按照一定的投票规则,集体行使有关公共政策的抉择权。这些具体的规则往往取决于政治体制、所表决的公共政策类型等因素。当然,在民意代表中,那些专门委员会的成员、主席以及立法机构的领导集体中的人员,对立法机构的决策权影响较大。

3. 国家最高法院及其法官

在流行判例法和习惯法的国家或存在违宪司法审查权的国家，如英美法系国家，国家最高法院的判例在一定程度上就是一种立法行为，因而法官对公共政策也就有一定的抉择权。只不过他们行使公共政策权的方式很特殊，立法机关和行政机关是主动地就有关政策问题直接做出政策抉择，最高法院和法官往往是被动地通过对有关案件的审理和判决来间接地对有关公共决策问题及解决方案做出抉择。在中国，国家最高司法机关发布的司法解释，虽然只是对如何具体应用法律问题所做的解释，但也属于公共政策的一种形式，在如何解释方面也有政策抉择的问题。

4. 执政党和军界的高层领导

在一些执政党特别强大或党政一元化的国家，在国家政策抉择中执政党往往起着直接和极为重要的作用。在实行西式民主的国家里，执政党的领导成员大都是内阁成员和国家各重要行政机构的行政首长，党的首脑大多是国家元首或政府首脑、议会议长，这些人在国家的政策抉择中起着核心作用。同时，一些国家的军事机关及其首脑在国家政策的抉择中也会发挥重要的甚至根本的作用。

（二）抉择程序

作为公共政策的最终决定者，只有根据决策的科学化、民主化和法治化的要求，综合考虑相关关键因素，才能更好地进行决策。

长久以来，程序的公正没有得到足够的重视，人们关注的往往是结果怎样，自己是否受到了损失，从而将太多的精力投入对政策主体特别是政策内容合法性的考量。随着社会的不断发展，人们越来越认识到程序公正对于社会公平正义的重要意义，尤其是在法律领域，程序公正已经成为内容正义的前提。所以，当我们考察了政策主体和政策内容的合法性之后，必然要对公共政策制定的程序进行合法性审视。我们所说的政策制定的程序合法化，是指公共政策从其提出、审议、筛选、确定和颁布都要符合法律所规定的步骤、秩序和方式；政策从其酝酿到付诸实施都必须合乎法律的规范，符合法定的程序。在这里需要注意的是，不同的政策制定主体所制定的公共政策，它的程序合法性是不一样的。这与政策主体的领导体制有较为直接的关系，比如首长制和委员会制、集权制和分权制、职能制和层级制，其合法的程序都是相互区别的。

（三）抉择方法

1. 抉择方法的具体内容

（1）全体一致规则。全体一致原则是指所有投票人都对某项表决的方案投赞成票，一致同意的规则。在现实中，不难见到全体一致规则的例子，如联合国安理会常任理事国形成决议时，一个基本条件是中、美、俄、英、法五国一致同意。全体一致规则含有如下特征。①一票否决权。决策人形式上平等享有决策权，任何一个否决行动，都能导致决策方案最终不能通过。②帕累托最优。全体一致规则是肯定导向"帕累托最优"的唯一投票准则。所有决策人都能通过自己的投票行为而获益,或者说,至少没有人因此而利益受损。

全体一致规则存在如下不足。①决策成本过高。为寻求一个社会成员都满意的选择,需要耗费大量时间精力。为寻找出一个符合"帕累托最优"的决策结果,社会成员在时间上的损失可能远超过他们从中获得的收益。全体一致规则受到人数的制约,参与决策的人数越多,人们越不可能运用全体一致规则。换言之,这一规则仅仅在较小范围内的集体行动中才可能被采用。所以,集体决策的结果不能得到肯定且可能会给自己带来损失的情况下,人们很可能更愿意接受其他投票规则,而不是为达到充分的全体一致去耗费时间。②鼓励"策略行为"。在全体一致规则的条件下,每位决策参与者都享有决策的否决权,因此,这一规则会鼓励人们运用"策略行为"来争取自己所偏好的方案的胜出。其中,较为常见的是以下两种形式。第一,讨价还价。现实中人们的兴趣爱好、利益预期是多种多样的,人们为了达到某一个大家都满意、互不损害对方利益的"最优"方案,不得不进行再三的讨价还价,一次性协商极少能解决问题,通过不断讨价还价,最终的选择结果取决于两人讨价还价能力的强弱。第二,弃权。决策者可能根据自己对政策结果的预期,"冒险"认定政策结果符合自己的要求,采取诸如"弃权"这样显得不那么明显阻挠决策的行为,避免应承担的公共活动成本,而同样可以享有公共收益。这种策略行为反映了全体一致规则有时不能真实表达投票人的意愿。

(2)过半数规则。过半数规则,是指对一项表决方案,需要超过一半投票人赞同才能通过的规则。过半数规则在现代社会中是应用最广泛的决策方式。既然因为全体一致规则的实现受到的阻碍多,实现难度较大,相比较而言,多数票规制可以最大限度地照顾公众利益。多数票规则一般可分为简单多数规则和过半数规则两种方式。简单多数规则指在多项方案中,哪一个方案获取的赞同票多,哪一项就通过。由于简单多数规则只能反映"小多数人"的意愿,因此人们在实践中,逐渐选择能反映"大多数"人意愿的过半数规则。

与全体一致规则相比,过半数规则含有如下特征。①决策效率高。决策不要求人人都投赞成票,只要有超过半数的赞成票,决策方案就能通过。②少数服从多数。按过半数规则进行集体选择过程的本质,即少数投票者被迫参与他们不能阻止也不能对其所引起的损害要求补偿的那些活动。过半数规则要求公共行动方案对全体参与者都具有强制性,即占少数的反对者必须服从占多数的支持者所做出的抉择。

过半数规则在理论上还存在一些缺陷,需要在实践中修正。

(1)多数剥削少数。按过半数规则选择出的每项集体行动方案都具有内在的强制性。因为最终的集体决策是按多数人的意愿决定的,而决策的结果又要求全体成员服从,这就意味着多数人把自己意愿强加给少数人。最终集体决策结果所体现的是多数人的利益,属于少数人的利益被忽略了。这种不公平和对民主制原则的违反,并不因为受害的是少数,罪恶就少一些。

(2)决策结果未必可靠。布坎南分析,在集体选择上,个人可能知道他自己偏好的选择对象是什么,但是他不知道其他一些人将怎样进行选择,从而不知道他们会怎样投票。在过半数规则下,个人行为与结果之间并不存在联系,而各备选方案的机会成本的估计又必然很困难,因此集体决策基本上是不负责任的。由于单个参与者的选择行为在过半数规则中无足轻重,从而无形中助长选民不重视选举权的行为,甚至轻易放弃表决权。当这种倾向为多数人所有时,压力集团(利益集团)便应运而生。压力集团以较小的代价(如花费定金钱)收买一些可能弃权的选民,让他们按压力集团的意愿来投票,结果是政策取向更加偏离大众的利益。

(3)投票悖论。尽管过半数规则是现代社会中应用最为广泛的决策方式,但学者在对过半数规则的研究过程中,发现了一个非常重要的现象,即采用过半数规则时,投票过程的次序至关重要,不同的次序会产生不同的选择结果,各种政策方案都有可能被通过,这种现象叫作"循环"或投票悖论。这表明即使按过半数规则进行投票选择出来的集体决策,也可能对多数人不利。

2. 决策方式的改进

针对现有决策方式存在的不足,不论是西方学者还是我国学者,都对这一问题进行了探讨,包括西方学者的建议和我国民主集中制的完善。

两位著名的公共选择理论家布坎南与塔洛克在他们1962年合著的《同意的计算》中认为,在公共选择中,由于他人的行为而使选择结果偏离了单个投票者的预期,而集体选择的内在强制性又迫使投票者接受这个结果,结果与预期的差就是这个投票者必须承担的外部成本。对单个投票者而言,如果他认为某项方案合乎自己的利益,他可能会为了这项方案最终可以通过而去说服他人,直至得到所需的同意人数规模,那么他在这当中所耗费的时间、精力等,就构成他的决策成本。因此,当人们选择投票方式和规则时,它就会选择那种给自己带来的外部成本与决策成本都最小的方式和规则,以实现自身利益的最大化。

围绕个人效用最大化这个主题,公共选择学者们设计了多种决策方式,这些模式被认为更能准确显示投票者的偏好,有利于克服"策略行为"造成的外部成本与决策成本过高的缺点,主要包含需求显示过程和投否决票两种情形。

(1)需求显示过程。实质是通过对个人征收某种税收的方法来促使个人真实显示他对公共物品的需求,从而确定给投票者带来好处的最终方案。这种决策方式的最大优点是鼓励投票者真实表达自己的偏好,从而避免人为增加决策成本,提高决策效率。

(2)投否决票。投否决票就是让所有投票者都提出自己认可的方案,然后汇总,再随机地将这些方案排序,让投票者按从全部方案中否决一个的方式进行,最后剩下的方案当选。

投否决票方式特别针对全体一致规则的某些缺点加以改进。由于参与者有机会表达自己的偏好,又有权力否决自己不喜欢的方案,因此,参与者提出方案时需积极考虑到他人利益,以避免自己所偏好的方案遭受被否决的命运。在这种方式下,投票人之间的"策略行为"相对会少得多,自己意愿表达更真实。

投否决票方式实施起来会受到一定限制,投票者的意愿、旨趣的方向必须大体一致,否则可能所有方案都遭否决。例如,数名投票者对将某笔资金用于改善生活条件进行表决:如果大家都认为应该用来建造蔬菜基地,以丰富菜篮子,那么至于是建土豆基地,还是青菜基地,或是西红柿基地,或是混合蔬菜基地,通过投否决票都有望最终达成某项协议;但是如果有人认为改善生活条件重要的不是菜篮子,而是要有田径场,或是影剧院,或是公园,那么最终可能所有方案都行不通。

2. 我国民主集中制的完善

在我国现阶段决策方式的改进应主要集中在对民主集中制的坚持、发展与完善上。尽管民主集中制的决策原则和方式在我国公共决策中已经起到了重大作用,但是,随着我国社会主义市场经济的发展,我国公共决策出现一些新变化,如政府公共决策的范围缩小,公共决策对象的各种利益关系更加复杂,公共决策的主体有多元化趋势,公共决策过程更加错综复杂。因此,生活在社会主义市场经济条件下,必须进一步坚持和完善民主集中制。

首先,必须充分发扬社会主义民主,民主集中制的首要前提是必须充分发扬民主,只有在充分发扬民主的基础上才具有正确的集中。在以往计划经济条件下,我们在处理民主与集中关系问题上存在的明显不足是过分强调集中,民主不够就不足以使民众满意,从而不能充分调动广大人民群众积极参与公共决策的积极性和主动性,难以形成讨论、竞争的决策氛围。针对这种情况以及市场经济条件对决策民主化提出的更高要求,要坚持和完善民主集中制这种决策方式和原则,必须首先发扬社会主义民主,拓宽公民参与公共政策渠道,打造全社会良好的决策环境,还要充分发挥(专家、智囊团、思想库)的作用。

其次,借鉴现代决策科学理论的科学化、现代化,我们党在长期公共政策实践中积累了按照民主集中制进行决策的经验及方法,实现民主集中制决策体制及其运作决策的丰富经验,如实事求是,调查研究;从广大人民群众的根本利益出发,从群众中来到群众中去;少数服从多数的原则;等等。但是,在以往坚持民主集中制决策的实践中,我们的经验成分多,现代科学的理论、方法的运用偏少,未能真正形成科学的公共决策系统,也尚未实现公共决策过程的程序化。针对这种情况,必须将民主集中制的优良传统与现代决策科学的理论和方法有机结合起来,建立健全现代公共决策系统,创造民主集中制原则发生作用的体制条件,改善和优化公共决策系统的运作,实现公共决策过程的程序化。

最后,加强法治建设,建立健全执行民主集中制决策体制及原则的各项规章制度。要保证民主集中制这种决策体制及原则的有效执行,实现公共决策科学化民主化,必须加强法治建设,建立和健全民主集中制相适应的规章制度,以法治的形式规范决策行为。例如,必须完善集体领导和个人分工负责相结合的制度。在公共政策中,凡是涉及本地区(单位和部门)改革开放、经济建设和社会发展带有方向性、全局性、长远性、关键性的重大问题,必须通过集体讨论决策,同时,又必须分工负责,做到分工明确、职责分明、有职有权、领导成员敢于负责,大胆工作,不断创新。

四、公共政策合法化

对于"公共政策合法化"这一概念,应该从广义和狭义两个角度进行理解。

(一)公共政策合法化的定义

1. 广义的公共政策合法化

从广义角度而言,公共政策合法化是将一项政府政策或者行动合法化,以确保其遵守国家宪法及相关法律,同时符合社会伦理和价值观。这可能涉及立法程序、司法审查等法律监督手段对公共政策的制衡,以确保政策的合法性及合理性。这一过程通常要经过详细的法律分析和法律监督程序,以确保其不违反宪法规定和基本法律原则,实现政府权力、公众权益和个人权利的多方平衡。

2. 狭义的公共政策合法化

从狭义角度来讲,公共政策合法化通常指的是确保政府的政策或行动符合相关领域的特定法律法规的过程。这一过程相比于广义含义更加具体,旨在保证新的公共政策的合法性,使其遵守国家和地方层面的相关规定。狭义的公共政策合法化可能涉及政府与司法机关、立法机关的合作,并在需要时进行必要的法律修改,确保政府不会进行违法操作以致损害公民的权益和法律的权威性。

(二)公共政策合法化的原则

公共政策合法化本质上是一个赋予政策合法性的政治过程,因此在执行过程中必然要遵循以下几项原则,即过程简易规范、全程透明公开、平衡各方利益、必要时可依法修改。

1. 过程简易规范

公共政策从制定到实施往往牵扯到很多部门的联动,包括但不限于行政机关、立法部门和司法部门等,很容易产生因流程冗长而导致的信息失真现象。因此在政策合法化过程中,要力求让整个过程更加简明扼要,避免出现信息失真。同时合法化的过程要遵循法律法规的要求,一个规范的合法化过程可以规避很多法律层面的问题,让政策更容易落地成功。

2. 全程透明公开

在实际生活中,民众很难了解到一项政策的出台究竟要经历哪些程序,这实际上阻碍了政策的实施和推进过程。要实现正向的政策合法化,必然要求政府对政策落地的全过程进行全面、透明的信息公开,以便民众了解政策背后的考量,同时也避免了因信息不透明而造成的暗箱操作问题。

3. 平衡各方利益

出台一项新的政策,必然会导致因原先政策而形成的利益分配体系产生变动,利益受损的相关方很有可能阻碍政策的实施。因此想推进政策合法化,必然要求政府平衡好政策涉及的各方利益群体之间的利益,以求让所有人的损失降到最低。在这之中,尤其要注重对普通群众的利益协商,避免因为群众的呼声而导致的政策失灵。

4. 必要时可依法修改

出台新政策有时并不一定能考虑周全各方情况,因此在政策合法化的过程中要进行可行性和效果评估,以确保政策的合法性,如遇到紧急情况,政府可对其进行依法修订,以免造成人力物力的浪费。

(三)公共政策合法化的程序

公共政策合法化的程序是指政策方案获得合法地位的步骤和方式。不同的政策方案,不同的合法化主体,往往导致不同的合法化程序。根据公共政策合法化的前后顺序,可将程序分为立法程序、司法审查及行政首脑签署命令三个部分。

1. 立法程序

出台一项新的公共政策,政府首先要向同级别的立法机关进行提案,立法机关在接收到政府的议案后进行辩论和投票,在其通过决议后才可以进行后续的出台措施,这便是立法程序对政策合法化的影响。它是政策合法化最初也是最重要的基础性程序,有了这一步骤,一项新政策才有了最初的合法性特征。

2. 司法审查

政策的合法性还可能受到司法机关的挑战,这便是司法审查制度。法院要对政府制定的新政策进行审查,以确认其是否符合现行法规,这是一种重要的程序,可以确保政府政策的合法性。目前这一制度在欧美国家已经比较成熟,我国在这一块的推行方面仍有欠缺,司法审查制度还需要进一步完善。

3. 行政首脑签署命令

政策合法化的最后一步程序是要求行政首脑签署批准政策实施的命令。在这一步,政策合法化要考虑到行政首脑的个人动机对政策的影响,一个能考虑到民众利益的行政首脑往往能更好地推行对公共利益有益的政策。同时也要做好对行政权力的制度制约,防止行政权力越界操作影响政策合法化进程,侵害公民权利。

第八章 公共政策执行

政策的执行是一个系统性的过程,高效的政策执行力度、充足的政策执行资源、优质的政策执行环境是理想政策得以有效执行的关键。在政策的具体执行中,政策并不是静止状态的,其需要与公共政策自身、外部政策执行环境及政策利益相关者之间相互促进与融通,以此使公共政策发挥其本质作用。本章主要内容包括公共政策执行理论发展、公共政策执行的要素分析、公共政策执行机制、公共政策执行力、中国特色公共政策执行实践等。

第一节 公共政策执行理论发展

20 世纪 70 年代以前,公共政策执行问题并未受到重视,当时政策科学的焦点在于如何制定出科学合理的政策。20 世纪七八十年代西方兴起的"执行运动",持续了近 20 年,政策科学学者写下了大量的论著,提出了种种关于政策执行的研究条件、模式或理论,归纳出了各家理论模型。

一、政策执行的含义、特点及作用

公共政策经合法化过程择定并公布之后,开始进入执行阶段。公共政策执行是政策过程的实践环节,是将政策目标转化为政策现实的唯一途径。

(一)政策执行的含义

对公共政策执行的含义,公共政策学者从不同的角度作了界定。

普雷斯曼和韦达夫斯基认为,执行是确立目标与实现目标之间的互动过程。琼斯指出,政策执行是将一项政策付诸实施的所有活动。爱德华兹则认为公共政策执行的定义是:政策执行是一系列发布命令、执行指令、拨付款项、办理货款、给予补助、订立契约、收集资料、传递信息、委派人事、雇用人员和创设组织单位的活动过程。戴伊赞同米特尔的想法——政策执行就是以其他方式和途径对政策的继续,并对此进行补充:政策执行是旨在执行政府立法部门所制定、发布的法律而进行的一切活动。这些活动可以包括创设新的组织机构,如新的部、新的局、新的司等。美国学者格斯顿把政策执行界定为对某些事务承担的义务。

纵观这些定义,大致可以把它们分为两类。一类如琼斯等人,十分关注公共政策作为行动指南的指导作用,认为政策执行的关键问题在于政策执行机关如何采取政策行动。政策行动坚强有力、行动方法切实可行就可以较为顺利地实现政策目标,合理的政策执行行动甚至在一定程度上可以弥补政策决定的不足。另一类如格斯顿等人,强调执行组织机构的作用,认为既定的政策是否能够得到忠实的执行,关键在于执行机构在主观上是否能够充分理解政策的含义,是否愿意毫无保留地支持政策决定,在客观上是否拥有足够的能力和资源。

综合以上界定,我们认为,所谓公共政策执行,指的就是政策执行主体,为了实现公共政策的目的,利用多种措施和手段,将其作用于公共政策对象,从而将其转化为现实的一系列行动。公共政策执行的本质是遵循政策指令所进行的变革,是一项重要的、具有重要意义的工作。

(二)政策执行的特点

公共政策执行是公共政策的具体实践过程,它具有如下特点。

目标的导向性:公共政策是以公共政策目标为行动方向的,政策目标是政策执行的出发点和归宿点。

内容的务实性:公共政策执行要面对具体的公共问题,因此其计划、步骤、措施、手段等必须务实,必须具有可操作性和实践性。

行为的能动性:公共政策执行是构筑公共政策与现实生活的桥梁和纽带,必须着眼于具体现实社会问题的解决。因而,执行者必须在全面领会政策内容的前提下,面对外部环境的复杂情况主动地执行公共政策。

手段的权威性:公共政策不同于一般的道德规范,其执行具有强制性。当有人拒不执行政策时,要受到法律、行政等手段的制裁,以维护政策的权威性。

(三)政策执行的作用

公共政策执行是国家治理的基础,实现公共政策目标则直接影响了国家治理的基础。政策执行具有的地位和作用,具体而言,表现为以下几点。第一,公共政策执行是实现政策目标的重要途径。第二,公共政策经过程序化的逻辑推理与理论预设后,无论其建构多么完美,都仅仅是纸面上的东西,其正确与否、质量优劣、效果有无都必须经过政策执行才能得到检验。第三,公共政策执行是制定后继政策的基本依据。公共政策由制定到执行到再制定,体现了理论与实践的逻辑循环过程。政策执行是政策制定的检验、完善过程,也是政策再制定、再决策的追踪和提高过程。

二、公共政策执行的理论

(一)政策执行研究的发展

20世纪七八十年代,西方尤其是美国公共政策研究领域出现了研究政策执行的热潮,形成了声势颇大的"执行运动"。执行政策的学者们写下了大量论著,提出了各种关于政策执行研究的途径、理论及模式,拓展了政策科学的研究范围,丰富了政策科学的理论内容。

在政策科学或公共政策研究中,人们习惯上将政策过程划分为政策制定(规划)、政策执行和政策评估等阶段。尽管政策执行构成政策过程的中间环节,是将政策理想或目标转化为政策现实的唯一途径,因而具有十分重要的地位,但是,在西方政策科学发展相当长的时期,政策执行并没有引起政策学者们应有的重视,政策科学被认为是研究政策制定的学科,政策过程链条上缺少执行这一环节。例如,在德洛尔的政策科学范式中,政策科学被界定为对政策制定的研究,其目标是改善公共政策制定系统,提高政策制定的质量;政策过程相应地被分成前政策制定、政策制定和后政策制定(包括政策执行和评估等环节)三个阶段。

政策执行不受重视的主要原因在于,人们往往将政策执行看作政策过程中的一个不重要阶段,认为只要政策一出台,便自然地得到贯彻执行而取得预期目标。米德和霍恩将政策执行研究被忽视的原因归结为四方面:①一个天真的假定执行,过程是简单且人所共知的,并没有什么值得学者关注的大问题;②以计划项目——预算(PPB)为焦点强调权威决策者的作用而排除了"低层次"官员对执行过程负责;③任务的困难,从方法论上看,执行过程涉及严重的边界问题,往往难以界定相关的行动者;④时间和资源的巨大消耗。

政策执行研究是一个新领域,其最早出现在普雷斯曼与韦达夫斯基于1973年针对美国一项旨在促进就业的奥克兰计划实施情况进行追踪调查,并撰写的一本名为《执行》的著作中。尽管20世纪60年代,有一些组织理论家的著作已涉及公共机构如何运作政策的问题,但是真正以政策执行作为主题,并进行全面案例跟踪研究的开创性著作则是《执行》这本书。普雷斯曼和韦达夫斯基的研究表明,奥克兰计划并不是按政策制定者所设想的那样被执行的,它并没有取得预定的目标,问题就出在它被执行的方式上尤其是"联合行动"的困难上,他们的工作引发了政策执行的热潮,导致了20世纪七八十年代所谓"执行运动"的兴起。

"执行运动"的兴起并非偶然,它有着深厚的理论渊源和现实背景。在理论渊源方面,随着美国20世纪60年代后期到70年代初期的快速发展,政策科学的研究范围不断扩大,需要对各个要素、各个环节进行更多、更深层次的分析。长期以来,学术界对政策的关注主要集中在政策的制定和计划上,对政策的实施、评价和结束等问题缺乏关注,已成为阻碍政策科学化发展的一个重要因素。在现实背景方面,约翰逊总统在20世纪60年代进行的"伟大社会"变革中,很多政治计划都未能达到预期效果,甚至以失败告终,这就带来了一个问题,那就是:为何一些好的、相对完美的政治计划未能达到预期效果?这就要求我们对政策进行评价,并在其实施过程中找到理由。从20世纪70年代初期开始,受理论和实践的影响,美国乃至整个西方政治学都开始关注政策执行问题。

(二)政策执行研究的主要途径

20世纪70年代中期以来,西方尤其是美国公共政策研究领域对政策执行持续不断地进行了研究。这些研究在分析路径上经历了如下沿革。

1. 第一代政策执行研究的自上而下路径

第一代政策执行研究路径被称为自上而下政策执行研究路径,也叫"以政策为中心的途径"或"政策制定者透视"。这一研究途径的理论来源为古典行政理论。

以马克斯·韦伯的官僚制决策模型为基础,强调官僚体系是一个严格的组织化的制度,上下层级在等级制度中构成了命令与被命令的关系,上级的官员是决策主体,拥有命令、监督的权力;对于上司的要求,下级要遵照法律,严格服从。从而奠定行政组织的结构是集权的、科层制的、金字塔形的。以威尔逊的行政理论为基础,强调行政是分立的、中立的、专业的非政治性活动。因此政治与行政是分离的,政治负责政策的制定,行政则执行政策。以泰勒的科学管理理论为基础,强调以科学方法管理行政事务、管理者与工人之间的职务与责任明确分开,最重要的组织目标为追求行政效率,所以行政管理必须依照客观的科学管理原则,以提高行政效率为目的。

自上而下政策执行研究路径注重"决策"与"实施"的分离,侧重于"实践"与"案例"的分析,强调高层通过集权、命令、控制等手段计划与制定方针。然后,将方针转变为各类具体的指令,再通过下属单位的工作人员加以实施和实现。把决策流程看成是一个指令链条,决策主体和实施主体就构成了一个由上而下的指令执行关系。该研究路径的创始者是马克斯·韦伯,他构建的官僚制决策模型内含着这样一个合乎理性的、科学的决策模型。按照这个政策制定者决策模型,理想的决策系统就是由极少数人组成的最高层次的法规指令决策控制,由下级行政人员负责执行,政策制定与政策执行是一个自上而下单向的命令传递关系:政策执行者的方案选择要体现对政策制定者的服从和遵行,而政策行为的宗旨或目标都由政策制定者在法规或指令中事先确定,如图 8-1 所示。

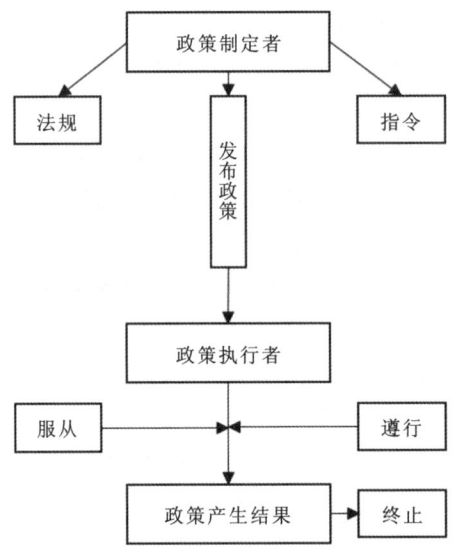

图 8-1 马克斯·韦伯的官僚制决策模型

自上而下政策执行研究路径的核心问题如下。①"决策"和"实施"具有一定的界限性、阶段性和连续性。②"决策"和"实施"之间存在着一定的界线,决策者提出自己的目标,执行者负责实施,二者之间的分工十分清晰;决策者之所以可以清楚地表达自己的方针,是因为他们可以就各种不同的目标之间的轻重缓急达成一致;政策执行者具有技术能力,服从和实施策略制定者所设定的政策。③决策者和执行者都有自己的职责范围,因此实施程序就必须紧随决策而来。④有关决策的实施,在决策上具有非政治性和技术性质;执行者的职责是中立,客观,理性和科学化的。

2. 第二代政策执行研究的自下而上路径

第二代政策执行研究路径是在对第一代政策执行研究路径批判与发展的基础上形成的。第二代政策执行研究采取的是自下而上的研究路径,注重决策主体和执行者的交互作用,主张决策者的职责不在于制定决策框架,而在于赋予执行者足够的自主性,赋予其足够的权力,从而制定出一套适合于双方的执行流程。该路径又被称为"向后推进策略""草根路径"。

自下而上路径是20世纪70年代以来主导的研究路径,主要代表人物有爱默尔、本尼·贺杰恩、戴维·波特和迈克尔·利普斯基等。

1980年爱默尔在《政策学季刊》上发表了《向后探索:执行研究和政策决定》一文,在该文中,爱默尔认为政策执行研究有"向前探索"和"向后探索"两种不同的路径。在爱默尔看来,政策执行过程中有许多的问题是无法通过科层体制来解决的,他指出,科层等级越多,监督就越紧密,决策也越谨慎,拖延与上下层口径不统一的情况便大大减少;下级对上级指导的依赖越大,对个人判断和解决问题能力的依赖便越小。对执行日益关注的一个巨大的讽刺是,我们越是努力运用传统的科层制控制手段,取得成就的可能性就越小。

为了解决科层制体制的缺陷,爱默尔提出了"向后探索"政策执行路径,并把它界定为从作为政策所要解决的问题的中心的个人和组织的选择,到与那些选择密切关联的规则、程序和结构,再到用以影响那些试行的政策工具,以及可行的政策目标的"向后的推论"。"向后探索"研究路径包括以下几个环节:①现实生活中的具体行为所形成的现象产生了政策干预的需要;②分析以上现象的起因、经过与结果;③描述这些组织运作所预期的效果;④明确其中的作用;⑤了解欲实现各自的目标,所需要的资源是什么?

基层官僚理论也是自下而上研究路径的重要支脉。利普斯基在先后发表的《街头层次的官僚和制度创新:特殊教育改革执行》《关于街头层次的官僚制理论》两篇文章和《街头官僚》一书中详细地论述了基层官僚理论。他认为,基层官僚在政策执行过程中并不像自上而下的研究路径所描述的那样,消极地、被动地执行上级的政策。相反的,基层官僚在政策执行过程中有着广泛的自由裁量权;基层官僚并不是仅仅"执行"政策选择,而是"作出"政策选择;基层官僚的态度与行为往往是影响政策执行效果的关键。

在利普斯基看来,基层官僚主要是指那些在提供服务过程中,直接与目标群体进行互动的、享有裁量权的一线基层官员,包括基层政府官员、警察、教师、社会工作者、法官和卫生官员等;并且认为影响基层官僚政策执行质量的因素是多方面的,主要包括自由裁量权的大小、抵制的资源、预算资源、机构的目标、个人的目标、评估的标准、当前的政治气候等。

3. 第三代政策执行研究的整合路径

第一代、第二代政策执行研究各有所偏,也各有所长,必须设法吸收其优点,改变其缺点,构建政策执行研究的第三代整合模式。莱斯特等就指出,要迈向第三代政策执行研究的整合模式,必须从下列三个方面有新的突破。①理论的多元性,目前政策执行理论正处于百家争鸣、多元范式并陈的时代;②限制性的情境,政策执行理论的应用情境受到时空的限制,无法推论到其他情境上;③欠缺积累性,政策执行研究所积累的知识各行其是,没有发挥积累的效果。

第三代政策执行研究的整合路径试图建立能够结合自上而下与自下而上模式的整合性概念架构。该路径认为,成功的政策执行一方面在于"向前推进策略"的运用,期望由政策制定者缜密规划政策工具与其他资源的运用;另一方面则必须采用"向后推进策略",广泛掌握目标群体的诱因结构。其目的是解释政策执行为何会随着时空、政策、执行机关的不同而有所差异,因而可预测未来出现的政策执行研究类型。第三代政策执行研究的主要代表人物有麦尔科姆·高金、兰德尔·雷普利和格蕾丝·富兰克林、丹尼斯·施柏丽等。

麦尔科姆·高金等在 1990 年出版了《政策执行与实务:迈向第三代政策执行模型》一书中,提出了"府际政策执行沟通模式",如图 8-2 所示。

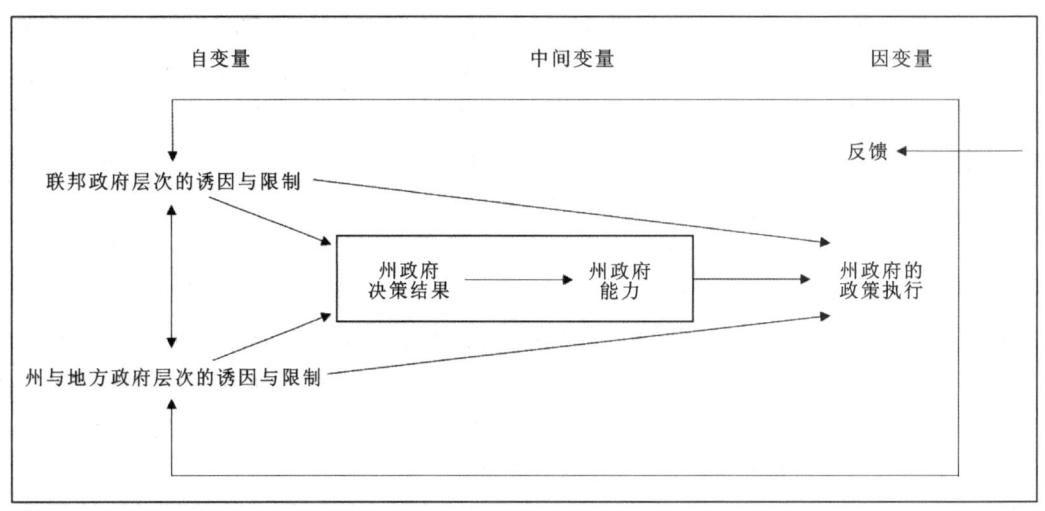

图 8-2 麦尔科姆·高金的府际政策执行沟通模式

麦尔科姆·高金等认为,第一代政策执行研究遵循的是演绎的途径,而第二代政策执行研究则遵循的是分析的途径。但是,政策实施是一个极其复杂的过程,它是一系列在不同的时空中进行的政治和行政决定和行为的过程,这并不能简单地用演绎或分析的方法来加以说明。基于此,他们认为在不同层面上,政府间政策实施交流不能忽略实施的动力因素,而其构建的"府际政策执行沟通模式"就是关注实施的动力过程。

这一模式包括三个变量:①因变量,州政府的政策执行;②自变量,包括两项,第一项为联邦政府层次的诱因与限制,第二项为州与地方政府层次的诱因与限制,两者形成交互依赖的关系;③中间变量,包括州政府决策结果与州政府能力。其中,自变量是事先存在的,中间变量是由中央政府决策与州政府决定共同影响的,州政府能力与州政府决策结果是两个重要的中间变量,影响着因变量,即州政府的政策执行,而州政府的政策执行情况又反馈回联邦政府和州政府作为其诱导和约束因素。

在麦尔科姆·高金之后,兰德尔·雷普利和格蕾丝·富兰克林也进一步丰富和发展了"府际政策执行沟通模式"。他们指出,典型的公共政策执行发生在一个复杂的府际关系网络上,其中多元参与者经常保持有分歧和冲突的目标与期望。基于此,各种层次的府际关系能否顺畅无碍,自然与政策执行的效果息息相关。"

丹尼丝·施柏丽在对联邦制国家结构中环境政策的执行的研究中得出结论,认为政策是否能够有效执行,关键在于能否培养正面的府际运作关系。她还根据联邦与地方官员的彼此互信程度以及上级机关监督介入情形,将府际的运作关系分为下列四种类型。①合作共事型,在彼此互信程度较高的情况下,合作共事型允许联邦机构高度介入地方政策执行过程,并由此带来显著的政策执行效果。②合作但维持地方自主性,政策执行前景存在于地方政府受到的诱因激励与条件限制中,政策执行的障碍可能会发生。③逃避式各自为政型,由于地方政府享有相当程度的自主性,联邦与地方政府维持一个行礼如仪的表面关系,两者欠缺实质上的政策连带关系,必须借助基层官员和民众的鼎力支持才能取得有效的政策执行。④争斗式各自为政型,联邦政府高度介入地方事务,但与政方政府的互信度不高,沟通不良是府际运作关系的主要特征。因此,基层的政策执行人员习惯于阳奉阴违,时常拥有自己桌面下的议程。

总而言之,在麦尔科姆·高金及其追随者看来,政策执行是通过府际或组织间网络来实现政策目标的,政策执行过程充满着高度的动态性与复杂性。

(三)七大经典政策执行理论

"执行运动"的倡导者和追随者们在实践中形成了多种不同的管理学说,比较有影响力的有以下七类。

行动理论——政策执行被视为对某项公共政策所要采取的普遍行动。

组织理论——强调组织在政策执行中的地位,认为只有了解组织是怎样工作的,才能理解所要执行的政策以及它在执行中是如何被调整和塑造的。

因果理论——把决策视为一种假定,把决策执行视为一张指引人们走向目标的地图,关注决策进程中的因果联系。

管理理论——强调政策执行是一个管理过程。

交易理论——认为政策执行是一个政治谈判。

系统理论——将政策执行理解为政策行动者与环境的相互作用。

演化理论——主张在政策执行中重新设计目标和修改方案,政策的制定与执行是一个演进过程。

(四)基于西方经验的政策执行理论模型

20世纪70年代中期以后,政策研究者纷纷从各自不同的专业背景出发,从各种不同的角度来研究影响公共政策执行的因素,建立起若干政策执行的理论模型,以期帮助人们更有效地了解问题、发现问题和解决问题。

1. 过程模型

过程模型是由美国学者史密斯在其《政策执行过程》一文中,首次提出的一个分析政策执行因素及其生态关系的理论模型,因而又可称为"史密斯模型"。

史密斯认为政策执行所涉及的因素很多,但有如下四个主要变量。第一,理想政策,即合法、合理、可行的政策方案。第二,执行机关,通常指政府中具体负责政策执行的机构。这其中包含了行政组织的权力结构,工作人员的配置和工作态度,领导方式与技能,行政管理的现状等。第三,目标群体,即政策对象,泛指由于特定的政策决定而必须调整其行为的群体。这涉及他们的机构和体制水平,对领导力的认识水平,以及以前的政治经历。第四,环境要素,它是指影响制度存在的政治、经济、文化和历史等方面的环境要素。这既是一种路径依赖,也是一种政策执行的影响因子。

图 8-3 描述了在政策执行过程中这四个主要变量及其互相关联对政策执行效果的影响过程。史密斯用"处理"一词来表示对政策执行中各组成要素内部及彼此间的紧张、压力和冲突等关系的反应。

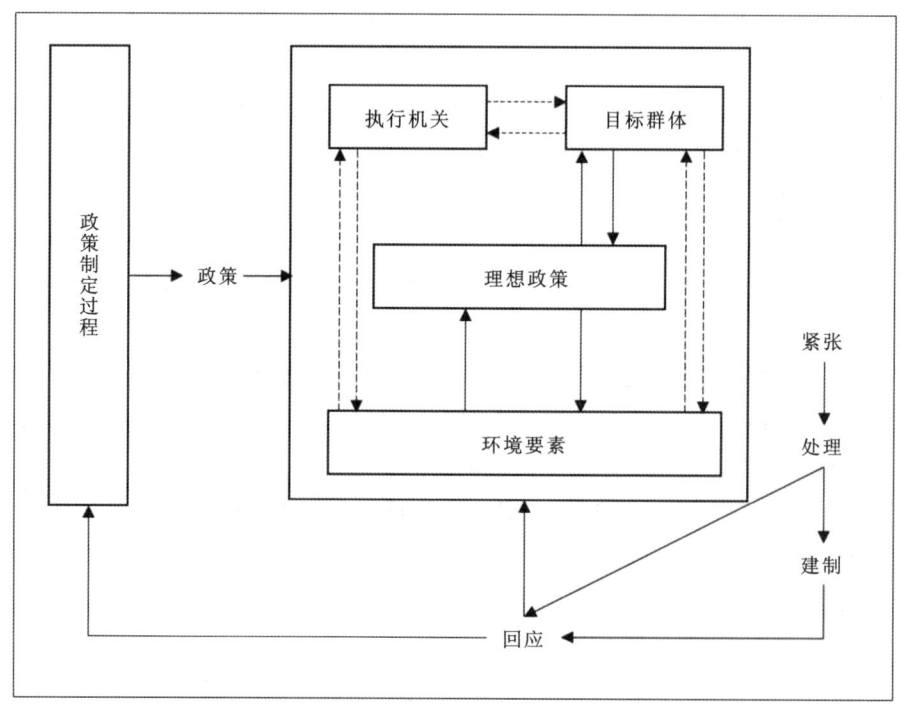

图 8-3　政策执行过程模型

2. 互适模型

有些学者称互适模型为"互动理论模型"。这一模型的构建者是美国学者麦克拉夫林,其代表作是写于 1976 年的《互相调适的政策实施》。麦克拉夫林在对美国当时教育结构改革问题进行个案研究的基础上,采用从具体到抽象的方式,指出了这是多方就目标或手段相互调适的一个过程,他认为这应是一个动态平衡的过程,是否有效则取决于二者互适的程度。图 8-4 可看出麦克拉夫林的互适模型包括了以下四项逻辑认定。第一,政策执行者与受影响者之间的需求和观点不一致,但基于双方在政策上的共同利益,彼此必须经过说明、协商、妥协等确定一个双方都可以接受的政策执行方式。第二,相互调适的过程是处于平等地位的双方彼此进行双向沟通的过程。第三,政策执行者的目标和手段随多因素改变。第四,受影响者的利益和价值取向将反馈到政策上,从而影响政策执行者的利益和价值取向。最后得出结论:决策的成功取决于政策的高效执行,而政策的高效执行又取决于相互协调的顺利进行。

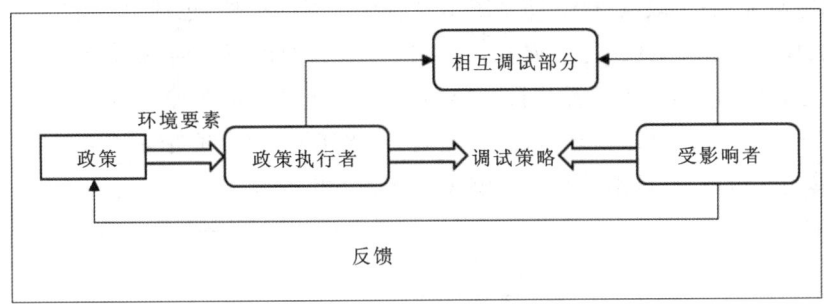

图 8-4 政策执行互适模型

3. 循环模型

美国公共政策学者雷思和拉赛诺维在 1978 年构建了一个以循环为特色的政策执行分析框架,如图 8-5 所示。

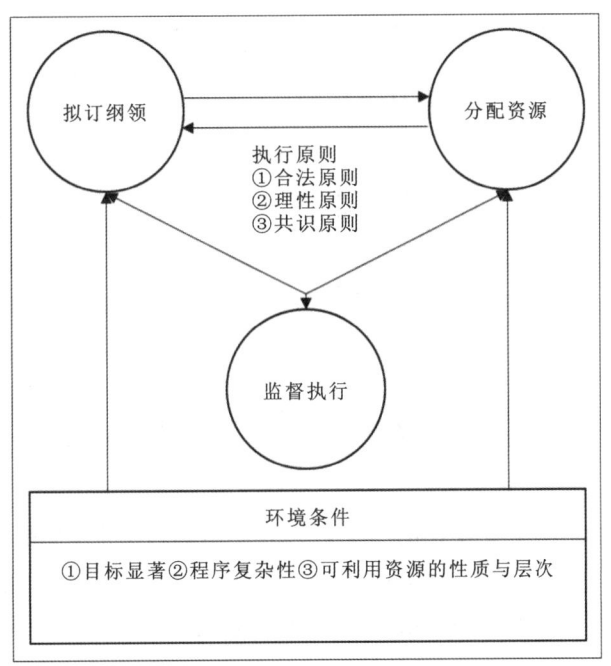

图 8-5 政策执行循环模型

他们认为在环境条件的影响下,政策执行经历了三个阶段,遵循三个原则。三个阶段是:拟订纲领阶段、分配资源阶段、监督执行阶段。三个贯穿于每一阶段的执行原则是:合法原则、理性原则、共识原则。这是一个"上令下行"与"下情上传"的主动执行—监督的循环回路,强调了监督的重要性,也强调了相互有效传达的重要性。

4. 系统模型

系统模型是美国学者霍恩和米特尔提出的一个政策执行模型。他们认为在政策决定与政策效果这一转变过程之间存在许多影响二者的变量——既有系统本身,也有系统环境的因素。一个合理有效的政策执行模型必须重视对如下五个重要变量的把握:①政策的价值诉求,即政策目标与标准;②政策资源,即系统本身实现价值的条件,包括全国土地资源、财物资源、信息资源、权威资源等;③执行者属性,包括执行人员的价值取向、执行机关的特征;④执行方式,指的是执行者之间、执行者与目标群体之间采取的互动方式,主要包括沟通、协调与强制;⑤系统环境,主要包括政治环境、经济环境、文化环境、社会条件等。这五个变量相互之间的联系及其与政策内容、政策效果的影响关系如图8-6所示。

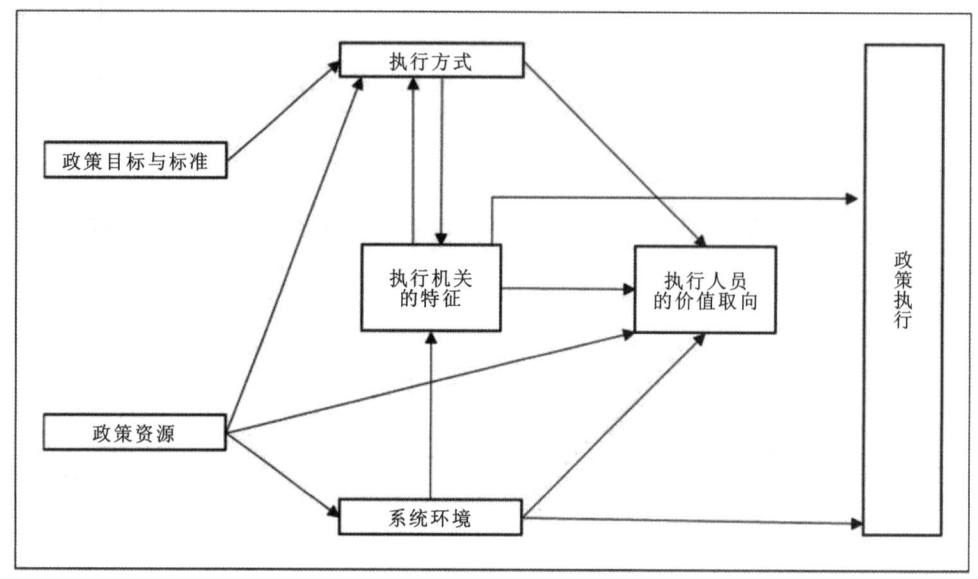

图8-6 政策执行系统模型

第二节 公共政策执行的要素分析

公共政策的执行是一项十分复杂的活动,受到许多因素的制约和影响,如政策问题本身与政策的执行、政策问题的复杂性、政策执行的资源条件、执行主体、作用对象、政策环境等。政策执行要综合协调好诸种因素的关系,为政策执行创造良好的内外环境。

一、政策问题本身与政策的执行

公共政策是为解决政策问题而制定的,政策问题本身对公共政策执行的成效程度有重要的影响。公共政策问题是普遍性的社会公共问题,所有问题所涉及的范围、问题的复杂程度等对问题解决的难易都有重要的影响,对政策执行的难易也有重要的影响。在公共政策的执行过程中,有的政策的执行比较顺利,而有的政策执行却比较棘手。

在现实中,有的政策问题所涉及的范围较小,仅仅涉及一个地区,一个部门,对此问题只需在小范围内就可以解决,执行中所涉及的范围小,执行起来比较容易;而有的问题涉及全社会,政策的执行就比较困难。例如医药管理的政策执行只是在一个行业中进行,就比全国性的计划生育的政策执行容易得多。

二、政策问题的复杂性

一般而论,政策问题的复杂性取决于如下四个方面。

(1)问题形成的原因复杂,如腐败问题,这类问题既有历史的原因又有现实的原因。

(2)问题本身的影响广泛,如一个国家的教育落后问题,影响全体国民素质的提高。

(3)问题的关联性,各种社会问题是相互关联的,如吸毒问题,是与其他一系列犯罪问题相互作用和相互影响的。

(4)问题的顽固性,有的问题一旦产生,需要不断地努力才能解决。公共政策问题很多属于复杂的社会问题,问题本身的复杂程度直接影响着这些问题是否能顺利地执行。

公共政策问题的复杂性是客观存在的,政策执行者在执行过程中不仅要充分理解政策和政策所要达到的目标,还要充分认识到政策所指向的问题的性质特点和这些性质特点给执行所带来的影响。

三、政策执行的资源条件

政策执行需要一定的物质资源和人力资源,如果缺乏这些资源,政策执行就不能进行。对物质和人力的投入,应遵循成本效益原则,以最小的投入获得最大的产出。信息是政策执行活动的必要条件,在公共政策的执行中要保证畅通的信息渠道和足够的信息来源,否则,执行者就无法制订出切实可行的行动计划,也无法对政策执行过程实施必要的控制。缺乏必要的信息往往会造成政策执行中的某些失误或困难,因此,政府在具体的政策执行项目上提供的公共政策执行的资源质量,或者政策执行主体实际使用的资源种类和数量,是公共政策执行的前提条件。在一般的情况下,实际的公共政策执行应当具备如下诸方面的资源。

(一)执行经费

在政策执行中,经费是执行的条件之一。经费是执行中所需的物质资料(工具、设备、材料等)的价值体现,经费虽然不是万能的,但它是前提条件。没有充足的物质资料,事情就难以办成。没有执行经费,公共政策根本无法推行。公共政策执行经费绝大多数情况下由国库拨付,有时也由民间筹集。

(二)信息资源

政策执行是一个动态过程,这一过程的信息可分为两类。一是政策执行指令信息,即反映政策内容及如何执行政策的信息,这类信息的传递方向是政策制定者→执行者→政策作用对象。另一类是政策执行状态信息,即反映政策执行程度的信息,这类信息的传递方向是政策作用对象→执行者→政策制定者。当今社会是信息社会,准确、及时、充分地掌握信息是事情成功的必要条件。由于政策执行中各方面因素的复杂性,如果不掌握信息,那么执行会出现很多偏差和失误。

(三)权威资源

政策作为政治实体的政治行为,要求政治实体的成员无条件执行。同时,政治实体也会运用政治、经济、军事等多种手段来影响政治实体外的社会成员去执行本实体的政策。政策的执行需要政策主体的权威——权力和威信。权力是通过法律规定和法定的程序获得的,法定的权力要求政策对象必须具有强制性。威信是由政策执行者特定地位、人格魅力、个人智慧、工作经验等综合各方面的优势形成的,对政策接受者具有威慑力量和感召力量,不具有强制性。按照赫伯特·西蒙的说法,权威的功能无疑是广泛的,其中特别值得注意的是:权威可以加强行使权威的那些人的责任感,同时促使个人遵从由群体中的权威人士制定的规范;权威通过保证政策制定工作中专门知识和专门技能的利用,确保具有理性和效能的高质量决策的实现,并且,它对政策制定和政策执行的重要意义是不分上下的;权威有助于组织的整体协调。协调的目的是使群体中的所有成员采纳同样或彼此一致的复合决策,以达到预期的目的。

(四)执行保障

执行保障是指政策执行人员在职权范围内按照有关规定执行政策,使个人权利和个人利益依法受到保护。执行保障是对政策执行人员的权力和权益的维护,有利于提高执行人员的积极性和主动性,体现责、权、利统一的原则。执行保障至少包括人格保障权、身份保障权、职务保障权、公务使用请求权、行使职务了解权、执行公务保障权、行政裁量权、自由申辩权、确认事实权等权力。

(五)执行工具

公共政策执行的工具或手段是指执行机关和人员为实现一定的政策目标而采取的贯彻落实政策的措施和方法的总和。政策执行工具或手段运用的恰当与否直接关系到政策执行目标能否实现,关系到执行主体的政策执行力的成效。政策执行工具或手段主要有以下几种。

1. 行政工具

行政工具是指行政机关为执行公共政策所采取的手段,行政工具具有以下特点。①权威性。行政机关以国家权力为基础,强调垂直领导关系和下级服从上级的权威性,从而保证政策执行在全国范围内统一组织、统一指挥、统一行动。②强制性。行政机关强制政策对象服从上级命令和政策规定,落实执行任务,做到令行禁止。强制性体现了政策执行以牺牲某些群体或个人的某些利益为代价,以实现另一些群体或个人的利益诉求的特质。③可操作性。政策执行的行政手段是就某一具体问题,完成某一具体任务而选择和配置的,因此其内容、对象、时间、范围、限度等都必须具体明确,其措施、工具、行动步骤都必须切实可行。

2. 法律工具

法律工具是指通过各种释法、用法(如以法律、法规为依据进行调解和协商)、司法、仲裁等工作,特别是通过行政立法和司法方式来调整政策执行活动中各种关系的方法。法律工具的运用一是通过有关部门对违法行为进行制裁;二是政府机关依法制定和实施行政法规、制度等以调整社会关系,并对政策执行活动进行控制和监督。法律工具除了与行政工具一样具有权威性和原则性外,还具有稳定性、规范性和程序性。依法行政是政策执行法治化、制度化、规范化的根本条件。只有有效运用法律手段,消除政策执行以人治代替法治的行为,才能有助于政策的顺利执行。

3. 经济工具

经济工具是指根据客观经济规律和物质利益原则,利用各种经济杠杆,调节政策执行过程中各种不同的经济利益之间的关系,以促进政策顺利执行的方法。执行主体将政策与物质利益挂钩、权责一致,权利与义务相统一,以调整政策执行及其目标群体的行为,调动政策执行的积极性和主动性,减少政策执行的阻力。

4. 思想政治教育工具

思想政治教育工具是注重人性,倡导人本管理,依靠沟通、说服、劝导、精神鼓励等方式做人的思想政治工作,把各种政策内化为人们的信念,引导政策对象自觉地、主动地去执行公共政策。常用的思想政治教育手段有制造舆论、说服教育、协商对策、批评与表扬等方式。

5. 技术工具

技术工具是指运用先进的科学技术和科技产品,如办公自动化和电子政务等来执行公共政策。

四、执行主体

政策执行主体是政策执行的直接实践者,它是影响政策执行的最直接因素。政策执行主体对政策执行的影响主要体现在政策执行组织与政策执行人员两个方面。

(一)政策执行组织的影响

当代社会是组织化的社会,尤其是政策执行机构,组织化程度高。在任何政治体系中,政策的执行都是经由政策执行机构进行的,政策执行机构是政策执行的载体。因此,政策执行机构的功能和作用如何,是影响政策执行的重要因素,政策执行组织应当具有以下能力。一是确认自身的能力,如组织目标是什么,应该做些什么,组织成员对组织的认识与组织外人员对该组织的认识之间的差异在哪里,等等。二是执行组织的适应性,现代公共政策要求组织必须具备对内外环境的了解和洞察力,只有这样,才可能具有灵活机动适应环境要求和解决问题的能力。三是执行组织的自立性,组织对公共政策的执行不应受外来势力的干扰,能自立地、有力地执行公共政策。然而,在现实中政策执行组织往往受到其他社会组织(正式的或非正式的)、人员(政府官员乃至社会其他人士)行为方式的影响。四是执行组织内部凝聚力。所谓组织内部凝聚力,就是组织能把组织成员团结在一起,使组织有良好的凝聚力,它表现为组织对成员的吸引力和成员之间的相互吸引力。影响凝聚力的因素有组织成员对组织目标的认同、组织利益的均衡、核心人物的影响、群体成员心理满足程度等。一般来说,组织机构的如下要素对政策执行具有重大的影响。

1. 政策执行机构的层级与幅度

层级与幅度是构成组织结构的两个基本范畴。层级是指组织机构纵向管理的层次；幅度是指组织机构横向的部门划分。组织机构的层级与幅度相互影响，就一个政策执行机构来说，层级越多，管理的幅度越小；层级越少，管理的幅度越大。适宜的层级与幅度有利于政策的执行，反之则不利于政策的执行。因为层级过多会影响政令的畅通，幅度过大则管理者可能很难兼顾各方面的情况。

2. 政策决策体制的影响

政策决策体制主要有集权和分权两种，政策决策权力的分配对政策执行有重要的影响。一般说来，高度集权的政策决策体制，可保证统一指挥，统一领导，有利于政策的顺利执行，防止相互间的扯皮现象；但也存在弊端，集权的决策体制不利于调动下级的积极性，管理单一，适应环境的能力较差，容易导致专制和独裁，引起政策失误。分权制的政策决策权力分配体制，可保证决策尽可能适合各地实际，但也容易导致各自为政，不利于内部的协调和整合。我国目前实行的是"统一政策、分级决策"的政策决策权力分配体制，即在中央大政方针统一指导下，各地政府结合本地实际做出有效贯彻中央政策的具体政策。

3. 政策执行组织制度的影响

没有规矩不成方圆，任何组织都应有组织本身的制度规范去指导组织的行为。在组织的规则制定中，要做到责权利三者的统一。要做到有责必有权，有权必有责。"利"包括权利和利益，是责权的保证。一般说来，责权利相统一的制度，有利于政策执行；责权利不统一的政策执行机制，不利于政策执行。

4. 执行机构组织间的沟通与协调

沟通是政策执行过程中各级组织和人员之间进行信息交流、传递的过程，是对政策目标及其相关问题获得统一认识的方法和程序。沟通分为正式沟通和非正式沟通。正式沟通是通过正式的、法定的程序进行的，如组织的命令、执行方案通过下达文件、召开会议等方式进行；非正式沟通是非正式程序的沟通，通常可通过谈话等方式进行。

两种沟通方式都有利于成员对政策的了解，沟通是政策执行成功的必要条件。从纵向层次看，上级机构的政策标准，对执行情况的了解必须通过有效的沟通渠道传递给执行者，执行者对政策的理解和支持程度也取决于沟通渠道。从横向层次看，一项政策的实施常常涉及众多机构和执行人员，需要他们的分工合作，而在这一过程中难免会产生分歧，这就需要通过有效的沟通，相互交换意见和看法。不充分的沟通会导致执行中的失误。

由于政策的执行是由不同机构和人员进行的，在组织间和组织内部必然会有协调。协调是组织为了顺利实现政策目标，谋求自身统一和谐，谋求自身各相关要素匹配调剂，协作分工的一种行为方式。政策协调可划分为三个层次：一是执行机构内部的协调，即每个层级执行领导者对所属部门之间和工作人员间所做的协调；二是执行机构之间的协调，包括上、下级执行机构之间的协调和同级执行机构之间的协调；三是执行机构与其他机构之间的协调，为了保证国家和政府制定的政策能顺利推进,政策执行机构必须与相关的机构和单位之间紧密配合、良性互动。

(二)政策执行人员的影响

政策执行人员的知识能力、职业道德也是影响决策执行的关键因素之一。人是诸多因素中最活跃、最关键的因素。因为所有的政策都是由人制定的,也是由人来执行的。虽然组织制度对政策的执行作出了规定,但是由于人具有主观的能动性,政策执行人员水平的高低直接决定了政策执行的好坏。

1. 知识能力

知识是人们在社会实践中积累起来的对事物的认知,能力则是完成一定活动的本领。知识能力在执行中具体表现为具有专业技术知识和准确地理解、把握政策规定的能力以及对具体执行计划的执行能力。政策执行人员的知识能力素质制约着政策执行人员在执行中的作用,政策执行者缺乏必要的知识和能力,对某项政策理解不深,把握不准其精神实质,就会导致政策在宣传和执行中的失真、失误。

2. 职业道德

职业道德包括政策执行人员在政策执行中的价值取向和个人的职业修养。政策执行人员职业道德的好坏,影响政策的执行。如果政策执行人员信奉"人不为己,天诛地灭""有权不用,过期作废"等腐朽的处世哲学,他们在执行政策时,往往会将人民赋予的权力当作牟取私利的手段。执行人员在执行决策时,拥有很大程度的自由裁量权,自由裁量权赋予了执行人员根据实际情况,选择不同的解决问题的方法,从而采取相应措施的权力。自由裁量权的正确使用有赖于执行人员拥有较高的水平和职业道德。

为了加强政策执行人员在执行中的正面影响,减少负面影响,应该加强对政策执行人员的培训,不断更新政策执行人员的观念,提高其各方面的素质,并建立健全监督考核制度。

五、作用对象

政策作用对象指公共政策的实施所针对的目标。公共政策作用对象的不同情况对公共政策的执行有重要的影响。

公共政策作用对象对公共政策执行的影响因素有以下几项。

(一)政策作用对象所涉及的范围

政策的实施会对政策作用对象产生影响。政策涉及的对象范围越广,政策产生的社会震动就越大,在执行中的阻力就越大;反之,政策涉及的政策作用对象人数越少,政策执行就越容易。

(二)政策作用对象的构成

不同的政策所指向的对象不同,政策作用对象的构成越复杂,执行越困难,构成越简单,执行越容易。

(三)政策作用对象的价值取向

新的政策执行后的价值如果与政策作用对象固有的价值差距不大,执行受到的阻力会较小;若价值差距较大,则执行受到的阻力会较大。

(四)对政策的认同

政策作用对象认同政策,就会在执行过程中理解政策、支持政策,政策执行就比较顺利;不认同政策,会出现对政策的抵制、对抗等,政策在执行中会受到较大的阻力。保证政策作用对象接受政策,是保证政策顺利执行的关键环节之一。

六、执行环境

政策执行环境是指政策执行机构自身之外的诸多因素的总和。影响政策执行的环境因素很多,公众的态度、政策执行机构对待公众的态度是影响政策执行效力的主要因素。

(一)公众的态度

较之政策制定或决定,政策执行必须面对面地直接与公众发生关系,而公众的态度随着各种可能的条件变化亦会相应发生变化,当一项政策公布实施时,公民对该政策会有一个基本的反应过程:①判断该政策对自己的利益实现有怎样的影响;②选择反应模式,根据以前的经验和教训,在成本和收益比较的基础上选择他认为最佳的模式;③社会行为过程,公民对政策的反应,表现为政府政策的社会效应。当政府的一项政策公布实施时,公民就会理性地预期该政策对自己的价值和自己采用怎样的行动策略是最有利的。在一个公民进行成本收益的权衡比较时,惩罚的威胁确实会影响他的行动选择,政府的政策如果伤害了他的有关利益,他也可能选择容忍。

当一项政策不能增进甚至是损害有关公民的利益达到一定的限度时,他们就一定会采取各种手段来限制其对自己的影响。他们可能以消极对抗的方式来限制政策的影响;可能阳奉阴违,在政府的政策秩序之外,再构造一种非正式的秩序;也可能出现严重的"社会病"。当许多政策都不能和有关社会群体的利益、要求和期望相契合时,则可能出现社会混乱,表现为一系列的社会弊端。

(二)执行机构对待公众的态度

公共政策作用对象对待既定公共政策的态度无非是服从和不服从两大类。服从的态度自然好,不服从的态度则需要认真对待。当公共政策作用对象对待既定公共政策的态度出现并形成一定的不服从状态时,政策执行机构对待公共政策作用对象的方法选择对于消除不服从状态有至关重要的意义。在这方面,政策执行机构可以采取的传统应对之策如下。

1. 说服

说服是在个人或集团目标引发冲突的情况下,通过晓之以理、动之以情和告之以利害关系的办法,使个人或集团放弃原来的意见,对公共政策予以支持的一种方式。在实践中,这种对策常常能达到一石二鸟的效果,既化解冲突,又维护组织团结。

2. 协商

冲突双方单独或在第三方主持下进行面对面的商谈,包括谈判,直接听取对方的意见和陈述己方的要求,寻求双方都可以接受的解决方案等。协商的前提是各个行为主体都有通过协商达成一致意见的诚意,都愿意做出不同程度的让步。

3. 仲裁

在冲突争执不下的条件下,有时也可以通过享有法定权力或享有公认影响力的人和机关来进行裁决,如共同的上司、德高望重的长者,由他们对冲突进行调解,并根据公平合理的原则对冲突作出判决。当冲突表现为行政纠纷的时候,其仲裁主体除了上级行政机关外,还有法院(庭)。

4. 权威

在说服无效、协商不成、仲裁不服的情况下,还可以通过上级主管机关予以强迫解决。但这种方法往往不能从根本上解决问题,而且还会带来一定的副作用。因此,不在迫不得已的时候一般不使用。在实践中,这种方法多用于机构改革等方面。

第三节 公共政策执行机制

公共政策有效执行机制是指健全的、完善的公共政策执行机制,它能够推动公共政策顺利的贯彻实施,将政策观念形态的内容完全转化为实际效果,保证公共政策目标圆满实现。

一、信息沟通机制

控制论的创始人维纳认为,信息是人们在适应客观世界并使这种适应反作用于客观世界的过程中同客观世界进行交流的内容和名称。从控制论的角度来分析,公共政策执行过程实质上是一个有效的信息流通过程。信息是公共政策执行的重要资源,是防止执行偏差的重要条件,政策信息的不对称或沟通渠道受阻都将严重影响公共政策执行。因此建构公共政策执行的信息沟通机制,以畅通信息传播和反馈渠道,尽量避免或减少政策信息的不对称性,是防止公共政策执行偏差和提高公共政策执行效率的重要途径。

(一)建立健全政策执行的信息网络和"政府上网"工程

公民参与是公民依法介入国家社会政治生活,享有真正管理国家和企事业的权利;是体现民意、反映民情、提高公共政策执行民主化水平的根本要求;是实现公民自我管理、自我教育和自我服务功能的基本途径;是体现"民主自治"原则、增强主体意识和加强民主政治建设的重要内容。优化公民参与机制:一方面要求公共政策执行体现公民有序的政治参与;另一方面要保证公共政策执行中公民参与的制度化、规范化和程序化。公民参与机制在公共政策执行中主要表现在公民参与政策执行计划、监督及评估等方面。

通过构建电子政府,政府机关能够借助现代信息和通信技术,建立起政府组织间、政府与社会、政府与企业、政府与公民之间的广泛沟通网络,打破时空和行政组织部门、层级的限制,及时传达政府的方针、政策,扩大公众的民主参与程度,增强公民对政府政策的认同感和支持度,以最大限度地减少政策执行的阻力。公共政策执行需要各级执行机构建立起信息中枢系统,强化政策信息网络的运作机制,促进行政领导对信息的收集、传递、储存、加工、使用等方面的规章制度进行完善;加强资讯网络的相通性和沟通性,并尽快使政策资讯工程工具现代化,如建立通信系统、计算机系统和音像处理系统等;大力实施"政府上网"工程,推进电子政务建设,"政府上网"不仅增加了群众了解政策信息的渠道,增强了公共政策执行的透明度,还增加了目标群体与政策执行主体之间的沟通和反馈机会,方便社会大众、新闻媒体监督政府,实现政务分开促进廉政建设,提高公共政策执行效率。"政府上网"中开设"信息反馈""电子政务"等栏目,更能体现出民主、公正、法治的政策执行观念,是目标群体反映现实、表达心声、表达意见、实现意愿的有效途径。

(二)优化政策信息传播和反馈渠道

加强政策资讯的传播,提升资讯的效能,除"政府上网"系统的建立,使资讯能够高效地传递与收集之外,还要加强报刊、电台、电视等大众传播媒介对资讯的传播,对资讯的传递与实施进行详细的报道,并制订一套标准的资讯报道体系;此外,针对不同的区域,特别是贫穷山区,搭建电话线,加速乡村间的资讯传递,增强资讯传递的时效性;同时,要完善群众上访制度、社会协商对话制度、市长电话和市长信箱等政府公开制度,以反映"公开、公平、公正"的原则,实施"阳光工程",让公民能够及时、直观地将政策实施的情况反馈给相关的实施部门。

二、公民参与机制

(一)公民参与执行计划

规划是实施国家政策的第一步,规划制定得是否合理,将直接影响政策实施的成效。在政府决策过程中,公众对政府决策过程所起到的作用越来越大。政府对政策实施计划的听证制度进行了改进,包括电视电话会议和电子行政系统,这些有利于对公民的意志和现实情况进行充分的表达,能够极大地减少在公共政策实施过程中的盲目性和随意性,从而让公共政策实施计划变得更加具备现实的可操作性或可行性。

(二)公民参与执行监督

行政契约制度是公民参与政策执行监督的主要保障机制。行政契约是一种在市场经济条件下,调节公共政策执行者与被执行者之间权利义务关系,实现公共政策执行者与被执行者之间权利义务关系公平透明,达成公共政策目标的一种有益实践,它能够改变政府"运动员"与"裁判员"的双重混杂角色,改变传统的奴仆形象,实现公民与政府之间的委托—代理机制以及服务者与被服务者关系的良性运转。行政契约不但具有民事行为中的契约精神,而且还具有公共政策执行的行政性质,它可以充分体现公民自治、公民自主的有序政治参与精神与主体意识,通过群策群力,提高公共政策执行的效率。公共政策实施中的行政契约性主要表现为如下几点。①政府与部门间签订的各类目标责任书,如计划生育目标达标、环境保护目标达标、义务教育普及等。②政府与社会团体和企业法人签订的行政合同,主要包括公共工程承包、房地产招投标承包、政府采购承包等。③与公务员有关的制度,主要内容包括面向社会的公务员招考制度,公务员的人事和聘用合同制度,干部的任前公示制度,新提拔的干部的试用期制度等。这些行政契约的建立与完善,能够对公民参与机制的建设与发展起到极大的促进作用,真正做到民主行政与依法行政,有效地防止公共政策执行出现偏差,降低公共政策执行成本。

(三)公民参与执行评估

过去,政府只注重公众在政策制定与执行过程中的参与,而不注重公众在政策执行评估过程中的参与。公众参与政策执行评估,有利于提高政策执行评估的公开性、有效性、客观性、时效性,避免"暗箱操作"、扭曲变形,避免政策执行结果的浮夸、失真;有利于强化政策执行责任追究与行为监督,及时披露政策执行主体存在的重大责任、执行偏差等问题,避免执行效果进一步恶化,提升政策法规的权威。公民参与执行评估主要指的是公民直接或间接参与到公共政策执行结果的考核制和执行人员的绩效评价的民主投票制之中。与此同时,应该构建并完善公共政策执行的社会评价机制,如设立听众信箱、公共电视座谈、检举信箱等制度和措施,保证对公共政策执行评估的公正、公开和高效,为公共政策执行情况的检查评估提供最真实的原始资料。

三、激励机制

政府部门作为一个相对独立的社会行为组织,在市场经济中也是一个多元利益主体,同样需要追求自身利益最大化。政府中的个体也属于经济人,他们都天生地追求自身利益的最大化,但是政府机制却不能以盈利为目标,因此对政府官员的物质激励十分有限,他们往往被置于"公仆"的地位,无法明确地追求自身的经济利益,这就限制了他们的自利动机。忽视公共政策执行者的利益需要或缺乏激励机制,是造成公共权力异化、客观腐败的主要原因。因此,必须在资源有限的条件下,尽可能地对政府官员进行有效的激励。一是引进了竞争机制,如公开选拔干部、采用任期制等。二是引进能绩制度。西方人普遍认为,传统的固定薪酬模式会抑制政策执行者的创造性,要打破薪酬与职级、工龄挂钩的限制,突出能力,体现公平、公正。三是引进功绩制度。要对公务员的业绩给予充分的肯定与尊重,充分调动公务员的积极性与创造性,实行"以薪养廉"制度。另外,改变公职人员"成本—收益"的计算方式,加大公职人员违法犯罪行为暴露后的损失,有利于防止贪污。四是对职务晋升制度进行创新。职务升迁是指公务员职位上升后,责任加重,职权扩大,并伴随着工资、奖金、福利待遇的提高。传统的晋升制度以年资高低和自动滚动式为主,使得晋升成为一种形式主义和平均主义,丧失了应有的激励作用。所以,要对晋升制进行科学规范,创新职务晋升要求,对优秀人才和有突出贡献者的晋升予以重视,以发挥不拘一格用人才和破格晋升的突出作用。

四、责任追究机制

公共政策是政府为解决社会中存在的公共问题而制定的一系列行为规范。政策执行主体依法行使权力,实施政策,是权责利的统一,这就要求政策执行者承担起与之相适应的政治、道德和人格责任。要想实现这一目标,就必须把强化责任追究机制作为重点,促使政策执行者提高政策的质量和水平,对政策的执行方向进行控制,对政策的执行行为进行规范,就像重视建立决策者责任制一样,重视建立对公共政策执行者的责任追究机制,将政策管理出现偏差,执行不力,执行失误,甚至是违反政策、对抗政策的责任,都落在具体的执行者头上,以确保政策执行的责任清晰,执行的严肃性,从而提高政策执行者的责任感、使命感和危机感。强化公共政策执行责任追究机制应重点强化以下几项制度。

(1)首长负责制。在政策执行组织内部,权力一般是自上而下层层授予的,相应的责任则是自下而上级级负责。从实际情况看,首长负责制是世界各国政府较多施行的公共管理体制,行政首长不仅要求忠于职守、严于律己、努力工作、提高效率,而且要求严于监控、善于管理,对下属工作负有连带的责任。它要求经法定程序进入行政体系中的公职人员,一经确立行政职务关系,必须履行职务,不失职;必须遵循权限,不越权;必须合理使用自由裁量权,避免行政失当。

(2)目标责任制。目标责任制是指在公共政策执行过程中为实行目标管理而签订责任状,它使责任落实到具体部门或个人身上,有利于突出业绩、提高绩效,加强政策执行行为的控制和监督。目标责任制是围绕政策目标和政策计划的实现而展开的,它使每个执行者都能明确自己应该做什么,怎样做,做到何等地步和遇到问题怎么办等。实行目标责任制有利于政策目标的实现,有利于对公共政策执行者进行责任追究。

(3)岗位责任制,即根据公共政策执行的目标与任务设置工作职位,进而确定权责范围,做到因事设岗,因岗择人。

(4)党风廉政建设责任制。公共政策执行的腐败问题严重影响公共政策执行功能的发挥和公共政策目标的实现。因此必须从各自的职责范围、工作特点出发,针对腐败现象的产生部位和环节加强制度建设,配合运用多种手段,全方位、多方面从源头上预防和治理腐败现象,认真落实党风廉政建设责任制,领导班子主要领导负总责,实行"谁主管,谁负责"的原则,保证"看好自己的门,管好自己的人",一级抓一级,一级带一级,逐级负责,层层落实,严格实行责任追究。

(5)完善《中华人民共和国行政处罚法》(以下简称《行政处罚法》)等法律制度,以对公共政策执行主体违反法律的行为进行责任追究。公共政策执行主体在执行公共政策过程中,其行为超出法律的界限,即行为不当或行政不作为等违法行为,就应承担相应的法律后果。例如《行政处罚法》分别规定了行政机关及其工作人员乱处罚、乱罚款、以罚代刑、违反罚没财物管理规定等几方面的法律责任。《中华人民共和国反不正当竞争法》第31、32条,《产品质量法》第47、48条,《行政诉讼法》第68条,《中华人民共和国国家赔偿法》等明确设定了公共政策执行机关及其工作人员在执行公务中违反法律规定所应承担的法律责任,同时各地方政府也相应制定了规范公共政策执行主体行为的规章制度。如云南省政府2017年颁布了《云南省行政机关规范性文件制定和备案办法》,该办法规定,各级行政机关未经政府登记,自行印发并公布的"红头文件"一律无效,公民、法人和其他组织可以拒绝执行,在"红头文件"中不得擅自设定行政处罚、行政强制、行政审批、行政收费、基金等事项,不得为群众设定法律、法规、规章制度之外的义务。这些法律制度的制定与完善有利于增强公共政策执行机关及其工作人员的法律意识和依法行政、依法治国理念,防止滥用职权、以权谋私,维护目标群体的合法权益,合理调整社会利益关系,实现社会公平和秩序稳定,推进公共政策执行的法治化进程。

五、监督机制

美国著名行政学家埃莉诺·奥斯特罗姆指出,在每一个群体中,都有不顾道德规范,一有可能便采取机会主义行为的人;也都存在这样的情况,其潜在收益是如此之高,以至于极守信用的人也会违反规范。因此,有了行为规范也不可能完全消除机会主义行为。因此,要建立健全有效的政策执行监督机制,及时对政策执行情况进行跟踪评价,加强监督与控制,加强廉政建设。要完善公共政策执行的监督机制,就应该构建健全、多层次、多功能、内外沟通、上下结合的监督网络,进一步形成并完善以党的监督为先导、权力监督为主体、舆论监督为动力的监督体系。在监督工作中要注重加强计划性;注重克服形式主义,不断提高监督实效;要注意与法律的完善相结合;要重视监督工作的规范化和法治化。健全公共政策执行监督体系,充分发挥行政监察职能,加大执法监察力度,确保政令通畅;充分利用审计手段,加强对财政资金、国有资产、重大项目等方面的审计监督,防止国有资产流失;加强行业协会、学会、社会中介组织的管理与监督;建立各类评审专家和有关机构人员的信誉档案,对违规违纪行为进行严肃查处。

第四节 公共政策执行力

公共政策执行力可以用来衡量政策实施的质量,是目前比较新的中国式概念,通常情况下,制定和执行公共政策是完全不同的,影响公共政策执行力的因素还有很多,培育和提升公共政策的执行力需要一定的过程。

一、政策执行力的定义

公共政策怎样才能得到有效的执行?我国一些公共政策学者提出用执行力来衡量政府部门的政策执行情况,这一概念引起了党和政府的广泛重视。2006年"政府执行力"概念第一次写进中央政府的正式文件中,标志着政府执行力建设正式纳入当代中国国家治理范畴。此后,提高政策执行力成为推进国家治理体系和治理能力现代化的一个重要方面。

执行力,解释为政府执行各项规定事务时所具有的力量、能量和效力,等等。执行力研究最早流行于企业界,而其含义也来源于工商管理领域对"执行"概念的解释。近年来,"执行力"一词被广泛应用于政府管理领域,公共政策也存在着执行力问题。

政策执行力研究是近年来学术界研究的热点之一。虽然国内外对于政策执行的研究已经开展多年,但对"政策执行力"概念却尚未形成统一的认识。从国外看来,西方政策学界大多将"政策执行力"研究等同于"政策执行"研究,自20世纪70年代以来,已经形成了一系列的理论成果。国内学术界在吸收西方政策研究成果的基础上,结合我国政策实践,对政策执行力问题也开展了一系列研究。

莫勇波认为,政策执行力指的是能够准确理解政策的目标及方向,并通过精心设计方案、实施方案和对各种人、财、物、信息、法律、制度等资源进行集中调控和使用,从而达到有效执行政策,完成既定目标的政府内在的能力和力量。周国雄将公共政策执行力定义为:公共政策执行主体为达到政策目标,通过对各种相关资源的调度、控制和使用,有效地执行公共政策的能力总和。

从上述定义可以看出,学者们在研究政策执行力时往往是从政策执行的能力和力量上着眼的。然而政策执行能力只是表示执行者具备有效执行政策的条件,并不必然会导致高效的政策执行力。现实中往往会出现执行者虽然具备较高执行能力,但却可能因为心态不好,或者由于利益关系的阻碍等情况,从而导致政策执行力不高。政策执行力主要体现在政策执行的效果上。

综上所述,我们将政策执行力定义为:政策执行者掌握政策目标与导向,制订实施计划,调配与分配相应资源,使用政策手段,实现政策目标,最终解决社会问题的能力与效果。简单地说,它是一种能够让政府更好地实施公共政策的力量。有效的政策执行力应该包括以下两个因素:一是具有高水平的政策执行能力,可以精确地掌握政策的内容和精神,而且还可以对与政策执行有关的资源和手段进行有效的调度、使用和分配,动作快速而有力;二是要有一定的实施效果。这两个因素是必不可少的。

二、政策执行力的影响因素

公共政策执行过程中难免会遇到方方面面因素的干扰,从而导致政策执行偏离政策目标,预期的政策效果无法实现。因此,研究影响政策执行力的各类因素,有利于消除政策执行实践中的不利影响。

(一)执行者因素

执行者是政策执行活动的主体和执行力的核心要素。高效的政策执行力有赖于一个坚强有力、行动高效的执行者。执行者的素质、价值观、认知水平、利益取向、执行心态及能力发挥等往往决定了政策执行的效果。

(二)资源因素

人力资源是政策执行活动中最活跃的因素,高效的政策执行力要求高素质人力资源的保障。财物资源是其他资源的基础,没有财力和物质的保障,任何政策执行也难以开展。信息资源是执行者减少政策执行不确定性的重要条件。权威资源是执行者选择和配置政策工具、有效地采取行动、提升执行力的权力基础。

(三)工具因素

执行者从其政策工具箱里选择和配置什么执行工具,以及执行工具运用得恰当与否,直接关系到政策执行力的大小强弱,即适时、正确地使用某种或某些执行工具能够有效地提升政策执行力。在政策目标—政策方案和执行工具—政策结果之间,方案和工具比目标更具有关键意义,因为方案和工具更能决定结果的面貌以及目标达成所付出的成本。

(四)环境因素

良好的自然条件、适宜的气候、便利的交通,都会大大减少政策执行成本,有助于提升政策执行力,产生更好的政策效果;而有利的社会环境,不但可以使政策执行受到较小的制约和牵制,而且由于各种外在助力的推动,可以大大增强政策执行力。

三、执行力提升的机制创新

在公共政策的质量已定的条件下,政策结果取决于政策执行力提升的机制创新。这种机制创新主要有以下几个方面。

(一)动力机制的创新

创新政策执行的动力机制,首先要优化公民参与机制,激发公众的参与热情,厚植政策执行的民意基础。政策执行力能否形成,关键在于与政策相关的利益群体对政策的态度。通过政策执行让政策最大限度地体现各种利益群体的利益诉求,将有利于提高政策执行力,促进政策的顺利实施。同时,鼓励其他治理主体广泛参与政策执行,使之提供更多有效的政策执行工具。其次,要构建创新激励机制,如引入绩效制,使政策执行人员的薪酬与个人的绩效相符合;引入功绩制,承认和尊重政策执行人员的工作业绩,激发其工作的积极性和创造性等。

(二)协同机制的构建

协同机制对政策执行力的形成起着至关重要的作用。政策执行的协同机制指的是将各政策执行主体的各股力量经科学分工、有效整合以实现协同发力,形成最佳的政策执行力这样一种机能。协同机制具有系统性,能够保障政策执行着眼于统筹主体和客体、系统和环境、部分和整体。协同机制的根本功能是使党和国家机关、企事业单位、人民团体、社会组织等的政策执行力达成战略上协同。所谓战略上协同,是指政策执行最高层次的各主体为适应外部环境变化,实现或调整组织长期目标,整合组织资源来实现组织的战略目标的一系列政策执行活动的整体协同。协同机制的构建是操作层次的一种制度构建,构建的基本内容就是为各政策执行主体在执行过程中如何统一贯彻、统一落实、协同推进、一起发力建章立制。

(三)功能共享机制的构建

构建功能共享机制是指政府与市场以及第三方部门之间相互协调与合作的一种公共治理模式。政府及其他公共部门在其中扮演的角色,能够弥补市场的不足,也就是利用公共财政、公共政策以及社会公正等手段,来化解市场中的矛盾和冲突,维护社会的和谐。非营利组织是民间组织,它不仅能弥补市场的一些缺陷,还能弥补政府的一些缺陷,对政府、企业和市场的功能起到重要的补充作用。构建"三个政策执行"功能共享机制,主要表现在以下几个方面:第一,建立良好的信息交流机制;第二,强化问责机制,明晰实施主体对实施过程和实施结果的责任;第三,健全行政执法监督体系。因此,必须重视建立和完善相对独立的监督制度,确保监督的客观公正,充分发挥社会监督的作用。

(四)利益均衡机制的构建

通过建立利益均衡机制来实现利益平衡,有利于提高政策执行力。构建合理的利益均衡机制,一是要建立一个通畅的利益表达渠道,使各利益群体充分发挥其作用。二是要通过建立行之有效的引导机制,帮助各种政策执行主体正确处理各种利益关系。三是要用法律和制度来约束和规范各种利益主体行为,使他们的利益追求被限制在法制允许的范围内,以保证社会整体利益的最终实现。四是建立利益调节机制,对那些合理的但暂时又不能满足的利益诉求进行适度调节。五是给利益受损主体提供一定的补偿,以利于增进社会公平。

第五节 中国特色公共政策执行实践

在党和政府的长期探索中,中国逐渐形成了一套具有自身特色及实践优势的公共政策执行模式。从影响政策执行的因素看,中国公共政策执行在实践中具有执行环境和谐稳定、执行方案科学民主、执行主体协同高效、执行对象合作参与的优势。从制度逻辑看,中国特色社会主义制度是政策执行优势产生的根本基石,党领导决策和行政体制是政策执行优势发挥的基本保证,政府执行的体制和机制是政策执行优势运作的重要安排。

一、基于中国经验的政策执行"上下来去"理论模型

以中国经验为基础,提出了政策执行"上下来去"理论模式,这是一种基于中国国情的政策实施研究思路。在当代中国,政策实施的成败在于政策实施过程中是否坚持"实事求是""一切从实际出发""从群众中来,到群众中去"的工作路线;并采取先做政策试点,也就是对政策进行局部试点,然后再全面推广并进行"执行—总结"的政策试验方式。由于政策执行过程中主客体和政策环境之间的关系是一个上下互动的过程,因此本书将这个研究路径概括为"上下来去"的政策执行模式,其主要内容如下。

(一)政策执行是一个"从群众中来,到群众中去"的过程

"从群众中来,到群众中去"不仅要求政策主体在政策制定过程中集思广益,善于体察民情、采纳民意,更要求政策主体在政策执行过程中将收集起来的群众有关政策的意见和建议进行整理、加工提炼,形成领导决策,然后再返回到群众中去,使群众认识到这些政策符合他们的根本利益,号召群众行动起来,真正化为他们自觉的政策行动。这首先要求政策主体花大力气与作为政策对象的人民群众共同解读政策文本,使政策执行过程中的各类参与者在对政策主张的认同上达成高度共识,以获得广大群众的理解和支持,形成有利于政策执行的社会环境,最终使政策得以贯彻执行。其次,政策主体必须注重政策执行后的情况报告和意见反馈。最后,政策主体必须以"广大人民群众的根本利益"作为根本的价值取向,在政策执行过程中监测执行结果,做到"一切为了群众,一切依靠群众"。

(二)政策执行是一个"试点—推广"的过程

政策试点是"上下来去"理论模型的又一重要内涵。在全面推行一项新的政策,特别是那些具有重大影响的公共政策之前,都要预先选择几个地区、部门和单位进行试点,取得具体的工作经验,并以此为依据对政策进行调整和完善,然后再普遍实施。这样就有利于降低政策执行成本和风险,更好地达到预期的政策效果。

(三)政策执行是一个"执行—总结"的过程

政策执行—总结,是指执行机关和执行人员在政策得到具体的贯彻落实后,依照国家现行政策和行政管理规定,对政策执行过程和结果加以全面、系统地衡量、评价、反思和检讨。在政策执行中群众创造了许多成功的经验,经过系统地总结,成为执行者以后行动的借鉴。这样,"执行—总结"的过程不仅是对政策执行进行的全面检查,也是下一轮政策过程的起点,为下一轮政策的有效制定提供基础。这一过程是实现"摸着石头过河"与"顶层设计"相结合的有效途径。

二、中国运动式治理

中国运动式治理指发生在中国境内具有中华文明传统的,由占有一定的政治权力的政治主体如政党、国家、政府或其他统治集团凭借手中掌握的政治权力发动的维护社会稳定和应有的秩序,通过政治动员自上而下地调动本阶级、集团及其他社会成员的积极性和创造性,对某些突发性事件或国内重大的久拖不决的社会疑难问题进行专项治理的一种有组织、有目的、规模较大的群众参与的治理过程。

中国运动式治理具有权威性、有效性、运动性、反弹性和动员性等特点,是当前我国政府治理的一种方式。无论是规范研究还是经验研究,中国运动式治理课题都为当今学术界提供了研究的素材,拓宽了研究的空间。

(一)中国运动式治理的优势分析

1. 治理的成效快、效率高

运动式治理具有快速、高效的优势。对一些社会突出问题或突发事件,采取运动式治理,可以在较短的时间内获得良好的治理效果。运动式治理通常持续的时间很短,但它可以打破现有管理机制中存在的障碍和弊端,在短时间内,集中社会上较多的治理资源,使其在工作中发挥更大的作用,协调相关部门,突出重点,在社会治理方面存在的一些疑难杂症上,可以取得立竿见影的效果。同时,通过治理可以解决社会上存在的一些问题,提高人民群众的满意度,提高政府的权威。以上海为例,通过对道路交通进行专项整治,使道路交通违法现象在很短的时间内有了很大的改观,大大缓解了城市交通的拥堵状况。

2. 提高社会的认同感

运动式治理可以快速整合社会力量与资源,提升政府机构的社会认同感。专项治理的内容主要集中在群众反应比较强烈的、突发的重大社会事件等方面,通过运动式治理,可以在短时间内完成相关的治理成果。同样以上海对道路交通进行专项整治为例,从治理本身来看,它凝聚了社会的共识,可以获得认同,让更多的群众愿意参与到交通治理活动中来,在短期内取得显著的效果。上海道路交通大整治在较短的时间内,将公安、宣传、文明办等有关部门的力量集中起来,集中开展惩治、宣传及教育等工作,通过建立领导机构和协调机制,快速调动各部门的力量,有效地整治道路交通违法违规行为,这也是运动式治理模式的优点。

3. 为常规治理提供宝贵经验

在治理过程中,我们可以发现更多的问题,并针对这些问题提出有针对性的对策,为日常治理提供可资借鉴的经验。但需要指出的是,运动式治理并不是简单的政治处理,它更突出了治理的时效性和实践性,通过治理活动,形成了许多有效方法和宝贵经验,这些内容均可以应用到日常管理及日常治理工作中。从某种意义上来说,这些好的做法和经验可以让政府的执行能力和治理能力得到提升。如果把这些好的做法固定化,形成一种新的工作机制,那么就可以推动政府部门的常规化治理不断完善和提升。与此同时,还可以让运动式治理发生转变,让运动式治理朝着长效治理的方向发展。

(二)中国运动式治理的困境分析

1. 治理活动持续性不足

在执行运动式治理时,必须确定治理的目标和任务,如果治理合法性逐渐减弱甚至消失,治理活动将无法继续进行下去。运动式治理的对象大多为影响政治目标的实现、威胁社会稳定和秩序的对外事务、突发事件、社会难题等,常规的层级治理手段无法在规定的时限内完成这些治理任务,在时间紧迫、任务繁重的情况下,政府只能启动运动式治理。在运动式治理中,将各种资源集中起来,而将常规工作暂时搁置,这一过程显然体现出了压力型体制。在压力型体制下,各级政府或部门会暂时性地打破按部就班、循规蹈矩的生活节奏,将各自的目标与任务搁置一边,集中人力、物力保障上级部署的任务顺利完成,当敏感期结束或经过一段时间之后,该中心工作的合法性承载力就会下降甚至消失,科层政府要么专注于下一项任务,要么回归常态,专注于本职工作,由此我们可以看到,运动式治理是短暂性的,而非持续性的。

2. 治理效果的短期化与治本难题

在前书的研究与分析中,我们总结出了运动式治理的启动条件,当遇到重大治理问题时,政府机构必须在较短的时间内完成治理,因此,政府机构启动了这种治理模式,同时,由于业绩压力较大,时间和资源有限,政府机构希望能够迅速解决问题,但却没有对问题的根源进行全面的分析与评价。而且,通过集中各方面资源全力攻克问题,更多的治理只是针对表面现象,形成了"头痛医头,脚痛医脚"的治理状态,根本无法根除社会的顽疾。而一旦"运动"的热度过去,问题就会卷土重来,于是政府就会不断地重复治理运动,周而复始。同时,运动式治理,往往只注重效率与结果,而忽视了对过程的分析,在处理特殊事件时,往往采取有针对性的"运动整治"方式,这种方式的目的之一,就是要尽快地将事件压下去,减少对社会的影响,这样才能快速地解决问题,但不能从根本上解决问题。

3. 治理的依赖性与反复性

目前的情况是,政府治理资源匮乏,而治理需求又很高,这种矛盾无法调和,最后只能用运动式治理来解决。与此同时,运动式治理可以快速、准确、有效地解决群众呼声较高的突出问题,这就导致了常态管理体制过于依赖运动式治理模式,对于一些可以及时处理的小问题没有给予足够的重视,甚至是选择性地忽略,或者是常规管理模式不能及时发现新问题,导致新的小问题不断积累,不断扩大,最后形成了一个突出的难点,成为新的热点和焦点,并反复出现。

4. 治理的高成本与低效益

运动式治理成本很高,但收益很低,治理的对象常常是一些时间紧迫、任务艰巨的重大社会问题。政府及相关部门会暂停日常工作,集中整合各种资源和力量,全力解决治理任务,从而实现快速解决的目的,虽然效果较好,但不能从根本上解决问题,问题仍会存在,不久后,类似问题还会发生。因此,政府就会陷入不断循环的运动式治理过程中,导致政府投入执行的成本较高,收益较小。运动式治理违反了常规机制与流程,在管理上存在着缺陷,而常规管理机制经过长时间的验证与发展,其存在是合理的。运动式治理是临时发起并建立起来的,其中一些内容可能与正常的治理机制相违背,虽然能够满足治理的需要,但也很容易导致社会治理走向极端。但是,随着社会的发展,越来越多复杂问题的出现,治理的难度也越来越大,即使采取了运动式治理的方法,也无法解决问题。而且,这很容易导致常规机制与流程的变化和调整,影响管理工作的有序跟进,同时也留下更多的安全治理隐患。与此同时,政府日常行政职能的中断,也会延缓社会经济的发展,给人们的生产和生活带来不便。

第九章 公共政策评估

政策评估是政策过程的一个重要环节。只有通过政策评估，人们才能够判断一项政策是否收到了预期效果，从而决定这项政策是应该继续、调整还是终结；同时，通过政策评估，还可以总结政策执行的经验教训。本章讨论公共政策评估理论发展、公共政策评估概述、公共政策评估过程与方法、公共政策监控等内容。

第一节 公共政策评估理论发展

现代意义上的公共政策评估，作为一个专业领域也作为一项实际工作，是在20世纪随着现代科学方法的发展成熟及其在社会研究和政策研究中的广泛运用而首先在以美国为代表的西方发达国家诞生和兴起的。

早在第一次世界大战之前，就有少数研究人员运用社会学、统计学等学科的知识和方法对教育、卫生、就业等领域的政策和政府项目开展系统的评估，到了20世纪30年代，许多社会学家主张和倡导运用社会研究方法来评估政府为解决"大萧条"带来的经济社会问题而制定的政策和计划，如对"罗斯福新政"的社会政策和计划进行评估。在"二战"中，出于战争的需要，美、英等国军队专门聘请研究人员对其人事政策和宣传策略等进行评估，使政策评估得到进一步发展。"二战"结束后，美国等西方国家在城市发展、住宅建设、科技、教育、就业、卫生等方面制订了大量的政策措施和计划，这在客观上要求开展政策评估来获知这些政策计划的结果。另外，各种社会研究方法逐步发展成熟，提高了政策评估的有效性和可靠性。

到了20世纪六七十年代，西方发达国家为了解决当时各种严重的经济和社会问题实施了规模空前的政策干预，为了提高政策干预的有效性，要求对所采取的政策进行评价。在美国，政策评估的兴起与约翰逊总统的"伟大社会"计划以及"贫困宣战"计划有着密切关系。另外，各种社会研究方法的完善，特别是计算技术的应用，为政策评估提供了有力的工具。在这个时期，公共政策评估获得最为迅速的发展。

20世纪80年代之后，西方发达国家开展了声势浩大的行政改革运动，其目的在于注重结果和产出、追求效率、实行绩效管理、增加公共部门的责任性等。这场改革进一步促进了对公共部门的行为包括公共政策开展评估工作。

关于公共政策评估研究的演进，美国学者古帕和林肯划分了四个阶段。

一、公共政策评估理论发展的第一阶段

从 1910 年到"二战"期间，是第一代评估。这个阶段的标志是"测量"，认为政策评估即实验室实验。评估的重点放在技术性测量工具的提供上，以实验室内的实验为主，政策评估者相当于技术员。第一代评估的不足在于，过分重视测量和实验室评估研究的结果，而没有顾及实验室的评估能否适用并推广到现实生活中。

二、公共政策评估理论发展的第二阶段

从"二战"到 1963 年，是第二代评估。这个阶段的标志是"描述"，主张政策评估即实地实验，强调对现实生活实地调查的重要性。除仍保留技术测量的特性外，重点强调描述的功能，政策评估者逐渐成了描述者。这种以客观事物为取向的描述有致命的缺陷，即过分强调政策评估的价值中立，而实际上，调查活动本身就有意无意地包含了评估主体的价值偏好。

三、公共政策评估理论发展的第三阶段

从 1963 年到 1975 年，是第三代评估。这个阶段的标志是"判断"，认为政策评估即社会实验，强调价值判断功能，将重点放在社会公平性议题上。强调政策评估者不仅要把科学的实验研究方法与实地调查方法相结合，而且还要体现出个人对政策目标价值结构的判断，认为评估者是判断者。

四、公共政策评估理论发展的第四阶段

1975 年以后，是第四代评估。这个阶段是回应的建构性评估，其核心是"协商"，认为政策评估即政策制定。其焦点不再是目标、决定、结果，而是诉求、利益和争执，涉及众多的利益相关者。第四代评估分享着一个结果性的信念——价值多元主义。由于不同的判断在面对同一事实性证据时引起利益相关者价值上的冲突，因此，政策评估者应该扮演问题建构者角色，重视利益相关者的诉求、利益和争执等回应性表达。通过与利益相关者的反复论证、批判和分析，使政策评估者与利益相关者之间达成对问题的共识。

第二节 公共政策评估概述

政策评估是政策分析的重要方面，是一种具有特定标准、方法和程序的专门研究活动。在相当长的时间里，政策评估并未引起人们的重视。其实，作为公共政策分析过程中不可或缺的一环，政策评估在政策分析过程中有着重要意义。

一、公共政策评估的概念

尽管目前对政策评估的研究已越来越多，但对于政策评估这个概念却没有一个统一的、能被绝大多数学者、专家普遍认同的定义。先看看几种有代表性的定义。

安德森认为,如果把政策过程看作某种有序的活动的话,那么,它的最后一个阶段便是政策评估。总的说来,政策评估与政策(包括它的内容、实施及后果的估计、评价和鉴定)相关,作为某种功能活动,政策评估能够而且确定发生在整个政策过程中,而不能简单地将其作为最后的阶段,依这种看法,政策评估的目的是评估人们所执行的政策在实现其预定目标时的效果,该政策在多大程度上解决了政策所指向的问题,以及该效果的取得是政策本身的作用还是政策以外其他因素所导致的等。

那格尔认为,政策评估主要关心的是解析和预测,它依靠经验性证据和分析,强调建立和检验中期理论,关心是否对政策有用,而主要关心的是把评估看成一种科学研究活动。在这里,政策评估被看作一种分析的过程,评估者通过收集相关信息,运用定性与定量分析方法和技术,对各政策方案进行分析,确定各种方案的现实可行性及优缺点,以供决策者参考。

林水波、张世贤认为,政策评估是系统地应用各种社会研究程序,收集有关资讯,用以论断政策概念与设计是否周全完整;知悉政策实际执行情形、遭遇的困难有无偏离既定的政策方向;指明社会干预政策的效用。在他们看来,政策评估不仅是对政策方案的评估,而且包括对执行情况和政策结果的评估。政策评估被看作是一种着眼于整个公共政策全过程的广博的收集资料、论证评价的过程。

朱志宏认为,就一项公共政策而言,发现误差、修正误差就是政策评估,换言之,政策评估的工作就是发现并修正政策的误差。按照朱志宏等的观点,公共政策过程是未来取向的,评估者凭借自己已具备的知识和经验,对公共政策全程跟踪观察,发现问题并随时纠正。在某种程度上,类似于引领航行的导航员。可见,学者们对于政策评估概念的界定见仁见智,归纳起来主要有四种观点:①政策评估的着眼点应是政策效果;②政策评估主要是对政策方案的评估,属于政策评估中预测评估的范畴;③政策评估是对政策全过程的评估,既包括对政策方案的评估,还强调对政策执行以及政策结果的评估;④政策评估就是发现误差,修正误差。

这些定义各有千秋,但后面三种定义的不足之处较为明显。我们倾向于第一种观点,将政策评估主要看作是对政策结果的评估。

因此,可以将公共政策评估定义为:政策评估是依据一定的标准和程序,对政策的效益、效率及价值进行判断的一种政治行为,目的在于取得有关这些方面的信息,作为决定政策变化、政策改进和制定新政策的依据。

二、公共政策评估的类型

政府制定各种各样的政策来解决公共问题。由于政策的广泛性以及人们关注政策的角度差异,政策评估的类型呈现出多样化的特点。出于研究的需要,人们从不同的角度出发,依据不同的划分标准,将多样化的政策评估活动划分为不同的种类:从评估组织活动形式上看,分为正式评估和非正式评估;从评估机构在政策活动中的地位看,分为内部评估和外部评估;从评估的阶段看,分为预评估、过程评估和结果评估;从评估的对象数量看,分为单一政策评估、复合政策评估。

(一)正式评估和非正式评估

正式评估是指专门的组织机构和人员根据一定的评估理论,为了实现评估目标,按照一定的评估程序而对相关的评估对象所进行的评估。正式评估所体现出的特点有三方面:一是有评估组织机构和人员专门从事政策评估活动;二是评估方法比较规范,整个评估活动既有一定的评估标准,也有特定的评估程序和评估方法;三是具有一定的客观性,由于有科学严密的评估方案的指引,正式评估能够较客观地反映政策过程的实际状况,从而全面地反映出政策结果。正式评估是政策评估中占据主导地位的一种评估方式,其结论通常是政府和社会公众考察政策效果的主要依据。

非正式评估是指没有严格的专门组织机构,评估主体、评估形式和评估内容也没有固定化,但最后仍有某些评估结果的评估。在非正式评估活动中,政策评估方式多种多样,既可以是记者采访中居民对某项政策的随意评论,也可以是政府领导人视察某地的即兴评说。非正式评估的缺点在于评估活动所获取的信息有限,缺乏科学的程序和方法,因而得出的评估结论可能具有一定的主观性和片面性。

(二)内部评估和外部评估

内部评估是指政府内部的评估组织和人员所进行的评估,它可分为由政策运行机构和人员自身所进行的评估及由政府专职评估组织和人员所进行的评估。

由政策运行机构和人员自身所进行的评估,评估主体就是政策的制定者和执行者,因而这种评估的优势在于,掌握和了解政策运行活动中的第一手信息,有利于评估活动的有效展开。不过,考虑到评估结论与评估主体自身的利益存在一定的相关性,他们有可能在评估活动中隐瞒事实真相,夸大成绩、掩盖失误,反映某一机构的局部利益,使政策评估得出有失全面和客观的结论,缺乏公正性。

与由政策运行机构和人员自身所进行的评估相比,由政府专职评估组织和人员如政策研究室、政府效能考评办公室或政府目标管理办公室所进行的评估,有充裕的时间和较充足的经费,可以克服没有评估理论、缺乏专业知识和技术方法训练等问题。但是,这种评估活动有可能因机构利益所左右,而缺乏真正的客观性。

外部评估是政府部门外的评估主体所完成的评估。它可以分为受委托和不受委托两种类型。

受委托进行的评估,是最主要的外部评估方式,受委托对象是营利性或非营利性的研究机构、学术团体、专业性的咨询公司、高等院校的专家学者。这类评估的优势在于:其一,评估主体是专业的评估人员,具有评估不同政策的丰富经验;其二,这类评估组织置身于机构之外,评估主体与政府机构之间是一种契约性合作的关系,能够有明确的责任,较公正地进行评估。不过,由于受委托的评估在经费和评估活动等方面受到委托人的限定,因而评估主体有可能为迎合委托人的意愿而得出倾向于迎合委托人利益的评估结论。

不受委托进行的评估,是评估者出于自身的工作职责、责任感、研究目的、兴趣点和相关利益的需要而对某项政策所进行的评估。这类评估主要包括如下几类。①立法机关评估。

立法机关是监督政府执法的法定机构,出于关心法律的执行状况和衡量政策实施效果的需要,会采取各种方式对政府政策进行一定的评估。这类评估有较强的法律约束力,能够左右或决定政策变化的方向。②司法机关评估。司法机关的职责与使命在于通过对政府执法进行监督以维护法律的尊严。司法机关接受公民对政府的民事诉讼,对政府具体行政行为和抽象行为进行审查,间接对政策进行评估,督促政府纠正违法行为,保障公民合法权益。③大众传播媒体评估。大众传播媒体出于职业责任感,往往通过新闻报道或民意测验的方式对政策受欢迎程度进行评估,从而产生影响民意的作用。④投资者(如企业)评估。政府政策对投资者所关心的投资风险和回报率有较大影响,甚至直接关系到企业的生存和发展。这样,投资者就有必要对政策加以评估,施加影响,使政策导向更符合投资者的意愿和利益。⑤公民评估。公民凭借着政策执行过程中的亲身感受和期望值,对政策进行各种形式的评估,如仅凭从网上和个人交往中获得的非正式信息做出的评估、热线电话投诉式的评估、信访评估等。⑥研究机构评估。通过一定的评估活动,给出评估结论,达到研究机构自身研究的目的。⑦社会团体(第三部门)评估。随着力量的壮大,社会团体对公共政策有强烈的需求,这样,就会对政府政策进行符合自身需要的评估。

外部评估所涉及的范围较广,与政府部门的利益大多没有直接的关联。因此,评估活动能表达和代表社会各阶层对于政策的基本看法,结论也大多比较客观,不乏真知灼见。外部评估的不足是在采集信息方面经常遇到不可克服的困难,有时评估结论缺乏可靠、翔实、完整的依据。

尽管内部评估和外部评估都存在着各自的优势和不足,但在评估活动中,人们还是应该根据评估活动的内在需要与客观环境的具体条件,尽可能地选择合适的评估方式并协助评估者努力克服困难,以保证评估质量。

(三)预评估、过程评估和结果评估

预评估是在政策执行前即政策方案处在择优阶段时所进行的一种带有预测性质的评估。为了满足社会公众的需求,解决政策问题,就需要对备选方案进行可行性、成本、利益、有效性、正负影响评估,以便在正式择定前,及时发现存在的问题,缩短政策预期目标与实际目标之间的差距,有效实现政策目标。预评估主要有五方面的内容,即政策可行性评估、政策优缺点评估、政策优先顺序评估、政策有效性评估、政策影响评估。预评估是将政策评估从单纯的结果检测变成事前控制的有效工具。通过预评估预测未来的发展趋势,可对政策导向加以基本的控制。随着现代科学技术的发展,人们可以利用最先进的预期分析工具,提高政策的预测能力。

过程评估是对政策运行过程所进行的评估。过程评估的目的在于通过分析政策运行过程中的各种情况,将政策过程信息提供给政策主体作为政策制定和执行的参考,以利于修正决策和调整执行计划;同时,把评估信息告知执行组织和人员,督促他们对政策执行中存在的偏差问题引起高度重视并及时纠正。一般来说,政策过程评估要解决两方面的问题:一是政策制定方面;二是政策执行方面。政策制定过程评估的核心问题是解决政策的公正性、科学性和可行性。在弄清原因的基础上,政策制定者可以有的放矢地加以改进。另外,通过政策

执行过程评估，发现执行绩效上存在的问题，对政策执行过程中如何缩小应具备的条件与实际具备的条件、执行方案的编制与落实状况、应具备的能力与实际具备的能力之间的差距，提出评估意见。过程评估的价值在于能够根据实际政策执行情况，做出政策调整的决定，使政策更有可行性和有效性。从这个意义上讲，过程评估在整个评估过程中发挥着很重要的作用。

结果评估是政策执行后对政策所取得结果的评估，包括政策产出评估和政策影响评估。结果评估的作用在于，由于政策运行过程已经全部结束，所以能较客观、全面地对政策的制定过程与执行过程进行评估，指出利弊和优劣，并且根据时间间隔的长短分析政策对政治生活、经济生活、社会生活和自然环境所产生的影响。结果评估是对政策运行过程进行全方位评估的一种方式，对政策重新决策有非常重要的指导意义。与预评估和过程评估相比，结果评估在所依凭的材料和信息上更具完整性，因而其评估结论也更具客观性和科学性。不过，结果评估的结论对本次政策制定活动与执行活动已无所补益，只是对以后的政策过程具有提供经验教训的意义。

(四)单一政策评估与复合政策评估

单一政策评估是指评估者只对某一项政策所进行的评估。由于仅就某一项政策进行评估，评估者在时间上和精力上都能够较深入地对该项政策的产出和影响进行详细的评估。但不足之处是仅就某项政策进行产出和影响评估，有时会把先于或与该项政策同时执行的其他政策的产出和影响也归于该项政策。

复合政策评估是对一项以上的政策同时进行的评估。每一项政策都有其特定的性质，而且，各项政策之间有密切的联系，因此，将一项以上的政策综合起来进行评估，能够考察政策的整体性效果，反映政府综合处理公共事务的能力。复合政策评估的不足是每项政策产出量的计算较难，不能完整地反映每项政策本身的特点。

三、公共政策评估的内容

公共政策评估所指向的客体就是公共政策评估的内容。在评估活动中，一般有五方面的评估内容。

(一)政策需求评估

政策需求评估是对社会群体和个体有什么样的问题需要公共权力机关经由公共政策来解决，以及从政策运作所需的资源和各种社会条件来看公共权力机关能否满足其需求所进行的评估。政策需求评估是构建政策议程、制定政策的前提和基础。

(二)政策内容评估

这是对公共政策本身所做的评估。政策内容评估主要是对政策目标与政策工具配置、政策内容与政策问题、政策实施的预投入与政策的预期结果这三对关系的考察和评判，是对政策用以解决所针对的政策问题是否正确做出评估。简言之，政策内容评估就是评估政策本身的正确性,即对政策能否做正确的事做出的评判。

(三)政策过程评估

对政策运行各个环节进行评估就是过程评估,它涉及政策制定过程、执行过程、调整和终结过程的操作状况。过程评估所要回答的中心问题是"政策是否在正确地运行"。通过评估政策实际的运行状况,考察政策过程的各个环节,对发现问题、有效改进工作有重要作用。

(四)政策产出评估

政策得到实施以后所产生的各种相关状况被称为政策结果。一般认为,政策结果由两部分组成,即政策产出和政策影响。政策结果评估是对政策实施以后所产生的全部效果做出的考察和评判,回答的问题是从客观效果来看政策是否做了正确的事,它实际上做了哪些事。

政策产出评估是政策结果评估的一个组成部分。这种评估关注的是政策预设目标实现的程度,重视可计算的物质层面的内容。政策产出比较容易进行数量的加总和统计分析,以计量化的事实表明政策目标中所列各个项目和指标的完成情况。因此,公共权力机构热衷于借助产出评估来显示其政绩。公共政策学者普遍认为,政策产出可能产生正面影响,也可能产生负面影响。也就是说好的政策产出与好的政策影响不能画等号,所以政策产出和政策影响应当分开考量与评估。

(五)政策影响评估

政策影响评估是政策结果评估的另一个组成部分。它要回答的中心问题是政策结果中有哪些成分属于政策产生的意想不到的效果,其中哪些是正面的、哪些是负面的;哪些是直接的、哪些是间接的;哪些是近期的、哪些是长远的;哪些是显性的、哪些是隐性的。公共政策学者普遍认为,政策结果评估的焦点是政策影响评估而不是政策产出评估。政策影响包括:政策对目标群体产生的影响;政策对目标群体以外的群体产生的影响;政策对近期以及未来状况产生的影响;政策对投入该政策的成本(直接成本、间接成本和机会成本)的影响;政策的物质性影响和符号性影响。政策影响显现的是政策实践中各种因素之间复杂的因果关系。政策结果评估之所以聚焦于政策影响,是因为政策影响能够更深入、更全面地反映政策产生的全部效果。但是,强调政策影响评估并不意味着要否定政策产出评估,因为后者对于政策解释来说有其自身的特殊作用,如它能更直观、更具体地显现政策结果。

四、公共政策评估的目标与功能

为什么要对政策进行评估?为了更好地回答这个问题,首先谈一谈政策评估在什么情况下是需要的,什么情况下是不需要的。

美国学者C.H·魏斯指出,并不是所有的政策都要进行评估,一旦评估对于政策不具有任何影响,进行评估就是无用之举。那么,在什么情况下不需要做政策评估呢?主要有以下四种情况。一是公共政策没有真正实施的时候。如果政策根本就没有很好地落实,仅停留在计划上或纸面上,就没有必要进行评估。二是政策经常变动没有固定目标的时候。一般来说,只有对目标固定、保持在较长时期执行的政策才能从事一定的评估活动,否则难以产生统一的评估标准,无法进行评估。三是没有足够的人员和经费的时候。如果没有一定数量的评估人员和一定数额的经费,评估活动尽管很有必要,也是无法进行的。四是没有认识到应该进行政策评估的时候。政策评估活动既依赖于对整个政府管理活动有一个全面的了解,又需要认识到政策评估的重要性,如果不具备这一条件,政策评估就很难被视为一项重要的公共活动。

在什么情况下需要进行政策评估呢?主要考虑到以下四个条件。一是政策制定和执行过程的需要。为了了解相关的信息,就需要对政策制定和执行过程的效果进行一定的事实和价值评判。二是纠偏的需要。政策评估能起到纠正偏差、及时校正政策行为的作用。三是衡量成本与收益的需要。启用新政策会花费可观的资金、会有风险,延续旧政策则要继续进行相应的资金和人力投入,这就需要对两者进行相关的评估以判断其成效,从而决定实施哪项政策。因而,为了衡量政策活动的成本与收益,进行政策评估活动就显得很重要。四是公民政治参与的一种方式。人民是国家的主人,人民进行政治监督的一个重要途径就是对政府的政策活动加以监督和评估。

(一)政策评估的目标

公共政策评估的目标是要判断政策能否解决和如何解决列入政府议程的公共问题以及这种政策所产生的影响。发起政策评估工作的机构和人员,具有不同的动机和诉求,对于政策评估怀有不同的目标。在现实生活中,公共政策评估有积极目标与消极目标之分。

1. 积极目标

发现政策制定过程中的偏差,为备选方案确定优先顺序提供依据;通过政策评估认识政策的可行性程度,得出是否继续执行政策的判断;依据评估结果,改善政策执行程序与技术;通过评估活动,分清多项政策的轻重缓急,对政策资源和工具进行重新配置。

2. 消极目标

炫耀工作业绩,为相关政府部门歌功颂德,作为追求个人职位升迁的资本;夸大工作难度,要求追加政策活动预算,增加工作机构和人员;利用政策评估的结果,表明自己不实施某项政策或实施某项政策的理由,用以规避应负的责任;利用政策评估的某些结论,从自身的利益和价值偏好出发,否定现行政策,为要求政策调整提供口实。

(二)政策评估的功能

公共政策评估不仅是技术性的科学分析,而且也是一种政治和社会过程。政策评估具有学术上及实务上的双重功能:一方面,政策评估的信息可以积累解决政策问题的社会科学知识;另一方面,可以为决策者提供更充分的政策信息,制定优良的政策方案,它在公共政策的全过程中占据了相当重要的位置,发挥着以下几方面的功能。

1. 提供政策运行的可靠信息,提升政策质量

政策评估可以运用科学的方法,针对政策绩效进行评估,以指出政策达成目标的范围和程度,以及社会对此政策的需求和价值判断。事实上,在政策制定的过程中,决策者规划得再完善,也难免会有瑕疵或预料之外的结果出现,况且几乎没有决策者能做到全面理性的规划。政策评估可提供相关的信息,作为决策者日后修正、完善政策的依据,逐渐提升政策质量。

2. 检查政策目标与政策执行存在的问题

公共政策在执行时往往会遇到政策方案不切合实际,以致执行困难的问题。假如政策评估的结果显示政策目标的设定不符合实际,则必须进行调整,重新拟定政策目标。如果政策目标的设定不存在问题,而是政策执行出现缺失,就必须检视执行机构的工作流程、资源分配、执行者的意愿和态度、执行所运用的方法,并及时加以修正。

3. 作为提出政策建议和分配政策资源的依据

政策评估提供的相关信息是决定政策是否应该延续、调整或终止的依据,同时也是分配稀缺性政策资源的依据。只有通过政策评估,才能明确哪些资源配置是合理的、有效的,哪些资源配置是不合理的、无效的,从而根据问题的轻重缓急和价值判断,重新分配有限的资源。

4. 向利益相关者提供政策信息,构建良好公共关系

政策评估可以向决策者、执行者、目标群体、社会公众等提供政策的相关信息,创造一个交流信息和发表建议的场所,形成良好的环境氛围。这有利于提升政策的认同度,推进政策的执行,减少阻力。

第三节 公共政策评估过程与方法

由于许多公共政策涉及公共的和众多相关者的利益,因此,需要对有关政策进行及时的评估。在评估活动开始筹划之际,须确定评估标准,探讨影响评估结果的诸多因素。

一、政策评估的过程、维度和标准

(一)评估的过程

一般而言,公共政策评估是一个有计划、有步骤的活动过程。尽管许多评估过程会有所简化,不一定按部就班地经过所有阶段和步骤,但作为一种逻辑流程,政策评估应包括评估筹划、评估实施和评估总结三个阶段。

1. 评估筹划

评估筹划是评估的基础和起点,也是评估活动有序进行的前提条件。这个阶段主要解决如下几个问题。

其一,明确评估目的。评估活动首先要解决的是为什么要对政策进行评估,也就是评估的目的问题。评估目的是政策评估计划阶段的逻辑起点,也是贯穿评估过程各阶段的总指向。

其二，选定评估对象。由于政府层级不同，涉及诸多的政策评估对象，这就需要根据评估主体的意愿和客观现实具备的条件来选定评估对象，以利于达到评估目的。

其三，制订评估计划。具体评估计划的设计涉及以下几方面的工作：一是明确评估所需的时间，初步规定评估工作的开始时间和结束时间；二是圈定评估的范围，在何种范围内进行政策评估活动；三是确定评估标准与方法，明确政治标准、经济标准、社会标准和伦理标准在评估活动中的地位，采用多种评估方法，如定量方法与定性方法等；四是确定评估目标，明确评估的短期目标与长远目标。

其四，满足评估条件。评估条件涉及方方面面，既有评估组织的设置或遴选、人员的配备，又有经费的落实与设备的采购。其中评估组织的设置或遴选是关键，只有在评估组织健全的情况下，才能发挥评估人员的潜能，提高评估活动的质量。

2. 评估实施

政策评估实施阶段是整个评估活动中最关键的一个阶段。这个阶段的主要工作是按照评估已设定的目标，收集政策过程各种信息；通过数据分析，根据评估标准撰写评估报告，得出符合科学要求的评估结论。评估报告的撰写班子要在评估组织的内部充分发扬民主，集思广益。评估报告除根据评估情况提出政策建议外，还应当对评估初衷与目的、评估所使用的方法和评估中存在的问题作出说明。

3. 评估总结

这一阶段实际上是对评估筹划阶段和评估实施阶段做一次全面回顾。通过总结，检讨前两个阶段存在的问题，以便在下一次政策评估活动时吸取教训，改正不足。具体工作步骤是：首先，听取政策评估活动相关当事人的意见，以便进一步完善评估报告；其次，有些评估报告需要递交给有关的政府部门，为政府评估政策提供基础性的数据和材料，使评估报告在实际工作中发挥作用；最后，将评估报告公之于众，使社会公众了解评估的结论。

(二) 评估的维度

从政策评估的内容来看，无论是哪种评估，都有一个评估的维度选择问题，而评估的维度基本上只有两个，即事实评判和价值评判。

任何一项公共政策及其运行的过程和结果都可以从事实评判和价值评判这两个维度去评估。两个维度的根本区别在于评估者的政策评估是否涉及个人的主观情感和价值偏好。事实评判采取价值中立的立场，评估者在政策评估中不带个人感情色彩，不以个人好恶来判定政策优劣，始终坚持对政策及其运行的过程和结果进行客观的观察、记录、调研并以此为基础作出判断。价值评判则是评估者从个人固有的主观认识和价值偏好出发，对公共政策及其运行的过程和结果满足人们需要的程度进行的评估。由于评估者本身的主观认识和价值偏好不同，因此即使基于同样的政策事实，他们所做的价值判断也会各执一词。任何一项公共政策都有其自身的价值规定性，这种规定性决定着特定政策的内容、运行方向和直接结果。因此，价值评判的结果取决于评估者的价值取向与所评估的政策自身的价值规定性相吻合、相契合的程度。

基于事实评判和价值评判两个维度，政策评估标准也就被分成政策评估的事实标准和政策评估的价值标准两类。

(三)评估的标准

公共政策评估标准是对政策运行情况及其结果进行测量、评价、判定的指标、准则和参照体系。没有评估标准，政策评估就无从谈起。换言之，建立系统、规范和具有可操作性的评估标准，是进行科学的政策评估的前提。

评估标准是衡量有关政策的利弊优劣的指标或准则。这些指标或准则，必须建立在现实确实存在的、特定的评估问题之上。特定评估问题的确定依赖于两方面的条件：一是评估问题必须是合适的、切合实际的；二是评估问题必须是有解的，即在现实条件下能够采取有效措施加以解决的。

评估标准的选定，一方面与评估主体所持的价值观有密切的关系，另一方面又必须符合一定的技术条件，客观反映现实社会对政策的要求以及政策运行的实际状况。政策评估既是一个事实判断的过程，又是一个价值判断的过程，价值判断以事实判断为基础。因此，政策评估是建立在事实标准和价值标准基础之上的一项活动。

1. 事实标准的内容

政策评估的事实标准是以预期的政策效果(预评估)或实际的政策效果(过程评估和结果评估)为中心设定的。事实标准能够用数量值、比率关系、统计结果等手段来反映事物过去、现在和将来的存在状况，尽可能具有可测量的客观指标。在政策评估活动中，通过事实标准来体现公共政策及其运行实际上到底对政策对象和政策环境施加了什么影响或产生了什么作用。事实标准主要包括政策效率、政策效益、政策充分性和政策适当性这几个方面。

(1)政策效率。政策效率是指政策的产出与投入之间的比例关系，效率高是指以尽可能少的投入获得尽可能多的产出。政策的投入包括政策活动所投入的人力、物力、财力、信息和时间，政策的产出是政策执行过程中直接产生的结果。投入与产出之比可以通过设定具体指标和运用通行的计量方法计算出来。政策效率高低可以细化为如下三对关系。第一，投入与成本关系。人力、物力、信息和时间构成了政策运行的投入。获得和维持这些人力、物力、信息和时间所花的费用，就是投入的成本。假如成本过高，就显得不经济。第二，业务开支与行政开支的关系。对政策运行过程来说，直接用于服务对象开支的为业务开支，管理机构和人员自身的开支是行政开支。一般而言，行政开支过大，是效率低下的一种表现。第三，人均开支和单位成本关系。某项政策实施时占所在行政辖区居民人均开支越大，表示纳税人所承担的费用越多。单位成本过高，效率就低。

在以效率标准衡量政策时，用最少的投入获得最大的政策产出的政策是最有效率的政策。效率标准的重点在于一项政策是否以较好、较快、较节约的方法来达成政策目标，解决政策问题。

(2)政策效益。政策效益指的是政策的有效性，即政策目标得以实现的程度。政策效益通过比较政策的实际结果与预期结果，对预期结果实现程度进行分析。政策效益是以政策可行性为前提的,用于解决政策问题的公共政策具有较强的实践可行性,政策效益就会比较好。同时,政策效益与技术理性密切相关,它关注的焦点是政策结果有多大价值,并把这一关注落实到政策提供公共物品和公共服务的数量这一具体指标上。而且,政策效益对政策结果的考察,不仅重视政策产出,而且重视政策影响。效益标准在运用过程中,应考虑到主观因素的影响,坚持实事求是的原则,尽量保证评估的客观性。

应当指出,政策效益与政策效率有着明显的不同,前者关注的是目标和效果问题,后者关注的是方式和手段问题。一项成功的政策不仅需要有高的效率,而且需要有好的效益。一般来说,目标先于手段,效益优于效率。

(3)政策充分性。政策充分性指的是政策是否为它针对的政策问题得以解决的充分条件,或者说是否能起到使政策问题"药到病除"的作用。政策充分性关注的中心问题是特定政策的效益水平满足政策目标的程度。公共政策学者邓恩认为,充分性具体指向四类问题。第一类问题涉及固定成本和变动效益,充分性评估就是看在有限资源条件下是否使政策效益实现了最大化;第二类问题涉及固定效益和变动成本,充分性评估就是看在期望结果不变的情况下是否实现了成本最小化;第三类问题涉及变动成本和变动效益,充分性评估就是看效益和成本之比是否最大化;第四类问题涉及固定成本和固定效益,这类问题相对复杂,充分性评估要在双重限制条件下进行。充分性评估所针对的这些不同情况,显示了政策效益满足政策目标的不同程度。

(4)政策适当性。政策适当性标准用于考察特定政策对于解决它所针对的政策问题是否恰当适用。它与实质理性密切相关,不是单一分析,而是一种组合分析。所谓实质理性,指的是它要求根据不同情况对公共政策进行多种理性形式的综合与比较,表现出系统的特征和综合的视角,目的是在特定情况下做出最合适的考量,对不同问题加以区别对待。

2. 价值标准的内容

价值标准反映评估主体在评估活动中的偏好性的准则和原则,它建立在一个国家特定的历史与现实、伦理与文化、社会和经济价值取向的基础之上。价值标准主要强调的是评估主体的一种信念、思想和理想追求。

政策评估价值标准的内容有政策回应性、政策公平性和政策进步性几个方面。

(1)政策回应性。回应性标准或被称作民主性标准,指的是政策满足公众的利益、需求和价值偏好的程度。这一标准应用于政策运行过程的各个阶段,首先是强调政策制定是否聚合和集中了多数民众的意愿和需求,择定的政策方案是否得到了多数民众的接受和拥护;其次是强调政策结果满足公众的要求、价值偏好和机会的有效程度。回应性标准的具体考察指标是公共政策的效益、效率、充分性、公平性的一致性程度。由此可见,回应性标准突出了民众对公共政策的需求这一因素,对民意测验的反馈作用给予了特别的重视。考虑到民众的需求会随着时间、空间和其他条件的变化而变化,政府掌控的政策资源和工具也具有一定的限度,所以完全的需求回应性是不现实的,也是不明智、不科学的。对民众的需求,政府需要加以权重比较,选择最需要、最紧迫的问题作为回应的对象。对某一类公民而言,在某一项政策上政府可能没有良好的回应性,但从其他政策或总的政策方面看,政府已经考虑到了它的回应性,那就表明政策的回应程度还是高的。因此,回应性既要考虑到单一性政策的回应性,也应更多地考虑到复合性政策的回应性。

(2)政策公平性。公平性标准是指物品、资源、服务和被赋予价值的其他东西在社会个人和群体中的分配是否公正而没有偏私地考虑到了全体民众的利益。它可以指现行的分配现状,或者指拟议的政策或计划中将要实现的分配。这项标准衡量的是政策结果所表现出来的与该项政策有关的成本和收益在社会不同群体或阶层间分配的均衡程度。在实际应用中,公平性的评估多涉及收入分配、教育机会和公共服务等方面的政策。从社会视角来看,公共政策的目标是使社会成员总体满意度最大化,而公平性标准的应用是检测公共政策这一目标的实现程度的适当方法。在政策评估中,公平性标准至关重要,它在很大的程度上决定着一系列公共政策的成败。正如有些公共政策学者指出的,一项公共政策的输出,能瞄准公共问题,直指与大多数人的根本利益直接相关的公共问题,且提出的解决方案能满足绝大多数社会成员的公平性要求,并以有效率的方式解决公共问题,必定会为公众所广泛接受和普遍认可。另外,对政策的公平性程度的理解,不是绝对的,应拓宽思路,跳出单一政策的框定,从政策复合性和系统性出发,重视各种政策的综合作用与利益平衡。

(3)政策进步性。进步性标准是衡量公共政策从社会发展总的历史趋势来看能否从根本上反映人民的利益的准则,是检测公共政策在本质上是否符合政治正确的指标。不同的社会阶级、阶层和利益集团有不同的社会进步观。从当代世界多数国家的情况来看,自由主义的进步观、社会达尔文主义的进步观、马克思主义的进步观是不同阶级、阶层和利益集团评估公共政策的社会进步性的截然不同的进步性标准的基本依据。马克思主义的进步性标准依据的是历史唯物论。按照这一标准,只有那些代表着先进生产关系,能够促进社会生产力发展的阶级和社会力量才能推动社会的发展。不论是对政府还是对社会来说,能够代表先进生产关系、满足人民群众的利益要求、促进社会生产力发展的公共政策,就是一项进步的政策,能够得到人们的拥护和支持;相反,则是落后的或反动的政策,肯定会遭到人们的反对,最终归于失败。

在政策运行过程中,无论是事实标准,还是价值标准,在具体应用中都很少仅仅使用单一的标准,而是使用一组标准或复合标准,而这一组标准或复合标准通常是彼此具有内在逻辑联系的一个体系。另外,在为某项政策设立评估标准时,很少单独使用事实标准或价值标准,而是将二者有机地配置或综合起来加以使用,只不过使用时各有侧重罢了。

二、影响政策评估的重要因素

公共政策评估尽管在理论上意义重大,但在实际评估活动中,却存在着诸多不足与问题:有的评估活动无法开展,有的评估只是一种形式而没有实效,有的评估与实际政策运行过程差距太大。那么,是什么因素影响着政策评估的效力?

一般来说,影响公共政策评估的因素有许多,人们往往以影响幅度大小、影响时间长短、影响效力高低,作为划分重要因素和次要因素的主要标准。

影响公共政策评估的重要因素主要有以下几方面。

(一)政策信息不公开

政策评估的基础是掌握相关的政策信息和资料。准确的政策信息资源是高质量评估工作的前提。但在实际生活中,准确而相关的统计数据及其他信息的缺少可能会妨碍政策评价者。政府往往以保密为由拒绝发布应该发布的政策信息和相关资料。而对于评估者来说,由于缺乏有效的信息收集手段或措施,便无从获悉相关政策信息,即使获得了,其信息和数据也残缺不全。这样,外部评估和非正式评估无法有效地发挥其应有的作用,势必影响政策评估的科学性、可靠性。

(二)政策主体的不重视和不配合

不论是在政策评估的计划阶段,还是政策评估的实施阶段,都需要政策制定者和执行者能够认识到评估活动对本次和下次政策过程都有很重要的作用,有利于提高政策认同度,维护政府的权威。但在实际生活中,政策主体往往认为评估活动可能会对政策行为说三道四,因此就采取消极应对的态度,如提供政策运行的信息不完整、接待评估人员和填写有关评估问卷不认真,严重的会进行干扰和抵制。政策主体不配合的重要因素之一可能与实践中的政策偏离公共性的价值取向有关。公共性是公共政策的本质属性。但是在政策实践中,政策主体经常偏离以人为本、以民为本的政策理念,偏离以公平正义和公共性为核心的集体价值观和公共权力伦理的轨道,出现比较严重的失范问题,即以政府的部门利益、政策制定者和执行者的个人利益挤压和侵夺公共利益。在这种情况下,政策主体就会竭力抵制政策评估或使评估活动半途而废。显然,政策主体是否配合以及抵制的程度是决定政策评估成败的关键。

(三)政策目标的多元性与政治化

政策目标是评估政策的依据。通常,单一的政策目标比较清晰,容易评估衡量。然而,复合的政策,其目标是多元的,应该根据什么标准来衡量目标的主次轻重就会显得困难。而且,有些政策目标设定的出发点不在于解决问题本身,而是建立在满足政治要求(如突出政绩的需要)的基础之上,这就使目标无法定位于解决实际问题,使政策评估难以用纯粹的科学标准来衡量。

(四)政策的沉淀成本处理不当

政策的沉淀成本主要指前一项政策在政策运行过程中投入了较大的资源,包括人力、物力、财力、信息、风险和时间等,而政策目标有待进一步实现,但如果政策不继续执行,前期投入的资源就等于没有发挥作用。在这样的情况下,即使现在政策出现了一些失误,但因政策制定主体和执行主体面对较大的沉淀成本,也不得不继续追加对该项政策的投入。

(五)政策评估方式、方法不完整

不论哪种类型的评估,都是政策过程中对政策进行监测和评价的有效方法。但在实际过程中,内部评估、正式评估、委托评估使用得较多,而外部评估、非正式评估、非委托评估使用得较少。这就造成评估方式之间的不协调,妨碍了政策评估的公正性与全面性。而且,还存在着评估方法不科学的现象,如有的评估本来应该首先使用定量的方法,然后再使用定性的方法,而现在却直接使用定性的方法;有的评估本来应该进行实地调查,在获得第一手资料的基础上进行分析,而现在却用第二手资料甚至第三手资料来做评估依据。

三、政策评估的方法

公共政策评估的方法是政策评估赖以完成其一系列过程和实现其目标的手段,是政策评估系统的一个有机组成部分。在其他主客观条件都相同的情况下,政策评估的成功取决于评估方法的选择和使用状况。随着现代科学技术的发展,人们对客观事物运行规律的认识越来越深刻,政策评估方法也逐渐由以直观、经验为主向以技术计量和价值选择为主演进,体现出政策评估方法的代际性特点,使政策评估方法从内容到形式趋于多样化。

用于公共政策评估的方法很多,按照不同的标准,可以分为不同的类别,常见的有如下三种划分与标准。

(一)以是否定量为标准划分

以是否定量为标准,公共政策评估方法分为定量评估方法、定性评估方法、定量定性结合评估方法。

1. 定量评估方法

在公共政策评估活动中,有不少内容涉及数量与统计,评估人员能够通过客观指标状况反映出一定的数量关系,可见公共政策需要使用定量的评估方法。

定量评估方法的使用有利于减少不必要的评估纠纷与争论,避免评估活动中过于偏重主观价值的倾向;用事实和数据说明评估问题易使评估对象接受评估判断。

现介绍政策评估中常用的几种量化方法。

(1)政策指标法。政策指标法是一种将公共统计数值用于评估公共政策的衡量工具,主要作用在于利用公共部门的统计结果设立指标体系,然后根据指标体系来制定或调整公共政策。

其一,应关注政策评估指标体系的价值取向。政策评估指标体系一般应该包含三种类型的价值取向指标。①经济效益取向指标。凡是能以币值形式表示的经济效益指标多属此类指标,最具代表性的是某一政策的成本效益之比。经济效益取向指标所反映的数字相对而言是比较客观和科学的。②主观性福利取向指标。主观性福利取向指标是衡量公民对于某一政策满意程度的评估指标。经济效益取向指标强调的是市场价值;主观性福利取向指标强调的是人们的感受或情绪。因此主观性福利取向指标的测量和获得必须以问卷调查的方式进行。③公平性取向指标。除了以上两种价值取向指标外,公共政策还必须考虑资源分配的公平性。这种公平性在政策指标上的反映往往是公共政策对弱势群体所提供的帮助。一项政策若仅仅追求总效益的最大化,而忽视了对于公平性的考量,则往往成为不可行的政策。

其二,注重政策评估指标体系的构建。无论初等数学还是高等数学,许多方法都可以用

第九章　公共政策评估

来构建公共政策评估指标体系。但只要指标与价值取向有关联,指标的选择就一定包含着政治利益的考量。不同的利益群体因为利益与价值的冲突而对政策评估指标的选择具有不同认识。因此在设立政策评估指标体系时,应该多一些调和不同价值与利益的余地。政策评估指标体系也是一个与时俱进的概念,如果社会的主流价值对某政策的看法产生了变化,政策评估指标体系也必须随之发生变动。以下是一个利用指标法设计的治安政策评估指标体系,见表9-1。

表 9-1　治安政策评估指标体系

价值取向	评估指标体系类
经济效益取向	重大刑事案件发生率
	刑事案件破案率
	人群的平均犯罪率
	盗窃案发生率
	假释犯的再犯率
	治安投资的成本
主观性福利取向	公民的安全感
公平性取向	没有专门设立

显然,上述指标体系并没有专门针对某一个利益群体的利益来考量,而是针对全社会的公共利益所设计的,因此没有专门设立公平性考量的指标。上述指标体系的作用在于,可以以此指标体系为依据,来逐项评估一个时期的治安政策的效果。

(2) 一元线性回归分析在政策评估中的应用。政策过程中有许多因素是相互联系、相互影响的。一些因素发生变化以后,另一些因素也可能随之而发生变化。如何探究政策过程中某一因素发生变化时对其他政策变量或现象的影响,或者评估一项公共政策执行后对政策现象产生的影响,可以采用回归分析法。如果把公共政策当作自变量,把政策执行后的效果当作因变量,则回归方程建立之后,根据回归方程就可以对公共政策进行评估了。回归分析的计算机技术处理主要是使用 SPSS 或 Stata 等软件来进行。

(3) 多元线性回归分析在公共政策评估中的应用。公共政策现象纷纭复杂,往往不是一个变量就可以决定的,而是经常出现多个变量决定一种现象的情况。例如,家庭在某一时期消费水平的高低往往要受到家庭的可支配收入、物价水平、金融机构的存贷款利率、国家是否实行刺激消费的政策等诸多因素的影响,表现在回归方程中,就是对家庭消费水平高低的解释变量有多个而不是一个。这种回归方程就称为多元线性回归分析方程,它与一元线性回归分析方程的原理大致相同,但也有不同。不同之处在于多元线性回归分析方程的自变量不止一个,而一元线性回归分析方程的自变量只有一个。

一般来说,多元线性回归方程的表达式为

$$Y = a + b_1 x_1 + b_2 x_2 + b_3 x_3$$

式中:Y 为因变量;a 为截距;$x_i(i=1,2,3)$ 为自变量;b_1、b_2、b_3 为回归系数。

回归系数代表在控制其他自变量后,该自变量对因变量的影响结果。多元线性回归方程用于公共政策评估时,如果将政策作为一个影响因素或变量,则将该变量的系数与其他变量的系数相比,其大小可以用来判断政策因素与其他因素相比较所起的影响作用的大小,而且根据该政策变量前的系数是否显著,还可以用来判断其所起的影响作用是否显著。

(4)实验法在政策评估中的应用。在政策评估理论的发展过程中,以实验为主的评估方法历来都被认为属于量化评估。

所谓以实验法评估公共政策,就是运用随机指派的方法,将一群受试者分配到两个以上的研究小组中,其中一组接受政策实验的处理,称为实验组;另一组是没有接受政策实验的小组,只是接受一般政策环境下的处理,称为对照组。政策执行后以对照组为基准,观察公共政策对于实验组的影响,从而判断公共政策是否有效、在多大程度上有效等。政策实验的关键环节是随机指派,应保证每个实验对象都有相同的概率被抽到任何一组。

在政策实验中,由于实验是在开放的空间而不是封闭的空间中进行的,所以环境中的诸多因素足以影响政策评估结果的精确性。因为政策实验的内在效度较低,所以许多情况下政策实验被认为是准实验。

(5)成本收益分析在政策评估中的应用。政府决定要做的公共支出项目规划,无疑是一种公共政策方案,它在经济上是否可行,必须考量未来的总收益是否大于总投入。这种考量,并不是简单的四则运算就能够解决的,往往需要利用成本收益分析方法对政策方案进行可行性评估,目的在于引导公共资源获得更高的价值利用。利用成本收益分析进行政策评估主要涉及现值、贴现率以及净现值等概念与方法的应用。

(6)间断时间序列分析在公共政策评估中的应用。时间序列是按时间顺序组合而成的一组数字序列,是指所关心的变量在一段时间里的一组系列观察值。在公共政策分析中,时间序列分析就是利用这一组数字序列即系列观察值,应用数理统计方法加以处理,根据处理结果,或预测未来事物的发展,或做出其他评估结论。时间序列分析承认事物发展的延续性,其基本思想建立在这样一个基础上,即应用过去的数据,就能够推测事物的未来发展趋势。同时也承认事物发展受偶然因素影响会存在随机性。例如公共政策的颁布和实施、政策的中断以及气候变化、罢工、地震、水灾等其他因素带来的事物发展轨迹的变动等。

间断时间序列分析是一套广泛应用于政策评估领域的程序,是按照随机因素(如政策实施)作用的时间点,对一个时间序列进行划分,然后对作用前和作用后事物的发展轨迹进行分析并得出相关评价结论的方法。该方法以图形和统计表格等形式直观显示政策行为对政策结果的影响,从而为准确进行政策评价提供依据。在无法进行随机对照试验来进行政策评估,或在缺乏对照组难以根据实验结果进行政策评估的情况下,间断时间序列分析方法可以有效评价种种随机因素对政策的干预效果。

在政策评估中常用的前后对照试验,虽然有一定的实用价值,但是存在难以克服的缺憾,往往难以排除一些随机因素对事物发展轨迹造成的影响,如长期趋势偏倚、自相关偏倚、循环或季节性对事物发展轨迹造成的影响等。间断时间序列分析方法可以避免一些因自然发展中的随机因素对事物发展轨迹造成的影响,能够更加准确地评估公共政策。

2. 定性评估方法

政策评估活动中仅用客观指标的定量评估方法不能真正反映事物的本质特性,要体现评估主体和评估对象的主观意愿,还需要依靠定性评估方法。

(1)以定性分析为主的政策评估方法的含义。量化评估忽视了被评估者在评估过程中的地位和作用,因为在多数情况下,被评估者不能参与对政策评估过程的结果判断。以定性分析为主的政策评估方法则强调被评估者在参与政策评估过程中的地位和作用;评估的过程也是一个吸纳各种利益诉求于公共政策方案中,且不断调整公共政策以使各种利益相关者逐渐达成共识的过程。这种评估方法强调评估者与被评估者之间是一种伙伴关系与合作关系。

(2)以定性分析为主的政策评估的程序。以定性分析为主的政策评估的程序共有九个步骤。

第一,认定承受政策风险的利益相关者。任何一项公共政策必然要涉及或多或少的利益相关者,有些人是政策执行以后的受益者,有些人则是受损者。进行以定性分析为主的政策评估时,务必特别注意潜在的政策执行后的利益受损者。

第二,界定出政策利益相关者的政策认知,尤其是其利益诉求。对利益诉求应该采取开放性的、不存任何偏见的态度。

第三,构建定性评估的网络与方法。采取人性关怀与社会互动相结合的方式:在人性关怀方面,要从以人为本的角度特别关心那些承受政策风险的利益相关者的政策诉求;在社会互动方面,要充分发挥各种社会力量的作用,化解各种政策风险。

第四,寻找各种利益相关者的利益诉求平衡点。在了解利益相关者的要求与政策主张的过程中寻求共识。政策评估者务必找出各种利益诉求的本质所在,设法建构出具有共识性的项目,以作为评估政策诉求的参考。或者说,找出各种利益诉求的"最大公约数",使得各方面的利益诉求能够达成平衡并逐渐趋向达成共识。

第五,在建构共识过程中,总是会有一些政策诉求无法达成共识,对于这类政策诉求可以考虑妥协,并设定一个进行谈判与妥协的日程表。

第六,尽可能更多地采集相关信息,如民意调查的结果、灾害损失的统计数据、相关的政策和法律法规等。

第七,建立利益相关者的政策论坛。提供一个可以让利益相关者自由讨论的公共平台,目的在于尽可能全面地了解各种利益诉求。

第八,将已经达成妥协和共识的政策诉求形成报告。如果各方面对于某些政策诉求已经达成共识,应该提交报告调整相关政策并加以执行。

第九,将尚未达成共识的各种政策诉求按照上述顺序重新建构一次,直到满足大多数人的政策诉求为止。

3. 定量定性结合评估方法

有的政策适合用定量评估方法,有的政策适合用定性评估方法。还有第三种情况,有的政策的部分内容适合定量评估方法,部分内容又适合定性评估方法,对于这种政策,就需要用定量定性结合评估方法。定量定性结合评估方法是指在评估活动中把定量评估指标与定性评估标准按照一定的权重结合起来形成综合评估结果。根据定性标准评估得分对定量评估结论进行校正,计算出综合评估得分的结果,其计算公式为

$$定量定性综合评估得分 = 定量指标评估分数 \times 权重百分比 + 定性标准评估分数 \times 权重百分比$$

定量定性结合评估方法既发挥了定量评估方法的长处,又避免了定量评估方法的不足,使评估活动更多地得到人们的认同,评估结论更易被评估对象所接受。

(二)以政策过程中的不同阶段为标准划分

以政策过程中的不同阶段为标准,政策评估方法分为政策制定过程评估方法、政策执行过程评估方法。

1. 政策制定过程评估方法

政策制定过程评估方法需要关注三个关键性的问题:一是公共问题如何构建,应该对这样的问题构建采用什么样的方式进行评估;二是政策方案是如何预测的,该如何评估;三是决策目标是如何确定的,如何评估。

(1)针对问题构建,评估方法应结合特定问题采取特定方法来进行,如估计元问题边界的边界分析方法、澄清概念的类别分析方法、明确可能的和可行合理的层级分析方法、确认问题间相似点的综合法、产生想法和目标的头脑风暴法、产生洞察力的多角度分析方法、冲突性假设创造合成的假设分析方法、假设评估的论证图形化分析方法。通过这些方法的评估,明确问题构建的种种问题,使评估活动建立在既符合特定对象的合理性需求又与总体政策的问题构建目标相一致的基础之上。

(2)有关政策方案预测的问题,评估方法采取三种预测方法来进行:第一种方法是外推预测法,使用传统的时间序列分析、线性趋势估计、加权计算、数据变换、剧变法等方法,寻求政策方案的预见性;第二种方法是理论预测,通过图形化、因果模型、回归分析、点和区间估计、相关性分析,希望得到推断性结果;第三种方法是判断预测,采用常规德尔菲法、交叉影响分析法、政策德尔菲法、可行性分析等方法,得到猜想的结果。这些方法的使用,只有一个目的,那就是对政策未来的走向有一个大致的判断,使评估方法真正反映政策过程的实际状况。

(3)对于决策目标选择的评估,评估主体通常会采用下面几种方法:针对明确的目标,采用目标图形化、价值澄清和价值评价的方法;针对信息收集、分析和解释以及明确目标群体和受益者时,使用边界分析法;为了估计成本与收益,采用成本要素构建、成本估计等方法;为了判断风险和不确定性,确定决策标准,提出政策建议,一般使用可行性评价、价值分析、价值澄清、合理性分析等方法。

2. 政策执行过程评估方法

对政策执行情况的评估,主要是提供有关公共政策原因和结果的信息。在公共政策评估的实践活动中,人们比较关注评估信息。评估信息不同的获取和分析途径,会对评估结论产生影响。这样,从政策执行情况评估的监测方法入手,分析评估信息的获取。这一评估方法通过社会系统核算、社会实验、社会审计、综合实例研究四个可鉴别的监测方法,对整个政策

执行过程进行分析,关注行为结果的主观和客观的变量。

(1)社会系统核算。社会系统核算是对主观和客观社会状况变化进行监测的一种方法。社会系统核算的主要分析因素是社会指标。社会指标的内容既包括主观的指标,如市民对公共交通运营的满意程度,也包括客观的指标,如环境保护程度,还包括社会领域的综合性指标,如政治、经济和文化指标,以及单一的特殊性指标,如污染、治安、失业、养老等生活质量和社会保障指标。同时,社会指标还涉及全国性范围与地方性范围的指标,如精准扶贫对象的确定、优秀卫生城市的评比、乡镇公路建设等。因此,运用社会指标对公共政策进行评估,就需要对造成社会指标变化的因果关系进行有效的梳理,分清真因真果,避免假因真果现象的出现。如从排污达标的数量,能否得出某一地区环境保护工作是否做得好的判断,就不可一概而论。因为排污达标仅仅是一项指标,环境状况的好坏还必须考察污染企业偷排污水情况、环境保护部门的监督力度和公民的举报参与程度等状况。

社会系统核算方法能够给政策评估者提供政策影响的各种信息,既包括充分的信息,主要指政策产出的直接效果是什么;又包括不充分的信息,主要指政策产出没有发挥作用的领域。要提醒人们注意不充分的信息。在提供信息的基础上,使政策修正成为可能。这种方法的不足是:重视政策结果,忽视政策执行过程;选择社会指标带有一定的价值偏好,有较强的主观性;强调客观指标的选择和分析,忽视主观指标应有的地位等。

(2)社会实验。社会实验是系统控制政策行为的过程,它往往通过项目组内的不同类型政策行为之间的差别,来获得关于政策结果变化源头问题的答案,寻找解决社会问题的途径。社会实验一般有三种形式:一是对实验处理的直接控制(激励),通过直接控制实验处理政策行为将各种处理的差别最大化;二是参照对照(控制)组,使用两个或两个以上组,一组(实验组)为接受实验处理组,另外一组(控制组)不接受处理或接受与实验组不同的处理;三是随机分配,随机分配使各组和各成员选择的偏好最小化。

社会实验能用精确的方式反映出特定政策行为是否会导致特定结果的产生。但它的缺陷是人为选择的社会实验条件在有的地方或有的时候不具有代表性,而且,对政策过程评估过于简单化。

(3)社会审计。社会审计监测投入、过程、产出及影响之间的关系,它可以确定政策结果到底是政策投入不足导致的还是由于资源或服务偏离了预定目标人群或受益者引起的,因此在对政策执行过程进行监测时,社会审计监测的政策执行过程主要有资源分离与资源转换两种类型。政府通过资源分离,将资源进行转移,使最初的投入同预定目标人群和受益者相分离;在资源转换过程中,资源与人群的实际接受额可能相同,而这些资源对项目职员和目标人群的意义可能完全不同。通过这种方法明确资源投入转化为产出和影响的过程,确定原来计划安排用于特定目标人群(受政策或计划影响的个体、群体)和受益者(个体、企业组织、医院、学校、弱势群体)的资源是否真正各就各位。

(4)综合实例研究。综合实例研究包括对执行公共政策的过去努力的结果进行系统的整理、对比和评价,用来评价关于政策过程和结果方面的政策研究的质量,使用在许多政策领域,如农业、教育、科技和社会福利等方面。与综合实例研究相关的可获得信息的来源主要有两个,即政策执行与执行的案例分析和阐述政策行为与结果联系的研究报告。综合实例研究以案例调查、综合研究或综合评价为基础,它们是一套用于比较和评估过去的政策行为和政策结果的研究成果的程序。利用案例分析和现成研究报告等可以利用的信息,来整理、比较和评估过去执行政策和计划的努力结果。

综合实例研究作为监测方式,其优点在于,它是整理和评估政策执行案例和研究报告的相当有效的途径,能对政策过程的总结提供支持相同或类似案例的论据,也是考察主观和客观社会状况的一个有效的途径。这种方法的主要局限在于信息的可靠性和有效性。案例和研究报告不仅在研究质量和深度方面常需要自证,而且可获得的案例常常只报告政策规划执行的成功方面。

(三)以政策过程的不同阶段的比较为标准划分

以政策过程的不同阶段的比较为标准划分,主要分为"前—后"对比评估法、"始—终"对比评估法、"始—中"对比评估法、"有—无"对比评估法。该类方法指的是评估者根据政策运行过程的不同时段进行前与后、始与终、始与中、有与无等状况之间的比较,从而观测到政策目标与政策效果、预期效果与实际效果之间的差异的一种方法。这种方法将动态与静态、局部与整体、价值与效果有机地组合起来,反映出政策评估的基本特点和本质要求。

1. "前—后"对比评估法

"前—后"对比评估法,就是将政策实施前评估对象的状况与政策对象接受政策后发生变化的新状况之间进行对比,从中测量政策产出与政策影响。这是一种定量分析法,它通过一系列的客观指标进行前后对比,使评估人员能够发现政策执行前后之间的变化程度。这种方法的不足之处在于:评估对象的变化,一方面依赖于特定政策所发生的作用,另一方面可能与特定政策的作用没有必然的关系,如果将评估对象变化的程度全部归因于特定政策的作用,可能会夸大特定政策影响力,忽视其他政策和社会其他非政策因素的影响。

2. "始—终"对比评估法

"始—终"对比评估方法,是将政策对象的初始状态与最终状态进行比较,通过发现两者的不同,找出差距的一种评估方法。这种评估方法的不足在于:无法完整地反映出整个政策执行过程的状态。

3. "始—中"对比评估法

"始—中"对比评估法是将政策运行开始时的状态与执行到中间时的状态进行比较评估的一种方法。这种评估方法和"始—终"对比方法的不同在于选择政策运行过程的阶段范围上,前者将评估的范围选择在政策执行过程中,后者选择在政策执行过程后。通过"始—中"对比评估法能够基本上反映出政策执行开始时的状态与执行中的状态的差别,发现问题,及时作出调整。

4. "有—无"对比评估法

这一方法是在政策执行前和执行后这两个范围内,分别就采取某一政策和不采取某一政策两种情况进行前后对比,以确定被评估的某一项政策的效果。这种评估方法的优势在于发现测量政策的作用程度,有效地将被评估政策的"纯效果"从政策执行后产生的总效果中分离出来。

实践表明,没有一种适合任何情况又能取得最佳效果的政策评估方法。所以,评估方法的使用,一定要结合具体的评估对象、评估阶段和评估环境,根据特定的条件,选择一个最适合该政策问题并在时间允许范围内可以完成的方法。

第四节 公共政策监控

一、公共政策监控的含义、类型与功能

(一)公共政策监控的含义

公共政策监控活动与政策制定、政策执行、政策评估和政策调整一样,都是完整的政策过程必不可少的组成部分。为了确保政策过程各项活动的合法性、合理性和有效性,及时纠正各个环节中出现的偏差,提高决策目标实现的程度,保障公民和组织的合法权益,有必要对政策运行过程的各个环节进行检查、督促、指导和纠偏,这就是公共政策监控。

本书从以下几个方面介绍公共政策监控的概念内涵。

(1)政策监控的主体。政策监控的主体是指从事政策监控活动的个人和组织,它一般包括立法机关、行政机关、司法机关、政党组织、大众传播媒体、利益集团和公民等主体。由于各个国家的政治体制与历史文化传统不同,从事政策监控的主体会有差异;而且,不同的政策监控环节中,各政策监控主体发挥作用的程度和产生的效力也不一样。这样,人们在考察政策监控主体在监控活动中的作用时,应该根据具体的情况进行切合实际的分析。

(2)政策监控的对象。从广义上讲,各级政府组织和公务员都被包括在政策监控的范围内,因为这些政府组织和公务员都在承担各种各样的政策任务。从狭义上讲,政策监控的对象只是指从事某一政策过程的某一环节的活动的个人和组织,包括特定的政府组织和公务员。所以,考虑到每项政策的制定主体、执行主体与调整主体的不同,政策监控的对象也应根据实际承担政策任务的组织和个人具体确定,而不能把没有承担该项政策任务的组织和个人包括在内。

(3)政策监控的目的。通过政策监控,确保政策过程的合法性、合理性与有效性,及时纠正政策过程各个环节出现的偏差,实现预期政策目标,保障公民和组织的合法权益。

(4)政策监控是一个静态与动态结合的行动过程。首先,政策监控具有静态性,根据监控的目的要求,建立起相应的内外部监控体制,包括机构的设置、人员的配备、规则的确立、物资的提供等。其次,政策监控具有动态性,运用内外监控体制,对政策运行中的各个环节实行检查、督促、指导,以帮助决策者、执行者和调整者发现存在的问题,找出纠正偏差的措施,使整个政策过程不偏离预期的政策目标。

(二)公共政策监控的类型

按照不同的衡量标准,公共政策监控主要有以下三种分类标准。

(1)以实施监控的时间先后为标准,公共政策监控分为预防性监控、过程性监控和结果监控。预防性监控是对政策规划和政策实施计划进行的监控。这种监控方式有助于避免政策制定过程以及政策执行的准备阶段出现重大的法律问题和管理问题。过程性监控是对政策运行的各个环节进行的监控,根据预期的政策目标,对照现实的执行状况,发现偏差,及时纠正。结果监控是在政策执行后所进行的产出和影响监控,结果监控尽管不能使政策过程本身发生变化,但由于它的奖惩性功能,能对下次政策过程起到有效的鼓励或预防作用。

(2)以监控的频率为标准,公共政策监控分为经常性监控和引发性监控。对政策的经常性监控主要体现为日常工作的监控,如上级机关对下级机关执行政策时产生的问题所进行的检查、指导,专门的监察机关通过对行政机关和公务员的监察,间接地对其实施的政策进行的监控。这种监控是政策监控主体根据实际需要和监控指导思想而进行的,是一种主动性的行为。引发性监控是政策监控主体考虑到政策制定过程中出现了重大的分歧、政策执行中产生了问题,通过投诉反映政策问题时所进行的监控活动,它是一种被动性的行为。

(3)以监控的参与程度为标准,公共政策监控分为单方面监控和抗辩性监控。单方面监控是政策监控主体在实施监控时不吸收受检组织和人员参加而自行进行的监控,反映出政策监控主体单方面的监控意愿和监控事实。抗辩性监控是指政策监控主体承认被监控组织和人员享有答辩权并安排时间和机会让其进行答辩,被监控组织和人员可以对监察报告提出书面或口头辩解,反映出监控主体与被监控对象之间的互动性。

(三)公共政策监控的功能

政策监控作为完整的政策过程的一个重要环节,贯穿在政策运行的全过程,其主要功能体现为四个方面。

(1)通过政策监控活动,使政策制定过程合法化、决策科学化和民主化,充分听取各种不同意见,拓宽人们参与的渠道,遵循科学决策程序,使政策内容最大限度地体现最大多数人的利益要求。

(2)通过政策监控活动,排除主客观因素的干扰,整合各种推动政策运行的积极力量,充分发挥政策资源的潜能,提高政府效率,确保政策的有效性。

(3)通过政策监控活动,在保证政策评估真实性和准确性的基础上,实现政策评估的公正性,最大限度地反映政策运行过程的客观现实,体现政策评估活动的价值。

(4)通过政策监控活动,反映政策运行过程的实际情况,比较利弊得失,为政策调整确立一个基本的衡量标准,明确政策调整的方向。

二、政策监控机制的构成

政策监控机制是由政策监控主体和监控对象之间的关系模式以及监控主体的行为规则和方式等要素构成的一个系统。现分别对内部政策监控机制的构成和外部政策监控机制的构成介绍如下。

(一)内部政策监控机制的构成

内部监控主体是指各级行政机关。在联邦制国家,如美国,联邦政府、州政府和地方政府在较多政策问题方面是按照法律的规定在职权范围内进行监控的,只有很少的一部分政策是在上下级之间进行监控的,如洲际关系政策等。在单一制国家内,如中国,上下级政府之间有严格的等级制度,许多政策监控都是在上下级之间进行的。可以把内部监控的运行路线分为以下两种形式。

(1)自上而下监控。这是指上级政府对下级政府所做的政策监控,既包括中央政府对地方政府的政策监控,也包括上级地方政府对下级地方政府的政策监控、上级政府的职能部门对下级政府的职能部门的政策监控。

(2)自下而上监控。广义上讲,政府之间的检查、纠偏、指导等工作主要是上级对下级的,但也包括下级对上级的督促、建言和批评。因此,下级对上级也存在着特定范围的政策监控。自下而上监控是指下级政府对上级政府政策的监控,既有地方政府对中央政府的政策监控、下级地方政府对上级地方政府的政策监控,又有下级政府的职能部门对上级政府的职能部门的政策监控。这种政策监控活动对及时纠正上级政策制定过程中的失误有较强的现实意义。

不少国家有专门的监控行政机关,如中国,有自上而下设置的监察部门,承担全部行政行为的监控活动,其中包括政策监控;也有自上而下设置的审计部门,对国家财政、经济管理活动进行监控,其中包括财政政策、经济管理政策的监控。不管是法律规定范围内的政策监控,还是在行政范围内的上下级之间的政策监控,都有一个共同的目的,那就是对现行政府的政策进行不同程度和不同形式的监控,发现并纠正政策偏差,使政策符合社会公众的利益要求。

(二)外部政策监控机制的构成

对行政部门而言,下列监控主体的活动形成了外部政策监控机制,它们对政府政策进行各种形式的监控。

1. 立法机关对政策的监控

立法机关掌握着一个国家的立法权力,对政府政策产生直接的监控。立法机关对政策的监控主要表现在以下几方面。①以法律形式对政策进行监控。立法机关所制定的法律为公共政策提供了基本的行为规范,成为对公共政策强有力的制约。②以听取和审议政府工作报告、预决算安排等形式,对政策资源的分配与去向加以监控。政府工作报告反映了政府施政的基本政策方向,同时,预决算安排反映了国家政策资源与工具的配置,立法机关在听取和审议的基础上,通过相关决议对公共政策产生重要的影响,达到政策监控的目的。③以行使人事任免权的方式对公共政策制定者的选择产生影响。尽管不同国家的法律对政府人事任免权限的规定不一样,但都规定了立法机关有权选举、任命及罢免政府主要领导人。立法机关通过影响政府主要领导人的任免间接对公共政策施加了监控的影响。④以诘问、质询和弹劾的方式对公共政策进行监控。一旦某项重大的公共政策在制定或实施阶段引起公众较大的反响,立法机关中的议员或代表就有权向公共政策的制定者或实施者提出诘问,要求政府给予解释和说明。议员或代表对与法律严重相抵触的公共政策,往往会提出质询案,强烈要求政府做出令人满意的回答,否则,议员或代表就会行使罢免权,追究行政责任。对于严重的违法行为,议员或代表往往会动用弹劾程序,迫使政府领导人辞职,有的国家如英国规定还要追究刑事责任。立法机关通过诘问、质询和弹劾的方式,对公共政策的制定或实施产生强有力的影响。⑤以提出不信任案的方式对政府所实施的政策或制定政策的高级领导人实施监控。在西方,只有实行内阁制的议会才拥有提出不信任案的权力,一旦不信任案被通过,内阁必须辞职,或提请国家元首下令解散议会,重新举行大选,由新议会决定内阁的去留。这样,通过更换整个政府内阁的办法强制改变原有的政策,以达到监控政策的目的。⑥以检查、视察或组成特别调查委员会的方式对政策执行情况进行监控。立法机关行使法律的监督权,有权对政策执行状况进行检查、调查,以便在日常检查中,发现政策问题,及时提出意见和建议,督促政府改进和完善。对有重大违法行为的活动,立法机关通常会成立特别调查委员会之类的机构,直接对政策实施监控。

2. 司法机关对公共政策的监控

司法机关是国家法律的执行者和监督者,而法律则是公共政策的基本组成部分。司法机关对政策的监控最主要的职能在于保护公民的合法权益,但它是一种消极的形式,即表现为对政策内容、政策过程的各个环节,对与政策有关的各种违法行为在执行过程中的强制纠正。司法机关对政策的监控主要体现为以下几方面:①裁定公共政策的制定程序与原则是否合法;②裁定公共政策的内容是否合法;③裁定公共政策的内容是否合理;④裁定公共政策的执行是否合法;⑤裁定公共政策执行的方式是否符合法律程序。当然,政策监控在各国的表现形式和涉及的范围各不相同,如在中国,司法机关只能对具体行政行为进行审查,而在英国和美国,司法机关不仅能对具体行政行为加以监控,而且对抽象行政行为也可以进行监控。不过,从理论上讲,所有国家的司法机关都能对所有的公共政策实施监控,虽然在实践上,对有些方面的公共政策很难进行监控,如外交政策、军事政策等。

3. 政党对公共政策的监控

现代社会是政党社会,国家的管理活动都与政党有密切的关系,特别是执政党对政策的监控尤其重要。政党对公共政策的监控一般采用下列几种方式:①把政党成员选入立法机关作为议员或代表,直接参加立法和制定政策,并参与立法机关对行政机关的监督活动,以此影响和监控行政决策;②通过政党成员掌握国家权力和政府权力,直接参与公共政策的制定和执行;③通过政党所控制和影响的社会团体、大众传播媒体来制造政党所需要的舆论,对法律和政府政策施加外在的影响,达到间接监控公共政策的目的。

4. 利益集团对公共政策的监控

现代社会,除了国家与市场两种力量外,还包括社会本身的力量。社会力量不仅体现为单一个体的力量,还体现为利益集团的力量。利益集团通过组织化的方式表达自己的利益和要求,对政府政策施加其影响。这些利益集团通过自身的活动对相关的政策,如文化政策、教育政策、经济政策和社会保障政策等进行监控。利益集团对政策的监控主要表现在以下几方面。①接近。利益集团通过各种方式使自己与政策参谋者或政策制定者进行近距离的接触,为建立良好的个人关系以施加政策影响奠定基础。②提供信息。利益集团获取并提供政策参谋者或政策制定者所关心的信息,对政策制定产生影响。③游说。利益集团运用各种资源来对政策制定者进行说服、劝说工作,诱使政策制定者制定增进和保护利益集团利益的政策,反对或阻止不利于利益集团利益的政策,使新政策对利益集团的正面影响最大化、负面影响最小化。④提供竞选支持。利益集团利用议员(代表)或政府领导人竞选的机会,提供物力、财力与人力等方面的支持,使议员(代表)或政府领导人当选后采取有利于利益集团的政策,不出台或延缓出台有损或无益于利益集团的政策。

5. 大众传播媒体对公共政策的监控

通过大众传播媒体所形成的社会舆论,对政策的合法性、有效性和合理性进行有效的监控,揭露事实真相,督促政府改进不足,实现维护公共利益和公民的合法权益的目的。

6. 公民对公共政策的监控

作为个体的公民在对影响自身利益的政策表达特有的要求的同时,就对公共政策给予一定的监控,以减少、纠正或避免公共政策对自身合法权益的损害。公民对公共政策的监控主要表现为面访、写信、发电子邮件、投诉和提起诉讼等方式。

通过内部政策监控机制和外部政策监控机制,以上各类监控主体在对政策监控活动中互为补充,共同发挥作用,构筑起监控公共政策的有机整体。

三、政策监控与政策过程

公共政策监控是一个有机的活动过程,它贯穿于整个政策运行的各个阶段、各个环节,对政策运行过程发挥着"马路清道夫"的作用。

公共政策监控过程贯穿政策制定过程、政策执行过程、政策评估过程和政策调整过程四个阶段。

(一)对公共政策制定过程的监控

在政策制定阶段,一些因素的出现容易导致政策制定上的缺陷:①决策者个体有较强的利益或价值偏好,不善于听取不同意见,决策者群体知识结构配置不合理,能力结构配置不当;②决策所依据的信息不完整、不真实,不能满足决策所处理的公共问题;③决策程序没有遵守严格的和科学的规范;④决策方案不完备,没有进行有效的筛选;⑤所制定的政策偏离客观需求,政策目标选择错位,无法有效地解决实际问题。上述因素的出现,使整个政策制定过程容易出现政策偏差,产生政策失误,影响政策质量。这就需要对政策制定各个环节进行有效的监控,做到政策制定过程民主化、科学化和法治化。

(二)对公共政策执行过程的监控

政策执行过程是资源重新配置和利益再分配的过程。各种利益主体,都会以这样或那样的方式对政策执行活动施加影响,企图左右政策执行的方向。这样,就需要对政策执行过程进行强有力的监控,使政策执行不偏离政策目标,真正做到有效、合法。

一般而言,大多数政策活动通过政策制定阶段和执行阶段已经基本结束,政策监控的任务也随之完成,但仍有不少政策活动需要经历政策评估和政策调整,这就有必要进行评估过程监控与调整过程监控。

(三)对公共政策评估过程的监控

政策评估是对政策的结果、效率和效益等作出判断的活动。对不同评估形式的监控有不同的要求:内部评估的监控要求主要体现为评估过程是否真实可信、评估人员是否掌握相关的知识与技巧、评估标准是否规范、评估程序和方法是否科学合理、评估结论是否公正合理等方面;外部评估的监控要求则反映在评估信息是否客观全面、评估环节是否完备合理、评估方法是否具有可行性等方面。

内部评估监控和外部评估监控各有自身的缺陷或不足。因此,有必要把二者有机地结合起来,弥补缺陷,纠正不足,使政策评估过程的监控真正发挥它的作用,实现政策评估的初心与目标。

(四)对公共政策调整过程的监控

在政策调整过程中,需要对以下问题加以监控,纠正调整过程中易出现的偏差。一是目标调整,政策制定者或执行者出于主观的意愿而不是出于客观实际的需要,提出政策目标的调整问题,使本来可以实现的目标提前终止,无法实现。二是人员调整,对正在有效执行政策的人员进行随意性调整,使政策执行无法继续。三是资源和工具调整,由于财力和物力计划上的偏差,在政策执行过程中出现了严重的短缺,而又没有办法根据需要进行及时补充,于是政策执行过程被迫终止。

通过对政策调整的监控,分清应该进行调整和不应该进行调整的问题,提出改进的建议和方法,使符合实际需要的政策调整问题真正得以解决。

第十章 公共政策创新与扩散

一个地区的公共政策创新与扩散不仅为其他地区提供了借鉴,也为中央决策者检验在全国范围内推广各种政策工具的可行性提供了决策依据。本章探讨公共政策创新、公共政策学习、公共政策试验、公共政策扩散等内容。

第一节 公共政策创新

政策创新是政策要素的重组,从公共政策客观角度来看,一切公共政策的目标都是解决公共问题;从公共政策过程角度来看,政策创新体现在政策的制定、执行和评估三个基本环节上;从政府部门的活动来看,只要采纳了于自身而言新的项目,就是政策创新。公共政策具有新颖性、多样性、过程性和问题导向性。本节从政策创新的基本概念出发,讨论政策创新的特征与分类、政策创新的过程、政策创新的影响因素。

一、政策创新的基本概念

"创新"一词最早由经济学家熊彼特提出,指"对生产要素的重新组合",据此,我们认为,政策创新是政策要素的重新组合。具体来说,它是关于政策主题、政策对象、政策工具、政策价值等要素的重新组合。包括政策制定过程中主体、客体参与的创新,伴随技术进步而来的对政策工具选择的创新,以及随着社会的发展变迁,政策价值标准的演化和更新等。通过政策创新,选择更多的政策工具来不断完善政策过程,从而在主客体的共同参与下,致力于解决公共问题、实现并维护公共价值。可以从以下几个方面来理解政策创新的内涵。

(1)从公共政策的目的来看,一切公共政策实施的目的都是解决公共问题。公共问题的存在决定了政府选择做或不做什么,而公共问题的解决则需要这样或者那样的公共政策。旧问题会随着时空的变化而产生新的问题,旧政策也会随着条件的改变而失灵,此时,便需要新的政策方案来应对新的问题。所以,从这个意义上讲,有效地解决公共问题的过程就是政策创新,包括价值理念的创新、工具手段的创新以及制度规定的创新等。

(2)从公共政策的过程来看,政策创新体现在政策的制定、执行和评估三个基本环节上。随着民主化进程的不断推进,政策的制定不再是少数人关起门来做决定,而是在多方利害关系人的交流互动中达成共识,这个转变的过程便是政策创新在制定环节的体现。再好的政策也得通过执行落地,政策执行的效果决定了政策落实的程度,而政策执行的效果取决于政策执行各要素的共同作用,象征性执行、选择性执行不能落实政策目标,只有在秉承政策宗旨和精神的前提下,因地制宜、因时制宜进行政策创新性执行,才能真正实现公共政策的价值。与此同时,政策执行效果的评估也是政策创新的过程。随着技术手段的进步,数据的采集和处理更加快速、准确,评估的方法和工具更加多样,这就为政策评估的创新开展提供了扎实的基础和可靠的依据。

(3)从政府部门的活动来看,主流做法是把一项创新定义为这个项目对采纳它的政府来说是"新"的,而不管这个项目是否已被其他部门采纳过,也不管有多少部门在不同的时间采纳过。换言之,在政府部门的现实活动中,只要是采纳了于自身而言是新的项目,就是政策创新。该视角下政策创新的内涵要丰富许多,包括原创性的政策发明,也包括通过政策学习或模仿等方式而得到扩散的改造型政策。而政策学习既可以向其他政府部门学习,又可以向企业学习,也可以向其他国家和地区的先进经验学习,只要敢于突破,勇于采纳先进的理念和做法,都是政策创新。

二、政策创新的特征与分类

(一)政策创新的特征

一般而言,政策创新具有新颖性、多样性、过程性、问题导向性等特征。

(1)新颖性。政策创新的新颖性,即政策创新具有不同于既有公共政策的新的特点,这是政策创新最基本的特征。无论是更新政策理念、追求政策工具、创新政策实施方式,还是改进政策评估方法,都属于政策创新的范畴,都具有创新的特征。

(2)多样性。政策创新的多样性主要体现在两个方面,一方面是政策创新模式的多样性,按政府间层级关系的标准划分,包括自上而下的中央主导型和自下而上的地方推动型;另一方面是政策创新扩散机制的多样性,主要包括学习机制、竞争机制、模仿机制、强制机制等。

(3)过程性。政策创新的过程性包含两层含义,一是政策创新可以体现在政策过程的各个方面,包括政策理念、政策制定、政策实施和政策评估的创新;二是政策创新的实现,也是一个从创新理念提出,到创新方案制定,再到创新政策执行的过程。

(4)问题导向性。政策创新的问题导向性,即政策创新的目的始终是解决公共问题,无论是新政策解决旧问题,还是新政策解决新问题,其解决公共问题的导向是不变的。这就决定了政策创新的本质并不是简单地追求形式上的"新",而是要通过创新来解决公共问题。

(二)政策创新的分类

从政府与社会的关系看,政策创新可分为强制性创新和诱致性创新。前者是政府提供新的制度安排,以强制力作后盾;后者是社会为了寻求更好获利机会,提出倡导性意见并引起政府关注,具有自发性、渐进性特征。

从中央与地方的关系看,政策创新可分为国家赋权型创新和问题倒逼型创新。前者由中央政府率先提出,通过自上而下的途径进行运作;后者是地方政府为回应问题而自主提出,通过自下而上的途径扩散开来。

从知识的来源看,政策创新可分为创制性创新和移植性创新。前者依赖于内部学习,通过总结自身经验和教训,提出新的政策安排;后者依赖于外部学习,从其他地方的政策创新和结果中获得启迪。比较而言,移植性创新采取模仿策略,初始成本较低,但由于政策环境不同可能出现不兼容问题,需要根据出现的问题及时调整政策内容。

三、政策创新的过程

政策创新的过程可分为认知、说服、决策、执行、确认五个阶段。

首先是认知阶段。个人或组织接触到某种创新行动,并通过学习行动收集和处理与该项创新相关的信息,进一步了解其功能。认知过程总是伴随着学习行动,人们的学习行动是一个有选择的过程,一旦发现某种创新行动是新颖的,就会激发政策导向的学习。

其次是说服阶段。决策者(个人或组织)通过学习接受了该项政策行动。在智库系统的辅助下,决策者可获取关于政策问题的多种解决方案,其中,有的方案与决策者的偏好较为接近,容易获得决策者支持,在众多备选方案中脱颖而出。

再次是决策阶段。决策者采纳或拒绝某项创新计划。如果决策者同意某项决策方案则会予以采纳,如果不同意则拒绝采用该项计划。政府不采取行动本身也是一种政策决策。

然后是执行阶段。将新政策付诸实施。新政策只有付诸实践才能检验其是否增进了公共利益。

最后是确认阶段。决策者判断政策创新的实施是否带来了好处。在确认阶段,媒体的报道、决策者所在圈子同事的评价都可能对其判断产生影响,决策者的判断直接影响新政策的取舍。若效果不佳,则可能导致政策变迁或终结。

四、政策创新的影响因素

政策创新研究关注为什么一些政府系统倾向于创新,而另一些政府系统不太追求创新。政策学者围绕政府创新的动因进行了大量实证研究,总结起来,主要有动机因素、资源/障碍因素以及其他做法三个方面。

(一)动机因素

动机是一种激发和维持人类活动并引导人们实现一定目标的内在力量。就我国的政策创新而言,动机因素是促使特定领域的官员在特定时间采取特定政策创新的因素,主要包括以下两种。

1. 公众需求

政治学家大卫·伊斯顿提出的系统模型认为,公共政策是环境对其的要求。该模型由五个部分组成:投入(需求和支持)、政治系统、系统的输出、反馈和环境。需求是指公众为了满足自己的要求和利益而向政治系统提出的采取行动的主张(主张的提出有时是以施压的方式进行的),支持是指公民遵守法规、纳税并赞同政府采取的干预行动,需求和支持一起构成系统的投入;政治系统是指具有相关互联并进行社会价值财富再分配的组织;系统的输出则是指政治系统根据公众的需求与支持(输入)做出价值财富再分配的政策方案;反馈这一概念则意味着公共政策(输出)可能改变环境,改变环境提出的要求,以及改变政治系统的自身特点。政策输出可能会产生新的要求,而这种新的要求将进一步导致政策的输出。在这种循环反复中,公共政策源源不断地产生。可以说,公众的需求直接决定政府采取政策的动机和意愿。当然,什么是公共需求常常存在争议,但它往往与当地社会问题的严重程度密切相关。

2. 官员换届

有学者研究认为,新任的管理人员更倾向于接受创新,因为他们在刚进入一个新的岗位时会以全新的视角审视他们的工作。同时,正如中国俗话所说的"新官上任三把火",新官渴望成功和权威,倾向于拥抱创新。另外,当官员面临变化时,他们会努力争取好的表现,并倾向于采取新奇的做法,以在变化中维护自己的地位。

(二)资源/障碍因素

公共行政创新实践的实施会带来一定的不确定性、风险或危险,这意味着政策创新会受到阻碍或者政策创新只在特定情况下才会发生。在其他条件相同的情况下,障碍越大,采取政策创新就越困难。但用于克服这些障碍的资源可以刺激或增加创新的采用。具体来说,资源/障碍因素包括以下几方面。

1. 区域经济发展水平

罗杰斯曾指出:不论如何衡量社会地位(通常表现为收入、生活水平与拥有的财富等),结果都表明,社会地位与创新性成正比。个体社会经济状况每提高一个单位,该个体的创新性程度也会相应地成比例上升。许多创新需要花钱或涉及财务风险,而收入和财富较高的人可能有足够的资源来消化这些成本。这也适用于政府,人们普遍认为经济发展水平较高的地方更容易接受新事物,也更具有创新精神。此外,政策创新还需要一定的经济基础条件。

2. 区域资金来源

资源稀缺假说认为,资源稀缺是组织创新的重要条件,财力雄厚的地区更有可能进行创新。

3. 政府组织规模

组织规模对于创新的采用非常重要,因为它涉及多种因素,包括激励、约束和资源的高度有利的组合。沃克的研究还表明,较大、较发达的州比较小、较不发达的州能更快地采用新计划。然而,应该指出的是,组织规模只有在暗示或代表真正重要的概念变量时才重要。

4. 政治领导人的特征

由于政策采纳决策主要由政治领导人做出,政治领导人的特征可能会影响政策创新的采纳。这体现在如下几个方面。第一,主要政治人物的受教育水平。创新想法和解决问题新手段的提出需要专业的知识和技能,受教育水平较高的政府官员因具备更好的专业知识基础和更为严谨的思维逻辑而更倾向于使用较为复杂和多样的方式方法去解决其面临的问题。同时,由于政府创新的复杂性,具有较高受教育水平的管理者也会因具有较强的获取信息能力使得减少创新的不确定性变得更为可能,从而促进创新的采纳。不断接受教育也能够强化受教育者对新想法的接受倾向,而这也将为创新的采纳创造良好的环境。因此,政策主导者的教育水平越高采纳政策创新的可能性越大。第二,主要政治人物的专业经验。政治家的职业经验会对政治家乃至整个领导团队的行为产生影响。人们普遍认为,外部管理者不容易对现有的组织规范做出承诺,因此容易受到创新的影响。此外,政策领导人的专业经验可以影响政策创新的采用。

5. 政治企业家

政治企业家是观察自发和动态政策变化并寻求获得政策创新想法支持以实现其目标的人。政治企业家可能是公职人员、政府顾问、学者或智库成员,他们利用一系列活动来宣传自己的想法,包括分析问题、建立政治选区、制定政策辩论和建立联盟。他们是政治思想的推动者或倡导者。政治企业家寻求与那些有共同政治目标的人建立牢固的关系,并寻求有说服力的论据来推销他们的政策理念。他们的存在和活动将创新理念与政府议程联系起来,从而鼓励政治领导人拥抱政策创新。

6. 政治网络

政治网络由一群在某一政策领域拥有共同利益并通过直接或间接联系相互联系的行为体组成。政策创新扩散是指政策创新在一段时间内通过特定渠道在特定社会群体成员中传播的过程。因此,从理论上讲,政治网络活动是促进政策创新扩散的关键。虽然创新可以通过多种方式进行交流,但关系对于促进新思想的交流最为重要。大多数人对政治创新的看法并不是基于大众媒体或科学研究,而是基于熟悉政治创新并能够解释其优势和劣势的人提供的信息。因此,政策网络对政策创新的传播具有重大影响。

7. 盟军的支援

如果某个政策领域存在两个或多个支持联盟,则在一定条件下,支持联盟由来自不同职位的人员(立法者、行政人员、利益集团领导人、研究人员、记者、政策分析师等)组成。联盟中的人可以通过对话逐渐了解对方,学习行为会导致联盟的信念改变,而信念改变后又会引入新的原则。

8. 政治机会

许多学者认为,政策创新的采用会在非常情况下发生。金登的"政策窗口"理论认为,"政策窗口"发生在新官员上任、议会重要委员会更换主席、重大事件和危机引发公众关注某个问题时。政策领导人会有意识地等待这个机会窗口来采取新政策。

(三)其他做法

其他做法考虑了先前做法的存在或不存在对采用新政策的可能性的影响。如果先前政策与新政策是互补或相互排斥的,则先前政策的存在可能会影响新政策的采用。当两项政策互补时,先前政策的存在会增加新政策被采纳的可能性。当新政策和先前政策相互排斥时,存在两种情况:一是完全排斥,在此情况下,先前政策的存在完全排除了采纳新政策的可能性；二是部分排斥，在此情况下，先前政策的存在会降低新政策被采纳的可能性。

第二节 公共政策学习

与政策创新的研究一样，政策学习也被认为是一种政策扩散机制。政策学习是政策创新的前提和基础，是推动政策创新的关键。本节主要探讨和分析政策学习的概念内涵、与政策创新的关系、政策学习的影响因素、政策学习机制和框架等内容。

一、政策学习的概念内涵

政策学习理论关注不同地区决策者之间的互动学习，认为信息收集、沟通与利用对提升政策绩效具有重要作用。在政策学习视角下，政策过程乃是政策信息收集、相关知识提取和利用的过程，政策创新需要安排专门人员收集政策信息、开展政策分析、提出新的政策建议。

政策学习研究最早可追溯到20世纪60年代，与政策创新研究相伴相生，政策学习最初被视为政策扩散的一种发生机制。从20世纪70年代起，研究者开始探讨政策学习的信息源、组织方式、影响因素等问题。

概括而言，政策学习是指决策参与者在特定公共政策环境下主动或被动探索和追求新的政策理念、政策工具或政策方案的过程。从学习内容的角度上看，政策学习的内容非常广泛，既包含了抽象的政策理念和信念，也包含了具体的政策工具和方案。从学习动力的角度上看，政策学习可能产生于外部世界变化的刺激或内部的自我调整，公共政策要能够有效的解决问题，决策者就必须重视并且通过公共政策的变迁与创新来回应外部世界的变化，政策学习则是推动政策变迁与创新的有效手段或工具。

二、政策学习与政策创新的关系

政策学习是政策创新的基础。这是因为，一方面，政策创新要不断改革和更新现有政策，从而增强公共政策的可行性，满足公众利益诉求，在行动目标上与政策学习并没有本质区别，二者都追求政策改变，以更好地适应政策环境并满足服务公众需求。但政策学习更注重学习过程，而政策创新则更注重学习的结果。另一方面，政策创新的过程是政策知识"去旧迎新"的过程。由于知识形成有两种基本路径，即建构主义和生成主义，通过政策知识创造和传播的过程，可以进一步认识政策学习与政策创新二者的密切联系。

从建构主义的角度来看，政策创新来源于自上而下的决策者的理性建构，是决策者运用理性能力根据政策环境变化和公众利益诉求的发展而采取新的政策理念、政策方案或工具。一方面，通过研究不同国家、地区、部门的政策经验和政策教训，可以为决策者提供在时间与空间上更为广阔的政策知识子集，从而为借鉴、移植和激发新的政策知识提供更好的基础条件；另一方面，建构主义学习理论强调知识不是纯粹客观的、绝对正确的现实反映，也不可能以实体的形式存在于个体之外。因此，新政策知识的获取需要决策者根据自身经验主动选择、加工、处理，才能从新政策知识中获取其主观意义。

从生成主义的角度来看,政策创新源于多决策参与者自下而上的互动。除了建构主义方法外,政策创新还可以通过政策过程中决策者的联动和互动来生成。从存在形式上看,政策知识在决策过程中并不完整存在于某个组织、部门或个体,而是分布在不同组织、部门的不同个体之间,任何组织、部门和个体都不能获取决策所需的所有政策知识。由于政策创新可以通过政策要素的新组合来实现,因此政策创新所需的新政策知识可以通过促进不同政策参与者的知识交互和进一步融合来获得。而这个政策知识交互和融合的过程对于整个决策体系来说就是一个系统内的政策学习的过程——不同的政策参与者相互学习,促进不同政治知识的融合,从而创造和拓展新的政治知识,驱动政策创新。因此,根据生成主义,政策创新的过程必须扎根于政策学习这一基础和前提。

三、政策学习的影响因素

不同层级政府的学习能力具有差异,同一政府对不同政策的学习动力也有差异性。分析政策学习的影响因素可更好地组织政策试验、加快政策创新。影响政治学习的因素有很多,可以概括为政策问题的特征、政策方案的特性、政策网络结构、学习主体的特征、府际关系的特征、本土化资源六个方面。

1. 政策问题的特性

政策问题的可量化性、显著程度会影响政策学习能力,政策问题的复杂程度也会影响政策学习。与只有定性理论、主观性强的政策问题相比,那些具有量化数据的政策问题更容易引发政策学习;与社会和政治体系中的问题相比,关于自然体系中的问题更容易触发政策学习。政策问题越凸显,政策学习与扩散的可能性就越大;政策问题的复杂程度越高,越需要专门知识和训练,学习的速度就会越慢。

2. 政策方案的特性

与低绩效的政策相比,高绩效的政策更容易引起模仿和扩散。而且,决策者更愿意选择政策变迁成本较低的政策实践。政策方案的适用性对政策学习也具有显著影响,当一项政策可广泛地适用于其他领域时,该项政策更可能引起学习,其他政府也更倾向于采纳这类政策。

3. 政策网络结构

政策网络结构的开放性是影响政策学习的重要因素。一方面,政治行为体形成的网络结构的开放性可以影响新的政治思想、信仰和知识的传播和扩散,从而影响对政治的学习。另一方面,政策网络结构的开放性也会影响政策网络中利益的一致性,从而影响政策学习的发生。当政治网络趋于封闭时,政治行为体的构成相对稳定。在冲突、竞争、妥协的长期互动过程中,这样的参与结构将逐渐形成内部相对稳定的利益共识和分配格局,形成共同的力量,共同抵制外部行为体的进入。相反,当政策网络趋于开放时,参与者之间的利益共识与利益格局将难以稳定,新的政策理念、政策方案、政策工具将更容易在这样的一个结构中传播与扩散,对政策问题和现有方案的反思和重构也更加容易发生。

4. 学习主体的特征

地方政府的经济状况、官员的素质、对外开放性、学习主体的领导力也会影响政策学习能力。沃克发现美国的州政府之间的政策扩散会受到经济发展水平和官员素质的影响,经济发达、高度城市化的州的政府学习动力更强,受过良好教育的公职人员更可能开展政策试验,采纳其他地区的新政策,对外开放的地区比经济封闭的地区更偏好政策学习。学习主体的领导力在推进政策学习过程中也发挥着重要作用,他们将新想法传递给支持者,通过建立联盟来支持创新,提升创新构想获得通过的可能性。

5. 府际关系的特征

制度化的府际合作、包容性的治理网络、地理的远近也会影响地方政府的学习能力。府际合作可促进新政策在更大范围内交流与讨论,对政策学习具有促进作用。治理网络是成功的政策倡导者可利用的重要资源,尤其是在他们传播新的政策方案时,治理网络的包容性越高,政策学习的可能性就越大。距离学习源的远近也会影响地方政府的学习选择,地方政府倾向于采纳邻近地区的政策经验。

外生政治学习概念强调政策学习是决策者受到外部变化刺激的被动反应过程,具体又可以分为上级政府的压力和政府间竞争。因此,上级政府的强制会影响外生政策学习的发生。强制有两种:一种是地方政府为迎合上级政府而进行的政策学习;另一种强制来自上级政府要求的政策学习。例如,有学者将我国地方政府创新的历史概括为"媒体报道—高层领导肯定—以身作则—党政发文总结推广经验—法律法规或政策文件击中要害""内容化、横向化、制度化"。这说明上级政府是政策学习和政策传导的推动者,下级政府受到上级政府行政权力产生的学习压力的驱动而进行政策学习。

政府间竞争对政策学习的影响有两种形式。一是不同国家之间政府的政治竞争。为了获得并保持比较优势,不同政治主体必须通过政策创新来增强竞争。而当决策者和管理者试图通过政策创新来提高本国政府在全球化世界中的竞争力时,便需要通过自我反省或政策借鉴等形式的政策学习,来发现并吸纳有关解决政策问题的新的知识和信息,重新调整、改善或创新本国政府的公共政策。正是在这个意义上,新制度经济学往往强调制度之间的竞争将促进国与国之间制度的创新和演进。二是同一国家地方政府之间的竞争。贝瑞在研究美国州政府政策创新时提出了区域扩散模型,即政策变化和国家创新主要受到政府间竞争的影响。尽管政治制度差异很大,但导致学习和政策变化的竞争有一个共同特征。例如,向玉琼在对我国政策转移的研究中,便提出了一个政绩考核压力所导致的地方政府间政策竞争的观点,即政策转移的政绩模式是"政绩考核—领导认可—名次上升—经验被学习—政策移植"。当一个地方政府在某一政策领域取得明显政绩并得到上级领导认可时,该地方政府的政策工具很容易传播到其他地方政府。竞争所获得的各种好处,将激励地方政府进行政策学习,推动政策创新。

6. 本地化资源

本地化资源对政策学习的影响往往发生在政策扩散和转移阶段。国内学者普遍认为,本土化资源主要包括统一集权的伟大政治传统、中西合璧的政治传统、重政轻法的传统、推动国家发展的政治传统、政治灵活性的传统和政治文化随时间的发展等六个方面。在跨境政策学习和政策传递过程中,本地资源对政策学习有效性的影响非常明显。政策学习内容如果不能与本地资源结合,政策学习就会碎片化甚至失败。当然,本地化资源和政策学习也可以相辅相成。

四、政策学习机制和框架

(一)政策学习机制

1. 构建开放的政策网络

政治网络的开放程度与政治学习能力和政策创新水平密切相关。有效促进政策学习和政策创新,需要构建开放的政治网络,充分吸收公众和利益相关者的参与。在我国,构建开放的政治网络关键在于两个方面。首先,在政府内部关系方面,要改变决策者与执行者之间传统的等级关系,建立平等互动的关系模式。按照传统的关系模型,执行者被视为需要管理和控制的不成熟角色,从而失去了工作主动性和创造性,难以将个人知识、观点和意见传播到决策中。而在新的平等互动的关系模式下,执行者被视为公共政策过程大量的矛盾和张力中具有创造力的管理者。其次,就政府与社会的关系而言,要推动政府与非政府组织、企业组织、社区自治组织以及公民个体的伙伴关系的建立,从而促进政策网络的平行关系的拓展,实现政策知识与相关利益在政策网络中的流动与均衡。

2. 建立政策协商机制

政策协商机制必须建立在开放的政策网络的基础上。建立政策协商机制对于政策学习和政策创新至关重要。一方面,政策协商有助于反思政策网络参与者提出的政策想法、计划或工具。另一方面,基于开放政策网络的政策协商过程是一个打破传统共识,引发多元争议,进而形成新的政策共识的过程,在此期间政策信息高度流动,并扩散至整个政策参与者网络,推动了政策学习和政策创新。

建立政策协商机制可以从三个环节入手。一是表达的环节。不同的政策参与者就具体政策问题和所具有的政策知识、价值观和政策利益进行表达,这一环节关键在于表达的清晰化和全面性。二是辩论的环节。所有参与者必须对相关政策知识、利益、价值观等进行综合分析和辩论,鼓励暴露矛盾、发现差异、检验论据,这一环节关键在于辩论的理性化。三是协调的环节。各个政策参与者审视现有条件下如何最大程度满足各方在知识、价值观和利益上的需求,这一环节关键在于共识的达成。

3. 构建动态的政策学习机制

政策学习的驱动力有外部压力和内部压力两个方面。然而,在路径依赖因素的影响下,政策制定者即使有研究政策的主观意愿,在面对强大的利益集团和复杂的政策形势时,也往往会心存诸多顾虑。因此,政策学习的发生往往更多地依赖于政策制定者施加的外部压力。因此,建立政策学习机制需要建立和发展动态的政策学习机制,利用外部压力使政策学习常态化。

政策学习动力机制的建立与发展可以从两个方面来考虑。第一,自上而下的动力机制。由于我国当前的官员任命模式更多的仍然是一种上级任命的模式,因此,自上而下的动力机制对于我国政策学习的常态化至关重要。一方面,可以考虑通过绩效评价模式和内容的改革来推动这种动力机制的发展。另一方面,可以考虑将下级政府解决问题的能力和政策创新的能力进行比较和排名,从而有效地促进下级政府之间的竞争。第二,自下而上的动力机制。要将民众的满意度纳入各级政府主要官员绩效评价的体系当中。具体的做法是,委托几个民意调查机构对民众对各级政府的满意度进行连续性的阶段调查,并将民意调查结果汇报上级政府甚至直接公之于众,以此形成对决策者政策学习与政策创新的压力。

4. 完善政策移植机制

政策移植是目前我国政策学习的主要方式。然而,一项政策在一种社会环境中取得成功并不意味着该项政策在另一种社会环境中也会奏效。虽然政策移植是基于政策知识的共享契约,但知识是在人类与环境的互动结构中产生的,而知识的生产和积累需要一定的空间载体,表现出很强的区域根源。因此,我国政策移植要想获得更高的成功概率,就必须完善政策移植机制。相对合理的政策移植机制有四个关键步骤:一是建立其他国家和地区政策创新或成功经验的政策信息收集机制,特别是关注与本地区社会经济条件相似的地区的相关信息;二是整体考察政策移出地区的宏观政策环境,深刻理解该地区政策成功的关键性因素;三是梳理本地区的资源储备和政策环境,全面分析在本地区政策成功移植的可能性,特别是分析影响本地区政策移植的各种障碍因素;四是通过改革,消除障碍因素,营造有利于政策移植的良好政策环境。

(二)政策学习框架

1. 倡议联盟框架

萨巴蒂尔提出的倡议联盟框架运用政策网络分析方法,剖析了以政策为导向的学习对促进政策创新的影响。政策学习不仅包括联盟内的学习,还包括不同联盟之间的学习。政策学习通过改变联盟成员的政策信念来推动公共政策的变化。政策学习引发的政策变迁可能是小范围的变迁,也可能是根本性的范式转变:次要方面信念的改变引发小范围的、工具性的变迁,核心信念的转变则会引发根本性的范式变迁。在倡议联盟理论看来,通过组织政策导向的学习可改变政策子系统的信念体系,加快推进政策创新。

2. 府际学习框架

府际学习框架关注于政府间学习对政策创新和扩散的促进作用。希潘、伏尔登将政府间学习分为三种方式,即横向学习、自下而上学习、自上而下学习。在府际学习框架中,某一地区的新政策取得显著绩效会引发邻近地区追随学习。上级政府也有意采纳可复制的地方经验,以提升治理绩效。在权威体制下,上级政府提供激励因素促使地方政府建立学习机制,开展内部学习和外部学习,从中获得启迪,进而推进政策创新。

3. 学习过程框架

学习过程框架将政策学习视为知识应用的过程,包括数据收集、信息采纳、政策变迁(政策产出)三个阶段。在数据收集阶段,行动者通过各种途径获取情报和信息,掌握相关政策知识,如关于事实的知识、关于原理的知识、关于需求的知识;在信息采纳阶段,学习者根据需求、信念体系、以往的经验对获得的信息进行提炼,形成有价值的知识;在政策变迁阶段,学习者运用新知识对政策内容进行调整,促进政策变迁。也有研究者从知识转移的视角将知识的应用分为知识传递、知识吸收、知识利用三个阶段。一个地区出台的新政策取得成效后,如果决策者通过政策学习能接受新政策背后的价值理念,并在政策子系统中形成群体性共识,就会引发政策变迁。

第三节 公共政策试验

政策试验是中国改革中经常采用的治理安排,它通过创建试验主体,在地方范围内测试新的解决方案,构建基于试验的主体学习网络,促进不同来源的知识共享和应用,从而提高政策响应能力。

一、政策试验的概念内涵

政策试验也称"政策试点""政策实验",指新政策在全面实施前先选择局部地区(地方、单位、部门)进行试验,检验其结果及绩效状况,待取得成功后再在更大范围内实施的做法。通过组织政策试验,在小范围内检验新政策的成效,可有效控制决策风险,防止决策失误造成重大损失。

改革开放以来,政策试验一直是中国政府推进政策创新的一种有效途径。大规模的政策试验加之相应的强激励机制,有效提升了国家治理的政策创新能力。政策试验并不意味着地方政府可以自由放任或随心所欲地扩大试验范围。在政策试验中,中央和地方保持着密切互动,地方开展政策试验需要获得上级的授权或同意,地方积累的有效经验会被中央采纳,成为国家政策的一部分。

有研究者指出,中国在制度创新方面提供的一条重要经验是"分级制试验"。中国政策制定过程中缺乏竞争性的政策倡议联盟,一切政策学习都在政治权威的主导下有秩序地展开。一些新政策在初始阶段可能并不成熟,在试验中,这些政策可能被改造,也可能被更新的政策取代。

在从计划经济走向市场经济的过程中,中国经济转型给公共政策带来了巨大挑战。应对挑战,政府通过组织政策试验,在实践中检验新政策,这一路径安排显示了很强的政策创新能力,也避免了转型中旧体制垮塌可能带来的巨大挑战。

对于复杂的政策问题,为应对外界的不确定性,决策者需要尝试各种可能的解决方法、途径和组织机制,有时会选择多个地方进行政策试验,不断探索和试验新的政策工具,从试验中汲取经验教训,进而调整政策安排,以适应具体环境,提升政策执行的实际成效。这种反复的政策试验为探索和认识新的问题解决机制提供了路径,这种探索不仅有利于增进认知,而且有助于促进政策创新,推进大规模的政策变迁。

二、政策试验的运作

对于成熟的法治国家,政府运作须遵循法治原则,地方政府不得实施没有法律依据的行政措施。在美国,州政府常常被视为政策制定的"实验室",但政策创新必须以法律为基础,未经州立法机关批准,政策试验很少进行。

改革开放以来,为探索有利于加快发展的新政策体系,中国政府通过大规模开展政策试验有效提升政策创新能力。中国特色的政策试验基于政治体制,中央对地方拥有直接指挥权,有权选择在若干试点地区进行新政策试验并提供激励机制。

中国通过一种双轨制的运作方式来组织政策试验。"双轨制"的概念最早出现于改革开放之初,价格双轨制改革的思路是在经济体制改革的讨论中形成的。价格双轨制刚实施时曾引起争议。由于中国经济的快速增长,海外一些经济学家对价格双轨制给予了积极评价。有学者认为,价格双轨制是从计划定价向市场定价过渡过程中发现的"天才解决方案"。由于寻租和腐败等问题,价格双轨制的持续时间不可能太长,但双轨制政策试点已成为中国政府鼓励政策创新的持续制度安排。

中国幅员辽阔,不同地区发展状况差异很大。为鼓励有条件的地区探索新的发展道路和治理机制,改革开放以来,中央决策层对试点地区给予优先授权,为相关政策创新提供支持和保障。这种授权伴随着优惠政策或财政支持,而试点项目成功所产生的政治动员结果鼓励地方官员通过各种渠道寻求试点资格。除国家层面的政策试点外,地方政府也选择一定单位进行地方试点。

如果试点地区率先实施政策创新并取得成功,很快就会引起广泛关注,政策学习和模仿也会随之而来。当上级认可某项政策试验时,也会将其认定为"特色经验",组织经验会,提供交流平台,支持其他地方进行学习。从而,"以点带面"更大规模地鼓励政策创新。对于较为成熟的政策方案,中央决策者下令起草正式文本,经审议批准后以法律或法案的形式公布,并在全国推广(图 10-1)。

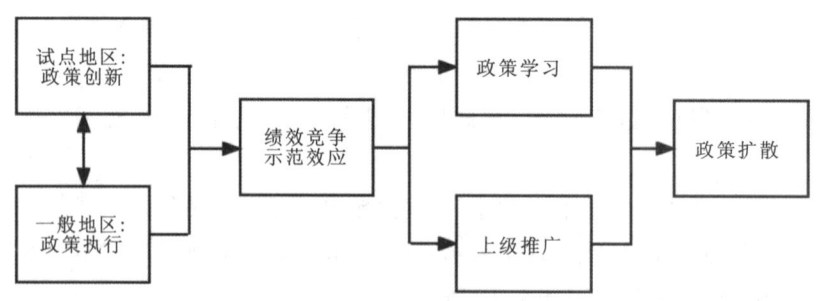

图 10-1 政策试验的扩散

三、政策试验的形式

中国特色的政策试验采取"由点到面"的工作方法,先在个别地方(单位)进行试点,取得经验后再在更大范围内推广。在地方试点过程中,上下级机构之间具有互动性,地方政府可根据当地实际情况摸索解决问题的可行方法。如果一项政策试验被证实对上级设定的政策优先顺序有利，该试验就可能被树立为典型经验，经媒体报道、经验交流后，这一政策试验会被推广，被更多的地区学习仿效。政策试验主要有以下三种形式。

(一)专项改革试点

在宣布新政策之前，领导人首先选择一个或少数地区进行改革试点，检验并调整政策方案。改革试点通常只覆盖一定范围，新的政策方案在有限的单位和地区进行试点，并由上级部门对试点工作进行指导。上级政府一般只下达指示和目标立场，试点单位须向上级政府报告试点进展和结果，上级政府将进行现场调查了解情况。改革试点允许政策制定者测试政策效果，将其纳入官方政策并扩大其范围。

(二)经济改革试验区

经济改革试验区是在指定的行政区域或经济功能区内，上级政府赋予更大的经济管理自主权，并实施与试验区内其他地区不同的新政策。经济改革试验区主要包括经济特区、经济技术开发区、高新技术产业开发区、综合保税区、专项经济改革试验区等。

(三)综合改革试验区

综合改革试验区是中央近年来实施的综合性配套改革举措，是深化经济社会体制改革的综合性政策经验，在区域发展、社会管理、行政管理等方面为国家改革提供了新经验、新思路。综合改革试验区的试点内容由单一维度的经济发展转变为多维度的综合改革。

四、政策实践作用

我国通过组织政策试验，鼓励有条件的地方推进政策创新，具有以下积极作用。

(一)调动地方政府的创新积极性

政策试点将政策创新的任务下放到行政部门和地方政府，为试点单位和地区提供政策优惠，试点单位和参与官员都能从中受益。改革初期，上级也会对试点地区给予资金支持。分税制改革后，中央财政对试点地区的财政支持有所减少，但其他优惠政策仍然存在。

(二)提升对政策问题的认知水平

政策试验通过组织专题学习小组研究政策问题，寻求新的学习源，研究其他地区的类似问题的解决方案，从中获得启迪，增进对政策问题的认知。在政策试验过程中，通过观察出现的问题以及实施取得的成效，可增进对政策目标与工具选择的认知，进而改进公共政策。这种在全面实施之前的政策试验，可避免因冒进导致的政策失败。

(三)加快成功经验的扩散速度

地方决策者都很关注其他地区解决类似问题的经验，如果一个地方的政策方案取得显著成效,其他地方政府就会学习借鉴,这使试点效果好的方案能很快扩散开来。

(四)提升国家政策创新能力

西方学者普遍认为政治分权会促进政策创新。中国通过开展"由点到面"的政策试验,不仅减少了新政策的盲目性,降低了政策创新的责任和风险,而且为新政策的实施争取到充足时间。如果试点方案取得成效,则被纳入正式政策之中。

五、政策试验的基本经验

(一)协调利益主体:处理好中央与地方的关系

政策试验最核心的两个利益主体是中央和地方,两者之间良性的互动关系是推动政策试验不断发展的前提。在这一对关系中,理想的状态是:宏观的顶层设计和政策目标由中央确定,中观或微观的政策实施由地方因地制宜地推动,在实践中探索可行性的实施办法。当然,每个地方的区位格局、发展水平、产业结构、群众需求等实际情况各有不同,在具体实施过程中,往往允许地区采用"试行"方案,及时应对可能出现的新情况、新问题,整个政策设计一般不会轻易改变。在政策试验的总体框架下,围绕改革的中心任务,以法律和制度的形式,构建中央和地方互动与协商的常态化、制度化载体和平台,明确政策试验过程中中央和地方的权责利,努力构建"责任共同体""协商共同体""利益共同体",有助于避免政策试验过程中的执行异化,确保政策试验走实见效。

(二)优化实践方法:处理好综合与分散的关系

党的十八大以来,中国特色社会主义进入新时代,改革的范围和规模进一步扩大,经济社会面临深层次、全面性变革。改革的复杂性和艰巨性前所未有,人民群众对美好生活的向往更加迫切。传统单一分散的政策试验已经难以适应全面深化改革的需要,对政策试验的类型和方法提出了新的要求,对政策试验的综合性、整体性要求也越来越高,具体表现为在政策试验实施过程中应优化实践方法,处理好综合和分散的关系。一方面,强化政策改革的顶层设计和总体规划,抓住主要矛盾和矛盾的主要方面,明确改革的优先顺序,在总体布局的基础上进行重点突破。另一方面,政策试验的总体规划并不能完全否定单一分散政策试验的价值。因为在当前的改革形势下,多点分散的政策试验仍然不可或缺。总的来说,政策试验实践方法的调整和优化不可一概而论,要具体问题具体分析,不仅要重视综合改革的整体效能,而且不能忽视分散试验的独特价值。从一定程度上可以说,支持和鼓励分层分类政策的实验就是尊重和保护首创精神。

(三)明晰运行边界:处理好兼容与开放的关系

一直以来,制度主义经济学都将创新能力和适应能力视为评价经济发展的重要指标。有国外学者将适应能力用于解释制度创新,提出"适应性治理"的概念,认为制度创新能力取决于系统是否能提供反复试错的机会。而这种反复试错的机会往往是发现政策备选方案的关键所在。我国社会主义制度是马克思主义与中国革命、建设和改革实践相结合的产物,决定了社会主义制度本身具有巨大的包容性和优越性。社会主义建设和改革的实践也反复证明,我国社会主义制度独特的政治和经济环境恰恰有助于政策试验,体现出中国特色社会主义制度的适应性和兼容能力。这也是政策试验在我国生根、发芽、茁壮成长的根源所在。当然,任何制度都存在发挥作用的边界,相应地也必然会限定政策试验的范围和边界,这也就意味着社会主义制度条件下,政策试验的兼容和开放不是无边界的,是具有一定限度的。这种限度表现为兼容和开放的相对性,即任何政策试验都必须在特定的领域内,并且是在可控的范围内展开,是一种有目标、有计划、有步骤并且受到控制的活动。与之相反,并不是所有领域都能开展政策试验,也并不是说政策试验是可以随时随地开展、变更或终止的,更不是说政策试验是完全不受约束和控制的。更准确地说,政策试验的过程是一个在试验中不断进行政策选择、过滤、加工和再创造的过程,具有明确的目标指向性和实践延展性。

(四)完善保障机制:处理好激励与约束的关系

实践证明,政策试验取得成功的一个重要因素是中央之于地方的激励机制。一系列物质或精神的激励措施,有效地解决了中央和地方因信息不对称而产生的各种现实制约,更好地激发了地方参与政策试验的积极性、主动性和创造性。政策试验遭遇困难的原因大致可归结为两种情况。一方面,上级的过度干预或约束降低了地方政府参与试点的积极性和主动性,进而造成政策试点的惰性。因此,在制度和政策允许的范围内把握好约束与激励的平衡点,找到两者之间的"最佳点"就显得非常重要。其中,激励机制的运行主要是指在中央制定的宏观政策规划下,通过一系列激励方式和措施的支持与配合,经过在一个或多个地方的试验,最终实现预期目标或设定目标。在此过程中,主要要求是激励对象因地制宜、激励措施实施得当。另一方面,政策试验往往是一个渐进的改革过程,涉及大量自下而上的参与机制,围绕它的治理是复杂的,因此基于它的激励机制也必须是多样化的。它既包括长期激励,也包括短期激励;既包括集体激励,也包括个人激励;既包括物质激励,也包括精神激励。虽然推动方式不同,但激励的目的是一致的,都是为了给政策试验提供源源不断的力量和活力,始终保持政策试验的深入有效实施。因此,在政策试验的具体实施过程中,还应注意各种激励机制之间的协调。试点项目存在激励偏差,整个激励机制对于试点的积极推进非常重要。

总之,政策试验作为一种独特的制度创新和管理方法,在我国社会主义革命、建设和改革的具体实践中发挥了重要作用。特别是十一届三中全会以来,政策试验在我国分步改革的实践中表现出强大的韧性和适应性,为我国经济社会改革和发展提供源源不断的制度创新和管理方法。

第四节 公共政策扩散

信息和知识的传播是人类社会发展的普遍现象。政治学和公共管理领域的扩散研究主要关注政治制度和公共政策,而政策扩散研究主要解释政策从 A 点流向 B 点的逻辑以及类似现象。

一、政策扩散的含义

政策扩散是指政策在空间上传播并被政府系统其他成员采纳的过程。在政府间沟通中,一个地方(部门)的新政策取得显著成效,会引起其他地方(部门)关注并组织学习行动,从而导致政策扩散。

政策扩散研究关注新政策如何在不同层级、不同区域的政府(部门)之间进行传播,致力于探讨新政策在政府系统中的横向及纵向扩散机制。早期的政策扩散研究以美国学者为主,一些美国学者注意到政策创新在各州之间存在扩散现象,州政府被视为政策创新的"实验室"。近年来,政策扩散已成为中国政策过程研究的一个热点领域,相关研究成果明显增多。

政策扩散可分为政策沟通、政策采纳和政策实施三个阶段:第一个阶段是政策沟通,随着时间的推移,一项新政策会在社会系统不同成员之间进行沟通;第二个阶段是政策采纳,当决策者意识到采纳某项新政策会改进治理绩效时,就可能做出采纳该政策的决定;第三个阶段是政策实施,通过政策调整、政策试点、政策推广等环节将新政策付诸实施。

政策扩散不同于政策执行。政策执行依赖于科层组织体系,通过自上而下的途径进行运作,下级机构有责任落实上级做出的决定,确保上级的决策部署得到落实,而政策扩散是其他政府(部门)自愿采纳的过程,其中也可能存在强制机制,但它只是府际契约所附加的责任条款而已。

二、政策扩散的动因

政策扩散的触发机制具有多样性。道洛维茨、马什认为,政策扩散的形成有三类因素:一是某些个体意识到一项新政策所具有的优越性,会主动学习,从而达到扩散目的;二是某些利益相关者迫于外界压力接受强制的政策扩散;三是基于某种义务使政策得以扩散。马什、西蒙斯认为,政策扩散主要有四种机制:学习、竞争、强制和模仿。概而言之,直接动因主要有以下几种。

(一)理性学习

理性学习是促使创新政策在不同的政府(部门)间扩散的重要动力。决策者看到了新政策的优势后会主动采取学习行动,在成本—收益分析的基础上决定采纳新政策,从而实现政策扩散。理性学习是具有明确目标导向的自愿采纳模式,当决策者面临较为突显的社会问题时会寻求其他政府的有效经验。有研究发现,中国的政策扩散过程中存在着向领先国家学习、向国内先进地区学习、向政策领先地区学习和借鉴历史经验这四种学习方式。

(二)府际竞争

地方政府之间存在竞争关系,各地都不甘落后,竞相采纳有利于发展的经济社会政策。为了吸引资金、技术、劳动力等生产要素,地方政府利用政策改善公共服务,吸引企业和居民"用脚投票",从而提升财政汲取能力。为了促进当地经济的发展,中国地方政府优先考虑借鉴外部经验,借鉴其他地区的成功做法。

(三)强制因素

强制因素包括直接强制和间接强制两种形式,前者是指一个政府与其他机构签订协议时要求必须执行某项政策,后者是指间接因素推动政府采纳了某项新政策,如新技术进步、上级发出的政策信号推动的政策扩散。美国联邦政府对州政府缺少政策强制力,主要通过联邦法案、联邦监管、联邦政治活动等手段间接影响州和地方政府的政策取向。在中国,中央政府可通过动员方式要求地方政府推行中央法规、规章和政策,中央领导人释放的政策信号、重要会议传达的政策导向也会影响地方决策。

(五)跟风模仿

理性学习与跟风模仿的区别在于:前者关注政策绩效,当决策者面临决策困境时借鉴其他政府的政策经验,是在认真考虑政策问题、政策目标和政策工具后作出的决定;后者接受倡导者提出的政策只是为了获得外部认可,而不详细分析该政策的前提条件和具体好处。

(五)社会建构

受焦点事件的影响,一些政策问题引发社会高度关注,在舆论压力、媒体宣传等因素的推动下,社会建构也会成为政策扩散的一种动力机制。社会建构理论认为,公共行政和公共政策是社会建构的产物。从社会建构主义的角度来看,政策传播活动不仅由公共政策主体的行为来设计和塑造,也受到社会建构主义的设计和塑造。近年来,在危机事件应对中,一些新政策的引入并非决策者的主观意愿,而是多方行动者共同推动的结果,公众参与、媒体报道、舆论压力在其中发挥着重要作用。

三、政策扩散的路径

政策扩散发生在不同政府之间,政府间关系的底层制度安排显著影响着政策扩散的具体路径。美国实行联邦体制,联邦与州、地方之间并不具有隶属关系,各自基于法定分权进行运作。我国中央政府对各级地方政府具有直接领导权。中美两国府际制度安排的差异性形塑了不同的政策扩散路径。

(一)美国公共政策扩散的路径

美国的政府体制分为联邦政府、州政府和地方政府,各有自己的政策权力和管辖权。美国宪法只列出了联邦政府的权力,未列举的保留权力归各州所有,联邦无权命令州政府采纳新政策,只能间接地施加影响。根据"狄龙法则",美国地方政府是"州政府的附属物",相较于联邦,州政府对地方政府的影响力要大得多。

贝瑞夫妇总结了美国联邦体制下政策扩散的已有研究,提出了政策扩散的四种模型。①全国互动模型。该模型假设在州政官员之间存在一个全国性沟通网络,未实施新政策的州政府官员能在交流中得到额外激励。该模型认为一个州采纳新政策的概率与其官员和已采纳该政策的州的官员的互动次数成正比关系。②区域扩散模型。该模型认为,州政府倾向于学习邻近地的新政策,距离越近,相互影响水平越高。③领导跟进型。该模型假设某些州政府在一项政策采纳方面是领导者,其他地方政府会采取效仿行动。④垂直影响模型。在垂直影响模型下,全国性政府扮演了先行者的角色,各州主动学习全国性政府的政策。

在美国制度中,政策扩散路径主要有以下四种。

(1)政府间的水平扩散。这种扩散既可能是主动学习的结果,也可能是感受到邻近地区的竞争,被迫采纳新政策的结果。在遇到决策难题时,州政府和地方政府会有意识地采纳先进地区的解决方案。当决策者观察到邻近地区的新政策获得显著效益时,他们往往会采取类似的政策。

(2)自下而上的垂直扩散。地方经验会为联邦或州政府的决策提供信息,州政府的成功经验也会为联邦政府所采纳。这种自下而上的政策扩散会形成"雪球效应",促使联邦政府采纳州政府的创新政策。在某种意义上,地方政府创新也会对州政府的政策创新形成一定的制约,若当地政府的一项政策取得了成功,并有效地解决了政策问题,那么上级政府就会将注意力放在其他还未解决的事上,采用这项政策的概率就会下降,这就是所谓的"压力阀效应"。

(3)自上而下的垂直扩散。根据联邦法律,美国自上而下的垂直扩散主要有三种方式。一是联邦政府发出的政治信号会对州、地方政府决策产生间接影响,包括国会通过的政策法案、联邦政府的政治活动、总统的政策倡议等。二是联邦政府的经济激励促进政策扩散。在联邦政府的需要和州政府期待基本吻合的情况下,前者的奖励机制将促使国家采取某种政策,从而加快该政策的扩散速度。三是州政府对地方政府的直接介入将产生纵向扩散效应。美国政策的强力扩散以州政府对地方的干涉为主,由于地方政府缺乏主权,州政府可通过立法来限制当地对抗州政府的行动。

(4)选举周期的扩散效应。选举中的官员为争取连任,会根据多数选民的公共需求做出决策,并会优先挑选争议小且符合选民期待的政策议题。民选官员在选举中承受着巨大压力时,这一扩散效应会更为显著,地方官员会在竞选投票前夕迅速回应公众的政策偏好,采纳对选民有利的政策。

(二)中国公共政策扩散的路径

中国地方政府的权力来自上级政府,上级政府在政策扩散中的介入程度高、影响力较大。国家行政部门还赋予城市一定的自治权,鼓励地方行政部门探索新的公共管理理念和方法。为了争夺专有技术、资本等优质生产要素,地方政府会推动并实施新政策。城市官员在实施新政策时更具政治意识,更倾向于使用符合上级政府利益和价值偏好的政策解决方案。为了谋求自身利益,当地政府不仅学习其他地方的"好"经验,也学习其他地方的"坏"经验,从而出现基层治理"共谋"现象。

有学者明确了我国政策扩散的主要形式,包括自上而下的分级扩散模式、自下而上的吸收辐射扩散模式、同级地区或部门之间的扩散模式、区域间扩散模式等。有研究者根据上级政府的介入程度将中国政策扩散路径分为三类,即地方自主学习型扩散、上级认可型扩散、上级指令型扩散。

具体地讲,中国制度环境下的政策扩散主要有五种路径。

(1)地方政府间的水平扩散。在经济社会政策领域,地方政府具有较大自主权,可根据实际需要制定新政策。一个地区的政策创新取得好的效果后,其他地区就会借鉴或模仿。一般而言,与中央政府的价值导向一致、政治透明且有效的公共政策可能会在同一级别的政府中横向传播。

(2)自下而上的"吸纳—推广"。中国政策扩散还存在一种"地方创新—上级采纳—推广实行"的方式。在这一路径下,地方政府是政策创新的发动者,上级政府通过总结经验教训提出进一步的指导意见,促使下级政府修正原政策。当地方政府取得新的进展后,上级政府在更大范围内予以推广,使成功做法在全国范围内扩散开来。

(3)自上而下的"试点—推广"。中国政府还可通过组织政策试验推广新政策。这一做法由中央政府选择试点地区进行自上而下的政策试验,取得成果后,将得到中央批准,然后大规模推广,最终形成正式制度并在全国范围内实施。这是一个试错、不断学习、不断调整的过程,可以概括为"先行尝试—典型示范—以点促面—逐步推广"。

(4)自上而下的强制执行。新政策由上级政府自上而下全面落实。中央政府提出新的政策路线后可通过制定政策、出台指导意见、发布行政指令等方式,要求地方政府制定实施细则。

(5)官员异地交流任职导致的政策扩散。上级政府还可通过地方主官异地交流的方式促进政策创新经验在不同地区之间的传播,推动创新政策在异地扩散。当决策者在原任地和履新地都是地区主官,拥有在辖区内决策的支配性权威时,更有可能发生政策扩散。

(三)政策扩散的差异性

由于制度安排不同,中美两国政策扩散的基本路径存在差异。

(1)在中国体制中,中央政府有能力推动政策扩张,自上而下的方式发挥着重要作用,而美国联邦政府的能力要弱得多。在中国的制度体系中,中央政府可以行政性方式推动政策执行,上级政府可以直接对下级政府进行领导与监督,并能在短期内下达相关命令与指示来推动新政策的实施。美国联邦政府无权强制州政府推行联邦政府的决策,联邦政府主要通过财政激励、国情咨文、国会演讲等方式引导州政府采纳联邦政府的某些公共项目,影响州政府的政策制定。

(2)中国地方官员的异地流动对政策扩散具有重要作用,而美国政策扩散则受到大选周期的影响。在中国干部制度下,异地调换可使各级领导干部在各自工作区域内进行政策交流,并将新政策引至履新地。在竞争性选举体制下,为了争取选票,美国各州和地方政府官员倾向于采纳选民支持度较高的政策,使得亲民政策的扩散呈现出周期性。

(3)中国的政策扩散很大程度上受到中央政府价值偏好的影响,而美国的政策扩散更多地受到本地价值诉求的影响。在中国政策创新的水平扩散中,存在自上而下影响因素,各地在采纳新政策时,政治因素具有优先性,而地方政府更偏向采用符合上级价值取向的政策。美国政策创新的水平扩散主要是州和地方的自发行为,本地价值诉求是导致政策扩散的重要因素。

四、政策扩散的规律

从广义上讲,政策扩散具有时间、空间、行为主体等多个维度的规律。

中国的政策扩散在时间上表现为"S形"曲线特点,即在政策扩散后,其扩散行为通常会经过三个阶段——缓慢扩散期、快速扩散期和平稳扩散期。中国公共政策扩散在空间视角下主要表现为近邻效应、等级效应、轴向效应和集聚效应等,与常规公共政策在空间层面上的扩散模式基本吻合。其中,能将这四种政策扩散空间效应体现出来的比较典型的公共政策,如国家综合配套改革试验区政策创新等,受近邻效应、等级效应、轴向效应以及集聚效应等的作用,在空间上表现出多种不同类型的扩散形式。从行为主体上来看,改革开放以来,随着中国政府管理体制改革的不断深入,中央大力支持地方政府分权化改革。同时,我国政府的职能得到进一步有效转变,行政指令推动政策扩散的作用和功能逐渐减弱,特别是在经济管理、宏观调控等政策领域。与此同时,由于中央和地方在一定程度上存在相互博弈互动的关系,地方政府在政策制定中具有较大的自主性,因此,公共政策扩散的学习和竞争机制将变得愈加重要。随着政府与企业、政府与民众良性互动关系的进一步发展,以及互联网时代条件下"网络问政"的发展,政府管理的回应性日渐显著,社会建构机制在各种政策扩散模式中也将发挥重要作用。

主要参考文献

阿里哈木,2012.和谐社会视角下少数民族地区公共政策研究——以西部边疆为例[D].西安:陕西师范大学.

保海旭,陶荣根,张晓卉,2022.从数字管理到数字治理:理论、实践与反思[J].兰州大学学报(社会科学版),50(05):53-65.

贝克尔,2005.家庭论[M].王献生,王宇,译.北京:商务印书馆.

本刊记者,2022.中国式现代化道路是一条现代化新路——访清华大学马克思主义学院院长艾四林教授[J].马克思主义研究(01):14-22.

彼得斯,2007.公共政策工具:对公共管理工具的评价[M].顾建光,译.北京:中国人民大学出版社.

曹堂哲,2005.政策执行研究三十年回顾——缘起、线索、途径和模型[J].云南行政学院学报(03):48-52.

常庆,2007.公共部门组织中的激励监督机制研究——基于对政府失灵现象的分析[D].北京:北京邮电大学.

陈东,2014.机理与模型:公共政策创新的规范理论研究[J].理论与改革(03):50-52.

陈刚,2011.公共政策学[M].武汉:武汉大学出版社.

陈鸿莹,2008.英国公民教育实施效果的制约因素[J].外国教育研究,35(12):87-90.

陈华,2012.社会管理视野中的社会政策:体系、过程和功能的解读[J].学术论坛,35(04):53-55+117.

陈丽君,傅衍,2016.我国公共政策执行逻辑研究述评[J].北京行政学院学报(05):37-46.

陈丽珍,2000.影响政策执行的因素再分析[J].理论探讨(05):80-82.

陈庆云,2006.公共政策学:政策分析的理论、方法和技术[M].北京:中国人民大学出版社.

陈庆云,2011.公共政策分析[M].2版.北京:北京大学出版社.

陈庆云,1995.构建公共政策问题[J].行政论坛(04):14-17.

陈庆云,2005.论公共管理中效率与公平的关系及其实现机制[J].中国行政管理(11):24-27.

陈水生,2012.动机、资源与策略:政策过程中利益集团的行动逻辑[J].南京社会科学(05):64-71.

陈潭,2008.公共政策学原理[M].武汉:武汉大学出版社.

陈庭忠,1999.论市场经济体制下公共政策的功能及其价值取向[J].理论探讨(06):81-83.

陈伟珂,姚卫峰,王亦虹,2006.基于CIM模型的公共政策风险决策实证研究[J].天津理工大学学报(01):16-18.

陈小鼎,李珊,2022."穿着铠甲"的大国:美国公共政策的安全化[J].世界经济与政治(08):55-82+156-157.

陈彦斌,刘哲希,2022.宏观政策"三策合一"应对"三重压力"[J].财经问题研究(03):3-9.

陈宇,闫倩倩,王洛忠,2019.府际关系视角下区域环境政策执行偏差研究——基于博弈模型的分析[J].北京理工大学学报(社会科学版),21(05):56-64.

陈月慧,2012.我国收入分配差距扩大的公共政策分析[J].宁德师范学院学报(哲学社会科学版)(01):22-25.

陈振明,和经纬,2006.政府工具研究的新进展[J].东南学术(06):22-29.

陈振明,吴勇锋,2021.中国公共政策执行的实践优势与制度逻辑[J].科学社会主义(04):113-118.

陈振明,薛澜,2007.中国公共管理理论研究的重点领域和主题[J].中国社会科学(03):140-152+206.

陈振明,2005.当代西方政府改革与治理中常用的市场化工具[J].福建行政学院福建经济管理干部学院学报(02):5-12+79.

陈振明,2003.公共管理学:一种不同于传统行政学的研究途径[M].北京:中国人民大学出版社.

陈振明,2006.公共管理学[M].北京:中国人民大学出版社.

陈振明,2017.公共政策分析[M].北京:中国人民大学出版社.

陈振明,2015.公共政策分析导论[M].北京:中国人民大学出版社.

陈振明,2010.公共政策学:政策分析理论、方法和技术[M].北京:中国人民大学出版社.

陈振明,1995.论政策分析[J].岭南学刊(01):103-108.

陈振明,2006.论作为一个独立学科的公共政策分析[J].中国工商管理研究(10):60-63.

陈振明,1997.政策分析的基本因素[J].管理与效益(01):9-10.

陈振明,2003.政策科学:公共政策分析导论[M].北京:中国人民大学出版社.

陈振明,1997.政策科学的"研究纲领"[J].中国社会科学(04):48-61.

陈振明,2004.政府工具研究与政府管理方式改进——论作为公共管理学新分支的政府工具研究的兴起、主题和意义[J].中国行政管理(06):43-48.

陈治东,2011.公民参与视角下的农村最低生活保障制度研究[D].武汉:华中师范大学.

成雪峰,2001.试论外国院外集团活动及其对美国对外政策的影响[J].东南亚研究(03):28-32.

程浩,黄卫平,汪永成,2003.中国社会利益集团研究[J].战略与管理(04):63-74.

程洪恩,1992.政策制定程序的初步探索[J].理论探讨(01):45-51+2.

程倩,蒋民,徐志国,2009.《公共政策研究》双语课程建设初探——以南京理工大学研究生精品课程为例[J].学理论(31):262-264.

程同顺,邢西敬,2017.从政治系统论认识国家治理现代化[J].行政论坛,24(03):18-24.

褚松燕,2002.公民资格定义的解释模式分析[J].天津社会科学(03):47-51.

戴铁城,2018.公共政策过程中的风险链研究[J].湖南行政学院学报(03):50-55.

戴维·奥斯本,特德·盖布勒,2013.改革政府:企业家精神如何改革着公共部门[M].周敦仁,等译.上海:上海译文出版社.

戴维·伊斯顿(美),2012.政治生活的系统分析[M].王浦劬,译.北京:人民出版社.

丁邡,焦迪,2020.区块链技术在"数字政府"中的应用[J].中国经贸导刊(中)(03):6-7.

丁国峰,2012.现代政府公共政策的法治功能及其实现[J].行政论坛,19(06):54-58.

丁煌,2003.发展中的中国政策科学——我国公共政策学科发展的回眸与展望[J].管理世界(02):27-37+57.

丁璐,2008.县域政府公共服务能力研究[D].杭州:浙江大学.

丁勇,潘建英,2012.经济领域的社会问题对高校道德建设的消极影响及对策[J].科教导刊(上旬刊)(01):41-43.

丁志刚,熊凯,2023.理解中国式现代化的四重逻辑:基于中西方现代化的比较[J].新疆师范大学学报(哲学社会科学版),44(02):52-61.

董树彬,2023.党的十八大以来全过程人民民主的理论创新与实践成就[J].湖南科技大学学报(社会科学版),26(02):102-109.

董昀,2019.中国宏观调控思想七十年演变脉络初探——基于官方文献的研究[J].金融评论,11(05):14-37+116.

董昀,2020.中国特色社会主义宏观调控的实践探索与理论创新[J].马克思主义研究(08):110-122+156.

董志强,2018.行为视角的政策与制度设计[J].社会科学战线(06):75-84.

樊春良,樊天,杨佳,2022.科技社团在公共政策中的角色——对美国电气与电子工程师学会(IEEE-USA)的案例研究[J].今日科苑(10):81-92.

樊钉,2005.公共政策[M].北京:国家行政学院出版社(8).

范和生,唐惠敏,2016.社会组织参与社会治理路径拓展与治理创新[J].北京行政学院学报(02):90-97.

范绍庆,2014.公共政策终结的风险辨识[J].广东行政学院学报,26(03):17-20.

付聪,尹贻林,2009.基于政策过程理论的公共政策风险因素识别与分析[J].理论与改革(02):31-33.

付建军,2022.政策扩散研究如何扩散?——政策扩散研究的三波浪潮与发展逻辑[J].社会主义研究(05):122-130.

高红梅,2007.基于价值分析的我国自然保护区公共管理研究[D].哈尔滨:东北林业大学.

高建华,2008.影响公共政策有效执行的体制因素分析[J].学术论坛,31(12):64-67.

高庆蓬,2008.教育政策评估研究[D].长春:东北师范大学.

高小平,2022.《完善社会主义市场经济体制条件下加快转变政府职能研究》书评[J].中国行政管理(01):160.

葛贤平,2009.大学生思想政治教育创新:重视教育政策制定[J].思想政治工作研究(01):39-40.

顾建光,王树文,2007.公共政策分析概论[M].上海:上海人民出版社.

顾建光,2009.超越市场:公共经济的理性——《公共经济学原理》导引[J].上海经济(02):16-17.

顾建光,2007.现代公共管理学(公共管理核心课程教材)[M].上海:上海人民出版社.

郭继志,1992.医学社会学学科体系初探[J].中国社会医学(01):21-22.

郭明亮,卿世均,唐曼萍,等,2012.汶川地震灾后重建财税与金融政策评估研究综述[J].特区经济(11):239-241.

郭燕,2009.应对资产评估结果失实的系统科学方法探析[J].太原科技(01):20-21+25.

郭正蒙,黄新秋,2018.论民间社会团体的自主性与嵌入性及其相互关系[J].中州学刊(10):85-87.

哈正利,丛蓉,2013.中国民族政策系统论[J].广西民族研究(02):1-8.

郝莱特,拉米什,2003.公共政策研究:政策循环和政策子系统[M].纽约:牛津大学出版社:34.

郝亚明,杨文帅,2023.新时代新征程做好民族工作的核心要义、精神实质与实践指向[J].西南民族大学学报(人文社会科学版),44(01):7-13.

贺东航,孔繁斌,2011.公共政策执行的中国经验[J].中国社会科学(05):61-79+220-221.

胡德,1983.政府工具[M].伦敦:麦克米伦出版社.

胡杨,2008.管理与服务:中国公共事业改革30年[M].郑州:郑州大学出版社.

黄飚,2018.当代中国政府的试点选择[D].杭州:浙江大学.

黄顺康,2013.公共政策学[M].北京:北京大学出版社.

黄伟,2008.试析政策工具研究的发展阶段及主题领域[J].国家教育行政学院学报(09):24-30.

吉瑞赛特,2003.公共组织管理——理论和实践的演进[M].李丹,译.上海:上海译文出版社.

季春梅,2011.社会学视野下的大学心理健康教育[J].江苏教育学院学报(社会科学),27(01):43-45.

蒋俊明,2014.利益关系协调视域下社会主义民主政治机制建设研究[D].南京:南京师范大学.

金华,2021.公民政策参与:实然描述、应然指向及行为改善[J].地方治理研究(01):13-26+78.

克洛斯科,2009.公平原则与政治义务[M].毛兴贵,译.南京:江苏人民出版社.

孔繁斌,2004.中国公共政策的知识状况:主要论域描述[J].中共长春市委党校学报

(01):38-43.

孔祥芳,张振改,2021.新时代劳动教育政策工具选择研究[J].教育导刊(06):11-19.

寇浩宁,2014.政策何以落实——政策执行研究的源起、演进及主要理论[J].广东行政学院学报,26(04):12-18.

来婷婷,2014.我国地方低碳发展的目标设定、指标设计与分解原则研究[D].南京:南京工业大学.

蓝虹,2022.政策的创新和试验是气候投融资试点的核心[J].世界环境,(05):17-19.

雷洪,郑丹丹,1998.社会问题的分类研究及类型[J].社会科学研究(01):57-61.

雷洪,1997.我国现存社会问题的社会历史特征[J].社会科学战线(06):244-253.

李安方,2012.智库产业化发展的基本特征与操作[J].重庆社会科学(06):92-98.

李刚,丁炫凯,2016.习近平治国理政思想是新型智库建设的指针[J].智库理论与实践,1(02):1-7.

李国强,2014.对"加强中国特色新型智库建设"的认识和探索[J].中国行政管理(05):16-19.

李静,2002.从问题解决看公共政策制定过程[D].西安:西北大学.

李利君,2013.刑事公诉行为研究[D].北京:中国政法大学.

李瑞昌,2005.风险知识与公共决策[D].上海:复旦大学.

李维维,2018.制度经济学视角下公共政策中的公民参与[J].河南社会科学,26(06):80-84.

李宜钊,2015.政策学习:推动政策创新的新工具[J].云南行政学院学报,17(05):135-139.

李豫,李云霖,2021.地方性党内法规制度建设的困境与完善进路——基于政治系统论的研究视角[J].行政与法(01):31-42.

李云峰,2019.公共政策视角下政府治理能力提升路径研究[J].行政科学论坛(05):31-33.

李珍刚,2004.当代中国政府与非营利组织互动关系研究[M].北京:中国社会科学出版社.

廖冲绪,张曦,2022.政策表达、变迁逻辑与基本经验——中国共产党百年党内政治生活研究[J].观察与思考,(01):70-82.

林建华,2023.全面建设社会主义现代化国家战略布局的科学性和必然性[J].复旦学报(社会科学版),65(03):9-18.

林敏娟,2015.公共政策风险评估研究:局限与突破[J].理论与改革(02):96-98.

林子荣,2022.因子分析视角下"惠台新政"满意度及其影响因素探究——基于在陆台胞群体的调研[J].台湾研究(03):75-87.

刘春平,2020.新中国成立70年科技类社会组织发展历程与重大转型[J].中国科技论坛(04):130-138.

刘娟,2015.我国阶梯电价的政策议程分析[D].武汉:湖北大学.

刘明合,2008.协商民主与和谐社会民主模式构建[J].学术论坛(09):50-54.

刘圣中,2008.公共政策学[M].武汉:武汉大学出版社.

刘淑妍,朱德米,2015.当前中国公共决策中公民参与的制度建设与评价研究[J].中国行政管理(06):101-106.

刘铁,2007.城区清洁能源替代政策的影响评估[D].上海:上海交通大学.

刘伟,2012.国际公共政策的扩散机制与路径研究[J].世界经济与政治,(04):40-58＋156-157.

刘伟,2012.政策议程的概念辨析——基本文献分析的视角[J].内蒙古农业大学学报(社会科学版),14(02):1-3.

刘伟忠,2006.现代西方政策执行研究的路径与意义[J].江海学刊(04):211-216＋239.

刘雪明,2016.统计政策学初探[J].统计与决策(01):4-8.

刘雪明,2003.正确认识政策的地位和作用[J].中共南昌市委党校学报(03):17-21.

龙金菊,2013.公民社会建设与公共政策的相关性分析[J].铜仁学院学报,15(05):13-16.

卢瑾,2008.当代西方协商民主理论研究:现状与启示[J].政治学研究(05):99-107.

卢霞,2005.政府工具研究的新进展——对萨拉蒙《政府工具——新治理指南》的评介[J].福建行政学院福建经济管理干部学院学报(02):18-23＋79.

鲁贵洋,2014.新时期中国执政环境探析[J].中共乐山市委党校学报,16(04):54-57.

吕志奎,2013.改革开放以来中国政府转型之路:一个综合框架[J].中国人民大学学报,27(03):108-117.

罗尔斯,2001.正义论[M].何怀红,何包钢,廖申白,译.北京:中国社会科学出版社.

马佳,2015.我国房产税政策试点的研究[D].天津:天津师范大学.

马庆钰,贾西津,2015.中国社会组织的发展方向与未来趋势[J].国家行政学院学报(04):62-67.

马秀贞,2021.有效市场和有为政府更好结合的形式与路径[J].中共青岛市委党校.青岛行政学院学报(03):26-31.

马彦涛,2023.战略思维视域下的中国式现代化[J].马克思主义哲学(01):34-39.

迈耶,伯内特,2001.比较政治学——变化世界中的国家和理论[M].罗飞,张丽梅,胡泳浩,等,译.北京:华夏出版社.

毛寿龙,2022.公共政策的秩序维度:一个纯理论的思考[J].中国行政管理(12):100-105.

梅立润,2016.政策试验的国家治理定位与研究述评[J].中共南京市委党校学报(02):83-88.

孟晓敏,张新亮,2014.基于风险管理视角的公共政策风险评估及应对[J].西南石油大学学报(社会科学版),16(02):30-35.

米勒,2001.社会正义原则[M].应奇,译.南京:江苏人民出版社.

纳格尔,1990.政策研究百科全书[M].林明,龚裕,鲍克,等,译.北京:科学技术文献出版社.

宁国良,覃新华,2009.地方政府政策执行中自由裁量的价值选择[J].求索(05):44-46.

宁国良,周东升,陆小成,2007.基于公共治理范式的地方政府政策执行力研究[J].湘潭大学学报(哲学社会科学版)(04):15-18.

宁国良,2004.论公共政策执行机制问题[J].求索(06):71-72+220.

宁骚,2011.公共政策学[M].北京:高等教育出版社.

宁骚,2018.公共政策学[M].3版.北京:高等教育出版社.

宁有才,2012.公共政策质量的影响要素分析[J].湖北社会科学(07):31-33.

庞明礼,2020.公共政策学[M].武汉:武汉大学出版社.

彭国甫,陆小成,2006.毛泽东的中国特色政策过程思想研究[J].当代世界与社会主义(04):51-54.

齐恩平,吕姝洁,2023.党的政策、党内法规与国家治理现代化:内在逻辑与协同作用[J].理论与现代化(01):39-49.

祁型雨,2003.利益表达与整合[D].武汉:华中师范大学.

綦良群,舒春,2005.高新技术产业政策评估的理论分析[J].中国科技论坛(03):95-97.

綦良群,于颖,朱添波,2008.高新技术产业政策评估要素的系统分析[J].中国科技论坛(04):11-15.

钱再见,2003.论公共决策系统的活动特质及其风险[J].长春市委党校学报(04):66-69.

秦楠楠,2022.我国低碳经济发展的公共政策问题研究——评《气候解决方案设计方法:低碳能源政策指南》[J].生态经济,38(12):230-231.

青连斌,2002.社会问题的界定和成因[J].中共中央党校学报(03):97-102.

邱伟,吕其昌,2004.试析全球化进程中的思想库[J].国际论坛(01):21-24+79.

任丙强,2011.环境领域的公众参与:一种类型学的分析框架[J].江苏行政学院学报(03):71-76.

任庆国,2007.我国社会主义新农村建设政策框架研究[D].保定:河北农业大学.

任小飞,2006.试论政策科学与公共行政学[J].社会科学家(S2):78-79.

任勇,周芮,2023.公共管理研究中的因果过程追踪法应用及其拓展空间[J].中国行政管理(02):96-107.

萨拉蒙,2002.政府工具:新治理指南[M].纽约:牛津大学出版社.

桑雷,2022.政策试验:我国独特的制度创新和治理方式[J].湖北行政学院学报,(01):71-76.

上海社会科学院智库研究中心项目组,李凌,2014.中国智库影响力的实证研究与政策建议[J].社会科学(04):4-21.

施耐德,英格拉姆,1997.民主政策设计[M].劳伦斯:堪萨斯大学出版社.

宋月红,2021.铸牢中华民族共同体意识推进新时代西藏长治久安和高质量发展[J].西藏民族大学学报(哲学社会科学版),42(06):67-71.

孙彩红,2018.公民参与城市政府公共政策的实证研究——基于五个城市政府网站数据的分析[J].行政论坛,25(01):107-113.

唐皇凤,2016.全面深化改革的战略布局:基于中央深改组19次全体会议报道的文本分析[J].湖南社会科学(03):1-8.

唐贤兴,2009.政策工具的选择与政府的社会动员能力——对"运动式治理"的一个解释[J].学习与探索(03):59-65.

唐晓纯,2008.多视角下的食品安全预警体系[J].中国软科学(06):150-160.

唐晓英,2015.公共政策评估研究[J].黑龙江社会科学(05):33-36.

唐兴霖,2007.论政策科学的源起[J].理论探讨(03):127-131+174.

唐玉青,2022.大数据时代公共突发事件中政府的跨域协同治理[J].江汉论坛(05):60-65.

田建文,张学英,2006.我国新农村建设政策系统分析[J].农业经济(12):6-8.

田凯,2004.组织外形化:非协调约束下的组织运作——一个研究中国慈善组织与政府关系的理论框架[J].社会学研究(04):64-75.

童星,高钏翔,2009.公共政策的公共性衰减:风险分析及其治理[J].社会科学(05):70-75+189.

汪大海,2010.现代公共政策学[M].北京:清华大学出版社.

汪玉凯,2008.中国行政体制改革年回顾与展望[M].北京:北京人民出版社:150.

王春福,2017.大数据与公共政策的双重风险及其规避[J].理论探讨(02):39-43.

王厚芹,何精华,2021.中国政府创新扩散过程中的政策变迁模式——央地互动视角下上海自贸区的政策试验研究[J].公共管理学报,18(03):1-11+168.

王厚芹,2021.如何摸着石头过河——基于政策试验的中国政府渐进改革策略分析[J].中国行政管理(06):112-118.

王厚芹,2023.中国政府创新与扩散的渐进策略与政策内容变迁研究[D].上海:上海财经大学.

王佳宁,张晓月,2012.智库的起源、历程及趋势[J].重庆社会科学(10):102-109.

王景新,2021.中国共产党百年乡村建设的历史脉络和阶段特征[J].中国经济史研究(04):13-25.

王礼鑫,2009.论政治科学的"自主性国家-结构-能动"研究途径[J].人文杂志(06):66-74.

王丽莉,2009.服务型政府从概念到制度设计[M].北京:知识产权出版社.

王凛然,2019.运动式治理与单位社会:1955年天津市厉行节约、反对浪费运动再研究[J].城市史研究(01):18-41.

王洛忠,崔露心,2020.公民参与政策制定程度差异的影响因素与路径模式——基于31个案例的多值定性比较分析[J].南京大学学报(哲学·人文科学·社会科学),57(06):99-111+159-160.

王洛忠,2022.公共政策学[M].北京:北京大学出版社.

王盼,2016.我国社会问题形成的公共政策原因探析[J].中外企业家(14):234.

王浦劬,赖先进,2013.中国公共政策扩散的模式与机制分析[J].北京大学学报(哲学社会科学版),50(06):14-23.

王庆歌,孔繁斌,2022.政策目标群体的身份建构逻辑——以户籍政策及其改革为例[J].公共管理与政策评论,11(02):35-49.

王若梅,2012.课程改革的法制诉求与路径选择[J].当代教育科学(05):15-17.

王骚,王达梅,2006.公共政策视角下的政府能力建设[J].政治学研究(04):67-76.

王姝,2012.国家审计如何更好地服务国家治理——基于公共政策过程的分析[J].审计研究(06):34-39.

王晓,2019.我国国家级政策试点选择过程及标准研究[D].济南:山东大学.

王学杰,2006.我国公共政策制定要健全和完善协商民主机制[J].中国行政管理(10):99-101.

王亚民,2012.论公共政策过程中的社会嵌入——渊源、梗阻、消解[J].东南大学学报(哲学社会科学版),14(S3):62-67.

王延军,2015.我国经济政策审计评价研究[D].北京:财政部财政科学研究所.

王炎龙,刘叶子,2021.政策工具选择的适配均衡与协同治理——基于社会组织政策文本的研究[J].四川大学学报(哲学社会科学版)(03):155-162.

王艺瑶,2021.我国大病保险政策扩散问题研究[D].天津:天津财经大学.

王勇,刘佳佳,2021.基于资源禀赋的乡村振兴政策工具研究——以福建省永泰县春光村为分析个案[J].石家庄铁道大学学报(社会科学版),15(02):52-58.

王子明,2013.国家重点建设项目决策过程的逻辑[D].南京:南京大学.

威廉·N·邓恩著,2011.公共政策分析导论[M].谢明,伏燕,朱雪宁,译.北京:中国人民大学出版社.

温家宝,2004.加强政府自身建设[J].中国行政管理(04):4.

沃尔夫,1994.市场或政府权衡两种不完善的选择[M].谢旭,译.北京:中国发展出版社.

沃特金斯,2001.西方政治传统[M].黄辉,杨健,译.长春:吉林人民出版社.

乌尔里希·贝克(德),2004.风险社会[M].何博闻,译.南京:译林出版社.

吴定,2003.政策管理[M].台北:联经出版事业股份有限公司.

吴海燕,2014.中美公共政策分析中应用量化方法的比较研究[D].武汉:华中师范大学.

吴明瑜,鲍克,1989.关于政策科学及其规范的问题[J].管理世界(02):64-68.

武增,2022.以习近平法治思想为指导充分发挥宪法在国家治理现代化中的重要作用[J].中国法律评论(05):1-9.

夏晓丽,2014.当代西方公民参与理论的发展进路与现实困境[J].行政论坛,21(04):96-100.

肖洪泳,2021.公共决策的合理选择原则——以罗尔斯的生活计划理论为视角[J].中南大学学报(社会科学版),27(06):136-144.

肖蓉,郑真,张敕,2010.论政务公开与公民参与[J].西藏大学学报(社会科学版),25(S1):173-175.

谢小芹,2017."双轨治理":"第一书记"扶贫制度的一种分析框架——基于广西圆村的田野调查[J].南京农业大学学报(社会科学版),17(03):53-62+156-157.

谢志平,2009.公共政策风险及其防范[J].东北财经大学学报(04):52-55.

休斯,2007.公共管理导论[M].张成福,王学栋,等,译.北京:中国人民大学出版社:111.

徐朴,2002.试论政策问题的形成过程与现实条件[J].成都行政学院学报(哲学社会科学)(03):17-18.

徐湘林,2003.公共政策研究基本问题与方法探讨[J].新视野(06):50-52.

许莺,2013.我国非政府组织参与公共政策行为[D].南京:南京农业大学.

薛澜,朱旭峰,2006."中国思想库":涵义、分类与研究展望[J].科学学研究(03):321-327.

闫佳鸣,2019.当代公共政策系统的改进:公共政策的功能限度[J].成都行政学院学报(01):15-20.

严励,2011.刑事政策研究应关注刑事政策机制[J].学术交流(01):77-82.

严强,2008.公共政策分析[M].北京:北京大学出版社.

严瑜,2000.加强宏观调控完善社会主义市场经济体制[J].山东行政学院山东省经济管理干部学院学报(4):2.

杨代福,丁煌,2011.中国政策工具创新的实践、理论与促进对策——基于十个案例的分析[J].社会主义研究(02):66-70.

杨代福,2016.悬浮式采纳:基于我国城市社区网格化管理创新扩散的实证分析[J].领导科学论坛.

杨代福,2016.中国政策创新扩散:一个基本分析框架[J].地方治理研究(02):3-11.

杨道田,2015.公共政策学[M].上海:复旦大学出版社.

杨芳,2008.哲学视野中的公共政策学[J].理论探讨(03):137-139.

杨宏山,高涵,2022.政策试验的两种逻辑与组织模式[J].中国行政管理(09):60-66.

杨宏山,李娉,2018.中美公共政策扩散路径的比较分析[J].学海(05):82-88.

杨宏山,孙成龙,周昕宇,2023.政策学习的议题情境与组织模式——以国家"十四五"规划编制为例[J].中国人民大学学报,37(02):14-26.

杨宏山,2004.公共政策的价值目标与公正原则[J].中国行政管理(08):87-90.

杨宏山,2013.双轨制政策试验:政策创新的中国经验[J].中国行政管理(06):12-15+103.

杨建国,周君颖,2021.公共政策的时空演进特征及其扩散机理研究——基于31省级、38地级城市生活垃圾分类政策的分析[J].地方治理研究(02):16-29+78-79.

杨思文,2019.新媒体对公共政策制定的影响及风险探析——基于"技术与文明"的视角[J].南昌大学学报(人文社会科学版),50(06):64-71.

杨曦,2015.媒体对公共政策制定的作用研究[D].长沙:湖南农业大学.

杨志军,2023.现代公共政策学起源与发展知识论[J].河南社会科学,31(04):85-95.

杨志荣,2015.公共政策评估:标准与过程[J].行政科学论坛,2(06):29-34.

尹贻林,卢晶,2008.基于集值-层次分析的公共政策风险评价[J].西安电子科技大学学报(社会科学版)(04):12-16.

应耀翔,2016.开展落实国家区域规划和政策性文件评估方法研究[J].市场论坛,149(06):1-3.

英格拉姆,1998.公共管理体制改革的模式[M].国家行政学院国际交流合作部,译.北京:国家行政学院出版社.

于翠平,2007.试析公共政策执行的风险因素[J].山东行政学院.山东省经济管理干部学院学报(06):31-33.

于健慧,2016.实然与应然:我国社会组织活力激发之思考[J].理论探讨(06):161-167.

余致力,郭昱莹,陈敦源,2001.公共政策分析的理论与实务[M].台北:韦伯文化事业出版.

贠杰,2023.公共政策评估的制度基础与基本范式[J].管理世界,39(01):128-138.

翟文康,邱一鸣,2022.政策如何塑造政治——政策反馈理论述评[J].中国行政管理(03):39-49.

占绍文,陈晨,2004.评析公共选择学派的"政府失灵"论[J].宁夏大学学报(人文社会科学版)(03):18-21+38.

张沉香,2011.大学外语教育政策的反思与构建[D].长沙:湖南师范大学.

张聪林,2005.基于公共政策的城市规划过程研究[D].武汉:华中科技大学.

张方华,2007.协商民主语境下的公民参与[J].南京社会科学(07):68-73.

张海波,童星,2009.高风险社会中的公共政策[J].南京师大学报(社会科学版)(06):23-28.

张红显,2019.公共政策制定的社会风险评估研究[J].哈尔滨师范大学社会科学学报,10(01):30-33.

张建东,高建奕,2006.西方政府失灵理论综述[J].云南行政学院学报(05):82-85.

张建龙,2012.财政支农理论与实践研究[D].北京:财政部财政科学研究所.

张丽珍,何植民,2016.改革开放以来的公共政策终结:割裂与整合之间[J].行政论坛,23(05):64-69.

张丽珍,2019.政策终结议程设置中的社会行动者:现象图景、知识介入及理论修补[J].行政论坛,26(05):119-126.

张申,程霖,2021.中国共产党经济现代化思想的演进:逻辑体系与理论创新[J].中国经济问题(05):5-18.

张胜玉,郑佳,2010.公民资格与公共治理——基于公共领域的展望[J].河南师范大学学报(哲学社会科学版),37(01):59-62.

张为波,张鹏,2013.试论公民参与公共政策评估的重要作用[J].西南民族大学学报(人文社会科学版),34(05):207-211.

张玮,2016.政策创新扩散的动力机制与路径模式——20世纪60年代以来的国内外研究探索[J].福建江夏学院学报,6(01):43-50.

张文君,2021.由"点"到"面":党建引领的基层治理创新——基于北京市"街乡吹哨、部门报到"案例的分析[J].新视野(05):89-95.

张延超,2013.风险社会中公共政策的发展趋势[J].山东省农业管理干部学院学报,30(05):79-81.

张彦,李岩,2020.公共政策的道德风险及其治理[J].思想理论教育(03):21-26.

张义清,2008.基本国策的宪法效力研究[J].社会主义研究(06):48-53.

张玉磊,2019.参与式案例教学在高校"公共政策学"课程中的应用研究[J].成都师范学院学报,35(02):9-15.

张玉强,2007."多学科知识渗透法"在公共政策教学中的运用[J].企业家天地(理论版)(08):180-182.

张云霞,孙品,2023.中国式现代化的理论特质、系统结构与优化演进[J].学术探索(05):58-65.

赵静,薛澜,2021.探究政策机制的类型匹配与运用[J].中国社会科学(10):39-60.

赵静,2022.执行协商的政策效果:基于政策裁量与反馈模型的解释[J].管理世界,38(04):95-108.

郑杭生,2003.社会学概论新修[M].3版.北京:中国人民大学出版社.

郑耀东,武俊伟,2023.政策试点研究的进展、盲区及若干探讨[J].中国行政管理(03):60-67.

周奋进,段昆仑,2006.政府"治理工具"的选择与行政伦理制约[J].理论学刊(01):62-66+129.

周俊.行业组织政策倡导:现状、问题与机制建设[J].中国行政管理(09):91-96.

周望,2021.推进法治政府建设完善政府治理体系——《法治政府建设实施纲要(2021—2025年)》解读[J].审计观察,(10):58-63.

周望,2014.中国"政策试点"研究[D].天津:南开大学.

朱德云,孙若源,2018.地方财政对转移支付长期依赖问题:理论机制及治理选择[J].财政研究(09):81-92+105.

朱广忠,朴林,2001.影响地方政府有效执行中央政策的因素分析[J].理论探讨(02):50-53.

朱广忠,1999.我国地方政府有效执行中央政策的若干问题[J].中国行政管理(12):69-71.

朱力,1997.社会问题的理论界定[J].南京社会科学(12):8.

朱鑫灏,2019.公共治理语境下的网络公民社会研究[D].南京:南京大学.

朱旭峰,张友浪,2014.地方政府创新经验推广的难点何在——公共政策创新扩散理论的研究评述[J].人民论坛·学术前沿(17):63-77.

朱亚鹏,2010.政策创新与政策扩散研究述评[J].武汉大学学报(哲学社会科学版),63(04):565-573.

朱正威,石佳,刘莹莹,2015.政策过程视野下重大公共政策风险评估及其关键因素识别[J].中国行政管理(07):102-109.

邹水才,2001.关于地方政府对中央政策执行不力的思考[J].中共福建省委党校学报(11):37-40.

HARSLØF I,ULMESTIG R,2013. Changing Social Risks and Social Policy Responses in the Nordic Welfare States [M]. Houndsmills:Palgrave Macmillan.

MATISHOV G G,MATISHOV D G ,2013. Current natural and social risks in the Azov-Black Sea region [J]. Herald of the Russian Academy of Sciences(06):490-498.